U0512424

文景
———————
Horizon

南宋行暮

时代 宋光宗宋宁宗

[增订本]

虞云国 著

上海人民出版社

目 录

三版题记

　　六年以前问世的《南宋行暮——宋光宗宋宁宗时代》，是旧著《宋光宗　宋宁宗》的修订新版。这次趁着收入著作集的改版机会，再做一次全面的增订，主要集中在三个方面。

　　首先是文本。再次查核古籍史料，改正了新发现的引文讹误；反复推敲遣词行文，润饰了原版本的欠妥表达。

　　其次是评论。对个别人物或少数史事，在叙事倾向或评判尺度上略有微调；对宋宁宗的宫廷生活及其评价颇有增补或修正。

　　最后是附录。正如副题揭示的，《南宋行暮》的主体叙事只能限于宋光宗宋宁宗时代，以帝王在位作为分期标准自有其合理性。但本书还涉及政治史的范畴，而政治史的起讫另有与以帝王为中心的时代史未必完全重合的坐标点。宋史学界一般将史弥远在宁宗朝与理宗朝的专政视为相对完整的政治史时段。由漆侠主编的《辽宋西夏金代通史·政治军事卷》就以宋理宗的端平亲政作为前后分界线，将史弥远专政的宋理宗前期并入南宋中期，将宋理宗亲政以后的政治史划归南宋后期。有鉴于此，这次改版便将上书由我执笔的第十七章《宋光宗到宋理宗前期的政治》第四节《宋理宗前期的政治》中相关章节作为附录，方便读者对史弥远的两朝专政获得全局性的把握。

  纵观南宋中期与后期的政治史研究，近年来颇有新成果行世，也多有令人启悟之处。这次增订，总体上未做重大的改动，但对学界新见解，我由衷抱着欢迎的态度。唯有开放的研究与多元的解释，才有可能真正逼近历史的实相。

2024 年 1 月 10 日

二版自序

古人有"三十年为一世"之说，原指代际相继之意。北宋邵雍将其引入自家的宇宙历史演化论，作为最小的时段概念，提出"三十年为一世，十二世为一运，三十运为一会，十二会为一元"。撤除其周而复始的神秘色彩，显然也将三十年作为考察历史的基本时段。

西方年鉴学派主张综合长时段、中时段与短时段的多种方式，多层级地构成对总体历史的全面研究。相对于以一个世纪乃至更久的长时段与以事件史为标志的短时段，中时段的研究阈限"涉及十年、二十年乃至五十年的历史态势"[1]，自有其特定价值。这种中时段，足以完整展现长时段历史中某个变化周期，身处其中者往往到该周期结束才能察觉其终始之间发生了多大的时代差异与历史变动。

《南宋行暮——宋光宗宋宁宗时代》，虽是旧著《宋光宗 宋宁宗》的改订新版，但当年撰著时因他们父子的个人史料存世有

---

[1] 费尔南·布罗代尔：《资本主义论丛》，顾良、张慧君译，中央编译出版社，1997年，第176页。

限，便立意"以帝王传记的形式来表现光宁时代"，"力图把光宁时代作为南宋历史演进的不可或缺的一环"，有心写一部时代史，这个初衷仍没有变。宋光宗即位于淳熙十六年（1189）二月，宋宁宗去世在嘉定十七年（1224）八月，两位皇帝在位跨三十六个年头，既符合"三十年为一世"的概念，也恰在中时段范围（如果不考虑以帝王为坐标的话，这一时段不妨下延至史弥远去世的1233 年）。倘若将宋孝宗淳熙内禅时 1189 年与宋宁宗驾崩时 1224年的政治、军事、经济与文化作一对比的话，就能发现：经过三十余年缓慢顿渐的变化，南宋王朝已不可逆地从治世折入了衰世。这次改版尽可能地做了修订，但总体结构未做改动，故拟就这一时段若干总体性问题略抒己见，以便加深对这段时代史的全局性把握。

一

既然说这一时段是南宋从治世折入衰世的关键时代，当然必须以其前与其后的时代作为比较的参照系。这里，先说其前的宋孝宗时代。宋孝宗在位期间为 1162 年至 1189 年，共二十七年，大体也在中时段的阈限内。

绍兴三十二年（1162）六月，借由"绍兴内禅"甫登皇位的宋孝宗，雄心勃勃主动发起隆兴北伐，试图改变绍兴和议定下的地缘政治格局。然而，受制于内部因素（太上皇宋高宗的掣肘与反对，主事者张浚"志大而量不弘，气胜而用不密"，等等）与外部条件（金朝的实力），被迫与金朝再订隆兴和议，重归宋高宗确立的"绍兴体制"。其后，在内政上，宋孝宗也只能在奉行绍兴体制的大前提下略做微调与腾挪。有鉴于秦桧擅权的前车之辙，他在位期间一方面频繁易相，以便皇纲独揽；一方面开放言路，以便"异论相搅"。隆兴和议后，南北政权间长期维持着相对稳定的和平局面。作为南宋唯一欲有所为的君主，宋孝宗曾坦承短期内恢复中原已无可能，但仍寄望于君臣协力一改国弱民贫的局面。他尤其注重兴修水利，推动农业生产；同时关注财政与经济，制定鼓励商业与对外贸易的政策，城市经济与市民文化获得了长足的发展。惟其如此，南宋社会在乾道、淳熙间（1165—1189）也进入了繁盛期。

宋孝宗时代（1163—1189），一方面在专制政体上继承了绍兴体制的政治遗产，另一方面在对官僚士大夫的做法上则有明显的调整，他还能容忍不同的政见与批评的声音，政治生态与思想氛围较之宋高宗秦桧专权时期大有改善。他对道学尽管不持好感，却并未以一己好恶而推行整肃政策。在传统中国的大多数时候，政治总是决定一切的，即便微调也效果明显。由于宋孝宗的政治统治相对宽松，致使这一时代在思想文化上颇有亮色。

在《中国转向内在》里，刘子健认为，北宋学术"令人耳目一新，具有挑战性和原创性"；相对说来，南宋学术"都难免相对狭隘、受制于正统、缺乏原创性的问题"。[1] 这一说法有其独到之见，但也不尽然，南宋浙东学派诸家，就提供了某些北宋未有的学术成果与思想体系。这是由于浙东学派的学术建构，还有赖于北宋以来士大夫阶层的事功实践充实其思想资源，也与宋孝宗时代的环境改善有着内在关联。也正是利用了乾道、淳熙年相对优容的政治环境，朱熹才有力推动了道学派的扩容，完成了理学集大成进程；张栻也自成一派，张大了湖湘之学。继北宋中期以

---

[1] 刘子健：《中国转向内在》，赵冬梅译，江苏人民出版社，2002 年，第 24、27 页。

后，这一时段以朱熹为领袖的程朱理学，以陆九渊为开山的心学，与吕祖谦、陈亮、叶适领军的浙东事功学派几成鼎足之势，涌现出自己时代的学术大师群体。无论思想上，还是人才上，正是宋孝宗时代，宋学进入了又一巅峰期。继北宋中叶的文学鼎盛期之后，这一时段陆游、辛弃疾、范成大与杨万里等各领风骚，宋代文学也形成了第二个高峰期（虽然比起欧阳修、苏轼父子与王安石等领军的北宋高峰来略见逊色），而代表人物都成长并活跃在这一时段。史学家李焘也在宋孝宗朝完成了当代史《续资治通鉴长编》的编纂，继司马光之后令宋贤史学再放异彩。

所有这些，都出现在宋孝宗时代，显然绝非偶然现象。南宋曹彦约认为，南宋乾道、淳熙期间堪与北宋庆历、元祐时期相媲美：

> 朝廷无事，四方宁谧；士浑厚而成风，民富饶而知义。负者歌，行者乐，熙熙侃侃，相期于咸平、庆历、元祐之治。

本朝人赞美难免掺有水分，但明代史家柯维骐也有好评，说宋孝宗"有君人之度，其系人心成乾（道）淳（熙）之治"。纵观宋孝宗时代，显然迥异于南宋理宗以降内有权臣迭相擅政、外有蒙元铁骑压境的高危期，确是政局相对稳定、政治相对清明、社会经济相对繁荣的最好时段，堪称南宋史上的鼎盛期。如此一对照，南宋光宗宁宗时代的全面逆转就更显得触目惊心。

二

《朱熹的历史世界》堪称研究宋代士大夫政治文化的巅峰之作，但著者认为，淳熙内禅前后，宋孝宗有一个扭转其晚年因循政策的重大构想，一是亲自选定"周必大、留正、赵汝愚三相"，"有意建立一个以理学型士大夫为主体的执政团体"；二是刻意部署"理学集团的许多重要成员进入了权力核心"，试图以如此的执政团队与理学集团相结合，支持理学家在"外王"领域革新政治，恢复北方。[1] 对宋孝宗是否确有这种构想与部署，学界颇有不同意见："他的证据很有意思，但却不很充分，因此远不具有决定性。"[2] 我只对其部署执政集团与理学集团之说，略说管见。

依据庆元党籍的后出名单，断言宋孝宗晚年部署的三相都"深得理学家集团的信任"，是值得斟酌的。首先，那张名单只是韩侂胄及其追随者出于打击政敌的需要编派的（据学界研究甚至还有后党禁时代道学传人追加的痕迹），列名者并非都与理学（或道学）有关。以留正而论，有研究表明，他虽未与道学派公开为敌，但在反道学派的前任左相王淮与倾向道学的前任右相周必大之党争中明显左袒，而王淮在内禅前一年罢相，便由"留正接过反道学派之大旗，开始了新一轮反击斗争"[3]。在攻去周必大后，留正虽也起用了一些道学人士，但应是其独相秉政后出于协调各方政治势力的需要，道学家对他未见得有多大信任。

周必大自淳熙七年（1180）起即进入宰执圈而深受信用，作为守成辅政的宰相人选，宋孝宗命其辅佐新君借以遥控朝政，自在情理之中；但其升任左相仅五个月，即遭御史中丞何澹攻击而不得不去位。留正与其"议论素不相合"，何澹又善于窥伺帝意，在其中都大起作用。宋光宗之所以授意默许，显然出于不愿受太

[1] 余英时：《朱熹的历史世界》，生活·读书·新知三联书店，2004年，第532、594页。
[2] 蔡涵墨：《历史的严妆》，中华书局，2016年，第464页。
[3] 张其凡：《留正与光宗之立》，见氏著《番禺集》，广东人民出版社，2017年，第214页。

上皇掣肘等微妙考量（由于周必大"密奏"，望眼欲穿的内禅继位
至少推迟一年，无疑让新君大感不爽），而对周必大罢相与其后留
正独相，也未见宋孝宗有进一步干预与部署，足见不宜过分夸大
太上皇对朝政控制的力度与效果。

赵汝愚迟至绍熙四年（1193）才以同知枢密院事初入宰执圈，
宗室出任宰执有违于祖制，在这点上宋孝宗确实力挺过，但其时
宋光宗精神病频频发作，一再闹出过宫闹剧，宋孝宗支持其执政，
也未见有部署赵汝愚推行革新的史证，恐怕更多指望他能调护两
宫父子、度过朝局危机而已。

总之，将周必大、留正与赵汝愚这样颇有差异的三位宰相
（何况赵汝愚任相更在宋孝宗已死的绍熙内禅后）拉在一起，推论
宋孝宗晚年刻意部署执政集团，以实行"规模颇大的长期性的革
新构想"[1]，显然缺乏坚强有效的证据链，以致"只好用心理史学
来填补这个缺陷"[2]，但心理史学犹如理校法，"最高妙者此法，最
危险者亦此法"（陈垣语）。

至于说淳熙内禅前宋孝宗"所亲自擢用的六人都出于理学集
团"，以及淳熙内禅后理学之士"进入中枢的便有十一人"，[3] 余英
时认为，这是宋孝宗晚年刻意擢拔理学集团的另一部署。从这些
客观现象倒推式论证宋孝宗曾有那种主观部署，依然存在着证据
链脱节的缺憾。我认为，首先，如前所述，宋孝宗朝的政治生态
相对宽松，尽管他本人不好道学，但用人政策上却从未排斥具有
道学倾向的士大夫官僚。其次，下文即将论及，正是有赖于这种
相对宽容的政治文化生态，朱学、陆学与浙学三派经过授徒讲学，

[1] 余英时：《朱熹的历史世界》，第525页。
[2] 蔡涵墨：《历史的严妆》，第465页。
[3] 余英时：《朱熹的历史世界》，第579、597页。

扩大了新儒学的影响，推动了新儒家的扩容，他们补充官僚队伍的比重自然大为提高，进入中枢也是理所当然的。余英时指出的现象，乃是宋孝宗朝宽松政策与新儒学自身发展势运相辅相成的结果，并非基于所谓革新构想而刻意为之的精心部署。实际上，包括留正独相以后转而启用道学人士，赵汝愚在宋宁宗初年拜相之后一度汲引"众贤盈庭"，试图重温"小元祐"之梦，都应作如此平实之观，而不宜过度诠释。

<h1 style="text-align:center">三</h1>

《宋史·光宗纪》认为，宋光宗自发病后，"政治日昏，孝养日怠，而乾、淳之业衰焉"，明确将光宗朝视为南宋从治世折入衰世的转捩点。此说似乎不无道理：正是宋光宗精神病犯浑，有力朝臣才在后宫支持下拥立新君，却为拥立有功者开启了专擅朝政的方便之门，最终导致权臣专政，朝政一发不可收拾。倘若如此上溯的话，那还必须追论宋孝宗立储问题。

在家国一体的君主专制政体下，选立储君事关国本，也逐渐形成了在诸皇子中立嫡长为主与选贤能为辅的立储原则。宋孝宗对此不可谓不用心。他即位以后之所以久不立储，也含有甄选接班人的良苦用心在，可惜供其备选的范围实在逼仄。及至发现三个皇子即便一奶同胞，在皇位继承权上也有明争暗斗，便不得不率先立嫡长。岂料皇太子刚立两年就去世，只剩下二选一的余地。继续考察之后，宋孝宗以所谓"英武类己"等理由（当然也仅在备选皇子中相比较而已），最终选定老三（即宋光宗），便毅然不循常规，越位建储，敲定其太子地位。但他发现老三家的独子不慧，而老二家的儿子却早慧，禅位不久，便以太上皇之尊隔代指定接班人，让老三做了再回传给老二家后代。对两代储君的连锁安排，也足见宋孝宗之煞费苦心。

然而，即便从宋光宗即位后至发病前的所作所为来看，宋孝宗也明显看走了眼。为了能够立为储君，为了最终顺利接班，在有意矫饰、承欢继位上，宋光宗做得还算不上恶例。这也反证，仅凭上代君主的个人审察与最终独断，在选接班人上难免出错，而一旦失误，往往殃及王朝命运，改变历史走向。对宋孝宗急切禅位，《宋论·光宗》多有抨击，一则说"子有愚蒙之质，而遽以天下委之，诚不知其何为者也"；再则说"急遽以授不肖之子，而坐视其败"。在王夫之看来，宋孝宗应该"功不自我成，而能得守所付畀者，即其功也"，言外之意即应另选接班人。然而，在君权世袭制下，宋孝宗以天下付宋光宗，是自然不过的常规选项，毕竟是自家子弟最可靠；在候选者精神病未显相前，也算差中选优的做法。

冥冥之中，南宋诸帝几乎都嗣君乏人。宋高宗断后，才不得不以太祖七世孙备选，宋孝宗经过考察入承大统，皇位从太宗系重回太祖系。宋孝宗仅三子，显然不愿将好不容易到手的皇位拱手相让，最终二选一，皇冠自然落到了宋光宗头上。宋光宗唯有独子宋宁宗，宫闱内虽都知其不慧，但绍熙内禅的拥立对象却非他莫属。宋宁宗再次绝后，权相史弥远得以上下其手，发动政变，拥立了旁支宗室宋理宗。宋理宗眼见又是无嗣，却把选储范围限定亲兄弟家（这与宋孝宗关照老三做了传回老二家类似，倒是有例可援的），尽管心知肚明这唯一亲侄（即宋度宗）"不任为君而足以亡宋"（《宋论·度宗》），还是肥水不外流，将其作为不二之选。宋度宗纵欲无度，虽留有三子，却均未成年，先后成为宣告南宋覆亡的末三帝。

在嗣君乏人的连环魔咒背后，凸显的却是君主世袭专制政体的无解困局。明清之际，黄宗羲已诊断出这一不治之症：一旦为君，便"视天下为莫大之产业，传之子孙，受享无穷"；"虽然，使后之为君者果能保此产业，传之无穷，亦无怪其私之也"；然而，"一人之智力不能胜天下欲得之者之众，远者数世，近者及身，其血肉之崩溃在其子孙矣"（《明夷待访录·原君》）。与其同时代的王夫之，先是抨击宋孝宗没有"能得守所付畀者"，终而责备宋理宗未能"选于太祖之裔孙，岂无愈者，而必此是与"（《宋论·度宗》）。意思说，倘若选立太祖系其他后代，难道就没有合适人选，而非要私授度宗这样"足以亡宋者"呢！

　　由于时代的局限，即便启蒙思想家也提不出破解困局的最佳方案，王夫之只是主张选嗣范围推广到太祖系其他后裔，无非像宋高宗当年选立宋孝宗那样。也难怪《宋史·孝宗纪》对宋高宗不吝赞词，称之为"公天下之心"。令人惊诧的是，今人居然也将宋孝宗与宋理宗之入承皇位引为宋朝"皇权开放"的论据。宋高宗之立宋孝宗，既不是真正意义上的"公天下"，更谈不上所谓"最高权力对全社会开放"[1]，至高的君权仍在赵家门墙内传递。关键在于，即便如此，魔咒是否就能破局？宋孝宗号称"聪明英毅，卓然为南渡诸帝之称首"，在接班人问题上不是同样犯下被王夫之叱责的低级错误吗！总之，从宋光宗发病以后的昏懦愚顽而上溯追究宋孝宗的决策失误，远未击中问题要害。宋孝宗之所以视天下为私产而传之子孙，宋光宗之所以以精神病而君临天下近三年，致使南宋折入衰世，其根源必须追溯到君主专制政体的家天下世袭制度的层面，否则难免坠入线性史观的皮相之见。

---

[1] 刘仰：《超越利益集团》，中国书店，2011年，第6页。

四

南渡之初，在绍兴体制确立以前，战争状态尚未结束，思想学术也难以继续北宋的路径。在独相秦桧以前，宋高宗一度采取过调和折中的方针，宣布程氏之学与荆公新学各有可取之处，也容忍了赵鼎对王学的抨击与对程学传人的引荐。但随着赵鼎在与秦桧的政争中落败，程学也相应失势，越来越边缘化。所幸绍兴体制并未制裁民间的书院，程学虽在官学系统内未获认可，却在民间书院的夹缝中顽强传承与逐渐壮大。在宋孝宗朝相对宽松的政治文化生态下，经过第二代宋学大家朱熹、陆九渊、张栻与吕祖谦等不懈努力，广开书院，授徒讲学，他们及其弟子们或进入官僚系统，或成为后备梯队，到宋孝宗晚年已然构成了国家权力不容忽视的特定群体。其时，朱熹正在完成程朱理学的集大成工作，以他为领袖的道学派作为程学传人，其思想倾向也渐趋独断，对与自己并存却有分歧的其他宋学派别往往持不假宽贷的批判态度，相对缺乏一种取长补短的宽容精神。这样，不仅导致朱熹道学派与其他学派间的门户之争，也激化了与非道学派那部分官僚士大夫的矛盾。看似突如其来的庆元党禁置于这一大背景下去考察，才能有更深切的把握。

韩侂胄发动庆元党禁，初衷仅出于政争的需要，却习惯性地蹈袭了绍兴体制开启的思想整肃手段。这一做法的严重后果，"则非祸中于国家，而且害延于学术矣"（《宋论·徽宗》）。此举产生了两方面的恶劣影响，一方面彻底终结了宋孝宗主导的宽松局面，继绍兴文字狱后再次恶化了思想学术的政治生态；另一方面导致"宋代儒家的政治文化至此也耗尽了它的全部活力"[1]。

　　随着韩侂胄倒台，史弥远取而代之。史弥远自幼接受道学教育（道学追随者孙应时曾是其家庭教师，他也从学于道学家杨简），又亲历目睹了韩侂胄高压整肃所付出的巨大代价：不仅不可能凭借国家权力将秉持道学价值观的士人连根拔除，反而留下自损形象的负面记录。为了稳固权力统治，消解反对势力，史弥远感到与其采取阻遏打击的手法，还不如通过国家政权的巧妙运作与适度调和，将新儒学的理论整合为官方意识形态，作为国家统治思想的新资源予以承认与表彰，将在世的新儒学领袖人物吸纳进官僚系统。于是，他对已成主流的新儒学及其代表人物实行收编接纳的政策：从嘉定元年（1208）着手拟议，到嘉定十三年，朱熹、张栻、吕祖谦、周敦颐与二程先后获得了追谥，朱熹的《论语》与《孟子》集注也定为太学官定教材。嘉定年间的这些举措，启动了理学官学化的进程。进入理宗朝，权相史弥远继续推动这一进程，在其继承人手里新儒学定于一尊终告完成。

　　与韩侂胄专权下的伪学之禁相比，在史弥远时期，崇奉道学的士大夫官僚在朝廷上取得了地位，在经历了冰火两重天的巨大反差后，新儒家们不禁沉醉在期待已久的胜利之中，寄希望由此实现内圣向外王的转化。然而正如刘子健一针见血地指出：

　　　这胜利却得不偿失，因为专制政体从未真心诚意地要把新儒家理念转化为现实政策。从思想文化的角度来看，新正统本身反而成了专制政体的一种新的附和依从，压抑了成长的动力和多元化的发展。[2]

---

[1] 余英时：《朱熹的历史世界》，第 685 页。
[2] 刘子健：《中国转向内在》，第 17 页。

也就是说，新儒学在南宋尊为官学之后，已然丧失了北宋中期新儒学创辟期那种兼容思想、批判精神与原创活力，也标志其开始全面内转。新儒学原来就具有内省性与收敛性那一面，面对着宋宁宗时期内外交困的形势，在专制政体前不能不取退守之势。尽管在朱熹理学集大成的义理建构上，"内圣"之学仍以"外王"之政为其诉求，仍致力于回归君臣"共治"的理想，但这种形而上的新儒家理想一旦遭遇形而下的政治生态，就暴露出其软弱无力的另一面。新儒学尊为正统意识形态后，其原先设计的"内圣外王"经世路径，随即发生了由外向内的转折与断裂，鉴于"外王"空间在专制君权（在南宋中后期首先表现为权相专政的面相）的打压与拒斥下几乎为零，致使"外王"之道淡出，"内圣"之学凸显。而无论南宋当时还是其后王朝的专制政权，尽管一脉相承地都将新儒家（实际上主要限于程朱理学）尊为国家统治思想，却绝对不会真正推行新儒学的理想架构（不过仅仅将其作为主流意识形态的话语宣传系统而已），在实用政治层面则向臣民灌输新儒学中安顿政治秩序、反省自身心性的那部分内涵。当理想建构的政治主张在专制君权下不可能"得君行道"时，新儒家一再寄望于前途未卜的未来；但自新儒学尊为官学后，任何背离君主专制的变革要求，在独裁体制那里却是绝无可能的。于是，南宋以后就始终呈现刘子健论述的局面：

> 皇朝权力，并不真要实行儒家学说，而儒家的思想权威也始终不敢对皇朝作正面的抗争。这两者之间的矛盾，是中国专制历史，政统也罢，道统也罢，绝大的失败。[1]

---

[1] 刘子健：《两宋史研究汇编》，联经出版事业公司，1987年，第282页。

　　尽管这种趋势要到宋理宗朝才逐渐明显，经宋元易代而在明清急遽地变本加厉，但其发轫却在宋宁宗嘉定年间（1208—1224）。

五

　　反观绍熙初政，太上皇宋高宗与宋孝宗父子之间那种曾经的微妙复杂关系，在太上皇宋孝宗与宋光宗之间再次重现。不幸的是，其时宋孝宗尽管自觉地较少干预朝政，宋光宗的执政能力却远逊乃父，加上隐伏着精神病诱因，先是听任李皇后跋扈干政，继而疑忌太上皇而酿成"过宫风波"。为避免朝局全盘失控，太皇太后吴氏与有力朝臣联手，另立宋宁宗为新君，虽然度过了皇位传承危机，却开启了由执政大臣与后宫合谋拥立皇位继承人的模式。其后，凭借这一模式而拥立有功的执政大臣也自然而然一再成为专断朝政的权臣，晚宋三大权相韩侂胄、史弥远与贾似道莫不如此。

　　在这种情势下，继位的皇帝或者孱弱庸暗，听凭权臣摆布（例如宋宁宗与宋度宗）；或者即欲有为，也无能为力（例如宋理宗前期）。然而，南宋的权相与前代已迥然有别，不可能对君权形成颠覆性危险。之所以如此，两方面因素不容忽略。首先，宋代家法对宰相权力已有制约性的顶层设计，无论其权势再大，也不可能一手操控整个士大夫官僚系统的运行程序与统治秩序；而新儒学的政治观也已深深植根于士大夫官僚群体之中，与祖宗家法共同形成强大的牵制之势，即便权臣也只能止步于权力的把持与利益的攫取，而不敢冒天下之大不韪，觊觎至尊的君权而沦为身败名裂的名教罪人。关键还在于刘子健所指出：

（经过唐宋之际的社会变迁）已经没有贵族大族豪族这种社会背景和地方势力，也没有地区性军队。换言之，权尽管大，而仍旧在绝对君权的控制之下，没有篡位或割据的可能性。[1]

后人提到宋代权相时，一般都列举蔡京、秦桧、韩侂胄、史弥远与贾似道（有时还追加史嵩之）。实际上，这张名单值得辨析。蔡京一生四次为相，赵翼说他还仅是"谐臣媚子伎俩，长君逢君，窃弄威福，人主能用之，亦尚能罢之"（《廿二史札记·秦桧史弥远之揽权》）。只是君主集权模式需要由其作为代理人来行使中央控制权，而其他官僚只能例行从旁赞助，所以尽管宋徽宗一再起用他，却也能轻而易举地将其罢免。严格说来，蔡京还不足以称为权相。

换言之，宋代权相都出在南宋。秦桧、韩侂胄、史弥远与贾似道的权相专政（韩侂胄实专朝政始自 1195 年，正式任相迟至十年之后，严格说来应是权臣转为权相），按照刘子健的说法，秦桧以下的权相专政都是皇帝与其代理人独断或共谋决策权的独裁模式。这种模式下的权相政治，其左右政局的累计时间长达七十年，确为其他朝代所罕见。

倘若再加甄别，这四大权相又可分为两种类型。秦桧的独相之权出于宋高宗打造绍兴和议体制之需而主动授予的，也就是说，秦桧的权相地位是宋高宗有意钦定的。而韩侂胄、史弥远与贾似道的权相擅政，都是他们专权之势已成，而由在位君主宋宁宗、宋理宗与宋度宗无奈让渡的。

这样来讨论权相政治下君权与相权之强弱消长，也许更准确

---

[1] 刘子健：《两宋史研究汇编》，第 51—52 页。

到位。显而易见，权相秦桧时期，宋高宗的君权丝毫没有削弱，君权与相权是高度统一的，秦桧之政就是宋高宗之政。而韩侂胄、史弥远与贾似道的权相专政，则与宋光宗以降诸帝庸暗或不作为有关，这三大权相下君权不张应是毫无疑问的，权相擅政径直取代了君主行政。具体地说，宋宁宗之于韩侂胄专权与史弥远专权，宋度宗之于贾似道专权，都是出于君主暗弱；而宋理宗亲政前之于史弥远，晚年之于贾似道，则都属于君主的有意不作为（前期基于感戴拥立之功与慑于专权之威的考量，晚年出于嗜欲怠政而委政权相）。总之，南宋权相政治的接踵出现，不妨说是君主对独裁权力的主动授予或无奈让渡造成的。当然，由于前述原因，无论何种类型的权相，都只是独裁模式下君权的代行者而已。即便南宋宁宗以下君权与权相之关系，也如刘子健所说：

> 至于君权，从宁宗起，已经成为这政体的象征。无论谁做这皇帝都差不多，不过非有这象征不可。对这象征，连权相也非尊敬不可。[1]

权相政治关系到南宋政治结构、朝政运作乃至有关时段历史实相等诸多问题，而所谓四大权相，就其个人品性、专权手段、危害程度与历史影响而言，也人各其面而并不相同的。王夫之就曾主张，既不能把史弥远与其他三人一视同仁，也不能将韩侂胄、贾似道与秦桧等量齐观。他评论史弥远说："自利之私与利国之情，交萦于衷，而利国者不如其自利，是以成乎其为小人。"（《宋论·宁宗》）近年以来，从秦桧到贾似道，包括这一时段的韩侂胄与史弥远，都不乏对这些权相的新研究与新论点，这是值

---

[1] 刘子健：《两宋史研究汇编》，第 57 页。

得关注的，也有利于对历史实相的全貌还原。[1]

<h1 style="text-align:center">六</h1>

我将南宋光宗宁宗时代定为由治世折入衰世的转捩点，主要还是立足于政治史层面。尽管对政治与军事直接波及的社会经济（例如纸币危机）与思想学术（例如伪学党禁与理学官学化）也有所论述，但限于当初撰述的结构体例，未曾做深入细致的展开。而社会、经济与文化诸领域的运行轨迹，与政治上的折入衰世也未必那么同步与一律，它们仍有自己独特的路径，甚至在政治上折入衰世之后，在相当长时段内仍会惯性地前推或滑行。惟其如此，法国学者谢和耐才断言，"在蒙古人入侵的前夜，中华文明在许多方面都处于它的辉煌顶峰"；在 13 世纪，"在社会生活、艺术、娱乐、制度和技术诸领域，中国无疑是当时最先进的国家"。然而，他还是强调，"13 世纪中国南方之安定繁荣的印象只不过是幻象。在此幻象背后的，却是国库之连年悲剧性的空虚，农村之贫困和不满，以及统治阶层内部的党争"。[2] 值得提醒的是，13世纪开端时当宋宁宗继位的第六年，庆元党禁尚在进行中。既然在传统中国时代，政治总是决定一切的，政治史的转捩也或迟或早必然波及整个社会的其他层面。这种全局性影响在宋宁宗在位期间也业已显现。我迄今认为，当年初版前言中那段结论性概括依然成立：

---

[1] 参见黄宽重：《"嘉定现象"的研究议题与资料》，载《中国史研究》，2013 年第 2 期。

[2] 谢和耐：《蒙元入侵前夜的中国日常生活》，刘东译，江苏人民出版社，1995 年，第 4 页。

南宋历史走向的逆转正是定型于光宁时代。以政治史而论，南宋皇权的一蹶不振和权相的递相专政始于这一时期。以经济史而论，嘉定初年爆发的纸币信用风潮标志着南宋社会经济自此跌入了全面失衡的困境。以军事史而论，开禧北伐的溃败和嘉定之役的支绌预示了南宋在即将到来的宋蒙战争中的败局。以思想史而论，嘉定时期理学官学化的前兆折射出统治阶级在社会危机面前向新的统治思想求助乞援的迫切性。

南宋正是这样折入衰世，并最终走向覆灭的！

最后，对书名略作交代。如前所述，本书旨在展现南宋王朝不由自主地走向衰落的历史进程。然而，中国史上长时段王朝几乎都有类似时段或事件，标志其折入衰世。为了凸显朝代的定位，含蓄呈现不由自主走向衰弱的曲折内涵，斟酌再三，书名定为《南宋行暮》。陆机《叹逝赋》云"世阅人而为世，人冉冉而行暮"，感叹人生行将进入暮年，或是"行暮"较早的出典，"行"即是"行将、将近"之意。及至唐宋，"行暮"既有用以形容一天行将日暮的，例如骆宾王《饯宋三之丰城序》说"白日将颓，青山行暮"；也有用以譬喻一季将近尾声的，王安石《春日》说"冉冉春行暮，菲菲物竞华"，秦观《宿参寥房》说"乡国秋行暮，房栊日已暝"，就分别指春季与秋季即将结束；还有用以比况一年行将岁暮的，例如苏轼《与顿起孙勉泛舟》说"萧条岁行暮，迨此霜雪未"。准此而论，"行暮"也可用于王朝即将进入季世。当然，"行"也不妨别解"行走"。回顾南宋光宗宁宗时代，不正是走着走着就趑入暮色的吗？

2018 年 5 月 8 日

初版前言

 历史人物研究作为整个史学研究的有机构成部分，较之制度史、经济史等专业性很强的课题，其研究成果具有最广泛的读者覆盖面，人物传记因而日益受到学术界的重视和读书界的欢迎。作为人物传记的一个门类，帝王传记具有一般人物传记的共性。在数以百计的中国帝王群像中，秦皇、汉武、唐宗、宋祖、成吉思汗、康熙大帝等对中国历史文化产生积极影响的帝王，成为这类传记的热点，且佳构迭出。这是值得欢迎的。帝王传记的传主选择，也有一种类似市场规律的东西在起作用，一般的史学工作者大概不会选择宋光宗、宋宁宗这样知名度平平的皇帝作为自己研究的对象。

 然而，帝王传记还有其特殊性。中国传统的纪传体史书，其第一类即是帝王本纪。刘知幾认为："纪以包举大端，传以委屈细事。"（《史通·二体》）又说："纪之为体，犹《春秋》之经，系日月以成岁时，书君上以显国统。"（《史通·本纪》）倘若撇开经传、国统等局限性，这一说法有其合理因素。在君主专制时代，每一个帝王都是一个公认的历史坐标点，这一坐标点对于相关历史的理解和把握是必不可少的。如果以纪传体史书做类比，少了某一人物的传记，至多是取舍失当，而少了某一帝王的本纪，无疑是义例不明。问题还不止于此。在君主专制下，有什么样的君主，就会出现什么样的时代。一代雄主汉武帝与他统治的时代是浑然一体的，白痴晋惠帝与他在位时代的历史何尝没有内在的同一性呢？在某种意义上，每一个帝王就是他统治下那个时代的缩影。

既然帝王具有历史的坐标和时代的缩影的双重意义，显然，不仅那些有雄才大略、文治武功的帝王应该作为历史人物研究的重点；即便是守成亡国之君、昏庸痿弱之主，也有必要列为传主，加以研究和描述，以便让后人通过帝王列传的系统阅读，就能把握整个历史发展嬗变的长链，理解不同时代治乱兴衰的轨迹。吉林文史出版社约我作"宋帝列传"中的《宋光宗　宋宁宗》，基于以上思路，我力图把光宁时代作为南宋历史演进的不可或缺的一环去研究，把光宁父子作为南宋中期历史的取镜独特的缩影去表现。

光宁父子的统治时代共三十六年，上承孝宗，下接理宗。孝宗是南宋唯一欲有作为的君主，但正如王夫之所指出："孝宗欲有为而不克，嗣是日羸日荼，以抵于亡。"（《宋论·宁宗》）南宋历史是以孝宗禅位为分界线走向下坡路的，光宁父子正处在"欲有为"到"抵于亡"的历史转折期上。父子两人，父亲是精神病患者，发病前迫不及待地准备禅代皇位，发病后恋恋不舍地拒绝交出君权，以一个精神病者君临天下近三年；儿子则是一个智能庸弱者，作为一个普通人可非议处虽不多，作为一个君主却是绝对的不合格和不胜任，被拥立时尽管连呼"做不得"，却终于被赶鸭子上架。所有这些，最充分暴露了君主世袭制荒谬绝伦、缺乏理性的那一侧面。

君主世袭制把这样两位君主放在南宋史的转捩点上，结局是不言而喻的。光宗的统治导致孝宗"乾、淳之业衰焉"(《宋史·光宗纪》)。宁宗的统治由韩侂胄和史弥远相继专政,最后连皇储国统"亦得遂其废立之私,他可知也"(《宋史·宁宗纪》)。王夫之指出:"自光宗以后,君皆昏瘵,委国于权奸。"(《宋论·理宗》)这一局面的形成,原因尽管复杂,但最终无不与在位君主的个人才略、识断息息相关。庸懦之君的治下虽未必都有权奸出现,但权奸却必定出在暗弱之君的治下。

南宋历史走向的逆转正是定型于光宁时代。以政治史而论,南宋皇权的一蹶不振和权相的递相专政始于这一时期。以经济史而论,嘉定初年爆发的纸币信用风潮标志着南宋社会经济自此跌入了全面失衡的困境。以军事史而论,开禧北伐的溃败和嘉定之役的支绌预示了南宋在即将到来的宋蒙战争中的败局。以思想史而论,嘉定时期理学官学化的前兆折射出统治阶级在社会危机面前向新的统治思想求助乞援的迫切性。

如果把宋宁宗后期的统治放到更广阔的历史视野中去审视的话,展现的全景则是:一方面是蒙古铁骑无往不胜的西征和南侵,一方面是西辽、花剌子模的覆灭和西夏、金朝、高丽的乞和,而另一方面却是南宋完全缺乏现实的危机感。后人读史至此,不能不为南宋方面扼腕和忧心。明人张溥以为:南宋之亡,"积于理宗四十年,成于度宗十年"(《历代史论》卷十五)。实际上,在勃兴的蒙古马背文明面前,南宋灭亡的种种症状,早在宋宁宗后期就基本具备了。南宋之所以还能苟存半世纪之久,主要原因并不在于南宋方面,而在于夏、金的地理缓冲,在于蒙古骑兵更适宜在中亚、东欧广袤的高原平野地带驰骋,在于蒙古贵族的内部纷争,一句话,在于蒙元灭宋时间表的确定。

以帝王传记的形式勾勒出光宁时期的历史逆转,困难还是不少的。不仅现存宋代史料的分布，详于北宋而略于南宋，详于南宋前期而略于南宋中后期；问题还在于，传记体的形式不容许过多地游离于传主活动之外去表现那一时代的历史。现存孝宗以前宋代列帝的个人史料足以描摹出传主生平，而光宁以后南宋诸帝的个人史料就相对匮乏，由于光宗的精神病，宁宗讷于言寡于行的个性特点，反映他们父子个性特点的史料更是显得寥落。研究南宋中晚期史，尤其是以帝王传记的形式来表现光宁时代，在史料上缺少多金易贾、长袖善舞的优势。

为了弥补史料上先天的不足，只能在文集奏议和笔记野史中去发掘有关光宁父子的零散史料。这是用力多而收获少的艰苦工作，但对丰富传主的个人形象是有所补益的。在使用笔记野史时，我尽力做了比勘考订。这些考证，有的在注释中做了说明，更多的则直接将可信的结论写入正文，以简省篇幅。传记中所有史实性陈述，均有据可查。历史传记不同于文学传记，必须具有史学著作的科学性，它虽允许在史料若断若续、若有若无处做出入情合理的推断分析，却容不得一点文学作品的虚构性。对这一原则，我是严格信守的。

自20世纪80年代初期师从程应镠先生研治宋史以来，倏忽已过了十五个春秋。先生在历史人物研究方面有过深思熟虑的见解和独具风格的实践，他所撰《谈历史人物研究》一文，所著《范仲淹新传》《司马光新传》二书，成为我研究光宁父子的指针和借鉴。遗憾的是，先生已于两年前逝世，再也不能在研究中当面请益了。令人一思至此，不禁黯然神伤。

1996 年 4 月 30 日

第一章
两朝内禅

一　淳熙内禅

1. 越位为储

宋元之际，周密曾引述时人眼中临安（今浙江杭州）府城的大势胜景：

> 青山四围，中涵绿水，金碧楼台相间，全似著色山水。独东偏无山，乃有鳞鳞万瓦，屋宇充满，此天生地设好处也。（《癸辛杂识·西湖好处》）

经过多年对旧城的改造和扩建，临安的繁华已远超北宋词人柳永笔下"东南形胜、江吴都会"的杭州，成为当时世界上最壮观最秀丽的城市。

皇宫，时人亦称"大内"，位于府城南部的凤凰山麓。方圆九里内，宫殿林立、楼阁层叠，都是朱户画栋、雕甍飞檐，镌镂着龙骧凤飞的饰物，更显出金碧辉煌、巍峨壮丽的非凡气派。作为大内的第一代主人，宋高宗自绍兴八年（1138）起"定都于杭"，已打定了长久偏安的主意，仅仅为了做些姿态，向臣民表白还未敢忘记沦陷的中原故土，才仍称为行在。

倘若从和宁门出大内，沿着御街北行至朝天门，再东折过望仙桥，便是一代权相秦桧的府第。绍兴十七年，他正处在权势的峰巅上，与其甲第鳞次栉比的规模与车马填咽的喧哗相比，毗邻秦府北界的普安郡王府顿然相形见绌。这年九月，郡王夫人郭氏生下了第三子，也就是后来成为南宋第三代皇帝的光宗赵惇。

普安郡王是宋太祖的七世孙，绍兴二年，宋高宗亲自将他选入大内收养，作为皇位后备人选加以考察。自建炎三年（1129）亲生的元懿太子夭折后，宋高宗自知生育功能丧失，不得已才做此选择。绍兴十二年，郡王依祖制行出阁就第之仪，宋代规定，直系皇族成年都须迁出大内，移居王府。次年，郡王的长子赵愭出世，绍兴十六年郡王夫人又生下次子赵恺，十七年生下三子赵惇。其后，郭氏还生了第四子，但没来得及命名就夭殇了。绍兴二十六年，年仅三十一岁的郡王夫人也离开了人世，这年光宗赵惇只有十岁。

绍兴三十年，普安郡王正式立为皇子。绍兴三十二年五月，册立为皇太子，成为法定的皇位继承人。仅隔十二天，他便登上了父皇禅让的皇位，成为南宋第二代皇帝孝宗。他的三个儿子依次进封邓王、庆王和恭王，他们的母亲郭氏也被追册为皇后。

孝宗即位不久，宰相张浚建言："人君即位，必早建太子。"当时，皇嫡长子赵愭正值及冠之年，按照君主世袭制传嫡长的原则，他完全有资格立即册封为皇太子。然而，孝宗却没让他入主东宫，仍让他一如普通皇子那样出阁就第。其原因也许有三：其一，孝宗系出太祖一脉，父皇高宗则是太宗后裔，如今孝宗虽位尊九五，却不便迫不及待地册立皇太子，以免引起太上皇的不快；其二，孝宗即位之初就措置北伐，锐意恢复，无暇顾及册立；

其三，在一母所生的三个儿子中，孝宗自以为第三子赵惇"英武类己"，而对居长的赵愭性耽诗文，则颇不以为然[1]，故难免产生且将这事搁置的想法。

东宫虚位很快成为政治敏感点。乾道元年（1165）五月二十一日，邓王府申报皇长子生了皇嫡孙赵挺。而此前恭王夫人李氏早已生下皇孙赵挺，却迟迟不移文申报。就在邓王府申文当晚，恭王府才急匆匆补上这一手续。次日，秘书少监兼恭王府直讲王淮携白札子去见参知政事钱端礼，别有用意地说："四月十五日恭王夫人李氏生皇长嫡孙，请讨论有关典礼。"

这时，因宰相虚位，钱端礼以首席执政代行相事，听了王淮的话十分恼怒，他的女儿就是邓王夫人，岂能坐视皇嫡长孙的名分归了恭王的儿子。第二天，端礼奏禀孝宗："在皇嫡长孙问题上，王淮力主年均以长、义均择贤之说。请圣上会礼部太常寺检照应行典礼。"

孝宗马上意识到问题的复杂性。"这是什么话，都不是他应该说的！"接着便明确表态："朕知道了邓王府申文后，恭王府才申告的。不必再差礼官检照礼文了。"钱端礼瞅准机会打击王淮："嫡庶名分，《礼》经上说得一清二楚，就是为了别嫌疑，明是非，定犹豫。讲官应该用正论开导。鼓吹这种启诱邪心之说，应该黜罢！"于是，孝宗免去了王淮的恭王府直讲，将他改放外任。王淮的上言是否出自恭王夫妇的指使，史无明文，但至少代表了他们的意向。而恭王夫妇之所以萌生在皇孙问题上争名分的念头，显然与东宫无主的局面有关。

---

[1] 《宋史》卷36《光宗》；李心传：《建炎以来朝野杂记》甲集卷1《庄文太子》："初，太子在藩邸，喜作诗。及升储，而诸王宫教授黄石适面对，论'东宫不宜以诗文为学'，上大喜，除校书郎。"

也许为避免因储位不定而引起政局动荡，在皇嫡长孙之争的两个月后，孝宗正式册立皇长子赵惇为皇太子。第二年，在皇嫡长孙赵挺满周岁时，特封他为福建观察使、荣国公，而恭王之子赵挺仅封左千牛卫大将军，明示区别，为这场名分之争画上了句号。

乾道三年春季某日，皇太子赴原庙举行国忌上香仪式，回宫途中路经贡院。这天恰是补试的士子入院应考的日子，应试者云集，堵住了皇太子的队伍。执金吾举杖呵斥清道，激成了应试学生与太子卫队的冲突。无所顾忌的赴考士子群起折断了执金吾的梃杖，团团围住皇太子的车驾吼声雷动，皇太子因此"惊愕得疾"。[1] 这年夏天，病体虚弱的皇太子又疰夏伤暑。因东宫医官误诊，他服药后病情急转直下。孝宗连忙将远在福州的名御医王继先宣召入宫，太上皇帝高宗与太上皇后吴氏也从退居的德寿宫过来探视。七月上旬，孝宗忧心如焚，颁诏大赦天下。病情却回天无力，三天以后，皇太子去世，谥庄文。

东宫再度虚位。但恭王夫妇对年前王淮免职冷暖自知，隐隐觉察到孝宗的不满，故而不敢轻举妄动。这时，恭王的长子赵挺已死，而已故庄文太子的嫡长子赵挺还在。在历史上，皇嫡长孙直接继大位也并不是没有先例的，关键取决于孝宗的抉择。

乾道四年十月十九日，恭王的次子赵扩出生。不久，宫禁之内一则奇谈不胫而走：恭王夫人李氏生赵扩以前，梦见太阳坠于庭园，"以手承之，已而有娠"。在君主世袭制下，太阳是人君的一种象征物。以《宋史》本纪为例，宋太宗据说就是杜太后梦见神人捧着太阳给她，才生下他的；而宋真宗也是其母李氏在梦中

---

[1] 叶绍翁：《四朝闻见录》乙集《庄文致疾》说：士子们"围车发喊雷动，庄文惊愕得疾薨"。《宋史》卷246《庄文太子惇》曰："太子病暍，医误投药，病剧。"两说并不矛盾，惊愕得疾在前，病暑误诊在后。

"以裾承日"才怀上的。恭王夫人这一白日梦的潜台词不言而喻：他们的这个儿子才是天命所在。这一梦话的出笼，与其说为儿子争天命，还不如说在为老子恭王争夺皇位继承权。恭王府就是孝宗位登九五前的普安郡王府，太阳落在潜邸的庭院，他自然不会产生反感，这一无稽之梦后来竟堂而皇之载入了国史。

不过，孝宗仍迟迟不新立皇太子。按照惯例，庆王、恭王同为嫡出，理应立长。但庆王秉性宽慈，虽因此颇受太上皇宠爱，但宽慈太过不利于宗社大计，在福相上似乎也差了点。相比之下，孝宗更欣赏恭王的英武劲儿，三个儿子中还数他阅经史、习艺业最多。但恭王排行在后，如果立他，于礼不顺。这样，立储之举便一拖再拖。

乾道六年新年刚过，竟是豪雨夹着惊雷，接着便是一场漫天大雪。左谏议大夫陈良翰上疏认为，天象反常与久不建东宫有关，孝宗嘉纳谏言。春夏之间，孝宗让庄文太子钱妃携皇嫡长孙赵挺从东宫徙居外第。此举意向不言自明：孝宗准备另立皇太子。七月下旬，太史奏称：星象主册太子，应该行大赦。

五天以后，右相虞允文退朝后请求独自留班。他对孝宗说："陛下在位近十年，而东宫虚位。今日之事没有比这更大更急的了。愿陛下上顺天意，下从人心，早出圣断。"孝宗欣然回答："久有此意。但只恐储位一定，人性骄逸，学问懈怠，渐有失德。故想让他练历世务，通古知今，庶几不会有后悔事。"允文说："只要慎择宫官，使他日闻正言，日行正道，日久天长自然无不趋于正，怎么会有后悔？再说，储位一正，深居大内，常在陛下左右，日亲帝学，何愁不光明，日悉朝政，还怕不历练？以臣之见，早建东宫，其所成就一定远远超过外处潜邸。"孝宗说："丞相所言极是。但这事还须找个日子与丞相单独商议。"

　　一个月后，一次朝殿结束，孝宗命虞允文留班议事。事毕，允文旧事重提，孝宗道："这事已定了。就在郊天的好日子降下指挥 [1] 吧。"十一月五日，孝宗在郊坛祭天时单独召见允文，说："立太子事，朕只想与丞相一人商议，怎么样？"至今为止，孝宗尽管一再强调主意已定，却从未向允文暗示过立谁，今天这番话，显然有意听取他的意见。

　　从立储上的一再迁延，允文看出了孝宗的犹豫与意向，然而处在独相的地位，他不能避而不答："这是陛下的家事，臣不敢参预。"接着，他叙述了本朝太宗末年召见寇准问立东宫的故事，意味深长道："太宗共八子，真宗为第三，体味寇准奏对曲折之间，其意只在由太宗亲自决定而已。我的惓惓忠诚也只是期待陛下圣裁！"孝宗似乎最终下了决心，说："这事没什么可犹豫的了。立太子放在初春罢。"允文答道："臣谨奉诏。希望到那时，陛下不再变动。"

　　立储之事在孝宗与允文数度密议中迟缓地推进。在夫人李氏梦日生子的鼓吹后，恭王不敢有更大的造次，但觊觎储位的那颗心却从未放下过。据《四朝闻见录·三王得》记载，有一天恭王外出，车乘遭到一个军汉的拦截，卫士上前扯开这个蓬头垢面、疯疯癫癫的军汉，他却骂骂咧咧地口吐脏话，甚至捡起瓦砾抛掷围观的孩子们，嘴里诟骂不停。

　　恭王喝问："你是谁？"那汉子连声自报姓名道："三王得，三王得。"恭王素来热衷于算命、卜兆等迷信玩意儿，一听"三王得"，就悟出这是个大吉之兆：三王，我恭王不正是排行第三吗？三王得，也就是说，我三王将得到储位啊！于是，他下令正在拉

---

[1] "指挥"即南宋宰执机构政事堂命令下属官署遵照办理的指令。

拽的卫士放那军汉回去，自己也喜孜孜地怀着好兆头打道回府了。

册立皇太子之事终于明朗化了。乾道七年二月七日晚朝时，孝宗正式将立皇太子的御札颁示大臣，当夜由翰林学士锁院起草一系列相关的诏书。自称"闲人不管闲事"的太上皇帝高宗，也过问了这件大事。他与太上皇后吴氏在庆王、恭王之间"独导孝宗以光皇为储位"，在隔代继承人上表达了明确的导向。这天晚上，太上皇特意只召庆王进德寿宫。德寿宫由秦桧旧第扩建而成，颇有亭台楼榭之胜、湖山泉石之美，高宗禅位后就移居于此。当时人习惯上把位居临安城南的皇宫称为南内，把德寿宫叫作北内。若不是朝贺、圣节等特殊日子，一般的皇孙也不能随意出入德寿宫。庆王听说太上皇召他宴宿北内，次日再回王府，自然十分乐意。

第二天，孝宗御文德殿，宣布立皇太子，诏书说："储副，天下公器。朕岂敢有所私哉？第三子惇，仁孝严重，积有常德，学必以正，誉日以休，可立为皇太子。"接着，宣读了庆王赵恺进封魏王、出判宁国府（今安徽宣城）的诏书。这时，赵恺还在北内陪着他那太上皇帝的翁翁徜徉在湖光山色之间。等他回到王府接到麻制，才明白了一切。

不久以后，魏王去德寿宫见太上皇，谈话间老大不高兴："翁翁留我，却让三弟越位做了太子！"太上皇一时语塞，安抚他道："儿道是官家好做？做时可烦恼呢！"三月下旬，两府宰执在玉津园为魏王出判外藩设馔饯行，宴罢登车，魏王对虞允文郑重而恳切地说："还望相公保全。"他深知允文在立储中的作用与在朝廷上的影响，在入主东宫的竞争中，他成了失败者，但不希望有更大的政治漩涡将自己吞没。出判宁国府三年以后，他改判明州（今浙江宁波），在两地他都究心民事，颇有仁政。淳熙七年

（1180），魏王病逝明州的讣闻传来，孝宗泫然泪下说："过去之所以越位建储，就为这孩子福气稍薄，没料到这么早就过世了。"在潜意识里，他要为自己越位建储寻找站得住脚的解释。

不久，恭王夫人李氏立为皇太子妃，她庆幸于梦日生子的杜撰话头毕竟起了点作用。其后几天，皇太子一头扎进繁文缛礼中，朝谒景灵宫，拜祭太庙，赴德寿宫向太上皇帝、太上皇后称谢，忙得不亦乐乎。三月二十三日，孝宗在大庆殿正式行册封皇太子礼。繁琐复杂的全套立皇太子礼持续了三天，赵惇才入主东宫。

2．东宫生涯

东宫再建后，孝宗从为人与从政两方面加强对皇太子的教育和培养。首先，他亲自为皇太子配备了德行可风、学问有声的东宫僚属。在确定皇太子人选的同时，孝宗嘱咐宰辅们："应该多设几个东宫官，博选忠良之士，使皇太子前后左右都是正人。"他转而问虞允文："历来东宫官设几人？"允文答道："太子詹事两人，太子庶子、太子谕德各一人，或兼侍读，或兼侍讲。"孝宗关照："应该再增两员"，并问他："谁可以作为合适人选？"允文答道："恭王府原有讲读官李彦颖、刘焞就很合适。"孝宗即表示："刘焞有学问，李彦颖有操守，两人都可以。"他让宰执们再选几人，拟个名单送上来。

几天后，孝宗审阅名单时，见有王十朋和陈良翰，便说："这两人都很好。王十朋原就是诸王宫小学教授，性格疏快，就是碰到有些事固执些。"虞允文奏道："东宫宾僚以文学议论为职，固执些并不碍事。"于是，孝宗命王十朋以敷文阁直学士、陈良翰以敷文阁待制同时出任太子詹事。宋代官制，太子詹事例以他官兼任，孝宗却一改常制，明确指示王、陈"不兼他职"，其良苦用心无非要求他们在辅导皇太子时更尽心竭力，不负重托。

在东宫僚属配备到位后，为使其历练政务，在入主东宫次月，孝宗便让皇太子领临安府尹，御笔明示用意："盖欲试以民事。"皇太子领尹治京是有例可循的，真宗曾以寿王任开封府尹，立为皇太子后仍判开封府如故。然而，在官制与职事的安排上却应作不少变动。知府事自然不设，通判也须废罢，别置少尹协助皇太子理政，首任临安府少尹就是大名鼎鼎的目录学家晁公武。皇太子就在东宫处理府事，并不需要赴府衙办公，因为相距太远。少尹与两名判官每两天赴东宫一次，汇报重大公事，听取裁夺，至于日常公务都由少尹代为处理。

皇太子领尹是从乾道七年四月下旬开始的。虽然孝宗规定：皇太子出入宫禁以及每年一次赴府衙接受少尹以下属官庭参礼上之日，如有马前投状应该接下，但在他尹京期间没有发生过这类马前递状的事情。孝宗颁降给临安府的御旨，必须先送东宫，但皇太子只需阅后封转少尹执行，就算完事。临安府界的训谕风俗、劝课农桑、宽恤赦免等，则以皇太子名义奉旨出榜。至于收籴军粮、招募兵士、处置犯官等大事，他只消在东宫听取汇报，表示原则性意见，具体操办完全不用他劳神费心。皇太子做得最多的事情，就是在临安府和浙西安抚司的奏表上题上他与府尹的名衔。而实际上，临安府给二府及其他官衙的大量公文都由少尹代劳签发了，皇太子画押具衔的文书数量已大为减少。

对皇太子尹京，朝堂上一开始就有不同的看法。太子詹事王十朋刚到任便上疏说："大抵太子之职，问安视膳而已，抚军监国都是万不得已的事情。三代之王教育嗣君，也不过教以礼乐，让他知道父子君臣之义。现在府事繁剧，命皇太子裁断，即使事事得当，也显不出太子的聪明，增加太子的盛德。倘有差失，就不是爱护太子了。"也有臣僚从另一角度反对：行在只是驻跸之地，如今以尹京典故让太子领治，天下百姓会误认为临安已作京师，岂非"绝中原之望，疑四海之心"？但孝宗没有采纳这些意见，他坚持认为，太子尹京是培养其治国理政能力的重要环节。

一年以后，太子詹事李彦颖再向孝宗提出："陛下虽想让皇太子更历民事，但领尹不是相宜之举，应让他专意向学。"改日，他把这一见解面告皇太子，劝他草拟奏稿，辞免尹事。皇太子上了三奏，在领尹整两年之际，辞免终获允准。

皇太子尹京两载，留下了不少由他具衔判押的案牍文移。宁宗在位时，将其编为七十卷《光宗皇帝尹临安判押案牍》，还冠以御制序言，称颂父皇"治以简约为本，教以宽靖为先"。据说，皇太子领尹奏疏中曾有"讼简刑清，百姓和乐"等语，淳熙元年（1174），后任知府还请孝宗御书"简乐"的匾额，高悬府衙，歌功颂德。不过，剔除奉迎与过誉，在这两年间，皇太子究竟有多少政绩可以缕述，练历了多少世务，知悉了多少民情，对他君临天下以后的德与才究竟产生了多少作用，都是大可疑问的。

从乾道九年（1173）四月解除临安府尹以后，皇太子熬过了长达十七年的东宫生涯。东宫在大内的东部，西傍馒头山布局，由旧宫殿稍事拾掇修缮而成。进太子宫门，从芙蓉相间、朱栏环护的垂杨夹道向北，便是正殿。后来在东宫创辟了射圃，作为太子的游艺处所，其间有荣观堂、凤山楼等景致。

讲习经书是东宫日课，有时一天要讲七八次。但进度却不快，三四年还讲不完一经，皇太子听讲读《尚书》居然用了四年。对皇太子的学业，孝宗是经常关心和询问的。淳熙元年，孝宗对大臣说："太子资质还可以，就是还缺少学问。"太子詹事李彦颖奏道："东宫讲读时，除讲官外，其他东宫官不过陪侍一边，不久便逡巡而退。希望让太子庶子或太子谕德也兼充讲官，为皇太子再选讲一经。"孝宗当即令庶子、谕德轮流为皇太子进讲《礼记》。淳熙三年，他把史学家袁枢刚编成的《通鉴纪事本末》颁赐东宫，让皇太子将这部史书与陆贽奏议一起熟读，并语重心长地告诫说："治道尽于此矣！"平时，皇太子派人前去问安，带回的圣谕也总是"太子切须留意学问"。

　　淳熙六年三月的一天，孝宗带着皇太子游览佑圣观，这是原普安郡王府和恭王府改建的。孝宗来到潜邸的讲宫，环顾栋宇俨整如新，看到旧日亲笔题壁的杜诗——"富贵必从勤苦得，男儿须读五车书"，不禁感慨系之。他曾在这里勤苦地历练与学习，这座王府、这栋讲宫是他稳步迈向大内、登上王位的重要驿站。他之所以将潜邸继续作为恭王府，也是寄希望于"英武类己"的第三子，能像自己那样，苦经磨砺，成为帝业的接班人。不知不觉间，来到明远楼下，孝宗回头问皇太子："近日《资治通鉴》已熟，还读什么书？"皇太子答道："经史都读。"孝宗告诫道："先以经为主，史也不可废。"

　　由于孝宗严格要求，入选的东宫讲官尤袤、杨万里等德学俱佳，勤勉尽职，堪称一时之选，皇太子倒也不敢懈怠。淳熙四年，他找到一部《唐鉴》，觉得范祖禹学问纯正、议论精确，便让讲官为他增讲这部史书。孝宗还赐他《骨鲠集》，让他仔细阅读。这是开国以来历朝名臣直谏人君的奏疏汇编。皇太子读罢大受教益，与进见的刘光祖热议起来。他认为，"书中所论新法，自是必为民害"，斥责蔡卞、蔡京为小人；而盛赞陈东上书"其意甚忠"，"不易得"。[1] 他也再三称扬吕祖谦贤德,叹息他早逝,并问光祖:"你曾认识他吗?"

读书渐多,皇太子的见识也似有长进。淳熙八年立春前下了一场好雪,东宫僚属纷纷前来称贺,皇太子说:"大凡芝草珍异都不足称为瑞兆,只有年登谷丰,民间安业,才是国之上瑞。"他赋咏雪诗说:"闾阎多冻馁,广厦愧膏粱。"由一天风雪想到冻馁的百姓,用心与议论瑞雪相契合。淳熙十二年,杨万里有封事传入东宫,内容纵论天灾、地震、敌情、边防、君德和国势,皇太子听了极口称好。孝宗对封事没立即表态,几个月后让杨万里出任东宫侍读。皇太子听说,高兴地询问:"新除杨侍读就是上封事那位吧?"太子詹事余端礼答道:"是的。这人学问过人,操履刚正,尤工于诗。""太好了!我这里也有好几个人想走后门谋取这位子,我不要这些人。现在任命了杨侍读,太好了!"皇太子显得异常兴奋。

在讲堂上,皇太子也经常对讲读的内容独抒己见。针对《周礼·太府》主张国家用度应与百姓同丰歉,他持不同见解:"人君只应以节俭为根本。书里说的是题外话,岁丰年歉不是人的思虑所能顾及的。"讲官说到《老子》"不见可欲,使心不乱",皇太子发挥道:"枯槁之士,无可欲而不乱者,易;富贵者,有可欲而不乱者,难。人皆能知之,皆能言之,但行之难啊!"有一次,讲官说到唐僖宗时,宦官田令孜矫诏将直言进谏的孟昭图溺死在贬官途中,他愤然道:"到矫诏的地步,唐朝事就无话可说了!"对本朝故事也时有议论,他总结道:"祖宗相传只是一个仁字",又说,"祖宗之德,仁、俭二字而已。"

从东宫官处听到这些,孝宗总喜不自禁连声夸奖"见识高

---

[1]《历代名臣奏议》卷 206 刘光祖《论言事本末疏》;《诚斋集》卷 112《东宫劝读录》。

远"，"学问过人"。他显然很满意，皇太子可以成为他期望的皇位继承人。有时，孝宗会特意将某件朝政交皇太子裁议。知汉州贾伟任满还朝，道经鄂州（今湖北武汉），耳闻目睹大将郭杲掊克军士，便上奏请裁郭杲兵权。朝廷派人调查，郭杲避重就轻，反告贾伟因未能鬻货给军队牟利而泄愤报复，要求对质。皇太子接到父皇交下的这件公事，认为："将臣固不可以一言动摇，但也不可以言处罚贾伟，这样言路将自此壅塞不通！"朝臣们都以为皇太子的分析有道理。

元旦大朝会时，按礼，皇太子接过皇帝赐酒应立饮于前，而皇孙平阳郡王赵扩却安坐于后，知大宗正赵不惎认为父立子坐不合于礼，孝宗拟交礼仪部门讨论，皇太子笑着说："尊无二上。在君父之前，我们父子都是臣子，怎能让儿子向我致以私敬呢？再说，平阳郡王与从官在不赐酒时都坐着，怎能让他一人独立，乱了班次呢？"礼官们无不称道皇太子既有学，且知礼。

皇太子谦恭俭约给孝宗留下了好印象，笑着夸他"宫中受用，凡百极简，无他嗜好"，认为他"德性已自温粹，须是广读书，济之以英气，则为尽善"。但倘若将皇太子即位以后暴露的各种嗜好与这一评语两相对照，有理由怀疑皇太子在东宫时期"无他嗜好"的真实性，或者正如其自言，"有可欲而不乱者，难"。至于"德性温粹"云云，孝宗弥留之际也该知道是言过其实了。

为不忘恢复大业，孝宗好几次携皇太子，带着宰执、亲王、侍从及管军武臣赴玉津园行燕射礼。玉津园是南城外专供皇帝燕射的御苑，依山濒江，景色秀丽。淳熙元年九月的一天，孝宗君臣又到园内燕射，孝宗身着窄衣，在教坊乐声里射箭中垛，皇太子与宰执、侍从都上前拜贺。宴饮以后，皇帝兴致勃勃赋了一首《玉津园燕射》，皇太子步韵和道：

> 秋深欲晓敛轻烟，翠木森围万里川。
>
> 阊阖启关传法驾，玉津按武会英贤。
>
> 皇皇圣父明如日，挺挺良臣直似弦。
>
> 蹈舞欢呼称万寿，未饶天保报恩篇。

诗味虽寡淡，但对父皇英武的热烈歌颂却引人注目。在对孝宗的态度上，皇太子自恭王时起就小心翼翼，表现出忧喜与共的样子，孝宗上朝回宫，情绪好，进膳有滋味，他便喜形于色，反之则愀然不乐。这首和诗也意在传递这种父子相契的情怀。

这种父唱子和在淳熙年间并不少见。淳熙四年，一场秋雨过后，孝宗赋诗述怀道：

> 平生雄武心，览镜朱颜在。
>
> 岂惜常忧勤，规恢须广大。

他把诗赐皇太子。皇太子领会到父皇的中兴宏图与恢复规模，也和了一首：

> 中兴日月异，王气山河在。
>
> 万物饰昭回，稽首王言大。

起笔倒也有其父的雄武之气，后两句说，万物都披上了太阳的光辉，臣下叩首欢呼圣谕的伟大。皇太子对和作显然很得意，将其与原诗一起书录，赐给东宫讲官周必大。

东宫的岁月是闲暇的。听经读史、问安视膳外，皇太子有暇也会亲自为儿子赵扩讲上一段经文大义或本朝故事，但更多时间则用来吟诗习字。他爱读孟浩然与贾岛的诗，新诗作成，常给东宫讲官看。他喜欢吟咏梅、雪，博得了曾任东宫侍读的名诗人杨万里"储后梅诗雪共新"的激赏。诚斋的激赏与其他东宫官所谓"每有诗篇，辞语高妙"的评价，都有过誉的成分。但皇太子确实会作诗、爱作诗，有的篇什还颇堪讽诵。例如他《赐杨万里》诗云：

> 黄芦洲上雪初干，风撼枯枝晚更寒。
> 静舣小舟谁得似，生涯潇洒一鱼竿。[1]

淳熙十三年阳春三月的一天，皇太子请太子詹事葛邲、余端礼，谕德沈揆，侍讲尤袤，侍读杨万里燕集荣观堂。席间，余端礼等感谢皇太子为他们四人各题斋名。杨万里刚入职东宫，便也请皇太子为诚斋题额。皇太子乘兴挥毫，"字画雅健"，"精神飞动"，题毕"诚斋"，意犹未尽，又将自己近作赏梅诗，分写五纸，各赐宫僚。"小吟春着梅梢句，一日东风四海传"，诚斋诗说的也许就是这次燕集。[2] 皇太子喜欢将手迹赐给宫僚们，当过六年东宫官的周必大就得到不少，或面赐，或签名封送，行楷都有，墨迹粲然。即位以后，他仍好赐墨迹，或将御书团扇赐给陛见的武将，或御书一诗赠给侍从。然而，其书法纯学孝宗，就像其诗传高宗一样，即杨万里所谓"银钩已有淳熙脚，玉句仍传德寿衣"，都没有个性和特色。

3. 终登皇位

做了十几年皇太子，已经年过不惑。他企盼父皇尽早禅位，就像当年太上皇禅位给父皇一样，让他早登大位，尝尝做天子的

---

[1]《诚斋集》卷21《和皇太子梅诗》；陈岩肖：《庚溪诗话》卷上；陆心源：《宋诗纪事补遗》卷1引《吉安府志》。
[2]《诚斋集》卷98《跋御书诚斋二大字》、卷21《和皇太子梅诗》。

滋味。但孝宗却似乎毫无这一意向，他或许仍指望有朝一日能亲手实现恢复中原的梦想。皇太子可有点儿耐不住了。

有一天，皇太子瞅了个机会试探道："我的胡髭已经开始白了，有人送来染胡髭的药，我却没敢用。"孝宗听出了话外之音，说："有白胡髭好，正好向天下显示你的老成，要染髭药有何用！"这几年，他也确实有点疲倦了。隆兴北伐失利后，他等待机会等了二十余年，看来恢复梦在自己手里已然无望，但仍打算把国家治理得强盛些，即使自己赶不上，也好让儿子即位不久，就能梦想成真。还有一个原因，也使孝宗不能立即把皇位禅让给儿子：太上皇还健在，自己一旦禅位，儿子又要另拨一笔浩大的供养费，仅从"重惜两宫之费"出发，禅位也只能到太上皇百年之后。[1]

自从碰了软钉子，皇太子不再向孝宗启口重提此事，却把目标转向了太皇太后吴氏。他好几次请太皇太后品尝时鲜佳馔，太皇太后有点纳闷地问贴身内侍："大哥屡屡破费排当，这是为什么？"当时，父母也把居长的儿子称为大哥，宫中宴饮则称为排当。有人道："想让娘娘代他劝皇上。"太皇太后笑了。

不久，孝宗到南内问安，从容说话间，吴氏便说："官家也好早些儿享福，放下担子给孩儿们。"孝宗道："我早就想这样了。但孩儿还小，未经历练，故不能马上给他。不然的话，我自然早已快活多时了。"吴氏也不便过分勉强。皇太子估计太皇太后已经传语父皇了，便又设排当，再请吴氏。太皇太后对他说："我已给你父亲说过了，他说你还是未经历练的孩子。"皇太子一听这话，一把抓下帻巾露出头发说："我头发都白了，还说是孩子！这岂不

[1]《四朝闻见录》乙集《乌髭药》。

是罪过翁翁吗？"翁翁指宋高宗，他禅位时，孝宗仅36岁，比皇太子现在还年轻。太皇太后语塞了。

正面试探，侧面敲击，都无济于事，皇太子只能乞灵于他笃信不疑的扶箕术了。据《四朝闻见录·清湖陈仙》，请入东宫的箕仙姓陈，江山县（今属浙江）清湖镇人，父子同操一业，人称"清湖陈仙"。皇太子召老陈入宫，自己却穿白绢上衫，系小红腰带，改换了装束，避而不见。内侍设好了香案，焚化了问状。箕仙降临了，执笔写下"皇太子淳熙十六年二月壬戌即大位"。内侍拿进去交给皇太子，命犒以酒肴，赠以金帛，送陈仙出宫时叮嘱他切勿妄语而泄漏天机。皇太子这才感到心里踏实。

大约就在请箕仙不久，淳熙十四年十月八日，太上皇驾崩，庙号高宗。对高宗之死，孝宗号恸欲绝，两天一点也不吃，表现出深切的悲痛。本来，儒家三年丧制，实际服丧二十七个月。而宋代之制，嗣君为先帝服丧，以日代月，三天后听政，十三天小祥，二十七天大祥。然而，为向天下后世表示自己"大恩难报，情所未忍"的孝心，孝宗坚持自我作古，实行三年之丧。

政务的劳顿，丧期的哀痛，孝宗日感疲惫，觉得到了该传位的时候了。不过，他对皇太子似乎还不放心，总认为应该让他多经历练。高宗死后没几天，孝宗单独交代博学多识的翰林学士洪迈："朕准备内禅，而且打算仿效唐朝贞观故事，让皇太子参决政事。你去查一下应行的礼仪。"他对宰执们解释："皇太子已年长，若只在东宫，惟恐他怠惰，所以让他参决庶务。可以定个日子开议事堂，与你们议事。"

对这一决定，太子侍读杨万里立即上书反对。他历论赵武灵王、魏太武帝、唐太宗令太子监国的前代殷鉴：

民无二主，国无二君。陛下在上，却名皇太子参决，天下向背之心必生。向背之心生，则彼此之党必立。彼此之党立，则离间之言必起。离间之言起，则父子之隙必开。父子一有纤芥之疑，就难以弥合。陛下应远鉴古人之祸。

他同时上书皇太子，陈述了类似意见，劝诫皇太子"三辞、五辞、十辞、百辞"而决不奉诏。皇太子礼节性地给父皇上了三次辞谢的表章，并没有五辞、十辞。[1] 从内心说，他知道参决庶务是父皇准备让位的前奏曲，他早就渴望登位一试了。

淳熙十五年正月二日，皇太子正式开议事堂。这天，孝宗特地登御和殿，先令宰执们奏事，然后命他们赴议事堂与皇太子共议国事。议事堂由原内东门司改充，从这天起，皇太子隔日与宰辅大臣在这里相见议事。凡是在朝馆职、在外监司以上的任命，由皇太子参决，再上报皇帝。除出守州府的侍从、文臣监司、武臣钤辖，其他官员都在议事堂参辞与纳呈札子，其间有可行的，皇太子与宰执一起呈上取旨。七天以后，孝宗对大臣们高兴地说："皇太子参决政事没几天，已谙知外朝物情。从今天起，每逢朕御内殿，令皇太子侍立。"显然，孝宗有意识地在强化训练他治国理政的能力。

这时，太子左谕德尤袤也感到有必要再次提醒皇太子，免得杨万里的警告不幸而言中。他上书皇太子说：

大权所在，天下趋之若骛，这是十分值得警惕的。愿殿下事无大小，都取上旨而后行；情无厚薄，悉交众议而后定。

---

[1] 《诚斋集》卷62《上寿皇论东宫参决书》《上皇太子书》；罗大经：《鹤林玉露》甲编卷6《太子参决》。

祸害的端倪，往往开始于思虑不周的当口；疑隙的萌芽，常常隐生在提防未及的地方。储君之位，只是侍膳问安；抚军监国，历来出于权宜。愿陛下在高宗神主祔庙后，就恳辞参决，彰昭美德。

对尤袤的劝诫，皇太子只表扬了一句："谕德对我可谓关心得真深切啊。"便没了下文。

孝宗很重视皇太子参决，因事随时向儿子点拨治国之道与为政之术。他把培养一位英明的君主视为传授一门绝活那样，言传身教。秋天一过，便是孝宗的生日会庆节，按例，全国州军又要进奉祝寿的钱物了。今年，他打算为儿子做件好事，便对皇太子说："朕为你免去各州军两年会庆节的进奉，怎么样？"

这年的皇太子生日，臣僚照例上了许多祝贺的诗文，有一首诗说"参决万机裨独断，力行三善答舆情"[1]，三善指亲亲、尊君、长长，歌颂皇太子参决政务以便孝宗更好地独出圣断，他在这三种道德规范上向舆论民情交了出色的答卷。尽管是阿谀奉承，却表明皇太子在参决朝政时小心翼翼，尽可能让父皇满意和放心，以便尽快禅位于他。

这年五月的一天，皇太子照例进呈官员任命名单，孝宗注意到有一个名叫司谦之的，刚以门客荫补，便授以刑工部架阁的差遣。任命是宰执草拟的，皇太子也没表示异议。孝宗微微不满地对他说："切不可开这侥幸之门。他已经破格了，还不自己掂量掂量！"面对父皇的指责，皇太子连连称是："侥幸之门一开，攀比

---

[1] 王炎：《双溪集》卷8《贺皇太子生辰》。

援例就会源源而来。确实不能开。"[1]

不过，孝宗还是认为禅位的时机已经成熟。他之所以急匆匆禅位，一再强调的堂皇理由是为服三年之丧；但在个别场合承认"年来稍觉倦勤"，恐怕才是实质原因。[2]孝宗即位之初，以为"怨不可旦夕忘，时不可迁延失"，锐意兴复；但隆兴北伐，有恢复之君，无恢复之臣，决策人物张浚志大才疏，使绍兴以来"所积兵财，扫地无余"；自隆兴和议后，虽始终"欲有为而不克"。[3]如今眼看年逾六旬，恢复无望，"倦勤"之说乃是由衷之言，"服丧"之说不过门面之辞。

淳熙十五年岁末，孝宗命当时独相的周必大着手准备禅位的典礼。次年新年初三，他封魏惠宪王子赵抦为嘉国公；上元节那天，把太上皇后吴氏迁居慈福宫，慈福宫仍在原德寿宫内。安顿好家事，他接着安排国事。

宋孝宗召见了宰执班子，告诉他们："近来理政稍感倦怠，这十来天中想禅位给皇太子，以便退居休养，服丧尽孝。"大臣们都交口赞同，只有知枢密院事黄洽沉默不语。他执政六年，少有建明，有同僚讥讽他循默。孝宗便问他："卿以为如何？"黄洽答道："皇太子能当大任，但李氏不足以母仪天下。陛下应深思熟虑。"皇帝对皇太子妃是有所不满的，却未料黄洽直言如此，顿时惊愕地反应不过来。黄洽却从容地接着说："陛下问我，我不敢沉默。但既然说了，从此便再也见不到陛下了。陛下他日想起我的话，再想见我，也不能够了。"退朝以后，他便力求去位。

---

[1]《宋会要辑稿》职官73之33，《宋史全文》卷27。按宋代惯例，只有同知枢密院事以上的宰执、三师三公及开府仪同三司的亲王、使相以上才能荫补门客，两则史料均未指明司谦之是谁的门客，故颇有可能是皇太子的，宰执破例注拟或出于讨好。
[2]《建炎以来朝野杂记》乙集卷2《上德己酉传位录》。
[3] 王夫之：《宋论》卷11《孝宗》、卷13《宁宗》。

孝宗对宰相周必大说"卿须少留",打算让旧相继续辅佐新主,但必大表示一俟内禅大典操持结束,也将辞相出朝。皇太子参决朝政的后半年,正值必大独相。如今挽留不住必大,孝宗倒也不觉得是两人合作欠佳的缘故。他先进拜必大为左丞相,再把执政留正升任右丞相。有一天,留正奏事,皇太子侍立在侧,孝宗回头对儿子说:"留正纯诚可托。"显然,他已决定让留正在不久的将来取代必大辅弼新君。他又罢免了黄洽与另一位执政,代以王蔺和葛邲。

这壁厢孝宗正在为禅位做最后的安排,东宫那里似乎又迫不及待了。上元节太皇太后迁入慈福宫那天,皇太子宠信的宫僚姜特立见到左相周必大,便打听道:"宫中人人都知道上元节后举行典礼。现在却还静悄悄地不见动静,这是为什么?"周必大说:"这不是外朝应该打听的!"姜特立碰了一鼻子灰,他的试探即使不是出自皇太子授意,至少也是迎合了东宫的心思。

二月二日,内禅大典终于举行了。紫宸殿上仪仗庄严,宰执与百官列班侍立。宋孝宗入殿,鸣鞭响了起来。宰执上殿奏事。然后,在鸣鞭声中,皇帝步入便殿。宰执与文武百官移班殿门外,听内侍宣读禅位诏书:

> 皇太子惇仁孝聪哲,久司匕鬯,军国之务,历试参决,宜付大宝,抚绥万邦。俾予一人,获遂事亲之心,永膺天下之养,不其美欤!皇太子可即皇帝位,朕移御重华宫。[1]

听罢宣诏,群臣再拜蹈舞,三呼万岁,然后复入殿列班。新皇帝宋光宗入紫宸殿,禁卫班直、亲从仪仗等迎驾。鸣鞭声中,

---

[1]《建炎以来朝野杂记》乙集卷2《上德己酉传位录》。

内侍扶掖他来到御座前。他推辞再三,侧立不坐。内侍传出孝宗圣旨,请新皇帝升御座,光宗这才就位。百官逐班称贺,再呼万岁;宰执奏事而退。仪仗退场后,光宗来到便殿,侍立于太上皇帝之侧。然后,登上辇轿,送太上皇帝赴重华宫。几天前,宋孝宗已下诏将德寿宫改为重华宫,作为自己退养之所。从北内回大内后,光宗下诏,上太上皇帝尊号为"至尊寿皇圣帝",孝宗谢皇后尊号为寿成皇后。禅位仪式至此结束,光宗这才稳稳地圆上了皇帝梦。他猛地记起今天的纪日干支是壬戌,竟与清湖陈仙的扶箕之语完全吻合。

禅位那天,有臣僚做了十首口号诗,有两句说:"乍从黄伞窥天表,愈觉英姿似寿皇。"[1] 意思说,看一眼黄伞盖下新皇帝的龙颜,那勃勃英姿酷似他的父亲寿皇圣帝啊!然而,他治国平天下的雄心与方略比起乃父来,将会怎样呢?

二 绍熙初政

1. 求言用谏过场戏

宋孝宗算是南宋最有作为的君主,但晚年政事也颇有因循苟且处。朱熹在淳熙末年曾有过比喻:"今天下之势,如人有重病,内自心腹,外达四肢,无一毛一发不受病者";他论淳熙后期君相道:"如今是大承气症,却下四君子汤,虽不为害,恐无益于病。"朱熹说得有点严重,大承气症状是中热内结,神志昏眩;但每个朝代步入后期的"王朝病",确已渐露先兆。光宗即位,究竟

---

[1] 张镃:《南湖集》卷7《淳熙己酉二月二日皇帝登宝位镃获厕廷绅辄成欢喜口号十首》。寿皇即孝宗尊号"至尊寿皇圣帝"的简称。

是使天下之势恢复孝宗前期的那种活力与希望，还是坐视王朝病日趋严重？他面临的无疑是颇为关键的时机。

即位当年，光宗仍用淳熙纪年，次年改元绍熙。宋代年号多寓用意，往往可视为纪元时期的施政大纲。光宗志在继承孝宗的淳熙之政，即所谓"将绍淳熙之政"，故以绍熙为年号。绍熙元年（1190）初，诏书称"寿皇圣帝临御岁久，典章法度粲若日星"，"当遵而行之，仰称付托之意"，也表明这点。至于翰林学士草拟改元制词时说，"合绍兴、淳熙为义"，似非光宗本意。光宗在位仅五年余，若以次年十一月他惊悸致疾为界，可分为前后两期。史书称其前期"绍熙初政，宜若可取"，是否如此呢？

即位大礼的余波持续了好几天：大赦天下，率群臣朝重华宫上尊号册宝，册立皇后，尊高宗皇后吴氏为寿圣皇太后，遣使赴金告知即位，等等。即位十天后，光宗在求言方面三天之内连下了三道诏书。第一道诏书颁给内外臣僚的，让他们上陈时政阙失。这原是新君即位后的应景事，臣僚上言也往往虚应故事，滥歌圣德。也许为强调诚意，诏书特别声明："四方献歌颂者勿受。"次日，光宗又给离任的宰执和侍从各送去一封诏书，向他们咨访得失。第三天，他下诏两省官，指示他们阅选内外封事与奏章，将其中重要而切实的报送上来。大概感到仅此三道诏书还不能让天下臣僚知无不言、言无不尽，十余天后，他又下诏职事官轮对，迫使臣僚们逐日挨个发言。内外百官做出了响应。光宗引见臣下，阅读封事，也似乎忙乎起来。

军器少监刘光祖上了《两朝圣范》札子，把北宋太祖、太宗两朝关系到国家宏图、天下大计的事迹条分缕析为十类，呈给光宗作为创业守成的典范。这封万言札给光宗留下了深刻的印象，认为刘光祖是可用之才。

在进对的群臣中，黄裳论中兴规模也引起了皇帝的注意。他着重从行都、吏治、重镇三方面论述中兴规模与守成不同。光宗是欣赏黄裳的，不久便让他做自己儿子的老师，升任嘉王府翊善。

这时，边臣来报，金使入界，但使名不合外交礼节，左补阙薛叔似奏道："自从寿皇以匹敌之礼对待金国，金人常有南窥之心。现在使名不正而遽使入境，只能让敌人轻侮。谋国者不能过分畏敌。"对恢复之业，光宗也不是绝无考虑，听罢奋然接纳了这一建议。

不论在朝还是在外，不论在任还是致仕，也不论召对还是上疏，光宗都让官员们各尽所言，自己则"不倦听纳"。罗点使金回朝，光宗尤其郑重地对他说："你原是东宫旧僚，更和他人不同，有所欲言，毋惮启告。"这位昔日的太子侍讲趁机进言："君子得志常少。因为君子志在天下国家，行必直道，言必正论，不忤人主，则忤贵幸，不忤当路，则忤时俗。反之，小人得志常多。明主应该念君子之难进，尽可能支持保护他们；念小人之难退，尽可能洞察提防他们。"

即位求言的当年夏秋之际，光宗还下诏侍从各言时政得失。绍熙二年二月，惊雷大雪交作，他以阴阳失时再令侍从、台谏、两省官、卿监、郎官、馆职各陈时政阙失。这年五月，他下诏宣布：今后将随时宣召侍从、经筵、翰苑官，"庶广咨询，以补治道"。接二连三的求言诏令与即位之初的求言之举，似乎表明皇帝不仅是一位经常不断地征询意见者，而且是耐心倾听真话的聆听者。不过，对光宗的求言决不能估价过高。他似乎没有也不想把各抒己见的臣下进言统一起来，抓住亟须解决的关键，制订切实有效的措施，付诸雷厉风行的行动。绍熙二年三月，卫泾的应诏上书对绍熙初政的求言做了形象而具体的描写：

　　　　陛下每于臣僚奏对，言虽讦直，必务优容，可谓有容受
之量。然受言之名甚美，用言之效蔑闻。毋乃听纳虽广，诚
意不加，始说而终违，面从而心拒。轩陛之前，应和酬酢，
密若有契于渊衷。进对之臣，亦自以为得上意。退朝之暇，
寂不见于施行，盖有宣泄于小人而遂罹中伤者矣！[1]

说到底，光宗还是把初政求言当作门面文章，不仅臣僚上言不见
诸施行，反而转身向内廷小人宣泄自己的不满，以至上言者遭到
中伤。

　　宋人总爱自夸"好言纳谏，自是宋家家法"；两宋君主也无
不以"崇奖台谏""不罪言者"相标榜。绍熙初政的上言者也不乏
建请纳谏的。对于纳谏，光宗先后做了两件事，一是即位次月将
左补阙薛叔似、右拾遗许及之改任他官，废罢了一年前增设的补
阙、拾遗官。宋代台谏官的建制大体沿袭唐制，只是把谏官中补
阙、拾遗改为司谏、正言。孝宗晚年，有感于宋代谏官往往分任
御史之职，为恢复"谏官专是规正人主，不事抨弹"的"古人设
官之意"，在司谏、正言之外再设左、右补阙和拾遗。御史中丞谢
谔认为拾遗、补阙不能废罢，光宗坚执己见。两官之废无异于向
人们表明：皇帝内心并不希望把言事重点放在规正人主的阙失上。
自此以后，进言的近臣果然大为减少。

　　光宗做的第二件事是重颁御史弹奏格。早在淳熙四年
（1177），孝宗曾向御史台与中央、地方各官署颁行《御史台弹奏
格》，分门别类共三百零五条，作为台谏弹奏的依据和臣僚恪守的
准则。绍熙元年三月，御史刘光祖搞了个二十条的摘编本，内容

[1]　卫泾：《后乐集》卷10《辛亥岁春雷雪应诏上封事》。

050

"关于中外臣僚、握兵将帅、后戚内侍与夫礼乐讹杂、风俗奢僭之事",光宗"付下报行,令知谨恪"。[1] 此举目的在于加强台谏官对臣僚士庶的纠弹,而绝非规箴人主之失。两件事情用意是一致的。

自然,用谏的表面文章还是必须做的。淳熙十六年二月,光宗命中书舍人罗点举荐可任台谏的人选,供他亲擢。侍从荐举、君主亲擢是宋代选任台谏的一般程序。然而,光宗对罗点推荐叶适、郑湜等人选并不满意,认为他们都与周必大气类相似。即位以来,左相周必大与右相留正议论素不相合,光宗是知道的。他清楚记得即位那天,必大哽咽着对孝宗说:"盛典重见,但今后不能日侍天颜了。"孝宗也泫然道:"只赖卿等协赞新君。"也许,光宗认为父皇让他"协赞",是对自己的不放心,故而对这位旧相颇怀忌惮之心。这种忌惮之心也许还能追溯到他以皇太子身份参决朝政期间,与宰相周必大的关系。这也难怪他对罗点的名单横挑鼻子竖挑眼了。

周必大虽在内禅时已有去意,但两月来却不见有辞相动作。于是,光宗把左谏议大夫谢谔迁为御史中丞,让兵部侍郎何澹当了谏议大夫。何澹与必大的关系原来不错,但在必大任相期间,做了两年国子司业仍未迁升,便怏怏不快。留正迁右相后,建议升他为国子祭酒。他感恩在心,出任谏长后所上第一疏就力攻周必大,列举其不公不平不正的十大罪状,请即赐罢斥。在何澹累疏力攻下,必大上状辞位,称"右相贤德,中外同瞻",字面上推重右相,字面外却向皇帝暗示何澹党附留正。五月,周必大罢相,出判潭州(今湖南长沙)。

何澹论罢必大,是对留正的回报,在其后四年里,留正独居

---

[1]《宋史全文》卷28。《建炎以来朝野杂记》乙集卷11《御史台弹奏格》作二十余条。

相位。这种局面正是光宗本意所在，这有他的言行为证：其一，留正独相之初，曾故作姿态请复命新相，光宗对他说："古来多任一相，现在正以此期望你，你应了解朕的心意。"其二，光宗与留正君相对谢谔不劾必大深感不满，不久便将其撤职，让何澹取而代之，当了御史中丞。周必大就是朱熹批评的对大承气症下四君子汤的淳熙名相，他的罢相表明：光宗连这样下四君子汤的辅相都不能用，更遑论其他了。

罗点推荐与周必大意趣相类的人选，光宗自然不打算选用。仅就帝王术而言，光宗也比其父差远了。孝宗之时，"前相既去，后相既拜，却除前相进拟台谏，后相虽有进拟，虑其立党不除"，也就是说，前各任宰相更替之际，孝宗有意任命前任宰相提名的台谏官，对继任宰相拟上的台谏官概不录用，唯恐宰相与台谏官结党营私。光宗却反其道而行之，此举开南宋后期"一相去台谏以党去，一相拜台谏以党进"的先例。[1] 其初衷虽也旨在宣示君主的威权，但宋宁宗以降，相权与台谏结党营私的痼疾难以治愈，却与此大有关系。

不过，光宗毕竟亲选了一些好台谏，最著名的就是那位上《圣范札子》的刘光祖。绍熙元年初，殿中侍御史阙员，光宗对留正说："卿监郎官中有这样的人选，你知道吗？"留正沉吟一下问："莫不是刘光祖？"光宗说："对！这人我早记在心里了。"光宗对光祖说："你刚直不屈，故而把言责交给你。"光祖感激知遇，益自奋励，公论为之一振，连何澹也不得不承认近日台谏"风采一新"。

对何澹首攻周必大，当时刘光祖尚未入台，却并不以为然。他俩是旧交，何澹承认："近日之事，可说是犯不韪。"光祖对他

---

[1] 张端义：《贵耳集》卷下。

说："周丞相并不是没有可议论之处，但近来一相去位，他引用之士斥逐殆尽，并非好现象。周丞相荐引颇多佳士，哪来这么些人材代替他们？"出任台官后，光祖所上第一疏是论道学朋党的，其中说："陛下即位之初，凡所进退，原无好恶之私，岂以党偏为主？而一岁之内，罢逐纷纷，中间好人却也不少。反而因人臣私意，连累了陛下的贤明。"既委婉地批评了皇帝，又不指名地指责了何澹徇私击人。光宗对批评倒没太在意，也许他认为周必大既已罢免，台谏与宰相立党的倾向也必须防止，便把光祖的奏章给何澹与其他言官传阅。何澹看了，好几天恍恍惚惚，竟然靠服定志丸来镇定情绪。

光祖真以为皇帝是所谓好言从谏之主，便连珠炮似的上章论谏。他弹劾前谏议大夫陈贾与现任右正言黄抡得罪清议，光宗下诏：陈贾奉祠，黄抡补外。光祖又论谏内侍孙某不应转遥郡观察使，光宗没有答复。这时，光宗准备把带御器械的荣衔赐给阁门宣赞舍人吴端。吴端是东宫旧人。还在光宗当恭王时，有一次，孝宗的病连国医都没能治愈，恭王夫人李氏推荐他一试，倒痊愈了。李氏从此很看重他，这次授其荣衔，就出于她的示意。这一除命，连何澹都认为不妥，连上三疏论列；给事中胡纮拒绝书读诏命。[1] 光宗原就迷信巫术，何况还是李皇后的意思，坚决不肯撤回成命，让大臣带上御笔宣谕前去说劝刘光祖、何澹和胡纮。两人见风转舵，一个不再上疏，一个书读诏命。唯有光祖仍谏论不止，强调"这是轻名器、坏纪纲、渎主权，一举而有三失"，不仅不买宣谕的账，反而把皇帝也批评了。这下，光宗再也无法赏识其

刚直了。恰巧前不久，光祖监督礼部考试，拆号时在试卷上小有差错，光宗便借此由头罢了他的言职，距他入台还不到三个月。

绍熙元年冬，一项任命又引发了一场谏诤风波。士论不佳的潘景珪走后门钻营到工部侍郎兼知临安府的要职，右司谏邓驲接连弹劾他结交近幸。谁知景珪仗着通天的路子，不仅邓驲丢了言职降了官，其他交章论列的台谏官也多被斥逐。台谏攻之不已，光宗庇之愈力。在这僵持不下的当口，起居舍人黄裳上奏道：

> 自古以来，人君不能从谏的，就是被三种心蒙蔽了：一曰私心，二曰胜心，三曰忿心。因私心而生胜心，又因胜心而生忿心。忿心一生，事情就完全不在道理上了。景珪，乃平常之才，陛下原也以常人待他。就因为台谏攻之不已，致使陛下庇之愈力。陛下应心无所系，听台谏之言，就不会有欲胜之心了；待台谏之心，便不会有加忿之意了。

三心之说切中了皇帝的要害，也许为表示自己没有私心，并能克服胜心与忿心，次年初夏，光宗罢去了景珪知临安府的职务。

尽管如此，类似这样"全台论之而不听，给舍缴之而不回"的拒谏情况，却屡有发生。绍熙二年，彭龟年在上疏中评价对光宗初政的用言纳谏："质之近日之事，似有拒人之疑"，"虽能申令出不反之威，然殊非改过不吝之道"。马基雅维里曾指出：在君主制下，一切良好的忠言，不论来自任何人，必须产生于君主的贤明。也就是说，良好的忠言决不会缺少，但只有君主的贤明才能正确听纳这些忠言，使其发挥真正的价值。绍熙初政，在任用台谏上，光宗有其出于私心而失误的一面，例如不用罗点推荐的人选而改用何澹，纵容他攻罢周必大；但也有严选台谏成功的一面，任命了刘光祖、孙逢吉、林大中、彭龟年等。

然而，光宗私心、胜心、忿心并存，虽有刘光祖这样敢言常人所难言的台谏官，也终不能容；拒言玩谏的各种手法，倒已得心应手。对台谏论劾的口头戒止或御笔宣谕，始用于刘光祖与何澹。其后正如彭龟年所面奏："近日台谏进言，稍稍不见效果。虽听用的确实不少，但或者不加采行，或者教训诫勉，或者宣谕中止的，也绝非孤例。"表面上升迁其官职，实际上罢免其言责，龟年斥为"近世最敝之法"，光宗也一而再、再而三地袭用，致使耿直敢言的言官不能久任其职。于是，因刘光祖、孙逢吉等就出任台谏而"风采一新"的局面，转眼成为明日黄花，而终于"风采日消"。绍熙初政号称求言纳谏，最终不过是应景文章过场戏。

2. 正邪并用

在即位之初的召见轮对中，光宗对人才倒有所措意。有个叫王自中的，"少负奇气，自立崖岸"，孝宗时有人动议遣返从中原南附的归正人，他到丽正门前激昂地争论道："现在内空无贤，外空无兵，正应广募忠烈，恢复中原。"他的壮言快语大得孝宗赏识。光宗即位，召见他时说："早在寿皇那里听到你的名字，留在朝中做郎官行吗？"他终因豪言奇行不见容于世，言者论列不止，只得提举宫观闲职。光宗却记着这个标新立异的人才，后来命其起知州军，但他已病重不能赴任了。

绍熙初政时，最受礼遇的要数陈傅良。他是永嘉学派中坚，为学主张经世致用，对古代历史、制度、田赋、兵政都深有研究，朝野间声名卓著。他去朝十四年，入朝时鬓发皤白，都人聚观嗟叹，称为老陈郎中。光宗大有相见恨晚的感慨，迎上去说："你这十几年在哪里？想见你已好久了。把你写的书拿给朕看看吧！"安排他做秘书少监兼实录院编修官，同时担任皇子嘉王府赞读。

光宗在位五年，一直留他在朝中，擢为起居舍人兼中书舍人，让他记录自己的起居言行，并书读诏命，给以特殊的眷顾。从尊礼陈傅良，赏识王自中，与后来亲擢陈亮为状元来看，光宗主观上还是希望用好人才，有所作为的，而他欣赏的多是既讲究经世，又超脱陈规的人才。

　　也许为全面掌握人才情况，绍熙元年冬天，光宗下诏：今后监司、帅守任满还朝，殿对之际，可向朝廷荐举一二名属下人才。[1]这种荐士方法，不过是奉行成规，结果却流于形式。据说，其后三年间地方上被荐者近九百人，朝廷不能全部录用，只得让中书省登记姓名了事；而士风的腐败也严重影响了荐士的质量，推荐的未必是真人才，连朝廷都"疑其私而不信，病其众而难从"。绍熙四年冬天，有言者指责这一现象，光宗又下一道诏书，规定今后监司、帅守不许独员荐士，试图以联名推荐改变独员荐举所滋生的徇私滥荐之弊。这道诏书对请托举荐的风气未见得真能起遏止作用，倒证明了绍熙初政时荐士诏令的实际效果是大可怀疑的。

　　相对说来，对在朝官吏，光宗要熟悉些。有一次，言官论劾郑兴裔使酒任气，理政鲁莽灭裂。兴裔是徽宗郑皇后的外族，时任明堂大礼都大主管大内公事。光宗知道他在中兴后族中德与才都口碑甚佳，便对言官说："台谏官当然可以风闻言事，但也应八九不离十。兴裔是后族，我在东宫时，好几次与他同侍内宴，他滴酒不沾，闻到酒气就呕吐，怎能够使酒任气呢？"那言官听了惭愧而惶恐地退了下去。

　　在任命朝官时，光宗也常使用些小智。即位不久，他起用文

---

[1] 此事系年据《建炎以来朝野杂记》甲集卷6《绍熙许荐士嘉泰罢泛举》，《宋史·光宗纪》系于上年十月。

名颇盛的倪思权直学士院，与自己昔日的东宫老师尤袤对掌起草制诏的要任。按惯例，如一次起草三道以上制词，都应宣召两位学士夜入学士院，锁院后通宵撰写，翌晨付用。这次，光宗为考验倪思是否名副其实，仅召其一人宿直，却要草拟四道拜除公、师的制词。次日早朝，倪思交出了词句赡雅、文义精敏的四篇诰词，当朝宣读后群臣诵叹备至。光宗这才去掉他官衔上那个"权"字，把临时编制改为正式编制。后来，他又选拔了人称"翰林之才"的楼钥做起居郎兼中书舍人。楼钥不仅草诏明白得体，封驳也无所回避。大内有人私下干请，光宗说："我也有点忌惮楼舍人的封驳，你不如算了吧！"

在整饬吏治上，光宗也是有所用心的。即位当月，他就下诏戒饬官吏。绍熙元年十月，他颁诏号召州县官奉法爱民。次年，他又规定：监司、郡守到任半年必须条奏准备施行的利民实事。不过，这种正面号召苍白无力，犹如风过马耳，对吏治腐败起不了导正转向的作用。于是，针对官员受贿赂、拉关系成风，即位当年，光宗就下诏警告：对赃罪显著的官吏将严惩不贷。次年，又颁诏规定：监司、郡守以公款送往迎来作赃罪论处。宋代旧制：凡保荐京官任职后如有受赃纳贿事发，对举主也要给以处分。这一做法，淳熙后期渐成具文，绍熙初政，光宗再次强调，重申执行。恰巧旧相赵雄所荐官犯赃事发，赵雄按例应削官三秩，从节度使、开府仪同三司降为银青光禄大夫，剥夺使相的待遇。这下，光宗可为难了，便以折衷的办法，改削其封邑二千户，从卫国公降为益川郡公。在动真格的时候，皇帝又是雷声大雨点小，这样的惩贪成效是可以想见的。

绍熙元年七月，新任签书枢密院事胡晋臣谒见重华宫，太上皇孝宗对他说："嗣君擢任二三大臣，深合朕意，听说外廷也没异议。"这是泛泛夸奖，新任命的执政仅晋臣一人而已，这一任命也无关大局。实际上，绍熙初政对宰执班子的最大"手术"就是罢免周必大，让留正独相。反观光宗患病后留正的表现，却证明他不足以独力担当辅政大任，光宗之罢必大，升留正，实为任用宰辅大臣上的一大失着。

胡晋臣进入宰执班子同时，王蔺由知枢密院事升任枢密使。孝宗时，王蔺直陈时政阙失，孝宗不以为忤，称赞他"磊磊落落，唯卿一人"。内禅前夕，孝宗特擢他参知政事，显然有意让他"协赞新君"。即位之初，光宗也有些"精厉初政"的意向，王蔺不避形迹，凡认定政事有失，不仅鲠直敢言，而且尽言无隐。有时，光宗从内朝付出御笔差除，王蔺凡认为不合公道人心的，便留下不发，直接放回御座之上。光宗有点难堪，又不在理上，心里老大不高兴。王蔺疾恶如仇，也招来同列的忌惮，其中尤以独相的留正为最。一年半内，王蔺的职务变动了两次，不过仍在宰执圈内。这时，有人建议为皇后建家庙，王蔺又期期以为不可，意犹未尽，趁应诏上疏之机，请皇帝"先定圣志"，条列八事中不乏刺痛皇帝的内容，宋光宗这次来个不理不睬。

绍熙元年秋末，何澹刚迁御史中丞，便有人示意他弹击王蔺。尽管此人是谁，出自何人指使，史无明文，但人们很自然联想到这是留正的小动作。何澹也心领神会，欣然上章，极尽诋毁之能事，作为对提拔他的人的回报。光宗这次不再像辨析郑兴裔受谤那样清醒明智了，何澹的丑诋正中他的下怀，便立即下诏将王蔺降一官放罢。未过几天，他见到何澹，竟说道："你的章疏还不痛快，这人我都怕他。"一番话和盘托出在用人问题上的狭窄胸襟与在驭臣手段上的低劣水准。

如同其他王朝一样，宋代也有自己的东宫官系统。即以光宗任皇太子时而言，不仅有在德行上督导太子的詹事、庶子、谕德，还有在学艺上教辅太子的侍读、侍讲，这些都以朝官兼职或专任。此外还有主管左、右春坊事二人，承受官一人，例以内侍兼领；同主管左、右春坊事二人，则以武臣差任。宋代所谓武臣，并非都是赳赳武夫，而是在铨选、迁转中与文官系列相对的阶官系列。因朝夕相处，皇太子与东宫内侍及武臣的关系，要比其他宫僚贴近得多。皇太子一即位，他们便称为春坊旧人或随龙人，新皇自然对他们也青睐有加，视为心腹，委以重任。由于特殊地位与从龙经历，他们的能量与权力不容小觑，一旦兴风作浪，往往会使朝政出现漩涡，陷入危机。即便孝宗，其春坊旧人曾觌、龙大渊就权震中外，以至于谮逐大臣，成为乾淳之政的污点。

光宗即位次月，就下诏让随龙的承受官各转四官，虽遭封驳，却破例如故。而春坊旧人姜特立与谯熙载同被擢任知阁门事，这是武臣的清要之选，既有地位，又有权力。于是，两人恃恩用事，无所忌惮，一时舆论都说"曾、龙再出"。姜特立曾任春坊同主管兼皇孙赵扩的伴读，其人小有才干，能词擅诗，其诗天然秀拔，连大诗人陆游都欣赏他，故而最受光宗宠幸，而他也有恃无恐。

特立声势日盛，引发了朝臣的不安。对于近幸干政，宋代与前代一样，历来是防微杜渐，引以为戒的。光宗即位不久，侍讲尤袤便借经筵开讲的机会，别有深意地举出唐太宗不以私意任用秦王府旧人的前代美政。几天后，他又在讲筵上议论武臣迁转之制："近年旧法顿坏，披坚执锐的武将积功积劳仅得一阶，权要贵近优游而超授清要之职。"特立心知肚明，向何澹示意尤袤乃周必大党，一度将他论罢奉祠。但光宗对尤袤还是信任的，不久又召他任给事中，仍兼侍讲。

姜特立权势的急剧膨胀，相权独揽的留正也大为不满。一天，特立对留正说："圣上认为丞相在位久了，打算迁你为左相。叶翥、张构两人中应择一人补执政之阙，不知该先选谁？"留正没搭理他，第二天便将这事奏禀皇帝。在这以前他也列举过特立倚恩干政的种种迹状，要求斥逐他，但光宗下不了决心。这次，留正拿到了有力的把柄，力斥其招权纳贿。光宗虽宠信特立，也认为他竟过分到干预大臣任命的事上来了，一怒之下将他夺职，去管理在外宫观了。太上皇听闻此事，称奖道："留正可是个真宰相啊！"实际上，留正斥罢特立，可谓公私兼顾、一举两得，却引来了谬奖。光宗怒气稍息，便开始顾惜特立，这种眷顾之情随着特立出朝与日俱增。特立被罢，谯熙载与其子谯令雍相继知阁门事，任用的还是春坊旧人。

在重用随龙旧人同时，光宗还召还了被孝宗窜逐的宦官陈源。陈源提举德寿宫时，颇得太上皇宋高宗的欢心，便狐假虎威，安插亲信，窥伺临安府事。孝宗很厌恶他，借着台谏的弹劾，籍没了他的家产，编管郴州（今湖南郴州）。陈源对孝宗自然衔恨在心，召回大内后便勾结党徒，在光宗前搬弄是非。这时，光宗脑子还算清醒，也很厌恶这些近习，手批付内侍省，要取"尤黠者"首级，有宦官仓皇前往重华宫，乞求太上皇保全，孝宗传谕道："吾儿息怒。"碍于太上皇出面干预，光宗只能遵命，但脸色更难看地声言："改日总要尽杀这些家伙。"[1] 于是，左右内侍惶惶不可终日，但他们看出南内与北内间的不一致，是可以离间利用、脱祸自保的。

绍熙二年春天，卫泾对光宗说：

> 陛下信任不明确，好恶易迷惑。鲠亮之人未必不忠诚，却终究憎恶他违逆了自己；谄谀之人无非是佞幸，却到底喜

---

[1]《四朝闻见录》乙集《皇甫真人》，作者注曰：尤黠者一说即陈源。

欢他顺从私意。于是特立独行之士逐渐受到疏离与排斥，而
逢迎苟且之徒却次第获得进用。

这段上奏说出了绍熙初政中用人的得失与趋势。光宗虽然尊
礼陈傅良、尤袤等君子，却也重用了何澹、姜特立等小人，还召
回了陈源，这些人在当时和不久将来成为政局动荡的祸乱之源。
正如彭龟年上疏所说，"观今之势，正人与邪人较，则邪者必胜；
朝臣与幸臣较，则幸臣必胜"。绍熙初政的邪正并用，其后果不但
立见于当时，还直接影响到宁宗初的政局。

更有甚者，光宗还荒唐地乞灵方技术士。即位后，他记起了
预告"三王得"的吉兆，把那疯军汉召入禁中，准备赐他官做以
为报谢，那汉子不拜而出。后来在出巡途中，光宗又遇见他，赏
赐他钱，那汉子也无谢意。清湖陈仙也被皇帝再次礼请入宫，这
次不必躲躲闪闪，径直让他再次降仙。这位箕仙恐怕背上欺君罔
上的罪名，以"近日箕仙不降"为由推辞了。光宗不知从何处听
到吴中有号称"何蓑衣"的方士，能道人祸福休咎，好几次遣使
前往卜问，居然很灵验，就召他入都，亲自为他题了"通神庵"
的匾额。由于皇帝赐额，平江府（今江苏苏州）诚惶诚恐地迎拜
护送。一时间，朝野沸沸扬扬，以为咄咄怪事。

吴县籍新科进士周南耳闻目睹此事，借省试对策的机会谏论道：

近者，忽闻传命王人，多持缯钱，聘问一妖民于数百里
之外。夫使其人果甚灵异，齐家治国安所用之？今者中外相
传，皆以为市廛乞丐之夫、宦官羽流挟以诳惑，而陛下遽从
而信之，几何而不为天下之所骇愕哉！[1]

---

[1]《历代名臣奏议》卷56周南《对策论治道》。

周南的学问文章早已名闻太学，他的对策以道学、朋党、皇极为主题，议论纵横，气势开阔，公认是一篇好策论。主考官决定取为第一名，并将策论送给皇帝看。周南的文章无可挑剔，但其中不少谏及君上的行文，尤其以上那段，皇帝读后浑身不自在。光宗知道周南与提举浙东常平郑湜有交游，而郑湜前不久恰有奏疏呈入，当时给他来个留中不报。光宗总觉得周南策论中有段文字就在微讽这事："天下议论送达陛下之前的不少，陛下就应该像周公那样，未明而求衣，对食而思贤。"于是，他对送上策论的主考官说："郑湜上疏送进才六天，周南从哪里知道的？"拿起笔来在周南策论卷上批道："郑湜无削稿爱君之忠，周南显非山林恬退之士，可降为第一甲十五名。"实际上，周南的策论通篇未明言郑湜上疏事，即使他知道郑湜疏入不报，以那样的行文进行讽谏也无可非议。光宗苛求臣下爱君，却把人主应有的纳言擢才的雅量贤德置诸脑后，他的批语既感情用事，又文过饰非，仅凭意气好恶为旨归的用人之道也于此可见。

3."薄赋缓刑"面面观

立国江南一隅的南宋王朝，南渡初年的岁入不满1000万缗，到淳熙内禅时增至6530万缗有余。这一数额比北宋最高岁入数还超出1700万缗多，而南宋耕田数比北宋全盛时显然要少得多，民力之困由此可以想见。各种头会箕敛压得人喘不过气来，货币贬值的势头也日见汹涌。

光宗即位，在减轻人民负担方面，是做了些姿态的。其登位赦书就宣布：民间向官府借贷的欠额以及淳熙十四年（1187）以前的税役一律蠲免；至于"民间所欠债负，不以久近多少，一切除放"。赦文免除民间私债，立即遭到贷出钱物的地主、富商与放高利贷者的强烈抵制。几个月后，光宗不得不做出让步：私欠以淳熙十四年为界，此前的本息俱免，此后的偿本免息。这种言而无信、令而不行，引起负债贫民的不满与愤怒，几乎酿成群体性喧噪。

经总制钱是经制钱和总制钱的合称，其中还包括花样繁多的苛捐杂税，由各州桩管，每季起发，运至行在，它是南宋岁入的重要来源，却是困民扰民的主要税额。淳熙十六年四月，因刘光祖建议，光宗命四川应该起发的经总制钱暂停三年，其额代输当地繁重的盐、酒税额。绍熙三年十二月，朝廷下令减免荆湖南、北路、京西路、江南西路经总制钱、月桩钱岁额23万缗。

月桩钱始创于绍兴二年（1132），为应付军需命各州郡每月堆桩发送而得名。各地都是巧立名目，横征暴敛，尤为民害，而以江浙负担最沉重。光宗即位当年，有的州郡上报月桩钱岁额太重，他命有关部门讨论应予减免的州郡与数额，酌情施行，宽解民力。这年，光宗连颁两诏，第一次在八月，岁减两浙月桩等钱25.5万缗，第二次在十一月，减免江、浙州郡月桩钱额16.5万缗。

身丁钱是宋代沿袭五代南方割据政权在两税以外征收的税种，由人户每年按丁纳钱，或以米、绢代输。有的地方的身丁钱竟超过夏税三倍，负担之重令人不堪承受。身丁钱法定课税范围为二十岁至六十岁丁男，而广南西路的贫困郡县却法外征税，对年六十以上、二十以下的也课以丁钱，号称"挂丁钱"，深为百姓诟病。绍熙元年，光宗免去临安府界身丁钱三年，后又续免三年；放免广州身丁钱，另以上供钱抵充。他还下诏广南西路监司督察州县，不得再课挂丁钱，次年郊礼时重申此令。

和买的原义为两厢情愿的公平交易，宋代则完全演变为政府不必支付和买本钱的定额税，不少地区的和买额甚至超过夏税数，成为南宋重税之一。光宗即位，放免当年临安府第五等户的和买绢，又减去绍兴府和买绢岁额 4.4 万匹。

食盐专卖税是宋代岁入的大宗，然而以计口计产方式强制配售价昂质劣的官盐，引起了人民的不满与反抗，南宋与盐有关的民众起事数量之多是引人注目的。光宗似也注意到这个问题，绍熙元年先后两次减少广南西路高、雷、化、钦、廉五州和广南东路的官盐专卖岁额。户部提醒，这样等于间接减少税收 6.3 万贯，光宗也在所不计。次年，又一次性减少广东的专卖额。绍熙三年，再罢广东增收的盐斤钱，同时减免四川盐酒重额 90 万缗。总的说来，自绍熙以后，朝廷少收专卖经费 10 万缗，而民间科配也略有缓解。

绍熙初政期间，在蠲免常平米、上供米、激赏绢、畸零捐，出钱赈济贫民等方面，朝廷也颁布过一些诏令。对能减轻民户负担的地方官，则给以褒奖。绍熙初，潼川路转运判官王渶将搏节的转运费 16 万缗代当地井户缴纳井盐重税，不仅受到下诏表彰，还迁为成都府路转运判官。其后，王渶或以同样方式代民输纳激赏绢钱 33 万缗，特进一官，继续留任。这类减免，数量与地区都很有限，不可能真正救民于水火，解民于倒悬，但总算表明光宗还是有所措意的。

绍熙初政在经济政策上的大动作应推经界法的再试行。经界法始行于绍兴十二年，具体措施是在打量田亩、均定苗税的基础上造鱼鳞图，置砧基簿，作为国家掌握土地占有，借以征收赋税的依据。七年以后，除宋金边界的淮东、淮西、京西、湖北四路外，其余诸路基本经界完毕。经界法不可能真正均平赋税，但朱熹仍推许其"最为民间莫大之利"。不过，由于利在国家与小民，猾吏大姓的利益好处都受影响，就开始消极抵制。

自绍兴经界后，岁月迁移，猾吏大姓借口经界图籍多有散佚，故态复萌。淳熙八年，孝宗下诏诸路转运司，督促州县补齐经界簿籍。但朝堂上不断有"扰民不便"的抗议声，迫使朝廷不到半年就收回成命。福建路漳、泉、汀三州，因恰有何白旗起事，没有实行绍兴经界，豪民漏税转嫁贫户；贫民则业去产存，苦不堪言；州县常赋十失五六，无以交差，便变着法子再从民间征敛。当地民情诚如朱熹所说，"贫民失业，更被追扰，无以告诉，轻于从乱"。高、孝两朝，小规模农民起事在汀州一带时有发生。朱熹等有识见的地方官都认为，原因即在当地从未实行过经界。绍熙元年初，有福建地方官奏请在漳、泉、汀一带推行经界法。

光宗似也打算从土地入手，一来解决民间赋税隐漏转借的弊症，二来确保政府的赋税收入。他下诏让福建路监司奏陈利害得失和实施步骤。监司将任务交给新知漳州的朱熹。经周密调查，朱熹向监司呈上《经界申诸司状》，详论经界不行之弊与施行之利，还特别论述了经界难行之虑：

> 此法之行，贫民下户虽所深喜，而豪民猾吏皆所不乐。喜之者多单弱困苦无能之人，故虽有诚恳而不能以言自达；不乐者皆财力辨智有余之人，故其所怀虽实私意而善为说词以惑群听，甚者以盗贼为词恐胁上下，务以必济其私。而贤士大夫之喜安静、厌纷扰者，又或不能深察其情，而望风沮怯，例为不可行之说以助其势。

朱熹强调可能出现的阻力，意在坚定皇帝推行经界法的决心。光宗看了这封申状，即下诏命漳、泉二州考虑本州经界事宜。泉州郡守颜师鲁模棱两可，朱熹呈上《条奏经界状》力论其可行，措施也得当。光宗阅后，下决心推行经界法。这一决定，立即遭到在野的占田隐税的大姓与鱼肉贫弱的猾吏的阻挠，在朝大臣也很快遥相呼应。宰相留正是泉州人，见颜师鲁持两可之说，自己的乡党也多以为不可行，他的态度是明确反对的。嘉王府赞读黄艾则力请施行，光宗这才再次准备下诏付诸实施。但以留正为首的宰执班子面奏谏止，让皇帝深感阻力之大。岁末，他下诏：经界就先在朱熹为守的漳州试行。他也许仍打算漳州先行，推向泉、汀，最后再在全国重新整顿业已名存实亡的经界法。

朱熹接到诏令，已是次年二月。江南春早，新一轮农事已经开始，经界只能做些前期准备，大规模铺开只能等到农闲以后。绍熙二年三月，也许打算毕其功于一役，没有必要在漳州先行，而可以直接在三州同时推开，光宗又下一道诏书，命福建提刑陈公亮与朱熹同措置漳、泉、汀三州经界。[1] 但从这时到秋后农闲，还有半年多时间，反对派有足够的活动余暇。事情进展被朱熹不幸言中，内外官员进状论经界不便的大有人在。皇帝终于动摇了。当年十月，农闲在即，光宗正式下诏罢行经界。绍熙初政在经济方面唯一看好的措施，还没付诸实施就告吹了。

与赋税岁入息息相关的难题，就是日趋庞大的国家财政开支。光宗从太上皇那里知道，国家财税收入的十之七八用于养兵。即位以后，他又明白剩下的十之二三，一部分用以养吏，另一部分则用以皇室享受。这两笔开销也日增月益，缺口越来越大了。据统计，太上皇在位的乾道年间（1165—1173），京朝官和选人共1.3 万人左右；而他即位不久，两者相加已突破 3.3 万人，二十年间净增了 2 万名官员的薪俸，国家每月支付吏禄与军粮就要耗费

---

[1] 这道诏书见《宋史·光宗纪》，《宋史全文》卷 28、《两朝纲目备要》卷 1 不载。而上年岁末命漳州先行经界的诏书见于后二书，《宋史·光宗纪》不载。诸史各有失载。

120万贯。

知晓这些内情后，光宗想起即位不久首位召对的在朝官郑湜，他曾建议："请明诏大臣，裁定经费，酌罢其不急，损其太过。"便在淳熙十六年十一月命大臣裁减冗费，作为响应。不久，户部侍郎赵彦逾建请审计内外财赋与开支，光宗便在绍熙元年正月下诏编制《绍熙会计录》。他让户部先统计出个概况，拿出个方案，再由一二大臣主持研究实施，把能够节省的开支数额，作为减免赋税的依据。《绍熙会计录》编成了，但减免事最终却不了了之，更遑论"以其所减，捐以予民"了。[1]

宋代大内的开销，例由合同凭由司经管的，每年支取的金额再大，也不过记个账而已。虽然每年岁终都派比部郎官前去审计，但郎官到后只正襟危坐，由几个内侍自个儿三下五除二地算计一下，拿出审计公牍的末页让他签名交差。绍熙初政求言时，已有人提出：今后宫内赏赐、营造、开支，都应让有关部门作出规定，严格执行；一切滥赏浮费都应厘正，予以裁节。光宗也觉得大内开支有必要实行紧缩政策，而郑湜召对时也提及"上自乘舆，下至庶府，一切量事裁酌"。皇帝似乎想做一个表率，便命户部尚书叶翥、户部侍郎赵彦逾、御史中丞何澹在编制《绍熙会计录》的同时，一并稽考宫禁浮费的裁节问题。然而，这事也只有开笔，却没有下文。在国家财政开支的难题面前，光宗并非没有裁减搏节的愿望，但一旦要皇室宫禁恭行节俭时，一腔冲动便蔫然泄气，再也拿不出切实的行动了。

货币通胀直接影响国计民生，也困扰着南宋历代君主。当时

[1]《两朝纲目备要》卷2。编《会计录》诏书年月据《宋史·光宗纪》，《两朝纲目备要》《宋史全文》系于次年正月。

流通的主要纸币名曰会子，乾道三年，宋孝宗做过一次整顿，规定三年一界，每界以 1000 万贯为额，随界造新换旧。然而，作为官方支付手段的会子，由于与国家财政支出捆绑在一起，随着财政缺口的不断扩大，不到十年，便无法坚守住当年立下的兑界期限与界额总量的最后底线。淳熙三年，便下诏第三、第四界会子各展限三年，并续印第四界会子 200 万贯。绍熙元年，光宗又宣布第七、第八界会子各展限三年，同时印发第九界会子，会子的流通总量达到正常情况下的三倍。有朝臣对他说："会子界以三年为限，今展至再，则为九年，何以示信？"但光宗也回天乏术，只是漫允印造第十界会子立定年限，采取救急眼前、空许将来的放纵态度。

仅限于湖北、京西路流通的湖北会子，长年以来从未立界收兑。绍熙元年，下诏命湖广总领所仿照行在会子例立界收换。总领梁总上奏说："湖广会子自来只是部分换易破损会子，现尚有 540 万贯多在流通。不妨再造两界做回笼旧币之用。"光宗便改变初衷，同意一下子印造两界，每界 270 万缗。而这两界湖广会子大部分进入流通领域，贬值更为严重，每贯会子仅兑 500 文，实际购买力只及币值之半。次年初，彭龟年通报湖北会子流通地区的情况：

> 会子既轻，商旅不行。军人所得会子，愈难变转。诸军汹汹，颇以为言。但尚待执行，故未敢发难。

货币贬值失信于社会民众，即将引发的时局动荡已现征兆。

令宋光宗头痛的还有淮南铁钱。为防止铜钱流入金国，南宋向来让沿边地区使用铁钱，湖北会子就以铁钱为本位，两淮地区更是直接以铁钱为流通主币。淳熙年间对各铸钱监实行增铸推赏的鼓励政策，更主要的是私铸成风，故而铁钱流通总量激增，其贬值便无可避免。而实际上，会子、交子也参与了两淮地区的货币流通，造成了当地币种的多元化与币制的混乱。

也许出于整顿的考虑，绍熙二年，朝廷两次各拨会子100万缗，收兑两淮私铸铁钱，并减少有关铸钱监岁铸铁钱20万贯。[1]次年，光宗下诏造印淮南新交子300万贯在两淮流通，三年为界，每贯折合铁钱770文，称为铁钱交子。显然，这些措施的深层动机在于，既限制铜币流入金国，又大体划一两淮币制，抑制私铸。但正如朱熹论铁钱交子说："交子本是代钱，今朝廷只以纸视之。"光宗以为行政手段便能使铁钱之弊一改旧观，但充其量扬汤止沸而已，两淮货币混乱一直延续到南宋灭亡都始终未获解决。整个南宋的通胀痼疾也正如朱熹当年指出的那样："要革其弊，须是从头理会方得。"[2]但光宗既无此魄力，也无此能力。不过，货币问题的严重性要延缓到他的儿子宋宁宗开禧以后，才尖锐显现为社会危机。

《宋史》这样评价宋光宗："薄赋缓刑，见于绍熙初政，宜若可取。"缓刑之举，史乏其证，虽有"下诏恤刑""大理狱空""后殿虑囚"等载诸本纪，不过虚应故事，粉饰门面而已。至于薄赋、经界、节用、理财，有则有之，但或是杯水车薪，小惠未遍；或是有始无终，言行不一；或是只顾眼前，不治根本。应该说是"无甚可取"！

4. 储君问题上的父子龃龉

有宋孝宗侍奉太上皇宋高宗的前例，在父子关系上，光宗似

---

[1] 减铸铁钱事，《宋史·光宗纪》系于绍熙三年，《宋史·食货志》系于绍熙二年。
[2] 《朱子语类》卷111《论财》。

乎只需奉行故事。即位当月，他下诏五日一朝重华宫，但孝宗却仿效高宗之例谢绝了，由头无非让他有更多时间治理国政。次月起，光宗就改为每月四朝；他还为重华宫、重华殿书写了匾额，也是仿效隆兴故事。次年元日，率群臣奉上太皇太后吴氏、太上皇帝孝宗、太上皇后谢氏的册、宝，一切都冠冕堂皇地例行故事。

重华宫的领班内侍提议修缮北内。当年孝宗就多次改造扩建德寿宫，现在孝宗也可让光宗出钱操办营缮工程。但他却说："不必告诉南内。我没用钱地方，就支用重华库的钱罢。"光宗对此不可能一无所知，但未见他有所表示。

类似孝宗当初陪太上皇帝高宗与太上皇后吴氏钓鱼、赏花、游湖、观潮、纳凉、玩月诸事，绍熙初政时也偶有仿效，但次数屈指可数，有时还会生出些不快来。初政时初夏的一天，荼蘼花开了，光宗独自带着两制官去皇家园林聚景园赏花。正要在荼蘼架下进酒时，言官飞章交至，说寿皇在位时，出幸外苑，必先恭请太上皇同行。光宗认为他们责备自己不孝，便怒冲冲对两制官道："寿皇也有不请太上皇的时候嘛！"正巧寿皇得知光宗出游，让宦官挈玉卮佳酿送往聚景园助兴。光宗怒气未消，双手还在颤抖，不小心碰砸了玉卮。内侍早想在他们父子间制造些矛盾，回奏时隐去了前后细节，只说："官家才见太上皇赐饮，就大怒把玉卮给摔碎了。"孝宗自然不痛快。

又有一次，太上皇帝约太皇太后吴氏出游东园。按例，光宗必须前往侍奉，然后合家三代宴饮同乐。不知光宗是偶然忘记，还是有意不至，家宴时仍不见踪影。重华宫内侍好搬弄是非，故意在东园放出一群鸡，命人捉又捉不着，便相互嚷嚷："今天捉鸡不着！"当时临安流行语，请人宴饮称为"捉鸡"，宦官们存心用市语来讥讽与激怒孝宗。太上皇佯装没听见，脸色却顿时沉了下来。

绍熙初某个元宵节后三天，太上皇把嗣秀王伯圭召入北内，这位同母兄问他元夕是否赏玩良辰美景，太上皇答道："正月十四日嗣皇帝来重华宫排当。元宵夜，我鼓琴两曲，左右说月色很好，就到檐下赏月。"绍熙初政时，尽管光宗在门面上尚不失事亲之礼，却远不像当年孝宗对高宗那样，表现出尊亲奉养之情，难怪他言谈间透露一股寂寞凄凉之味。

光宗生过三个儿子，长子赵挺和季子赵恪幼年夭折，次子赵扩成了唯一的继承人。淳熙七年，赵扩十二岁，以英国公身份从傅就学，杨辅、刘光祖、罗点等先后当过他的小学教授。他十五岁行冠礼，次年始预朝参。十七岁那年，按宋代惯例，他应该出阁就第，但当时的太上皇高宗夫妇和孝宗夫妇都很疼爱他，不忍心让他移居宫外，便破例在太子东宫旁另起第宅，让他仍住大内。赵扩尊师重傅，学习倒也勤勉。刘光祖兼小学教授时，在讲读《论语》《孟子》《史记》的同时，还给他讲本朝典故；冠礼以后，又把宋朝仪制官名汇编成书，在讲经史后为他补课。罗点入讲时，往往到天色向瞑仍不中辍，有人建议休憩一下，罗点说："国公向学不止，我怎能停讲呢？"淳熙十二年，赵扩封平阳郡王，娶了北宋名臣韩琦的第六代孙女，出阁就第。光宗即位，他进封嘉王。

对唯一的皇位继承人的教育，光宗十分重视。即位次月，就把自己入主东宫后藏阅的图书全赐给了嘉王，并置嘉王府翊善。首任翊善是沈清臣，不久以黄裳继任。其后，他又为皇子增加了两名讲读官，任职的有孙逢吉、陈傅良、章颖、黄由、彭龟年等当代名儒，也堪称一时之选。

在嘉王教育上，还数黄裳倾注的心血最多。光宗的东宫随龙人吴端出身巫医，骤得宠信，颇为士论所不齿，这时也派到嘉王府任职。嘉王见他时倒也轻重有节，接待得体。黄裳便给嘉王讲

《左传》"礼有等衰"之说，告诉他："王者之学，就应见诸行事。"嘉王表示要好好致力于王者之学。黄裳每次进讲，都引前朝危亡作当世鉴戒，语重心长而直言不讳。嘉王对他人说："黄翊善的话，对别人说来也许很难堪，只有我能接受。"

有一天，嘉王去北内见太上皇，孝宗问他近来读什么书，他一一列举，孝宗说："数量是不是太多了？"嘉王说："讲官训说明白，我也喜欢读书，并不觉得太多。"太上皇诚勉道："黄翊善一片至诚，他讲的应该认真听。"见嘉王一意向学，黄裳教得更上心了。他专门制作了《天文图》和《舆地图》，配以诗章，让嘉王观天象则领悟学习必须像天体那样运行不息，览地图则牢记沦陷的中原故土。每年嘉王生日，黄裳与赞读陈傅良都献贺诗，既表祝颂，又寓讽劝。嘉王往往把两位老师寓诚涵诲的祝颂之诗恭录后回赠他们，以示不忘。有一年，他抄录了陈傅良的贺诗："造次依儒术，朝回只一经。更无他嗜好，端是众仪刑。"知道这是赞读对自己的期望。

在一次侍宴时，嘉王为父皇琅琅背诵了《尚书·酒诰》，说："这是黄翊善教的。"光宗褒奖了黄裳，黄裳却说："如欲进德修业，追踪古先贤哲王，则须寻天下第一等人才行。"光宗问是谁，黄裳答道："朱熹。他学问四十年，如能召任王府讲官，对嘉王会帮助更大。我不及朱熹。"光宗是知道朱熹的，嘉王则第一次听到还有比自己老师更博学高行的人在。彭龟年继任直讲，讲《左传》鲁庄公不能制其母时发挥："母不可制，当制其侍御仆从。"嘉王若有所思问："这是谁的说法？"龟年答以朱熹。自此以后，每讲一题，他必问朱熹怎么说的。

嘉王对讲读经义是用功的：每次温习讲过的经书，总是写成口义，让讲读官批阅；讲官有重要议论，他一定记录在册，谓之日记。

彭龟年以秘书郎兼嘉王府直讲，已在绍熙四年。一次进讲，龟年让嘉王读一篇东西。嘉王一看，原来是北宋哲宗元祐（1086—1093）末年梁焘辨邪正的奏议。龟年说："那正是小人将进、君子将退的时候。不可不认真一读。"说着，就给他讲了元祐、绍圣之际君子小人进退消长的概况。嘉王听后，说："君子小人不可参用，参用则小人胜君子。"过了几天，他写了《邪正辨》交给龟年，正是结合梁焘奏议的读后感。有一次听讲《诗经》，嘉王发表感想说："下以风刺上，已是臣下委婉。为君的应该能使人臣直言其事才对。"龟年高兴道："愿王不忘此意，推而广之，那就能听到善言了。"

嘉王尽管好学，但其才性天分却令人怀疑。有一次，黄裳讲学说："眼下理民的是二百州守，统兵的是九都统，如不能统御，怎能号令指挥他们呢？"嘉王问："什么叫九都统？"[1] 黄裳不无感慨道："唐太宗年十八起义兵，今大王已过十八，而国家九都统之说还不知道，怎么可以不汲汲向学呢？"

彭龟年听说嘉王手书"知人难"三字置诸座右，便问他有无此事，回答说："有的。到底怎样知人呢？君子认为小人是小人，小人也认为君子是小人。真担心识错人啊！"言罢颇有茫茫然不知如何才好的惶惑。龟年答道："是啊，尧舜也以此为难。不过，今天讲的就是辨君子、小人的尺度：为政在人，取人以身；立身以道，修道以仁。人主若情性近君子，则小人不能惑；若情性近小人，则君子亦不能入。"嘉王这才转忧为喜，说："这倒是要法。"然而，从宋宁宗即位以后的表现看，证明他完全缺乏辨别君子小人的起码识见。帝王之学决非学问与德性的简单累加，也未

---

[1] 绍兴十一年（1141）第二次削兵权完成后，南宋正规军体制逐渐形成，先后在长江与川陕一线屯驻了九支大军，各以某州府驻扎御前诸军为名，其统兵官为都统制，故名九都统。

必是只仰赖师保传授就能简单获得的。

　　尽管如此，作为当今皇帝的唯一儿子，嘉王却是理所当然的皇位继承人。绍熙元年春天，嘉王生了一场病，他的体质并不强健。一次密奏后，宰相留正说："陛下只有一子，隔在宫墙外十分不便。应该早正储位，入居东宫，父子就能朝夕相见了。本朝皇子居长居嫡，有未出阁就正储位的。嘉王既为长嫡，出阁已久，应该立为太子，以正天下之本。"光宗摇头表示不行。过了一个月，留正节录呈上了本朝真宗立仁宗的典故，再提立储事，光宗看后说："且待以后慢慢计议吧！"次年夏天，留正旧事重提，光宗这次答应："等过宫与寿皇商量。"

　　几天后在重华宫与寿皇的一席对话，对光宗犹如晴天霹雳。太上皇语气尽管委婉曲折，但意思很明白："当初，按例是该立你二哥魏王的，因你英武像我，才越位立你，想让你成一番王业。如今你二哥虽已去世，但他的儿子嘉国公还在。"魏王长子早就夭殇，改判明州后生下次子赵抦。魏王去世后，赵抦随母亲回临安居住，他体羸多病却生性早慧。也许出于对魏王虽然居长却未能立储的歉疚心理，孝宗对赵抦尤为疼爱，所谓"怜早慧以钟爱"。内禅前夕，孝宗进封他为嘉国公，就有让光宗再传位其侄的设想。太宗传位己子，在孝宗心目中总是憾事；而高宗传位自己，皇位重回太祖一系，孝宗显然铭感在心的。他对太上皇的孝敬之情与奉养之勤绝不比亲生儿子逊色，与这种感铭心不无关系。当初，他为王业中兴，不拘常例，越次建储，如今，比起早慧的嘉国公来，嘉王明显"不慧"，为什么就不能让嗣皇帝不传位于子而传位于侄呢？太上皇正是这么考虑的。[1]

---

[1]《宋史全文》卷29；周密：《癸辛杂识》续集下《宁宗不慧》。

明白了寿皇的良苦用心，无论从大义而言，还是以情理而论，光宗都不便回驳，只好随口敷衍道"我也是这么想的"，内心却是老大的懊恼与怨怼。回到南内后，又不便向留正说明内中细节，以免影响将来立嘉王为太子的大计，就搪塞留正道："寿皇的意思，也打算这事缓一缓。"或许从皇帝答话神情中窥出点什么，留正自此不再提立嗣之事。而光宗直到退位都始终未立皇太子。但太上皇那番意思却成为他心头拂不开的阴霾、搬不走的巨石，也在他与太上皇的父子关系上划出了无法弥合的裂痕，他后来精神病发作与此也不是绝无关系的。

5．如此"母仪"，如此"圣德"

李皇后的凤冠梦终于如愿以偿了。光宗对她似乎从来是惧多于爱，对她提出自己或娘家这样或那样的要求，总尽量不让她扫兴。皇后代巫医吴端邀官，光宗宁可罢免他认为是好台官的刘光祖，也不愿拂了她的意愿。为光宗耀祖，皇后要大修家庙，光宗全然不顾自己刚提出过裁节冗费的主张，为她大兴土木而耗费无度，而对臣下谏及的"官府厌诛求之苦，闾巷有愁叹之声"却置若罔闻。直到绍熙二年初春，雷雪交作，天象反常，台谏、侍从纷纷在阴盛阳衰上大发谏诤之论，皇帝这才不得不下诏暂停皇后家庙的营造。

对后族的恩数，李皇后贪得无厌地让皇帝向祖宗旧制讨价还价。李氏由皇太子妃升为皇后，光宗下旨参照孝宗夏皇后的规格推恩。有关部门告诉光宗：南宋皇后受册、宝，亲属虽可推恩二十五人，但孝宗册立夏皇后时同意臣僚建议减去七人；其后谢皇后继立，她认为娘家没那么多人可以推恩，请求再减八人；她是当今太上皇后，李皇后推恩礼数不宜超过她。光宗表示同意，李皇后却不乐意了。她让侄子李孝纯以李家子孙众多为理由上书陈请再增八人，也就是说，恢复夏皇后的规格。光宗又同意了。中书舍人楼钥缴驳诏旨，不同意付外执行。光宗便颁御笔给楼钥，宣谕放行。楼钥并不坚持，退了一步："增加的名额只能用于李氏宗亲，既不失厚恩，又不致滥赏。"光宗顺水推舟，再颁御笔宣谕："那就下不为例，特与书行吧！"不久，皇后归谒家庙，又要求推恩李氏一门，于是命妇加封，亲属转官，在原定十八名推恩限额外，新增三人，超过了夏皇后的待遇，连从无一官半职的李氏门客也恩补将仕郎，让楼钥也惊诧"求之故事，既无此例"，再次驳回诏命。

绍熙初政时，李皇后骄奢妒悍日盛一日，光宗却一味迎合，唯命是从。绍熙二年春，论时政阙失的臣僚封事中，卫泾概括地指出，"宫闱之分不严则权柄移，内谒之渐不杜则明断息"，不啻是对李后"母仪"与光宗"圣德"的一种评价。

东宫时，父皇称赞光宗"无他嗜好"，实际上他嗜酒之癖早就名声在外。即位以后，他更是宴饮无时，费用无度。对优伶乐舞，市井杂谑，皇帝也不时宣入大内，杂陈殿前，兴趣浓厚，乐此不疲。每天临朝，一副励精初政的模样，但退朝之后则一切置之脑后。周南在《论治道》对策里形容他：

> 唯有燕乐尔，唯有逸豫尔，唯闻某处教习乐舞以备宣召，某日押入琴工以娱声音尔。

卫泾在封事里批评他：

> 赐予太多，用度浸广。缗钱之予，遍于贵近，金带之赐，逮于贱微。优伶之徒，鲜衣靡服，徜徉于道，见者骇目。

大内开支的缺口也越张越大，成为必须筹措解决的问题。

面对宫禁自奉上捉襟见肘的窘境，皇帝可不愿像臣下建言那样"躬自节俭"，他决定打左藏封桩库的主意。左藏封桩库是宋孝宗创置的，当初规定"非奉亲、非军需不支"。也就是说，这笔钱只能用于奉养德寿宫的太上皇和对金的养兵备战。尽管淳熙末年也曾借犒赏军队、打造兵器为名，将其中款项拨入专供大内支用的内库与御前库，有关部门眼开眼闭不敢执奏，但当时这种现象还不至于太频仍。

绍熙初政时，宋光宗把左藏西上库改名封桩下库，以尽废库名，搞乱出入的手法，多次取封桩钱划入内藏。这样，从全国百姓头上搜刮来的封桩钱便汩汩注入皇室小金库。支取之钱却多属浮费，无非支付乐工，赏赐近幸。有一个月，光宗竟四次把封桩库钱暗度陈仓送入内藏库，数额分别为银8万两、会子20万贯、金2万两、银5万两。前两笔还借口奉养慈福宫太皇太后与重华宫太上皇帝、太上皇后，实际也是移花接木；至于后两笔纯粹是无名之费。楼钥时任封驳官，沉痛指出：

> 二万之金，五万之银，在陛下富贵之极，视之若不多。以民间计之，不知为中人几家之产，细民几万之资。州县取之于民，不知用多少笞棰，竭多少资产，辍多少衣食？

这时的宋光宗早把他居位东宫时所写的咏雪诗抛到九霄云外去了。

有一次光宗故伎重演，又以犒军之费为名下诏拨封桩库钱15万划入内藏，权中书舍人倪思上疏封驳："往年封桩钱每岁入库460万，而划入内藏的还不到2万，眼下这种情况非痛加摒节不可！"光宗这才不得不定议：今后每年"犒军费"以40万贯为额，由封桩库拨归内藏。较之以前的2万数额，这40万中的大头，光宗显然用来自奉享受的。正如时人揭露：封桩库钱"入绍熙以来，颇供好赐之用，似闻日减于旧"。[1]

绍熙二年正月，正当春寒料峭时节，天气却燠热异常，惊雷急电以后，劈头盖脸下了场冰雹；两天以后，气温骤降，纷纷扬扬下起了江南多年罕见的大雪。二月，因阴阳失时，雷雪交作，皇帝给侍从、台谏、两省、馆职等下诏，让他们各陈时政阙失。几天后，光宗翻阅着陆续送来的应诏封事，尽管有讽谕谏诤，行文还是委婉的，总是先颂扬一番圣德。好在虚应故事，即便有讽谏，他也并不在意。

然而，光宗发现了一封布衣上书，便认真看了起来。布衣名叫余古，是天子脚下临安府钱塘人，正在太学就读。上书首先指责"宦官侵夺政权"，"公卿持禄保位"，接着却勾勒了一幅形象而逼真的后宫行乐图：陛下即位已经两年，应该考虑托付之重，讲求政治之道。近来却听说宴游无度，声乐不绝，白天不尽兴，晚上继续。不断有宫女进献宫禁，随时有伶人出入大内。行在宫殿，已历三朝，哪里谈得上简陋？何必再营造楼台，高接云汉，月榭风亭，施工不辍？更有甚者，奏胡戎乐，献斋郎舞，让近幸、爱妃与俳优杂处，数十人聚在一起，围戴着怪诞的头巾，拖曳着奇异的裙服，以他们的丑行恶状，供陛下来取笑逗乐，实在无聊之至。愿陛下不要酒池肉林、玉台琼室，不听亡国之音，不好倾城之色，以汉文帝为榜样，以唐庄宗为鉴戒！封事最后一针见血地评价绍熙初政："《诗经》说：靡不有初，鲜克有终。更何况现在还不能谨其初政呢？"

看完上书，光宗怒不可遏。他一方面惊讶，这位太学生对他

---

[1] 洪迈：《容斋随笔·三笔》卷 13《元丰库》。

宫内的行乐居然了如指掌，既然如此，朝野之间肯定早已沸沸扬扬了。另一方面，他愤怒，竟然将他比作因酒池肉林而商为周代的殷纣王，比作因宠昵伶官而身死国乱的后唐庄宗，是可忍孰不可忍！光宗再也顾不上好言纳谏的君德，特地下诏将这位乱凑热闹而越位上书的太学生编管起来，一来出心头之气，二来也向天下表明：这一上书纯属诽谤君上，皇帝并没有那些有失圣德的过举。后来，言者出来谏救，光宗才改为押送筠州（今江西高安）听读，让他一边受监管，一边就学。[1] 余古的上书和光宗的反弹，在世人面前彻底撕落了绍熙初政"宜若可观"的装饰面具。

三 "政治日昏，孝养日怠"

1. 悍后李凤娘

李皇后出身将家。绍兴十五年（1145）一天，她的父亲李道见有一只黑凤停息在军营前的大石上，心里感到奇怪。回家后，知道女儿就在这天出世，这才想起有凤来仪的吉兆，便以凤娘作为二女儿的名字。十几年后，李道出戍湖北，听说道士皇甫坦善于相人，便在府第招待他，让几个女儿逐个出来拜见。见到李凤娘，皇甫坦惊惶得不敢受拜，说："这女孩将为天下母，我怎敢受她拜？"旁观者都以为他胡说八道，李道却联想到黑凤栖石的征兆，心中暗喜。

皇甫坦的风鉴之术，连宋高宗都十分相信，允许他进宫谒见。大约在绍兴三十二年，皇甫坦出山入宫，高宗问他何事而来，他

---

[1] 余古听读筠州，据《宋史·光宗纪》。《宋史全文》卷28、《两朝纲目备要》卷1俱作秀州（今浙江嘉兴）。

说："做媒来。我为陛下寻得个好孙媳妇。"接着把李凤娘出生故事搬说了一通。李凤娘应召候选。同时入宫待选的还有皇太子妃钱氏之妹，其父便是两知临安府的钱端礼。宫禁内外之人都看好钱氏之妹，但高宗还是笃信皇甫坦的相术，为恭王聘了李凤娘。[1]

李凤娘虽长就天姿，却生性妒悍。乾道七年（1171）恭王立为皇太子，她也成了皇太子妃，性格越发骄横悍狠了。太子入居东宫，左右侍奉的宫女人数自然不能与恭王府同日而语。李凤娘受不了，经常在德寿宫与孝宗夫妇面前诉说太子左右的东长西短。高宗老大不高兴，与皇后吴氏谈话时后悔道："毕竟武将之后。我被皇甫坦误了！"孝宗也好几次训斥她："你应该学太上皇后的后妃之德。如再只管与太子争吵，我宁可废掉你！"

孝宗只想镇慑住她，并不打算真废皇太子妃。李凤娘却又气又怕，认为这是太上皇后吴氏在挑唆。册立为皇后以后，李凤娘更肆无忌惮、目中无人了。孝宗和谢皇后对太上皇帝高宗与太上皇后吴氏非常孝顺恭敬，相形之下，李氏却十分傲慢无礼，有时甚至乘着肩舆一直到重华宫内殿才停下。有一次，谢氏在谈话时提到这类事情，李凤娘竟恼羞成怒道："我与官家是结发夫妻！"言外之意讥讽谢氏是由嫔妃册为中宫的。在场的太上皇孝宗听到这种挑衅性回答，与太上皇后谢氏都怒不可遏。他事后想起内禅前夕黄洽的忠告，真的萌生了废黜李凤娘的念头。他把自己信得过的故相老臣史浩召入重华宫，私下与他谈起自己的打算。史浩坚决以为不可行。或许认识到废后会引起政局风波，这事终于作罢。但李皇后对孝宗和太上皇后谢氏的怨怼

<hr>

[1]《四朝闻见录》乙集《皇甫真人》记其事说："人谓凤，实鹜鹜。"据《本草纲目》卷47云"江中有鹜鹜，似凫而大，赤目""此鸟有文彩如凤毛，故得同名耳"，则《四朝闻见录》所记未必妄诞。

却越积越深。

光宗即位不久，就心脏不好。太上皇既担忧又关心，从民间搞到了秘方，合了一大丸，据说服了心病即可痊愈，准备派人送去，又恐李皇后截留，便打算光宗每月四朝来问安时面交给他。大内宦官原就企图制造三宫摩擦，好让皇帝无暇萌生"尽诛此曹"的念头，便对李皇后说："太上合了一大丸药，只等官家过宫便赐药给他。万一有意外，可怎么向祖宗、社稷交代啊！"李皇后听说太上皇不同意立嘉王为皇太子，却属意于嘉国公，不能不多一份心眼，就派人去打探，果然有药准备着，便衔恨在心，以为太上皇也太狠心。

李皇后决定为儿子搏一次，也投石问路摸一下虚实。不久，恰有内宴，她突然当面向太上皇提出，请立嘉王为皇太子。孝宗自有考虑，没立即表示同意。李凤娘立马发作："我，是你们用六礼堂堂正正聘来的；嘉王，是我亲生的，为什么不能立为皇太子？"太上皇勃然大怒。光宗没有作声，他明白皇后的用心，也知道太上皇不会轻改主意的。

内宴不欢而散后，李皇后一手拉着嘉王，一手抹着眼泪，把丸药的事与不立皇太子拉扯在一起，向光宗哭诉："寿皇不同意立嘉王，就是想废你；给你服那颗大丸药，就是让嘉国公好早点继位。"光宗受禅后，颇感贵为皇帝也并不如原先想象那样能随心所欲。重华宫的太上皇、慈福宫的太皇太后虽不过问朝政，但一个父亲，一个祖母，自己每一句话语，每一个举措，都必须看太母的脸色，听寿皇的教训，老大不自由。尤其太上皇，总让他感到有一种父亲对儿子的威慑。对太上皇执意让魏王之子嘉国公作为自己皇位的继承人，光宗本来就窝着一肚子火，现在一听皇后的挑唆，也有点信以为真了。

光宗即位后，妃嫔也多起来了。宋代后宫之制，凡封郡夫人以上才有独立的房院。绍熙时，自立房院的嫔嫱有黄贵妃、张婉仪、武才人、潘夫人、符夫人、大张夫人与小张夫人，最受恩宠的要数黄贵妃。早在淳熙后期，太上皇高宗见皇太子身边没有侍姬，就把黄氏赐给了他。光宗一即位，除册立皇后李凤娘外，还进封黄氏为贵妃。他把宫中收藏的扬无咎名画《红梅图》赐她，还在画上题诗一首：

> 去年枝上见红芳，约略红葩傅浅妆。
> 今日亭中足颜色，可能无意谢东皇？ [1]

以红梅喻贵妃，以东皇自况，过去你红葩浅妆，今天在我东皇照拂下，你位至贵妃，颜色十足，还不谢我吗？调笑中透漏出对贵妃的昵爱。

在妃嫔队中，皇帝"朝咏暮吟看不足，羡他逸蝶宿深枝"，对黄贵妃尤其专宠，李凤娘自然妒火中烧，开始不择手段地报复。一天，光宗在洗手时见宫女端盥盆的双手嫩如柔荑，白似凝脂，愉悦之下，大感兴趣。几天后，皇后派人送来一具食盒，打开一看，皇帝差点吓昏过去，食盒内盛放的竟是那宫女雪白的双手。

绍熙二年十一月二十七日，按惯例，光宗将主持即位后首次祭天地的大礼。宋代祭天地前，皇帝、宗室必须在前一天享太庙，受誓戒，而皇帝受誓戒后不能入住后宫，必须夜宿南郊青城的斋宫。李皇后就在大礼前一天虐杀了黄贵妃，派人去通报了贵妃"暴死"的消息，自己到玉津园散心去了。光宗在斋宫接到禀报，又惊骇，又愤怒，他绝不相信活生生的黄贵妃会一天之间无疾暴

---

[1] 厉鹗：《宋诗纪事》卷1《光宗·题扬补之红梅图赐贵妃》。

卒，猜想必是李凤娘下的毒手。但明天是祭祀大典，他不能违背历代礼制赶回后宫看个究竟，便哭泣个不停。

郊祀大礼在下半夜丑时七刻（即二十七日凌晨三时左右）开始。这时，星月当空，夜色清澄。光宗一夜泪流不止，怀疑黄贵妃是否真死了。但这时，他只能强打起精神，进入指定的位置，穿戴上衮冕，拿起大玉圭，准备主持大礼。

忽然，狂风骤起，把祭坛上灯烛全数吹灭，祭坛顿时漆黑一片。转眼间，一两朵将熄未灭的火苗被狂风猛地吹向了周围的帷幕，帷幕扑剌剌倾倒下来，火舌却狂蹿起来，蔓延成势不可挡的大火。光宗被这突如其来的景象吓呆了。在场的陪祀人也都被狂风烈火惊退了。瞬间，大雨夹杂着冰雹劈头盖脸地打下来，夜黑如墨，风火雨雹之中，众人都自顾不暇，也无法前往救驾了。

不一会儿，天色霁晴，大火已被豪雨扑灭。曙光微熹中，玉帛牲牢狼藉遍地，连祭祀用的镇圭也不知去向了。郊礼已无法进行。内侍们这才把吓懵了的光宗扶上车驾，送回大内。昨天，接到黄贵妃暴死的噩耗，今天又受到大惊吓，光宗自"以为获罪于天，且惮寿皇谴怒，忧惧不宁""震惧感疾"，患上了精神分裂症。[1]

皇帝被送回大内，黄贵妃的死因大白。但光宗对悍后无可奈何，得知真相只能咬牙切齿，精神病彻底发作。实际上，精神病遗传因子早就潜伏在光宗的体内，平日一无节制地酗酒，再加上震惊与恐惧的双重猛击，病情来势汹汹，"噤不知人，但张口呓言"。[2]

内侍驰报北内，太上皇帝孝宗与太上皇后谢氏连夜赶来探视，

[1] 周密：《齐东野语》卷3《绍熙内禅》；《宋史》卷36《光宗》。
[2] 佚名：《朝野遗记》，见《说郛》（商务印书馆本）卷29。《南开学报》（1989年第6期）载有刘洪涛《从赵宋宗室的家族病释"烛影斧声"之谜》，以现代医学与统计手段论证了赵宋宗室有精神病遗传史，表现为躁狂症与忧郁症。该文所引皆北宋前期病例，而庄文太子赵愭与宋光宗的病症亦可印证其推论的正确，但光宗的症状更似忧郁症。

见光宗虽已睡去，却仍满口呓语。孝宗既担心，又气愤，便把李皇后喊来。李凤娘与亲信内侍大约隐瞒了虐杀贵妃事，只说皇帝饮酒过度而骤然发病的。太上皇大声训斥道："你不好好照顾皇帝，反使他病到这等地步，全不顾宗庙社稷之重，"愤怒至极时扔下一句话，"万一好不了，就族灭你李家！"

太上皇准备回时，光宗醒了，听内侍说寿皇在，便矍然而起，惊怖地下榻叩头，请罪不已。孝宗慰解再三，仍不能使他释怀。回北内后，孝宗坐卧不安，又把丞相留正召来责备："我让你任相，却不强谏，你干些什么事？"留正说："不是不谏，没奈何皇帝不听。"孝宗说："今后你须苦谏。皇帝如不听纳，他来问安时，我再好好劝他。"

光宗这一病可真不轻，太上皇在重华宫焚香祝天，祈祷儿子早日病愈。大约半个月后，他的病情才有所好转。照例，冬至有大朝会，这种大朝会一年仅举行三次，即元日、五月初一与冬至日。但皇帝病得连迈脚登楼都不行，只能免了。病情稍愈后，李皇后哭诉说："我劝官家少喝酒，就是不听。近来你病了，寿皇几乎打算族灭我李家。我李家有什么罪过？"接着又把太上皇对留正说的话歪曲走样地搬弄了一番："听留正得到圣语说：如再过宫，一定要留住官家，不让还宫。"精神分裂症病人，本就容易妄想别人暗算自己，光宗听了李凤娘这番话，再与她此前挑唆的丸药、废立等谣言串联起来，自此而后始终担心太上皇要害他、废他，内心深处视每月四朝重华宫为畏途险径，总千方百计地找寻借口，推延日期，于是导致了持续数年的过宫风波。

2. 一个精神病者主天下

郊礼以后的第十五天，光宗才在内殿召见宰执大臣，他的病已不可能真正痊愈。再过半个多月，就是绍熙三年正月初一，照例应是正旦大朝会，也因皇帝有病取消了。而一月四朝重华宫的仪式，只能请宰执前往代行恭谢之礼。开春以后，病情稍有好转，光宗才恢复升延和殿听政，但五月一日大朝会，还是未能如期举行。其后，皇帝虽勉强听政，但大朝会却只在绍熙五年元日举行过一次，其他都付阙如。即便听政，他对臣下也经常"目瞪不瞬，意思恍惚"。从绍熙二年岁末起的两年多里，就是由这样一个精神病患者君临天下的。

光宗的病情时好时坏，倒使李皇后更有机可乘，自绍熙三年后，政事多决于李皇后。不过，她对大政实在没有多大兴趣与能耐，只是一味为娘家大捞好处。宋代遵循汉朝非刘氏不王之制，开国以后，即便追赠王封也不轻用于外戚，李皇后却封李家三代为王，两个侄子都官拜节度使。绍熙三年十一月，李凤娘再次归谒家庙，推恩亲属二十六人，一百七十二人授为使臣，连门客都荫补为官，恩荫之滥为南宋以来所仅见。李氏家庙僭越规制，防护之兵居然比赵氏宗庙还多。这一切当然都以光宗的名义颁布诏旨的。

对皇帝受制于悍后，臣下不是没有劝谏。据《宋史·罗点传》，有一天，光宗在便殿召对他，罗点问："近来，朝廷内外都相传，说陛下内有所制，不能遽出，因而沉湎酒色，不恤政事，确有这等事吗？"罗点是东宫旧僚，才敢以"内有所制，不能遽出"，来暗指光宗受制于皇后。光宗答道："没这事。"罗点见皇帝不愿正面承认，只得转而进谏道："我原就知道陛下不会不恤政事的。宫禁之间或有拂心乱意的事，姑且借酒自遣罢了。乡下老百姓，闺门有不顺心事儿，还纵酒解闷呢！不过，人主君临天下，这心应像青天白日，风雨雷电过后，湛澈清明。怎能容许再有纤芥尘垢停留在天日上呢？"

绍熙五年初，起居舍人彭龟年进呈自编的《内治圣鉴》，光宗问了书的大旨，说："祖宗家法最善，汉唐所不及，待外戚尤严。"接着，他看了龟年的《进书札子》，又说："祖宗待外戚最严，此处便不可容易坏了。"龟年道："祖宗不轻委外戚权任，也是爱养亲戚之道。我这书大抵对女谒、宦官防之最严，这些人见了，恐怕不会让陛下经常阅读的。"光宗说："不至于这样。"但光宗在神智正常的绍熙初政时，就基本上受制于李氏，何况如今患了精神病。罗、彭的进谏对皇帝来说，犹如马耳东风，至多换来口不由衷、言不符行的应答而已。

也许病情关系，对东宫旧僚与春坊旧人，光宗反倒较为信任和亲近，对姜特立的眷念之情也从心底唤起而不可遏制。绍熙四年五月，他让姜特立起任浙东马步军副总管[1]，还准备召他入宫，赐钱二千贯作为行装费。姜特立受召，光宗完全可能一念之转将他留在朝内，就难免出现近佞弄权的政治局面。这一诏命立即遭到朝臣们的反对，彭龟年、蔡幼学、项安世等纷纷请皇帝收回成命。光宗却在给事中谢深甫的缴驳上批道："朕悯其旧臣，无辜而去，特与书行。"

反对最卖力的是丞相留正，动机依旧公私兼顾。他担心姜特立应召赴阙，光宗顾念旧情留他在身边，特立就会东山再起，伺机报自己当年排挤他出朝的一箭之仇。对留正来说，这可是前途攸关的较量。他对光宗说："四年前，是我任右相时论列他招权纳贿，才奉祠而去的。现在既然召他，我理当罢相。"光宗没做出反应。过了几天，留正逼光宗表态："我与特立，理难并立于朝，请早赐处分。"光宗批道："成命已行，朕无反悔，卿宜自处。"留正

---

[1]《宋史》卷36《光宗》作浙东总管，此据《宋史》本传及《宋史全文》卷28。

便居家待罪，试图迫使皇帝改变主意。谁知过了七天，光宗仍不理不睬。

六月初一，留正出城，待罪六和塔，上奏请辞相位："近年不知何人献把定之说，陛下遂至每事坚执，断不可回。我居家八日，出城三日，都不理不报，这都是把定之说误了陛下。我怕长此以往，事情不论是非，陛下固执把定之说，言路就会断绝。"绍熙初政，光宗就有"临决机务，自任太过"的毛病，自从发病后，偏执本就是精神病症状之一，他也更固执难回了。见辞相奏疏也不能让皇帝回心转意，留正便把入仕以来所有任命告敕都缴了上去，移居范村僧舍待罪，乞归田里，使君相僵持更升一级。但光宗既不许他归田，又不召他回朝，就把左相撂在僧舍冷落着。

九月四日是光宗生日重明节，理应由丞相率百官上寿。留正是左相，虽在待罪，却未免职，他这天从范村赶回大内，在紫宸殿为光宗上寿。他还是恋位的。按例，左相应是百官班首，光宗却下诏以右相葛邲为班首。留正不宜再立到丞相位上，好在他还有少保头衔，只能没趣地站在少保位子上。祝寿一结束，留正仍折回范村待罪。

岁末，光宗病情有所好转，这些天是他几个月来少有的理智清醒的日子。预定冬至向寿圣皇太后上尊号册、宝的日子迫近了，而依例上册、宝须以宰相为礼仪使，这次倘若再让右相葛邲代行，于大礼不顺。光宗对太皇太后一向尊重，便派人召留正回都堂理政，宣布姜特立仍任浙东副总管，但不再坚持召他入朝。留正去位待罪，行使制度许可的宰相规劝君上最激烈的做法，前后长达一百四十余天。君相两人怀着各自的目的，出于不同的心态，不负责任地视国事朝政为争胜赌气的儿戏，这在宋代历史上是绝无前例的。见留正还朝，光宗似乎纤芥不存，显得十分高兴，他毕竟是个精神病患者。

初政时，光宗召还陈源，但没重用，他仍厌恶那些近习。而如今内侍们拨弄北内是非，他已听得入耳了。绍熙四年夏，陈源迁为入内内侍省押班，光宗仍让他做宦官头领，并发还了籍没的产业。陈源刚召回时，只让徒党搬弄些小是非，不敢做得太过火。而今得到这么个最亲近皇帝的要职，便与宦官林亿年、杨舜卿等沆瀣一气，"日夜交谋其间"。[1] 皇帝对太上皇的疑忌心理在发病前就深层潜伏着，现在经陈源一伙火上浇油，便更为加剧，致使过宫风波越闹越凶。

对经筵讲读，皇帝越来越不耐烦，却还要装出重视帝学的姿态。从绍熙二年初起，他只在白天应付一下，晚讲完全停了。一到晚上，一头扎进酒杯里。御史台主簿彭龟年就经筵晚讲上了一奏，光宗览奏说："祖宗对经筵最是留意。"龟年说："人君以一身担天下大任，是非邪正须讲学明理才能明白。"光宗不愿听到自己邪正不明的话，立即说："近日邪正却是分明。"答话时分明有精神病患者常见的固执。龟年说："但邪正之间，更须圣上常常密察，不可不谨慎。"光宗不以为然道："毕竟今日正人多。"又问："你对儒臣夜直有什么要说的？"龟年便说："祖宗总在夜分之时召经筵官讲读，不仅为了穷究义理，而且为了消弭人欲。夜直如有一二儒臣，互以义理相磨砺，个中意味深长，不是其他能同日而语的。""亲儒生有益，的确如此。"光宗敷衍道。但事后依然我行我素，夜饮如故。

---

[1]《宋史》卷 397《刘光祖》。陈源所任之职，《宋史·光宗纪》作内侍省押班。据《宋史》卷 166《职官六》，"入内内侍省与内侍省号为前、后省，而入内省尤为亲近。通侍禁中，役服褻近者，隶入内内侍省。拱侍殿中，备洒扫之职，役使杂品者，隶内侍省"，高宗末年以内侍省职掌不多，"徒有冗费"，并归入内内侍省。故陈源之职当据《宋史》本传作入内内侍省押班。

昏政已经司空见惯。韩侂胄是嘉王夫人韩氏的曾叔祖，其官位在绍熙年间扶摇直上，短短四年竟升迁了必须经历二十七年磨勘才能达到的官阶，光宗还想超授他四阶，又相当于二十年的正常迁转，直到给事中尤袤缴驳才作罢。伶人胡永年积官至武功大夫，大概仗着戏演得好，请求让其亲族也享受任子入仕的待遇，这在宋制中绝无先例，光宗竟也一口同意。还是吏部尚书赵汝愚提出，以乐艺出身的人不能以恩荫任子，并希望立为定法，这才制止了这事。

对政事的处理、官吏的任免，光宗往往随着病情轻重与心绪好坏而是非不定，喜怒无常。黄裳任给事中仅一月，缴驳不当诏令达十余次而大拂帝意，他忘了曾在嘉王面前对其老师的褒奖，免去黄裳给事中兼王府翊善之职，改任兵部侍郎。还是嘉王不愿老师离去，向父皇求了情，光宗这才同意他继续做翊善，但封驳之职却被罢去了。

有一次，皇帝降内批除耶律适嘿为承宣使，给事中尤袤一再缴驳，光宗再以御笔宣谕他书行。尤袤尽管特与书读放行，但同时上了一疏说："天下，是祖宗的天下；爵禄，是祖宗的爵禄。寿皇以祖宗的天下传陛下，怎可私用祖宗的爵禄给公议卑薄之人呢？"也许"寿皇以祖宗的天下传陛下"一语刺痛了他，光宗怒不可遏，把奏议撕得粉碎。尤袤见国事乖戾，积忧成疾，临终前上致仕遗表。尤袤是东宫旧僚，绍熙初政时君臣之际也算相得，光宗览阅遗表后，照例须对上表之臣的追赠封赐做出指示，他却将遗表搁在一边，好几个月都不做出相应的处理，也许竟忘记了。

自发病后，光宗对宗室、外戚与大臣"以薨卒闻，多不信"。绍熙四年夏，蜀帅吴挺死了，他是抗金名将吴璘的儿子。绍兴和议前削兵权，诸大将兵柄尽夺，只有四川悬隔遥远自成一区，吴玠、吴璘兄弟死后，"吴家军"仍传吴挺独掌兵权，渐现坐大之势。自虞允文以来，有远见的大臣无不认为四川兵柄必须抓准时机妥善解决。如今吴挺刚死，其子吴曦位望尚低，且不在川中，正是遴选合适将才入川更代，解决蜀兵世袭的绝好机会。但光宗仍"以为传闻失实，屏申奏而不信"，固执地认定吴挺还活着，奏报在诳骗他，竟然半年之久不置蜀帅。[1]

理智清醒时，光宗似乎也想做个明君。绍熙四年初，他在便殿召见了提点福建刑狱辛弃疾。早在皇太子时，他就知道稼轩毅然南归的传奇事迹与力主抗金的慷慨词章。这次召见，光宗一方面迁他的官职，一方面向他咨询战守事宜。弃疾指陈了荆襄对东南攻守的战略意义："荆襄合而为一则上流重，分而为二则上流轻。上流轻重，事关成败。"并对荆襄的兵柄分合、驻军布防提出了具体建议，他最后希望朝廷"思安虑危，任贤使能"，"使国家有屹然金汤万里之固"。但这番议论与建策没有引起光宗的重视，也未见他对荆襄防守有具体的举措。

这年进士廷试策，题目是光宗亲拟的"问礼乐刑政之要"。在送呈御览的策论中，有一篇鞭辟入里的议论引起了他的注意："陛下之于寿皇莅政二十八年之间，宁有一政一事之不在圣怀？而问安视寝之余，所以察词而观色，因此而得彼者，其端甚众，亦既得其机要而见诸施行矣。岂徒一月四朝而以为京邑之美观也哉？"[2]

[1]《建炎以来朝野杂记》甲集卷 1《寿康妃嫔》；陈傅良：《止斋集》卷 23《缴奏张子仁除节度使状》。吴挺之死，《宋史·光宗纪》作绍熙四年，《宋史全文》《两朝纲目备要》均系于绍熙五年夏，据《止斋集》卷 25《奏事札子》题下注云"五月四日"，此札当是绍熙五年五月上的，内有"若乃吴挺之死，半年而不置将"之语，若吴挺卒于绍熙五年夏，是年七月光宗即禅位给宁宗，陈傅良便不可能以"半年而不置将"责备光宗，故吴挺卒年应从《宋史·光宗纪》。
[2] 陈亮：《龙川文集》卷 11《廷对策》。

这时正是光宗不朝寿皇，过宫风波越演越烈的当口，群臣的谏章雪片似地送入南内。读到这段议论，光宗正中下怀，似乎为自己的偏执找到了堂皇的辩解。他认为，对他们父子关系，这段策论可谓最善解人意，当即把这篇廷对策由礼部奏名时的第三亲擢为第一名。

当知道拔擢的是陈亮时，光宗喜形于色道："天下英才，为朕所得。我亲自看过的，果然不错！"实际上，这段策论的意思很清楚：眼下要着手的礼乐刑政之事太多了，何必一定要讲究一月四朝的表面形式呢？陈亮的经济文章早就知名于世，听到他擢为头名状元，太上皇与嘉王也都十分高兴。光宗还特地交代翰林学士在赐第告词里写上："朕之待尔，岂止是哉。"他准备将来大用陈亮，先授他金书建康府判官厅公事，可惜陈亮未及赴任就病故了。

然而，在朝政处理上，狂躁、遗忘、偏执、猜忌等精神病症状，光宗都有明显的表现。他的狂躁症还不算太激烈，但与一般精神病者一样，坚决认定自己不需要服药与照料，对让他服药物，视他为病人的内侍们大发雷霆，连阁长、御药都不能出现在左右，一天或驱逐数十人，宫掖之内，人人自危。

精神病者常见的怔忡恍惚、怠倦遗忘，让光宗常把重大朝政忘诸脑后，今日迁延某事，明日迟滞某事，丢三落四是习以为常的。据陈傅良说，"班直待试于殿庭，侍从待命于郊外，往往邈然都不省记"；"甚者嘉邸有子而不奏告，掖庭有丧而不起发"。最苦恼的是宫廷仪卫，光宗经常晏朝，有时列仗已毕，只待皇帝临朝，忽然传谕"皇帝不上朝了"，仪卫们只能撤班。

绍熙初政时，光宗的性格已显现出独断偏执的那个侧面，发病以后，这一侧面益发严重，直接影响对朝政的处理。对此，彭龟年的上奏有概括性描述：

> 期年以来，施为稍异，若示人以不可测者。政事举措，稍不循节奏；进退臣下，颇不事礼貌。意欲所用，虽给舍屡缴而不可回；意所不欲，虽台谏弹击而不可动。宫寺任职于中禁，而不用诰命；内廷取财于总司，而特免录黄。如此之类，未易悉数。其始，群臣争之而不能得；其终，陛下行之而不复疑。一时操纵自我，予夺自我。[1]

上朝对班是确保台谏言事的制度性程序，光宗经常阻隔而不召对；言官偶有论谏，光宗或是不施行，或是干脆将其改为外任，免得他们喋喋不休。给事中、中书舍人缴奏不合理的诏书，本是宋代君权自我约束的有效措施之一，如今他们一有缴驳，光宗不是动用御批宣谕书行，就是将封驳官改除他职，免得他们一驳再驳。这些现象，绍熙初政时已不同程度地存在着，那时，人们有理由责备皇帝个人。然而，自绍熙二年郊礼发病起，已无理由再去谴责其本人。把江山社稷、国计民生交给一个精神病患者去主宰，让一个业已丧失责任能力的人去担当这一大任，他能负责吗？

3．过宫风波

光宗作为精神病患者的猜疑心理，除认定申奏宗室、大臣、侍从的死讯多在诳骗外，尤其集中表现在与太上皇的关系上。前者显然受黄贵妃活生生"暴卒"的刺激；后者的情况较为复杂：在威严强干的父亲长年震慑下，孱弱无能的儿子容易形成压抑扭曲的心理。而太上皇在皇位继承人上的表态，则让光宗认为，不

---

[1]《止堂集》卷3《论刚断得失疏》。

仅对嘉王的皇太子地位，甚者对自己的皇位，都是警告和威胁（虽然实际上完全没他想象的这么严重）。这种挥之不去、思之即来的心理阴影，在发病后遂由潜意识变为病态的妄想，理智极难控驭。倘若周围的人能施以积极的暗示，这种疑疾自会减弱或消除。怎奈李皇后与左右内侍不断的谗言恰恰起到相反的暗示作用，致使其猜疑的妄想遂成定势的错觉。从发病到退位的两年半里，由于这种疑忌心态的支配，在一月四朝重华宫的问题上，光宗固执己见地延宕、推托、拒绝；而群臣则敦促、讽谏、谴责。君臣互相争胜，过宫风波愈演愈烈，成为绍熙政治史上一出大戏。

光宗的精神病来势凶猛，绍熙三年正月初九，才停药没几天，连登楼都乏力，他还是抱病前去看望了太上皇帝和太上皇后。那天，临安纷纷扬扬下起了大雪，爱看热闹的行在百姓夹道伫立，见到御驾冲风冒雪，由大内往重华宫进发，都感慨天子之孝前古未有。孝宗爱子情切，便对他说："病体还没恢复前，不必过宫问安。"[1] 九天以后，按例又应朝重华宫。光宗自称生疮，让大臣代往北内行恭谢礼。从此以后，南内方面，谗言的暗示对皇帝渐起作用，一而再，再而三地废了一月四朝之礼；北内方面，先是顾惜儿子身体，继而为儿子卸掉些不孝的恶名，也一再传旨免去过宫。

只要不触及精神上的忌讳点，光宗神智渐清，一如常人，也开始临朝如礼，虽然仍御内殿。对他长期不朝重华宫，臣僚们认为有失人子孝道，更何况贵为天子，又有孝宗垂范在前呢？于是，

---

[1]《宋史·光宗纪》对光宗发病后每次重华宫问安都有记载，惟此次失载。《攻媿集》卷23《请车驾过重华宫第一札》说："正月九日，千乘万骑，冲冒风雪中。"《历代名臣奏议》卷11吕祖俭《请进书日到宫》说："药饵甫除，不惮风雪，遂御乘舆，都人夹道耸瞻。"亦可印证。

他们开始频频进谏。秘书省正字项安世上书说："陛下之仁，足以泽被天下，却不能施爱于庭闱之间；陛下之量，足以接纳群臣，却不能容忍于父子之间。父子之情，无法割断。陛下圣心一回，何必择日？即日就驾，就在反掌之间。"光宗不报。半年过去了，他始终没有到过重华宫，每到一月四朝的日子，总找些理由一再改日和展期，疑惧心理使他将南内到北内的御街视为畏途。后来，干脆推搪说太上皇让我免赴重华宫。

十月二十二日，这天是太上皇诞辰会庆节，皇帝生日时谓圣节。在圣节前十天，有皇帝向重华宫进香仪式。前几天，光宗也答允过宫进香的，谁知进香这天，他又推说太上皇允准可免过宫，拒绝出巡。在群臣激烈进谏下，次日才勉强补上了这一大礼。会庆节那天，按礼，皇帝应率百官赴重华宫向太上皇上寿，全国上自宫禁朝廷，下及州县官衙，无不鸣钟击鼓，饮食醉饱，尽一日之欢。但自进香之礼失期，群臣担心会庆节上寿也会临时变卦，纷纷上疏论谏敦请，光宗许诺届时上寿如仪。

会庆节一早，大内殿前，百官趋班，仪卫执仗，等候皇帝起驾。行都的市民们又早早夹道伫立，等着一睹龙颜。谁知日上三竿，仍寂不闻声，许久才传旨说，太上皇传谕"今天免到宫上寿"。百官、仪卫面面相觑，以为光宗病又犯了。丞相留正知道皇帝旧态复萌，亲率百官给太上皇祝寿已无可能，便率百官赴重华宫拜表贺寿，太上皇内心不由泛上一阵凄凉感。会庆节次日，光宗驾临经筵，毫无病态，他实在怕见孝宗，假借太上皇名义传下了不过宫的谕旨。

会庆节前三天是嘉王的生日，那天，光宗把儿子召入宫中举行家宴，一家倒也其乐融融。礼部侍郎倪思得知这事，便进劝说："陛下父子欢洽时，难道就不转念动心吗？寿皇想见陛下，正如陛下想见嘉王一样！"光宗听后，念及父子之情，倒也感动和愧怍，但倪思请他补上祝寿大礼时，疑忌又压倒了愧疚，依旧深居不出。

冬至节快到了，又是皇帝朝贺重华宫的大日子。每月四朝之日，皇帝不赴北内已经司空见惯。冬至那天，光宗依旧言而无信，托词不朝。一些大臣与侍从感到实在不成体统。起居舍人罗点说："老百姓节序拜亲都不阙礼。陛下耽搁了冬至节的贺仪，寿皇一定伸长脖子盼着陛下。常人对朋友还不可以无信，何况人主孝事双亲呢？"光宗犹豫不决，但终于不为所动。十个多月来，这种场面一再重演：说定过宫的日子，却侍臣立庭，卫士在列，有关机构随时待命，清道军兵，次第排立。终日守候，翘首以待，却从朝到暮，杳无诏命，等到殿门将闭，方才各自散归，致使"军民藉藉，妄生谤议"。光宗却依旧今日迁延于某事，明日受阻于某人，一味地推托延宕，咫尺北内，杳如万里。

陈傅良在《直前札子》里向皇帝发出严重警告：

> 如此日复一日，不以为怪，人心益弛，主势益轻。如有奸险之人乘机生事，则中外之情不通，威信之柄可移。即使擅传谕旨，恐怕也无从觉察，或放散仪卫，或隔退臣僚，或挑拨宫闱，或激怒军旅。万一这样，臣恐陛下孤立，而外廷也无以效忠了。

对这一忠告，光宗也有点惊醒了。吏部尚书赵汝愚也规谏再三。十一月下旬，他出朝重华宫，皇后随即也到，都民都松了口气。十二天后，他再率群臣赴重华宫，进献刚修成的《寿皇圣帝玉牒圣政会要》。不到一个月，就是绍熙四年正月初一，皇帝又去重华宫向寿皇行元日朝贺礼。这段日子或是他的病情稳定期。

元日朝贺一过，光宗又接连两个月深居拒出，临朝失时、章奏不理的情况也较前严重。在臣僚们又一轮群起谏诤中，光宗重新在畏惧猜忌的病态心理与孝养尊亲的正常心态之间交战徘徊。他担心太上皇不高兴，示意赵汝愚将这层意思奏禀寿皇。汝愚回答："除去宰执，从官平日没有赴重华宫奏事的先例。"光宗说："没关系。你可封呈奏疏。"他一心指望臣下能为他居间调停。汝愚是宗室，与太上皇的嫡亲兄长嗣秀王赵伯圭交好，便请伯圭帮着调停。

寿皇一经伯圭劝解，不快也就释然了。在汝愚规箴与伯圭斡旋下，光宗与皇后在三月上旬同赴北内，一家子从容盘桓了一整天。下旬，皇帝还陪同太上皇帝和太上皇后游览了聚景园。孝宗当年为奉养高宗而建造的这一名园，西临西子湖，是行都最大的御园。今天儿子能陪着游园赏春，孝宗自然十分高兴。这也是光宗发病后仅有的奉陪父皇出游。

对汝愚的协调，光宗很感激，提拔他同知枢密院事，也许与此有关。这一任命与太上皇的考虑倒是一致的。正打算颁任命制词，监察御史汪义端反对，他引高宗圣训"本朝宗室虽有贤才，不过侍从而止，乃所以安全之也"[1]，以宗室为宰执，国朝典故前所未有。这道奏疏虽被留中，但汝愚知道受台谏论劾，便居家上疏，力辞执政，疏共十二上。中书舍人黄裳说："汝愚事君忠，居官廉，忧国爱民。义端之见，不可以备位朝列。"光宗便让义端出朝外任，但汝愚仍不肯受任。光宗主动请示太上皇，这也是他发病后唯一请示孝宗的朝廷大政。孝宗看过汝愚编的《国朝名臣奏议》，认为可与《资治通鉴》并行，也知道他的才德，便传谕说，

---

[1] 徐自明：《宋宰辅编年录》卷19绍熙四年。

高宗圣训当时只为防止秦桧的奸谋。光宗让翰林学士把这层意思写入任命制词，汝愚这才受命就职。汝愚赴重华宫恭谢，孝宗对他说："你以宗室之贤出任执政，这是国家盛事！"他对光宗的任命是深为满意的。

自同游聚景园后，光宗又回复了老样子，其间除去病情变化，孝宗窜逐的宦官陈源再次被光宗信用，以及随之而来陈源党徒的兴风作浪，对皇帝的病态心理起了推波助澜的暗示作用。臣下们忧形于色，又掀起新一波谏净高潮。在百官私下交谈时，有一种意见以为："父子之间，何待人言？言之适足激陛下之怒。不如听之，天理自还。"还有一种观点认为："这事只有寿皇曲意迁就皇帝，或可回解。"从精神病患者的心理角度而言，这些看法自有其合理性，但从儒家道德、人主圣范角度而言，无异陷光宗于不孝，置自身于不忠的地位，一经义正辞严的驳斥，便难有市场。于是奏劝过宫成为大流，光宗也已习以为常，当面顺从地听劝，嘻笑不以为怪。汝愚好几次进谏，光宗也是面闻其劝即醒悟，一入后宫就生疑，活脱脱一个精神病患者猜疑畏惧出尔反尔的神态。

光宗疑惧不肯过宫的根源，还是由太上皇不同意立嘉王为皇太子引起的，进而担心自己也会被废黜或加害。这种迫害狂式的疑虑，光宗对亲近的侍从陈傅良、黄裳等也透露过。他害怕舜被父亲暗算的事情会出现，也忧虑唐明皇猜疑肃宗的故事会重演，更惟恐春秋卫侯辄与世子蒯聩父子争国的悲剧会重新登场。陈傅良为他设譬袪疑道："陛下难道不记得寿皇当年疏远魏王的事吗？自古废立，出于爱憎，寿皇那时对你究竟是什么心，陛下忍心忘却吗？"黄裳代为逐一分析了他担忧之事绝无可能发生，然后劝谏道："陛下贵为天子，不以孝闻，敌国将会轻侮，小人将为奸乱，戍军将怀异志，这才是可疑惧的。陛下不该疑的倒起疑，应该疑的反不疑。颠倒错乱，莫甚于此，祸乱之萌，近在旦夕！”然而，光宗还是听时感动，过后不动。

九月初四是光宗的生日重明节，侍从、台谏们上寿同时连章累疏奏请皇帝过宫，答谢寿皇养育之恩，谏诤之语甚至比为“夏商末造”。光宗大为不悦，争胜不出之心更加坚执。十几天后，一个名叫谢岳甫的士人上奏：“父子至亲，天理固在，自有感悟开明之日，何待群臣苦谏，徒以快近习离间之意。但太上春秋已高，太上之爱陛下，一如陛下之爱嘉王。万一太上万岁之后，陛下何以见天下？”岳甫与时任吏部侍郎的谢深甫似为同族，他的上书以情动人，光宗被打动了，传旨明天过宫。[1]

第二天，皇帝从御屏后出来，见百官早已立班待发。这时，李皇后也从玉屏后走出，挽他回去说：“天寒，官家还是饮酒去。”群臣、侍卫相顾失色，却不敢作声。中书舍人陈傅良走出班列，上前拉住光宗的衣裾，请他勿回后宫，几步便随行到玉屏背后。李皇后厉声呵道：“这是什么去处！你们秀才要砍了驴头吗？”傅良只得放手下殿，恸哭失声。李皇后气冲冲命内侍责问：“这是什么礼？”傅良回答：“子谏父不听，则随之以号泣！”说着径直走出御殿。李皇后怒不可遏，命内侍传旨：“已降过宫指挥更不施行。”便传令还宫。

孝宗的生日又快到了。进香重华宫那天，光宗依然不出。会庆节前一天，侍从官纷纷上奏太上皇，不要再颁圣节免朝的诏旨。

---

[1] 此事《宋史·李皇后传》作谢深甫，但《宋史·谢深甫传》不载，《四朝闻见录》甲集《光皇命驾北内》作谢岳甫，并说“岳甫名震于京，同姓宰相有欲俟上已驾即荐以代己者”，同姓宰相当指谢深甫，但深甫任相迟在庆元六年（1200），则上书者当是岳甫，而非深甫。

许多免朝的诏旨都是光宗擅以太上皇名义发下的，孝宗有苦难言，便说："自秋凉以来，每欲与皇帝相见。卿等奏疏，已令送给皇帝了。"但第二天光宗仍未过宫上寿，仅由丞相葛邲率百官前往称贺。一路上，无论市民、士人，还是禁卫、走隶，都相顾叹息，形之言语，非议的话已很难听了。百官到重华殿，因皇帝缺席，御幄设而不用，大乐备而不奏，寿仪俱废，鳌山空陈，臣僚都情觉忧愧，口唯咨嗟。侍从们当天上章，居家待罪，光宗却下诏不允。

太学生也加入了劝谏的行列，反映出一般国人对皇帝有失孝道的不满。自靖康学潮后，南宋太学生始终很活跃，在重大政事上不仅发出了自己的声音，且往往代表了公众的评判。十月二十五日，太学生汪安仁等二百一十八人赴登闻鼓院投匦上书，请朝重华宫。龚日章等百余人则以为投匦太慢，准备策动伏阙上书。当政者担心太学生一卷入，会鼓动群体性事件，祸起叵测，更忧心忡忡，谏诤益烈。光宗还是老样子，临朝说及过宫，未尝不动情，一入后宫，就改了主意。

在追诘下，光宗才对侍从吐露："内侍杨舜卿告诉我不要过宫的。"侍从、台谏一向认为，只要陈源、杨舜卿等在宫中一日，皇帝就会听馋信间，拒朝北内。于是，彭龟年上奏道："陈源辈只要在宫中，陛下的猜疑便不会消解。太上往来问讯，皆将指以为疑。或名为畏惧寿皇，而实欲激怒陛下。"他最后要求"斥逐陈源，以谢天下"。黄裳也上奏请诛杨舜卿。光宗对监察御史黄度申辩说："寿皇也有左右亲信的人。"黄度问："是不是就是离间的小人呢？"光宗说："当然。"黄度再问："所谓离间，陛下亲见其事，还是得之传闻？如得之传闻，难道可以不慎思而轻置信吗？"

十一月上旬，太阳呈现黑子太白昼现。朝臣和市民都把天象与人事联系起来，认为将有大变动。黄度上疏警告："太白昼见犯天关，其占主乱兵入宫。"十五日，光宗终于出朝重华宫，孝宗喜出望外，款留竟日。这日，白天晴空澄澈，夜间却飞起了雪花。过了两天，太阳黑子也消失了。臣民都为"雨雪应瑞，群氛消除"而欢欣鼓舞。冬至节那天，光宗又去重华宫，和太上皇帝欢然相处了一天。绍熙五年正月初一，皇帝升大庆殿受群臣朝贺，这是他发病后首次举行元日大朝会。当天，光宗又先后赴重华宫和慈福宫行庆寿礼。这些日子，他的病情似乎又进入新一轮稳定期。

新年一过，太上皇病了。皇帝则疑窦再启，一次也没去探病问安。寿皇的病情并不严重，但儿子拒绝前来，心中很不是滋味。他甚至萌发这样的念头：有朝一日，到吴越的哪个地方去"自泯其迹"。初春的一天，起居舍人彭龟年说："我以记注人君言行为职，每次车驾不过宫问安就记录一次。已记了数十次了。长此以往，恐怕为后世讥议。"光宗回答却干脆："既然寿皇有旨教不去，就照记吧！"龟年说："虽说寿皇有旨，难道陛下就可不去？就拿今天说，车驾不过宫，还不知什么因由呢！"光宗敷衍道："早来丞相也说过，已对丞相说了，会去的，会去的。"然而，迁延了一个月仍不见动静。

已是风和日暖、草木竞秀的暮春了，光宗准备出游玉津园。试兵部尚书罗点提醒皇帝先过宫问安，彭龟年也认为："不恭请三宫而独出宴游，不合礼数。"光宗说："你们为我找个心腹之人调护一下。"黄裳说："父子之亲，何待调护？"罗点接着说："陛下一出，众疑冰释。"光宗说："朕心未尝不想念寿皇！"罗点说："虽有此心而久阙定省，怎么向天下人证明呢？"但光宗却无动于衷，选定了日子，带上李皇后及妃嫔出游玉津园。

第二天，太上皇也扶病与太上皇后谢氏同往东园赏春。他显然听到帝后游园的消息，才做出这一反应的。回想自己在位时，凡出游总是恭请太上皇高宗，也记起去年皇帝还陪自己游过聚景园。这天，太上皇与其说游园，还不如说在赌气。这次出游后，光宗依然故我，不去北内探视，而太上皇的病情却急转直下。有一天，他登上望潮的露台，听见宫墙外里巷小儿嬉闹着大叫："赵官家来了，赵官家来了！"便喃喃自语："我叫他尚且不来，你们叫也枉然啊！"他凄然不乐，病势转剧，急遽地走向了生命的尽头。

四　又一幕内禅闹剧

1. 人心惶惶的内禅前夕

宋孝宗由泄泻引起虚症，其后又是艾灸，又是丹剂，终于药石无效。太上皇病危的消息不胫而走，传遍朝野，官民也把请愿推向高潮。四月十三日，侍从入对，仍然苦请皇帝朝北内。次日，太学生程肖说等移书大臣，责以辅政无方。在这以前，太学生们听说皇帝燕饮后宫，却拒绝问疾，便写了《拟行乐表》的游戏文章，有两句说，"周公欺我，愿焚《酒诰》于通衢；孔子空言，请束《孝经》于高阁"，辛辣讽刺了光宗无德不孝的行径。

听说学生也行动了，光宗允诺择日过宫。到了那天，宰相率百官入宫等候，太阳西斜，才传出了皇帝因病不出的通知。群臣深感又一次被愚弄了。侍从、馆职、学官纷纷上疏，自求罢黜，开始居家待罪，其他职事官采取相应行动的更多达百余人。尽管举朝请辞，如出一口，皇帝却下诏不许。与此同时，台谏官请求黜逐内侍陈源、杨舜卿、林亿年的章疏纷至沓来。

陈傅良建议以亲王、执政或宗室一人充重华宫使，专司探视病情、传达消息之职，未被议决。时隔一周，侍从请求入对，光宗拒不召见。宰执赴北内问疾，孝宗病重未能引见。鲠直的陈傅良忍无可忍，缴上了入仕以来的历任告敕，出城待罪。五月初七，太上皇病情恶化，宰相留正等分头祷祝天地、宗庙、社稷。次日，宰执留正等求见，侍从、台谏也随入殿廷，请皇帝过宫侍疾。光宗愤然拂衣而起，留正拉着皇帝的衣裾，一边随行，一边进谏。其他宰执和侍从、台谏也号泣着随至福宁殿门前，黄裳用笏板拦住光宗，请他过宫，罗点泣奏："寿皇病势危重，现在不见上一面，后悔莫及！"内侍关上了沉重的殿门，群臣才不得不恸哭而退。

四天后光宗临朝，责备罗点说："前几天，你们引裾论谏也罢了，为什么要擅入宫禁呢？"罗点援据三国时辛毗引裾力谏魏文帝的故事，说："寿皇只有一子，唯恐陛下见之不速。"接着，留正率宰执们上待罪札子，对光宗说："既然谏请不从，请把我们罢职。"光宗顿时恼羞成怒，命知阁门事韩侂胄传谕："宰执都给我退出去！"于是，宰执们结队出城，在浙江亭待罪。没了宰相与副宰相，朝堂上群龙无首，倒是前所未见的局面。消息传入北内，太上皇忧心如焚，让嗣秀王伯圭传他谕旨：命宰执都回朝理事。谕旨传到后，有人指责韩侂胄昨天在误传皇帝诏谕。侂胄只得奏禀光宗："昨天传旨命宰执出殿，他们都出了都门。请派内侍宣押回来。"见光宗未置可否，侂胄又说："那请让我去宣押他们入城罢！"光宗这才同意。

五月十五日，又是一轮朝见的日子。这天，道路戒严，乘舆也准备停当。市民都夹道伫候，指望能见到出朝北内的车驾仪仗。然而，迁延到正午，仍不见踪影，侍卫的军士与旁观的民众都愤恨不平，谤讪不止，彻底被激怒了。又过了五天，宰相留正等前往问疾，孝宗已说不出话，好几次环顾左右，希望能见到儿子，却终于失望了。

起居舍人彭龟年已三次请对，皇帝就是不见。二十三日，他怀揣札子求见，传旨说改日引对。龟年下决心苦谏，便说："我任史官而不能侍侧，有忠言而不能上达，只有叩首龙墀，表明心迹了。"说完便跪伏在自己的班位上，以额击地，久叩不止。鲜血从他的额头上渗出，渍红了甃甓与搢笏。光宗在后殿闻知此事，却依旧无动于衷。龟年是去年岁杪选为史官的，年初君臣相见时，光宗还半开玩笑地对他说："新任命后都不求召对？这官，我可是待有学识的人才授与的哟！正想见你说说话呢！"那正是他的病情稳定期，今天却来个不理不睬。龟年见状，只得在殿下大声奏道："陛下，情势危急呵！陛下为人所误，不纳忠言，我只能拜辞出朝了！"说完，取出札子，放在龙墀上，准备退出。

这时，光宗忽然传旨召见他，一见面便问："一向知道你忠直，打算理会何事？"龟年道："今日之事，没比过宫更大的了！"光宗嗫嚅道："是要过去的。是要过去的。"龟年说："在外廷与群臣说及这事，陛下并不龃龉，且约定日期。而一转过御屏，主意就两样了。这一定有人在贻误陛下。"光宗不由自主地点点头。龟年又说："内外不通，祸乱不闻，实在令臣下痛心！"同知枢密院事余端礼也在一旁说："叩额龙墀，曲致忠忧，臣子至此，岂是得已？"光宗瞥了一眼他的额头，答道："知道了，总会去的。"但事后依旧闭宫不出。

次日，光宗同意黄裳、彭龟年奏请，让嘉王过宫问疾。王府都监王德谦意存阻挠，固请嘉王向皇帝复奏，嘉王斥退了他，径赴重华宫。来日无多的太上皇见到皇孙，略觉安慰。他知道：儿子就是受李凤娘的刺激才惊惧发病的，也是听信她的谗言才畏忌过宫的。想起内禅前夕黄洽的直言，如今人之将死，不仅黄洽见不到，连儿子都见不上一面，孝宗抚几长叹道："悔不用黄洽之言。"眼泪便流了下来。打这天以后，他进入了弥留状态，但神志仍清楚，他悲愤地拒绝服药，自病重以来，儿子一次都没来看望过自己。

自太上皇病重消息一传开，由于光宗的表现，士庶军民的情绪都快爆炸了。如果说，此前是暗地愠怒，现在则勃然怒形于色；过去是私下啧言，如今已公然哄传于道。上自百官，次及士夫，继而六军，下至百姓，无不感慨怨嗟，愤然不平。而临安城里，居民慌乱，纷纷迁徙。住城内的移居乡村，居城郊的迁至旁郡。富家竞藏金银，物价为之疯长。甚至后宫妃嫔都打点细软送回娘家，应付可能发生的社会变乱。京城的风波经口耳相传，临安周边的州郡和戍军充斥着离奇的谣言。有人痛心疾首道："这都是乱世亡国气象！"

当陈傅良号泣攀裾、彭龟年额血染墀进行苦谏之际，叶适责备留正："皇帝显然有病，父子相见，应等病愈。你却不遍告群臣，听任臣子轻议君父，可取吗？"留正无可奈何道："皇帝确实有病，却讳言有病。每天内朝听政如故，这就是病。不过，人臣绝没有自己对皇帝说'你有病'的道理！"

南宋末年，有人这样评论过宫风波：

> 大抵当时执政，无承平诸公识，不能以上疾昭示天下，镇静浮言。而朝绅学士率多卖直钓名之人。[1]

---

[1]《齐东野语》卷3《绍熙内禅》。

作为孝宗信托的辅政大臣，留正明知光宗病症所在，却始终听之任之，一筹莫展，这不仅是"无识"可以解释的，恐怕还掺杂着"有私"，即利用这一局面稳稳地独掌相权。

至于在过宫风波中的苦言直谏者，则应从当时的文化角度来衡估：他们是以那一时代的伦理规范去要求自己君主的，这种规范也是君主赖以治国平天下的准则，他们维护的是社会公认的价值观念，其用心似乎无可厚非。对一个精神病者的苦谏，以今视昔，确乎无聊而滑稽。然而，症结在于：首先，在君主世袭制下，一个精神病者竟可以合理合法地君临天下；其次，在其君临天下时，臣民或只知其君而不知其病，或虽知其病而讳言其疾，把一出中国版的《皇帝的新衣》，从讽刺剧敷演为正剧。所有这些，深刻形象地揭露了君主专制的愚昧和荒唐。

六月九日凌晨，五更鼓刚打过，重华宫领班内侍关礼叩响了留正与赵汝愚私第的大门，送来了太上皇的讣闻。[1] 赵汝愚唯恐光宗疑不置信或闻变不朝，没有立刻申奏。直到上朝听政时，宰执才将申状呈上。群臣力请皇帝即刻过宫，光宗却起身入内，群臣相率拉着他的衣裾泣谏："寿皇已崩，陛下应上辇一出。"随至福宁殿前，群臣不退，光宗哭着说："这里不是你们去处。"说完急转身入内，衣裾为裂。其后，皇子嘉王好几次入宫泣请，光宗答应即赴北内，但直到日头西斜，仍闭门不出。看来，连太上皇丧礼都不能正常进行了。

这时，传来了太皇太后吴氏的御札，命宰执率百官赴重华宫发丧，听太上皇帝遗诰。遗诰命改重华宫为慈福宫，由太皇太后居

---

[1] 孝宗卒日，《两朝纲目备要》卷3、《宋史全文》卷28、《宋史》卷392《赵汝愚传》，俱作丁酉夜，《宋史·光宗纪》作戊戌夜，实际上丁酉夜五鼓即戊戌晨，两说并不矛盾。

住，在宫后为太上皇后谢氏建寿成皇后殿，以便皇帝省觐。吴氏自高宗去世后，一直住在北内，孝宗内禅，改北内为重华宫，将她的居殿改称慈福宫，实际上仍住在一宫之内。现改重华为慈福，不过将原一宫两名并为一名而已。吴氏已八十岁了，头脑还很清楚。

以后几天，任凭宰相群臣一再奏请，光宗就是稳居深宫，拒绝往行丧礼。六月十三日大殓，嘉王入宫请父皇主丧。光宗敷衍说："一等病好，就过宫行礼。"鉴于光宗不出，无人主丧，留正、赵汝愚对太子少傅吴琚说："大丧不能无主，祝文宣读时应自称'孝子嗣皇帝'，宰执不敢代读。太皇太后是寿皇之母，应请她听政，暂主丧事。"他们准备在太皇太后垂帘后正式建请立嘉王为皇太子。这样，一来"命出帘帏之间，事行庙堂之上"，名正言顺；二来往后的局面也容易应付些。

吴琚是太皇太后的亲侄，他传达了这一建议，却提醒吴氏道："后戚不应与闻大计。"于是，太皇太后拒绝了垂帘，只同意代行祭奠礼，同时颁旨说："皇帝有疾，可就在南内成服。"实际上，皇帝并未服丧。他起居服饰，一如平时，虽临父丧，浑如无事，不仅如此，还照常宴饮，传唤俳优；但出于疑忌畏惧的病态心理，怕有人暗算，便"亲挟弧矢，欲以自防"。内心深处，他认定太上皇之死妄不可信，说不定是算计自己的圈套。

七月三日，太上皇大祥。两天后，百官例应释服。但群臣认为：大丧以后，皇帝从未到灵前临哭成礼，尽废纲常，不成国家，都憋了口气，不肯释服。向金国告哀的使节也已派出，对方不久就会派来吊祭使，按礼应在大行皇帝梓宫的素帷前接受皇帝引见，如果皇帝仍固执不出，岂非见侮于来使，示乱于敌国？皇帝为国之君，为人之子，既不临丧，又不视敛，既不举哀，又不成服，满朝上下的愤慨，众口一词地不满。情绪是会传染的，三军的怨谤，百姓的骇愕，群情激愤到了极点。

成服这夜，白气贯天，占书认为主兵象。于是，谣言蜂起，越传越离谱：有的说某将就要开拔，有的说某辈正在聚哭；一会儿传朝官有潜逃的，一会儿传近幸藏重器的。宫中则谣传：寿皇今春召见过一个疯道僧，他开口就说："今年六月，好大雪啊！"有个内侍嗤笑他疯癫，他睨了一眼道："你浑身是雪，还笑我狂？"这不，孝宗死在六月，朝堂宫禁不都披缟着素了吗？民间也传说：早有算命的认为，孝宗圣节称重华，光宗圣节称重明，不是好兆头，"重"字拆开，只有二千日；这不，太上皇从内禅到大行，不正合其数吗？

庙堂的体面，朝野的怨愤，都不容许继续大丧无主的局面。否则，确有可能出现臣下一再警告过的局面："设或一夫鼓倡，指目问罪，大义所迫，千百从之，顷刻之间，人心瓦解，覆亡祸变，倏在目前。"[1] 这种祸起萧墙的局面已在酝酿中：京口诸军跃跃欲试，襄阳士人陈应详准备了数千条缟巾，联络好兵民，拟代皇帝为太上执丧，后因绍熙内禅的诏书颁到才偃旗息鼓，最终指控谋逆而遭诛杀。

2. 绍熙内禅

皇帝不执丧，有人私下问叶适："今当如何？"叶适回答："这样就是独夫了。"大殓后五天，他对留正说："嘉王已经成年，如能预建储君，参决朝政，天下的疑忧流言就会消释。"关于嘉王参决朝政的建议，早在上年留正出城待罪前，左司郎中徐谊就向留正提出过，却没被采纳。如今，留正认为嘉王立为皇太子监国还是可取的：让皇帝退居深宫三年，由皇太子权监军国事，如终丧

---

[1]《历代名臣奏议》卷 12 袁说友《又奏乞过宫状》。

后，光宗不打算退位，就可以复辟；如果同意内禅，太子便可名正言顺地登位。而他也可以进退有据，无论新君还是旧主，都不至于影响自己的相位。

于是，这天内朝时，留正上道札子说："近日中外人情不安，兴讹造谤，无所不有。没有比立国本更重要的了。皇子嘉王应早正储位，安定人心。"同时附一封上书，是草泽布衣建请立储的，呈上取旨。光宗看了上书，脸色陡变道："储位不能预建，一建就会取代我。我只想让你知道：这建议是谬妄的！"

又过了六天，留正再请建储，光宗批："甚好。"次日，宰执们拟就了立太子的指挥，光宗御笔批道："依付学士院降诏。"按惯例，这晚就交翰林学士院起草立储诏书。不料留正当晚又收到另一封御札，见上书八字："历事岁久，念欲退闲。"留正疑惑费解：白天的御批明明同意立皇太子，晚上的御札却说"退闲"，究竟以何为准呢？学士院立储草制也只能中止了。

留正继而惊恐起来。他想起仕途未显前为预卜流年，算过一卦，说自己年至甲寅有"兔伏草、鸡自焚"的凶象。当时不知所云，现在一切可解：今年恰是甲寅年，皇帝卯年所生，属兔，意欲"退闲"，隐含"伏草"；而自己酉年所生，属鸡，"自焚"之象，难道要应验在自己身上吗？他于是"深以为忧"[1]。

第二天上朝，留正没把八字御批告诉其他宰执，经赵汝愚诘问，才不得不说明其内容。宰执们只得再拟立储奏札送呈，御批道："可只今施行。"究竟施行立储还是禅让，批语含混不清，又不下旨送学士院，宰执们不知如何处理好。留正神不守舍，上下殿阶时扭

---

[1] 留正深信卦言，事见《齐东野语》卷3《绍熙内禅》、《宋史全文》卷28、《两朝纲目备要》卷3，此事不能视为小说家言而不予置信，否则难以解释留正为何随即不顾一切逃遁出城，由此也足见他作为辅政大臣之浅妄。

伤了脚脖子，更自认为不祥之兆，向皇帝力请罢相而没有获准。

大祥前三天，宰执们再次上奏，以为立储之事不能再延宕不决，请面奉圣旨以便执行。当晚，光宗批出宰执奏札，封题有异于往日。当着其他执政，留正不肯启封，交给了内降房。次日，在赵汝愚催促下，留正打开封套，看到牍尾御批的十六字，顿时忧形于色。[1]他听说汝愚拟以内禅事奏请太皇太后，便对汝愚道："建储诏命还没下，就急忙着手内禅，情理未安。今后两宫父子之间，会有难以相处的麻烦事儿。"两人的意见不一致，促使留正拿定了逃归之计。大祥前一天，留正上朝时佯仆倒地，借机归第。次日大祥，留正在五更时分上表乞请致仕，表文最后请求光宗"速回圣意，追悟前非，渐收人心，庶保国祚"，也不管皇帝是否同意，乘上肩舆逃遁出城了。

宰相在紧急关头撒手脱逃，消息顿时传遍了京城，朝臣都民听了无不大为惊骇。嘉王向兼任王府直讲的彭龟年谈起了中外人心汹汹的情况，龟年认为：建储才可以安定人心，但必须奏禀太皇太后才可以着手。嘉王是不太有主见的人，他倒并非急着做皇太子，而是相信彭直讲不会错的，便让王府都监王德谦去慈福宫奏明太皇太后，德谦不敢卷入其间，催督再三后才去，但也没下文。

最近十天来，知枢密院事赵汝愚内心十分矛盾。他少有大志，常说："大丈夫能在汗青上留一页纸，才不负这一生。"他以范仲淹、韩琦、司马光自期，打算竭尽所能，力挽时局。但他也有难处，作为太宗之子元佐的七世孙，出任同知枢密院事时，台谏劾以不合祖宗故事，由于太上皇干预，这场风波才告平息。作为宗

---

[1] 这则十六字御批的内容，未见史料明确记载。唯《四朝闻见录》甲集《宪圣拥立》与丁集《宁皇即位》所载"某人传道圣语'敢不控竭'"差似，玩其语意，似是责备之语。

室执政第一人，行事更须步步审慎，如履薄冰。他初入枢府，光宗便召幸臣姜特立入朝，诏命经过枢密院，他心知其非，却没有奏止。一来，惟恐谏奏无效，皇帝会让他与留正那样待罪去位，为人所笑；二来，他入枢不久便"天下属望"，也企望借此平台做番事业。在谏与不谏姜特立上，他与留正是各怀私心的。[1]

　　在孝宗病危、光宗不出的那段日子里，他也忧心如焚。一个叫游仲鸿的粮料院干办，向他上书坦陈大计，喻他为伊尹、周公、霍光，他骇恐地将来函烧毁，没有作答。不久，游仲鸿又驰函责备他："大臣事君之道，只要有利社稷，就应不惜生死。你既不死，何不去位？"汝愚认为他说得对，但仍不复函，何况现在也非去位之时。但要力挽狂澜于既倒，势必涉及敏感的皇位继承，身为宗室大臣介入其间，瓜田李下，无疑诸多不便，故而一直犹豫不决。

　　这天，左司郎中徐谊对他忠告："自古人臣，为忠则忠，为奸则奸。忠奸间杂而能成大事的，从未有过。你内心忧虑政局，外表却作壁上观，这不是缠夹吗？社稷存亡，在此一举啊！"汝愚听后大为震动，他毕竟是有担当、做大事的人，便征询其意见，徐谊说："这是大事，非有太皇太后之命不可！"但宫闱深重，怎样才能让太皇太后知道，并进而说服她同意内禅计划呢？

　　大祥前一天，工部尚书赵彦逾与汝愚作别，这位侍从也是宗室出身，将以山陵按行使的身份去绍兴府勘定孝宗的陵地。言及国事，相对太息。彦逾道："近事危急如此，知院是同姓之卿，岂能坐视？应该考虑个对策。"汝愚沉默了一会，他不打算立即透底，便说："今有何策？事情急了，持刀去朝天门，大叫几声，自己剐杀罢了！"彦逾不以为然："与其这样死，还不如换个死法。听说皇帝有御笔

---

[1]　这一分析参见《朱子语类》卷132《中兴至今日人物下》。

八字，有这事吗？”汝愚说：“留丞相叮嘱再三，不要向外说这事，现在情势危急，与尚书说也不妨。”彦逾道：“既然有御笔，何不就立嘉王？”讲读官沈有开在一旁说：“外间传嘉王出判福州，许国公判明州。还听说三军士庶都推戴相公主持这件大事。”汝愚吃惊道：“日前有立储之请，尚且担心皇帝不高兴。这内禅事谁敢承当？还要看慈福、寿成两宫之意如何？”彦逾说：“留丞相以足病求去，上天付这一段事业给知院，岂可迟疑不决？”被说得有点忘情，汝愚脱口而出：“是啊！几天前梦见孝宗授我汤鼎，背负白龙升天。”彦逾建议：“禫祭将近，正可着手。”汝愚却认为：“这是大事，恐怕不宜仓卒。也须择一好日子。”说着，拿出宫历来，见禫祭那天正是甲子吉日。彦逾说：“帝王即位，就是好日子。何况宫历又说是吉日，有什么可迟疑的？事不宜迟，应立即做去！”

取得宫禁卫队的支持，从来是专权帝制下政变的关键。他们决定派中郎将范仲壬立即去做殿帅郭杲的工作。[1]汝愚知道彦逾与郭杲过从亲密，故意问道：“假如郭杲不同意，怎么办？”彦逾说：“那我就亲自去，明天给你回复。”汝愚道：“这大事已出口，岂能等明天？”

仲壬见到郭杲，说以时势艰危，动以人臣忠义，他都不开腔，不得已屏去左右，透出枢府之意，他仍不答话。仲壬只得折回复命。汝愚感到棘手，彦逾自告奋勇去试试。彦逾走后，汝愚坐立不安，在屏障后坐等回音。

彦逾一见郭杲便问：“现在，外议汹汹，太尉知道吗？”

回答说：“是的。不过有什么法子呢？”

---

[1]《宋史》卷247《赵彦逾传》作范任，《宋史全文》卷28、《两朝纲目备要》卷3、《齐东野语》卷3《绍熙内禅》均作范仲壬。

彦逾把密谋内禅的计划托出，说："我与枢密只能谋划罢了，太尉是国家虎臣，这事的成败全在太尉身上。"

郭杲仍不表态，彦逾沉下脸说："太尉担心的是你百口之家吧！我赵彦逾尽诚以相告，太尉却一味不答理。枢府问起，我何以为复呢？莫非太尉另有所谋！"玩味所谓"尽诚以相告"，应该就是向郭杲开出具体的交换条件。

郭杲这才蹶然而起，明确表态说："敢不效命？请致意枢密，领钧旨。"随即他接受汝愚的指令，连夜分兵控制了北内与南内。

卫队这一头搞定以后，汝愚即致函留正，告诉他措置略定，望能稍留勿去，但留正在第二天，即太上皇大祥当日，还是出城逃走了。在发出给留正的函简后，汝愚着手北内太皇太后这头的工作，没有她最后支持，整个内禅就名不正言不顺。

叶适和徐谊向汝愚引荐了知阁门事蔡必胜，他与徐谊既是同乡又兼好友，与知阁门事韩侂胄是同僚。侂胄是北宋名臣韩琦的曾孙 [1]，他的母亲是太皇太后吴氏的亲妹妹，他的妻子则是太皇太后的侄女，由于与慈福宫太后的双层亲戚关系，故而和慈福宫内侍头儿张宗尹关系颇密切。汝愚通过蔡必胜找来侂胄，让他寻机会打通太皇太后的关节，侂胄慨然应允："我世受国恩，情同肺腑，愿意效力。"

然而，按宋代宫廷规制，侂胄也不能随便见太皇太后，他便找张宗尹说："事到如今，我辈也死到临头了。"宗尹问："现在该怎么办？"侂胄告以内禅之谋说："必须太皇太后主张才可行。"

---

[1] 韩侂胄与韩琦及宋宁宗韩皇后的世系，据《宋史·韩皇后传》推算，则是韩琦四世孙、韩皇后的叔祖，误实。应据《建炎以来朝野杂记》甲集卷 1《恭淑韩皇后》、卷 9《渡江后父子兄弟建节数》《中兴外戚封王数》所提供的世系行辈，为韩琦的曾孙，韩皇后的曾叔祖。

太皇太后为人素来简严，听了宗尹转达，即面斥他说："这事难道可以轻易说的？"只让他传谕汝愚"要耐烦"。汝愚闻报，揣度让他耐烦，就是没把门堵死，命侂胄次日再去慈福宫。侂胄以为希望不大，汝愚关照："你可先谢宣谕，再提内禅建议。"

大祥次日，侂胄找到了张宗尹，让他再试一次。宗尹随即出来告诉他，太皇太后今天感冒不出。眼见希望渺茫，侂胄独自在宫门前逡巡不决，恰被重华宫原领班内侍关礼撞见，问他为何欲进还退。侂胄犹豫着不想把内情相告，关礼不快道："自是一家，何必吞吞吐吐！"说着指天立誓，决不泄漏消息。侂胄这才说了赵汝愚的内禅计划，关礼一听就说："你稍等候，我就去奏知。"说完，径自入内。

关礼一见太皇太后，就哭泣不止。太皇太后诧异道："你有何苦？"关礼说："小臣无事，天下可忧啊！"吴氏蹙眉不语。关礼接着说："自古圣人读书万卷，可有曾见到像现在这样的局面而能保证不乱的吗？"

听了他简单陈述，太皇太后说："这事不是你该知道的。"关礼说："这事人人都知道：现在，留丞相已经出朝，依赖的只有赵知院等二三执政。赵知院早晚也会去的，天下靠谁呢？"说着声泪俱下。吴氏吃惊地问道："知院，与国同姓，事体与他人不同，也要去朝吗？"关礼回答说："知院之所以还没去，不只是同姓缘故，还因为太皇太后可以依恃啊！现在，定了大计而未能得到太皇太后的同意，计无所出，也不得不去。如他一去，天下不知会怎样了。"吴氏道："事情该怎么办好？"关礼进劝说："今天，赵知院命侂胄奏知内禅事，望太皇太后三思，早定大计。"吴氏忙问："侂胄在哪里？""他在宫外等太皇太后谕旨。"

太皇太后答应明天一早在梓宫前垂帘引执政面对，她对关礼说:"我前日也听吴琚说来。你去传谕侂胄:若事顺须是教做好,更须仔细。"夕阳西沉时,汝愚终于等来了回音。

促成吴氏做出决断的,还有吴琚的作用。吴琚在与孝宗、光宗父子的关系上处理得十分得体,孝宗称之"哥",光宗称之"舅"。过宫风波时,吴琚不主张谏者顷朝、谤者盈市的局势蔓延扩大,上密奏给太上皇说:"臣僚劝请,反涉形迹。殊不知三宫声问络绎,岂在乎一月四朝方为尽礼?如欲相见,可自招皇帝前来。请将这奏誊抄降付给留正等。"其见解通达,措施中肯,太上皇后屡颁"不宜过宫"的诏敕,或即听从他的建议。但他守口如瓶,从未张扬。在走韩侂胄门路的同时,赵汝愚通过徐谊让吴琚再去劝说太皇太后。谨慎的吴琚当面没答应说项,转身却求见太皇太后说:"以目前情势看,不如早决大计,以安人心。但垂帘之事,只可暂行,久了则不好。"太皇太后说:"这也是我的想法。"故而关礼来奏时,她已主意在胸了。

宫内宫外忙开了拥立新君的准备工作。赵汝愚先将事情经过告知了参知政事陈骙与同知枢密院事余端礼,再把太皇太后的谕旨传达给殿帅郭杲和步帅阎仲,让他们连夜分兵守卫南内与北内。嘉王正有病告假,汝愚以一函短柬知会王府直讲彭龟年:明日禫祭大事,嘉王不能不到。龟年自然心领神会。关礼则让姻亲阁门宣赞舍人傅昌朝连夜赶制黄袍。

禫祭是百官除丧服的日子。嘉王赵扩由彭龟年陪同,在军队护卫下,首先来到北内。许国公赵柄也来了。嘉王早听说自己有可能位登九五,自太上皇孝宗内禅不久,宫禁之间就传出将来由他继统的说法,这早是公开的秘密。宋代有一种习俗,皇太子一旦在大内即位,市民可以进入他的潜邸,见到什么都可以取归己有,当时称为"扫阁"。今晨出发前,许国公对扫阁已做预备,以免损失太多。

赵汝愚与执政从政事堂来到北内，率群臣在太上皇梓宫前班列就位。不久，太皇太后垂帘，命召执政们奏事。汝愚奉上传国玺函，太皇太后命身边内侍取来传国玺，并对汝愚说："国玺早已放在妥善之处了。"原来，汝愚预先命殿帅郭杲率三百名卫士赴南内请取传国玺，掌玺内侍羊驷、刘庆祖私议道："这玺如给郭杲，万一他所授非人，则大势去矣。况且外间议论纷纷，说只要赵家一块肉便可做皇帝，这玺更不可轻授。"两人便取出玺印，将玺函封弥严实交郭杲送往政事堂，自己却捧着国玺抄近路直奔慈福宫。汝愚这才知道自己拿到的竟是空玺函，惶恐称贺，再拜帘前。[1]

接着，汝愚奏道："皇帝因病，至今不能执丧。臣等屡上札请立皇子嘉王为皇太子，皇帝御批：甚好；继而又批道：历事岁久，念欲退闲。请太皇太后处分。"太皇太后说："皇帝既有成命，相公自当奉行。"汝愚等奏道："事关重大，将布于天下，书之史册，须降一指挥方可。"吴氏说："好。"汝愚从袖中取出草拟的指挥送上，太皇太后阅后说："很好。"

汝愚等再拜奏道："今后有拟奏事情，自应请嗣君处分。但恐两宫父子间有难以调处的地方，还须烦太皇太后主张。"吴氏点了点头。汝愚等又说："上皇病还没有平愈，骤闻此事，不会没有惊疑，请让入内内侍省都知杨舜卿提举上皇宫事，以任其责。"吴氏便召舜卿至帘前面谕。

---

[1] 关于取传国玺事，《四朝闻见录》甲集《宪圣拥立》说：嘉王即位"翌日，时唯传国玺犹在上侧，坚不可取。侂胄以白慈懿（李皇后），慈懿曰：'既是我儿子做了，我自取付之。'即光宗卧内拿玺"。罗大经之《鹤林玉露》甲编卷4《绍熙内禅》也说：宁宗即位后，"命泰安宫提举杨舜卿往南内请八宝，初犹靳予，舜卿传奏云：'官家儿子做了。'乃得宝出"。周密《绍熙行礼记》注曰："御玺，重宝，安得即位后方取？兼玺玉各有职，安得置之卧内，恐非事实。"所驳入理，故酌采《四朝闻见录》丁集《庆元丞相》附考异及《绍熙行礼记》之说。

　　然后，太皇太后命赵汝愚宣布诏旨："皇帝以疾至今未能执丧，曾有御笔'自欲退闲'。皇子嘉王扩可即皇帝位。尊皇帝为太上皇帝，皇后为太上皇后，移御泰安宫。"

　　关礼、张宗尹扶掖着嘉王入帘内，只见他泪流满面，退避不已。太皇太后也放声恸哭，泣不成声。稍停，她对许国公说："外间议论都说立你，我考虑万事应该从长。嘉王比你年长，且教他做，他做了，你再做。自有祖宗例。"许国公怏怏不乐。嘉王听了则惊惶欲走，被佁胄扶持住，便连声喊道："告大妈妈，臣做不得，做不得！"

　　太皇太后命取出黄袍，说："我来给他穿上！"嘉王拽着佁胄的胳膊，绕着殿柱逃避不止。太皇太后大声喝令他站定，数说道："我见你公公，又见你大爹爹，见你爷，今天却见你这模样！"说着，眼泪又不住地流了下来。她称得上是一部南宋史的见证人了，高宗、孝宗、光宗做皇帝，她都看在眼里，没想到皇位危机竟折腾到这步田地。佁胄在一旁也以天命相劝。嘉王见太皇太后发怒，知道她主意坚决，无可违逆，只得披上黄袍，机械地拜个不停，嘴里仍喃喃道："做不得，做不得！"

　　佁胄与关礼、张宗尹夹扶着嘉王走到素幄前，传太皇太后谕旨，让汝愚等劝请。嘉王仍自言自语道："我无罪。恐负不孝之名。"汝愚说："天子应以安社稷、定国家为孝。现在中外人人忧乱，万一有变，将置太上皇何地？还称得上孝吗？"

　　众人扶着嘉王在御座上就座，他却边哭泣，边退避。同知枢密院事余端礼说："太上有疾，大丧无主，国家安危在瞬息之间。太皇太后不是为陛下考虑，而是为太上皇帝，为祖宗社稷考虑。现在再坚持退让，不念宗社大计，才是守匹夫小节，昧天子大孝啊！"嘉王这才收起双泪，侧身就御座之半。

汝愚已率百官跪拜了下去，嘉王从御座上又站了起来。汝愚命殿帅郭杲、步帅阎仲等先出侍卫。内侍引导着新君到太皇太后帘前行谢礼，接着到孝宗梓宫前行禫礼，祭奠哭泣。礼毕，嗣皇帝衰服来到重华殿东庑素帷前，御史台与阁门官早就集百官立班等候朝见新君，他就是宋宁宗。

一场老皇帝缺席、新皇帝勉强登位的内禅礼终于收场了。高、孝、光、宁四朝，内禅倒有三次，历史似乎一再重复。然而，比起当年绍兴、淳熙两朝内禅来，绍熙内禅从策划到行礼都是在人心惶惶中进行的，实际上仅仅是迫不得已情势下的皇位更代。这一事件是一种象征，意味着从此以后，南宋王朝连淳熙内禅时那种表面的人君之德和升平之象都难以为继了。只有嘉王府被都民扫阁一空，算是为绍熙内禅添上了一个闹哄哄的尾声。

3．疯皇的晚年

宋宁宗在北内登位，南内的光宗还蒙在鼓里。直到杨舜卿奉命前来提举泰安宫时，才告诉他："新皇帝是官家的儿子做了！"第二天，宁宗在韩侂胄引导下前来问候起居，光宗正躺着，过了好一会才问："是谁？"

侂胄代答道："嗣皇帝。"

光宗直愣愣盯着他看，问道："是我儿吗？"接着又问："你是谁？"

回答说："知阁门事韩侂胄。"

光宗便侧转身子面里睡去，再也不答理谁。他的精神病又复发了。

即位第三天，宁宗下诏：五日一朝泰安宫，百官每月两朝。首次朝见泰安宫的前一天，宁宗上奏光宗，说明日将率百官前来恭谢。第二天，光宗把寝殿大门关得紧腾腾的，让儿子吃了个闭门羹。宁宗只能呈上问安表笺，率百官回去了。五日一朝之礼，便始终不能举行。光宗彻底疯了，他拒绝见儿子，不愿意听到自己被称为太上皇。虽然当年他也曾迫不及待地巴望父皇禅位给自己，自己却不情愿这么早就让位给儿子。他坚决不愿意迁出南内，这里可是皇帝的居所！

这样一来，宫殿的安排便有了问题。宁宗原打算另建泰安宫，一俟竣工，就让光宗迁入，自己好入居南内。泰安宫址初选在秘书省，后决定由李皇后的外第改建。没奈何光宗僵持着不肯搬，中书舍人彭龟年对宁宗说："太上皇有疾未愈，不如且让他们南内养病。寿皇梓宫在殡，陛下暂在丧次听政，也符合礼的规定。陛下居狭处，太上居宽处，天下之人也会体谅陛下之心。"于是，即位当月，宁宗下诏说："秋暑，太上皇帝未须移御，即以寝殿为泰安宫。"另建泰安宫的工程暂停了，就改南内的福宁殿为泰安宫，让光宗居住。

其后，宁宗曾多次往朝泰安宫，光宗都不见如故。他虽一再见到宁宗请朝的表奏，却来个"求之愈切，阁之愈固"。彷徨无策，宁宗只得开始经营南内，以便自己迁入，父子可以相见。泰安宫后来改称寿康宫，透露出太上皇病情始终未见好转的消息。绍熙五年十一月十九日，宁宗从北内迁入南内，不再做太上皇迁出的努力。但光宗仍拒见儿子。

他的病情似乎更重了。常呆呆想着过去的是非得失，有时他会怒目诟骂自己，有时则失声痛哭不已。这时，李凤娘总以杯中物来宽慰他。她唯恐触动光宗的神经，不仅自己，还叮咛左右的内侍、宫嫔，既不要让他听到太上皇的称呼，也不要让他听到内禅的说法。

这年冬天，宁宗初郊礼成，向慈福宫太皇太后恭谢回銮，御乐声沸沸扬扬地传了过来。光宗对御乐还有记忆的，便问什么事。李凤娘诳他道："市井上有喜庆事吧！"光宗顿时大怒："你竟骗我到这地步吗？"说着抢臂打了过去，把李凤娘抢倒在门框上。

从这以后，光宗经常神情恍惚，疯疯癫癫地在宫禁里跑来跑去，宫女与内侍都怕撞见他，私下里叫他疯皇。庆元四年（1198）九月，他的病情一度减轻，宁宗准备为他上寿。但他的忿怒之情并未稍减，不能原谅儿子取而代之，上寿仍未成礼。次年初秋，离生日还有十二天，光宗终于同意宁宗来为他进香上寿，近在宫闱咫尺之内的父子，已整整五年没有见面了。这也是父子俩最后的晤对，生日那天他们还是没能相见，应是光宗的病又犯了。

李凤娘还那么迷信方术。听算命的说她将有厄难，便在大内僻静处辟了一间精室，独自居住，道妆而事佛，终于在那里生了病。由于她平日为人，大概也不会有人前来照拂她。庆元六年六月，宁宗知道她命在旦夕，颁布了大赦诏书，借以表白孝道。次日，她孤寂地死在精室里。长御为她取皇后礼服，管钥匙的人怨恨她悍狠，不愿打开久闭不启的中宫殿门，责问道："凭谁之命给她这皇后穿的袆翟？"袆翟没取到，按礼也该将尸体抬回原皇后中宫去治丧，只得找人用席子裹着抬回去。半路上，听人喊："疯皇来了！"抬的人丢下尸体作鸟兽散。过了好一会儿，才知是讹传，烈日骄阳已把尸体晒出了恶臭。治丧时，宫人们只能杂置鲍鱼，燃起数十饼莲香，淆乱难闻的臭味。

两个月后，疯皇也病危了，宁宗仍颁大赦诏书。八月七日，光宗去世，终年五十四岁。

王夫之在《宋论》里认为："光宗之视晋惠，差辨菽麦耳"；"人君之忍绝其心，公为不孝，以对天下而无怍者，唯光宗独耳！"[1] 所论都是绍熙后期情况，考虑到他的精神病症，对其个人作谴责性评判就失去意义了，因为他本人已丧失责任能力，来为自己的行为与这段历史负责了。这样，对光宗后期"政治日昏"的历史责任，便不能不追溯到世袭的君主制上。正是这一制度使一个精神病患者能久踞皇位、君临天下而束手无策，一筹莫展，这一制度的非理性于此可见！

这一局面的出现，孝宗自有其不可推卸的责任。禅位以前，他在了解光宗、察制李氏、选择辅臣上都有明显失误。他显然高估光宗"英武类己"的那一面，对其"昏懦""愚顽"的另一面却视而不见，也绝无可能采取王夫之指出的在宗室近支中另立贤君的"变而能通"的做法。于是，不仅自食其果，而且使乾淳之业在短短数年间急遽衰败。由此可见，专制政体下独裁者个人决断的失误，往往会对历史的进程产生不可低估的重大影响。这一政体的非理性也于此可见！

绍熙之政的衰微还表现在光宗祔庙后的配享大臣上。光宗朝共有三位宰相。葛邲为相仅十月，政绩平平，但光宗祔庙时，周、留二相名入庆元党籍，于是他就被拉来权充配享大臣。庆元党禁弛解以后，周必大之子请以其父配享光宗，必大虽号贤相，但为相仅三月，即被光宗罢去，实在不足以入享光宗庙廷。约略同时，留正之子也为其父争取配享的殊荣，最大理由就是留正任相与光宗在位相始终。但绍熙之政仅仅五年就落到不堪收拾的地步，多年独相的留正确实"咎不能逃"，更何况"去国于危难之际"。当时的公论立即否定了这一请求。于是，便只能让一无作为的葛邲继续独占配享的殊荣，构成对绍熙之政莫大的讽刺。

---

[1] 王夫之：《宋论》卷 12《光宗》；《建炎以来朝野杂记》乙集卷 4《光宗配享议》。

第二章
庆元党禁

一　从风起青蘋到轩然大波

1. 昙花一现的庆历元祐梦

即位当晚，宋宁宗召见了起居舍人彭龟年，愁云满面地对旧宫僚说了心里话："前不久只听说有建储之议，这也足以息浮言、安人心了。谁知这么仓促登上大位！早上向慈福宫太后泣辞不允，这颗心现在还悸动不止。"次日见到龟年，仍絮叨不休："我一天都不想吃饭，"说着流下泪来，"昨天太匆忙，参决政事也还罢了。"他实在没有做皇帝的心理准备。

垂帘那天，太皇太后记得孝宗临终前关照："宰相须是留正，不可轻易。"便对宁宗说："公公在日，只知倚重留丞相。听说他已出朝，可速宣押回朝。"她也记得吴琚建议"垂帘可暂不可久"，第二天便撤帘，把朝政交给了这位并未练历的重孙。

即位次月，宁宗就册立原嘉王夫人韩氏为皇后。她是北宋名臣韩琦的六世孙女，按辈分计，韩侂胄是韩琦的曾孙，于她为从祖辈。韩侂胄的这一特殊身份，在其庆元执政中，在宁宗那里或多或少是会加重筹码的。

留正觍颜入朝，宁宗对他说："方赖协赞，以成治功。"仍让他任左相。为了讨好，留正建议推恩随龙人，宁宗回答："我还未见父母，就可以恩及下人吗？"对他处理的好几件事情，宁宗都不很满意。韩侂胄正谋预朝政，有事没事就到宰执办公的都堂转悠，留正让省吏对他说："这儿不是知阁每天往来的地方。"侂胄恚怒而还，在皇帝的不满上煽风点火。即位仅五十天，宁宗就内批留正出判建康府。宋代罢免宰执，一般是示意本人自请罢政，然后君主允准，以保存大臣体面。罕有君主直接黜罢之例，而径以御笔内批进退大臣则几无前例。尽管罢免留正无可厚非，但内批之法却潜伏着隐患。

在罢留正的同一天，皇帝任命赵汝愚为右相。即位不久，宁宗两次打算拜他为相，汝愚既以同姓之嫌，又认为禅代之事乃处君臣之变，不敢居功，辞相不受，便改任枢密使。面对再次任命，他依旧上札辞免，宁宗批道：

> 寿皇知人之明，由庶僚而擢为侍从；太上委寄之重，越故事而付以枢政。而我秉承前规，将你擢任宰相，就因你才足以知天下之务，道足以任天下之重。不必因同姓之嫌而力辞不止。

见皇帝超越旧制而真心倚任他，汝愚只得接受任命。但他表示："自祖宗以来，宗室从无出任宰相的。我的职位，愈高则愈危。现在我不得已而就任，但到孝宗祔陵，两宫重欢时，请先让我去位。"

"祖宗典故：同姓可封王，不拜相。艺祖（太祖）载诸太庙。"[1] 不论这一典故载诸太庙是否可信，但同姓拜相确为宋代家

---

[1]　张端义：《贵耳集》卷中。

122

法之大忌，因为宗室之尊与相权之重相结合，就可能威胁君权与皇位。但局势的发展已将汝愚推到了相位之前，在宁宗眼里，在朝野士大夫心目中，一时之间，他已成众望所归的人物。他自己也有做一番事业的雄心大志在。

在绍熙二年（1191）入朝为吏部尚书的前十年间，汝愚自蜀至闽，历任数郡，身行万里。据他自述：

> 所见闾阎之内，民实困穷；郡县之间，吏多贪浊。风俗玩弊，上下苟偷，边备空虚，事力单弱，将帅掊克而不恤其下，士卒愁怨而不听其上。病弊百出，不可尽言。

他深怀感慨：

> 国家自祖宗开创以来，已历二百三十有余年，犹如大厦，岁月久深，栋挠梁折，已经不能遮风挡雨。而兴滞补弊，正有赖今日。

他感到，宁宗即位后的作为和好恶，还不令人失望；朝中还有一批正直之士，例如陈傅良、彭龟年、黄裳、罗点等，都曾是宁宗的王府旧僚，可以共事而图治；何况自己推荐的一代名儒朱熹也正在应诏赴阙途中。一种以天下为己任的责任心激励他慨然发愤、志于有为，汝愚终于受命为相，踏上了一条铺满荆棘的危径。

召朱熹赴行在奏事，是新皇帝即位第六天发出的诏命，他这时正在知潭州任上。入朝途中，朱熹又接到出任焕章阁待制、侍讲的告词。告词首先强调了皇帝对经筵讲学的重视："朕初承大统，未暇他图，首辟经帷，详延学士"，接着说出了对他的器重："尔发六经之蕴，穷百氏之源。其在两朝，未为不用，至今四海，犹谓多奇。擢之次对之班，处以迩英之命。若程颐之在元祐，若尹焞之于绍兴。副吾尊德乐义之诚,究尔正心诚意之说。"[1] 这种倚望倒并不都是冠冕文章。早在嘉王时期,他就听说了朱熹的声名与德行,心仪已久,常恨不能延为王府讲官。故而即位首召朱熹,虽有赵汝愚的力荐,却也是出自诚心的。

朱熹赶抵临安,在六和塔下,永嘉诸贤叶适、陈傅良等见到他,各说了自己参政的打算。朱熹听说近幸用事、御笔内降都渐现端倪,说:"彼方为刀俎,我方为鱼肉,何来闲暇议论这些呢?"对时局深以为忧。

十月四日,宁宗在行宫便殿召对朱熹。他上第一札论经权常变之道,希望皇帝能做"处之以权"而"不失其正"的圣贤之君。他的第二札论帝王之学:"为学之道,莫先于穷理;穷理之要,必在于读书;读书之法,莫贵于循序而致精;而致精之本,则又在于居敬而持志。"希望皇帝孜孜不倦,自强不息,"以著明人主讲学之效,卓然为万世帝王之标准",期望值也够高的。针对他面辞待制、侍讲之职,宁宗说:"你经术渊深,正资劝讲,以副我崇儒重道之意。"不久,皇帝又给以赐食的殊荣。

朱熹是欲行其道的学者,经筵侍讲不啻是帝王之师,就任以后,他便迫不及待地"致君尧舜之上"。便殿召对不久,他为皇帝正式开讲《大学》。宁宗即位,经筵仍循近制:每遇单日早晚两次进讲,双日及朔望(初一、十五)、旬休、假日都停讲,大寒、大暑也是罢讲月份。朱熹建议:今后除朔望、旬休与过宫日份外,不论单日双日都早晚进讲,只在有朝殿的日子才暂停早讲一次。宁宗同意。每次进讲,朱熹都把要讲的内容编次成帙,再通晓明白地开陈分析,凡能联系君德与时政处,也言无不尽,宁宗倒也能

[1]《两朝纲目备要》卷3。

虚心听纳。一天进讲后，朱熹问宁宗："不知进讲的《大学讲义》，圣意以为如何？"宁宗若有所得地说："看来紧要处只在求放心啊！"朱熹高兴地顿首道："陛下拈出这'求放心'之语，正是圣学要领，愿推而广之，见诸实行，不愁不为尧舜之君！"

皇帝对经筵讲学倒不乏兴趣。即位没几天，他就拿出两张纸，一张是光宗讲筵书目，一张是王府讲堂书目，对彭龟年说："经筵讲书太少。退朝无事，恐自怠惰。何况酬应万机，非多读书不可。"龟年说："人君之学与书生不同。虚心受谏，迁善改过，才是圣学中第一事。何必在多呢？"龟年的答话或是针对宁宗读书不得要领而发。过了几天，宁宗又拿出两张纸，一张是他开列的十部经史书目，一张是十人名单，对龟年说："我欠读书少。打算增置讲官到十名，各专讲一书。"他征求龟年的意见："这十人可充讲官否？"龟年见是朱熹、黄裳、陈傅良、黄由、沈有开等十人，自己也在其中，便说："陛下若招徕一世之杰如朱熹辈，方孚人望。不能专以潜邸学官充任。"于是，宁宗增置黄裳、陈傅良、彭龟年为讲读官，同时发出了朱熹为侍讲的任命。

宁宗初政，他一意向学的热诚与礼敬讲官的谦逊，博得了儒学之臣的一致好感，称颂他："即位之初，首下明诏，博延儒英，增置讲读，细绎经史，从容赐坐，一日再御，情无厌倦。"皇帝对讲官们也有要求："今后晚讲，各须讲解义理，引古证今，庶几不流于形式。若只读过，恐怕无益于事。"宁宗不可谓不好学。但正如彭龟年所说，"人君之学与书生不同"，圣主明君不能不学无术，也不能不读书，但读书却未见得就能读出个圣主明君来，帝王之学非关书也，宁宗后来为政也印证了这点。

对原嘉王府讲官，宁宗自然亲近与信任，经常召见咨询。黄裳病得不能上朝了，仍受命出任礼部尚书兼侍讲。他抱病入谢说："陛下现在委任大臣，正得人君持要之道。但我担心数年以后，你要立意自用，借助小人。陛下目前奖用台谏，正得祖宗设官之意。但我担心从今以后，你会憎其逆耳，厌其多言。陛下初政，固然称善，不知能保他日常如今日否？"话说得语重心长，他不久就病逝了。当月，签书枢密院事罗点也相继去世。即位当月，宁宗将自己的小学教授罗点提拔为执政，准备重用他。见黄裳、罗点先后沦谢，赵汝愚对皇帝说："这不仅是二臣的不幸，也是天下的不幸！"他顿生势单力孤之感，宁宗对两位王府旧僚之死，也大感意外与伤心。

刘光祖也做过皇帝的小学教授，绍熙初政时因直谏而出朝。宁宗即位，便召他为侍御史，后改司农少卿。入对时，光祖进《谨始》五箴。听他读完《思箴》，宁宗慢悠悠地说："总之，要从源头理会。"光祖高兴道："臣千百言，不如陛下源头一语。望陛下致力于此！"陈傅良曾任嘉王府赞读，在过宫风波时径行出朝，宁宗即位，便召他为中书舍人兼侍读、直学士院，集封驳、经筵、制诏三职于一身，大为重用。他给皇帝的忠告是"毋作聪明乱旧章"，对这七个字，宁宗倒称得上"终身不忘"，[1] 虽然他还是错误领会了这一告诫。

总之，以赵汝愚为政治领袖，以朱熹为精神领袖，以原王府讲官为基本班底，宁宗初政，众贤盈庭，人称为小元祐，似乎也真透露出一点治世气象来了。

汝愚首先从整顿吏治入手，实施其兴滞补弊的抱负。宋代惯例，人主新即位，凡郡守监司都可以推恩任子，即使权摄州府者也一视同仁。汝愚革除了权摄官的恩例，作为"裁抑侥幸"的第

---

[1]《四朝闻见录》乙集《宁皇二屏》。

一刀，被裁抑者自然怨声载道。在汝愚建议下，宁宗即位不久就颁诏诸路监司，令他们对一路官员"廉必闻，污必纠，毋惮大吏，毋纵私昵，赏不尔靳，罚不尔私，其令吏称民安"，在全国倡廉肃贪，纠正吏风。

汝愚进一步加强对川、广两地知州的铨量考核。孝宗淳熙末年，因两广、四川道途迢递，郡守任满赴京铨考颇为不便，就让他们在任满前半年赴所在路分的转运使司考课铨量，具状申报尚书省，作为新任命的依据。但诸路转运使往往徇情失责，马虎了事，既无暇仔细考核，更不敢多有黜落，致使昏谬贪浊之吏成为州县不治的根源之一。汝愚为相后，把川、广郡守的铨量权改由责重权大的制置司主管，以期"权重则虽废黜之多而有所不惮，责重则顾计利害之深而不敢苟且"，达到"州县无不治"的效果。[1] 与此同时，针对士大夫不愿出任外官的普遍现象，汝愚认为，今日之势尤应重视地方之治，具体做法是让各路制置使、转运使与总领可以位列侍从，使他们安心地久任外职，而后责以事功，臻于吏治。其后不久，在汝愚建议下，宁宗颁诏均内外之任。

在中央官吏任命上，汝愚有两项动作。其一，引荐所知的在外人才，直接授予馆阁、太学之职，作为修补赵宋大厦的助手。宋代馆、学之职号称文臣清贵之选，历来视为中央高级人才的储备库。其二，重新推行侍从荐举台谏官的旧制。宋代选任台谏的做法，既可先由侍从荐举，再交君主亲擢；也可不通过荐举，由君主直除。相对说来，君主直除仅取决于皇帝的明断，抛弃了侍从荐举对君权相对合理的制约机制，较易出现弊端。南渡以来多君主直除，淳熙初一度恢复侍从参举的故事，但侍从多有所畏避，不久仍由君主直

---

[1]《建炎以来朝野杂记》甲集卷 6《郡守铨量》。

除。汝愚再行荐举制的用意，或即防止宁宗知人不明，直除失当。

在汝愚主持与朱熹推动下，宁宗初政也有善政可称。即位第五天，宁宗下诏求直言，自道其谦恭态度和诚恳心情："事关朝政，虑及边防，应天之实何先，安民之务何急？毋惮大吏，毋讳眇躬。倘有补于国家，当优加于赏赉！"十月，雷电交作，阴阳失时，他又下诏侍从、台谏上疏论朝政阙失。朱熹对他说："即位之初应诏封事很多，未听说有施行的。今复求言，殆成虚语。请令后省官住在省衙内审读，选择合理切要的封事，奏上取旨落实，这才会闻者知劝，直言常进。"皇帝便命沈有开与刘光祖十天内审阅奏闻。

十月十九日是宁宗的生日瑞庆节，百官照例要进贺表。朱熹对他说："寿皇梓宫在殡，你若这样做，有背于上广孝治、益隆圣德的宗旨。"在朱熹建议下，宁宗下诏不接受圣节贺表，已呈进的也退回去。不久，在选送的应诏封事中，袁说友要求将太上皇召入的乐人、俳优、伶官全部遣出大内，宁宗采纳了这一建言。他还听从了台谏的论劾，贬窜了绍熙时离间两宫的宦官陈源、林亿年、杨舜卿，也令人为之称快。

当然，对宁宗初政绝不能估计过高。皇帝的性格和为人缺乏主见，凡事无可无不可，完全被动接受赵汝愚、朱熹等人的建议。其本人在知人理政上，甚至比发病前的光宗还要无能与浅薄。即位不久，对嘉王府的随龙人以及慈福、重华、寿安三宫的亲属、内侍、医官等，宁宗往往滥赐恩赏，逾制转官，封驳官彭龟年等缴奏诏旨，他却经常坚执己见，降下"可与书行"的宣谕。彭龟年曾严肃地对宁宗说："可与书行，乃近世弊令！倘若可以执行，我自会书行，何待再下谕令？倘若不可书行，我岂敢因再令而放行！"

即便赵汝愚的改革弊政，也还都是皮毛枝节的小举动，未见有庆历新政那样的总纲领和大举措出台。这些小修补究竟有多大效果，起了多少作用，也大可怀疑，这座破败的大厦已不是小修小补所能支撑住的。尽管如此，朝野对赵汝愚仍寄予厚望，所谓"海内引领，以观新政"，期盼他能开出新局面，一举扭转绍熙以来急遽衰败的朝政。而汝愚也锐意效慕庆历、元祐故事，似乎有自信成就范仲淹、司马光那样的相业。在他的建议下，宁宗下诏改明年为庆元元年，改元诏书的字里行间充满了宁宗君相对庆历、元祐之治的无限向往：

> 亲君子，远小人，庆历、元祐之所以尊朝廷也；省刑罚，薄赋敛，庆历、元祐之所以惠天下也。朕幸业承祖武，而敢一日忘此乎？掇取美号，于此纪元。

然而，具有讽刺意味的是，就在这道改元诏书颁布前四天，朱熹却被宁宗罢官出朝。庆历元祐梦还没有入梦，就倏然幻灭了！

2. 道学朋党之争

罢黜朱熹，揭开了庆元党禁的序幕。庆元党禁是统治阶级内部的党争，但却以道学之禁为其主要内容和外在形式，把朋党之争和道学之争错综复杂地搅和在一起。故而有必要对道学之争做一简单的回溯，才能把握党争为何以学禁为主题和外衣。

面对唐宋之际深刻的社会变动，传统的旧儒学日渐显得苍白无力。自仁宗时代起，周敦颐、张载、邵雍、程颢、程颐等各自著书立说，聚徒讲学，形成了宋代新儒学流派纷呈的局面。[1] 二

---

[1] 宋代新儒学或曰宋学，在北宋的代表学派还有以王安石为代表的新学，三苏为代表的蜀学以及范仲淹、李觏、司马光等；在南宋的代表学派则有以吕祖谦为代表的金华学派，以陈亮为代表的永康学派，以陈傅良、叶适为代表的永嘉学派，这些都不应归入理学（参见邓广铭：《略谈宋学》）。理学一般可称为道学，但庆元党禁列入叶适、陈傅良，这时的所谓道学又不能简单视为理学的同义语。

程兄弟，尤其程颐，活动年代最迟，受业弟子最多，思想体系最为精致，始以道学为天下倡。宋室南渡，二程之学蔚为大宗，经杨时、罗从彦、李侗三传，到李侗弟子朱熹手中，遂集北宋以来理学之大成，标志着程朱理学的最终完成。朱熹因思想博大精深，人格光风霁月，弟子遍及海内，学说风行一时，自然而然成为孝宗以后南宋思想界的一面旗帜。有一种偏见认为，朱熹等理学家只是空谈性命道德。其实，他们倒不是专尚空谈的：首先，他们身体力行自己提出的道德性命之学；其次，他们也要求包括君王在内，人人都这样去做，格物致知，居敬穷理，小则修身齐家，大则治国平天下，内圣的功夫便能翻出外王的世界。理学家不仅仅独善其身，还是要兼济天下的。

不过，中国学术思想史上有一种倾向，即强调门户之见、道统之说，总认为只有自己的学说为谠言正论，其他思想是异端邪说，总希望天下只有自家一说的声音。朱熹理学也未能克服这一倾向。陈亮曾为道学中人画像：

> 因吾眼之偶开，便以为得不传之绝学。三三两两，附耳而语，有同告密；画界而立，一似结坛。尽绝一世之人于门外。[1]

他们不愿意承认人心不同，见解自异，即便圣人也不能绳律天下之人，使其尽弃己学而独尊道学；而是以道统自任，以严师自居，别白是否，毫不宽容。

以这种态度去治学，至多引起理学不同派别之间"道问学"与"尊德性"的讨论，程朱学派和经世学派之间的"王霸义利"的争辩。但随着持这种门户之见的理学家进入官僚圈的人数日渐

---

[1] 陈亮：《龙川文集》卷20《又乙巳秋书》。

增多，问题就超出了思想学术的界限，他们以门户与道统为抑扬品题的标尺，既然有揄扬，当然也有贬抑，随着品题既众，致使疑怨丛生，主观上全出于至公，形迹上已涉及朋党。尽管自我标榜"君子同而不当"，反倒更容易刺激那批门户、道统之外官宦们的朋党情绪。只要一有适当的政治火星，朋党之争就会被点燃。

不仅如此，中国学术思想史上还有一种通病：某种学说一旦成为显学，一哄而起的赶时髦风尚总使其滑向庸俗化和形式化的泥淖。正如周密所描述，在道学传播中，"有一种浅陋之士，自视无堪以为进取之地，辄亦自附于道学之名。褒衣博带，危坐阔步。或抄节语录以资高谈，或闭眉合眼号为默识。而叩击其所学，则于古今无所闻知；考验其所行，则于义利无所分别"。除去这类浅薄无知者，晚宋俞文豹则揭露了那些别具用心者："有一等赝儒，素以钻刺为生，见时尚道学，旋取《近思录》《性学源流》等书，剽窃其语，置牙颊间，以诳惑人听。外示雍容，内实急于进取，口谈道学，心实巧于逢迎。"[1] 惟其如此，便容易让小人找到借口指其为伪学之名，而使君子受到连累而有玉石俱焚之祸。

宋代朋党之争，自北宋初年开始，几乎从未消歇过，但朋党之争与道学之争错综纠葛则集中在高、孝、光、宁时期。[2] 其时正是程朱理学骎骎乎由话语权之争向独尊之学迈进的时期。理学家及道学依附者在官僚层中所占比例激增，他们执道学门户之见，自视甚高而责人太苛；而那些被排在道学门户之外被责的官僚们，因道学尚未被定为独尊的官学，还有被议论指摘的可能性，便在发动朋党之争的同时，对政敌所主张的道学也一并实施攻击，以便从根本上

---

[1]《齐东野语》卷11《道学》；俞文豹：《吹剑录外集》。
[2] 北宋元祐时洛蜀朔党争即便似有学说不同的因素在内，但也只是新儒学内部不同派别的政见分歧，并未以道学与非道学划分阵营。

摧毁政敌。因此，在道学已成显学却未成官学的这一时期，朋党之争往往以道学与非道学之争为其主要内容和外在形式，就是绝非偶然的了。理宗以后以迄明清，因理学已定于一尊，尽管朋党之争仍是君主官僚体制难以克服的痼疾，与道学之争却脱了钩。

道学朋党之争从高宗绍兴年间（1131—1162）就初露端倪了。高宗南渡，尊程氏之学，追赠程颐直龙图阁。绍兴六年（1136），左司谏陈公辅撷拾程门弟子的言论作为攻击的论据，请禁程氏之学，其真实用意则是沮抑程颐弟子尹焞应召入朝。

孝宗对当时士大夫好尚清议之说，明确持反对态度，认为"激成党锢之风，殆皆由此，可不痛为之戒？"皇帝这种倾向无意中向反道学派攻讦政敌指明了突破口。淳熙五年（1178），侍御史谢廓然和秘书郎赵彦中反对以程氏之学取士，理由就是指程氏"祖性理之说，以游言浮词相高"。其后，朱熹在浙东提刑任上劾治台州知州唐仲友，引起仲友姻家、宰相王淮的不满，先唆使吏部尚书郑丙不指名地影射朱熹以道学"欺世盗名"，继而示意陈贾全面排击道学："近世士大夫有所谓道学者，其说以慎独为能，以践履为高，以正心诚意、克己复礼为事。若此之类，皆学者所共学也，而其徒乃谓己独能之。夷考其所为，则又大不然，不几于假其名以济其伪者耶？"他最后建议"明诏中外，痛革此习"，"考察其人，摈斥勿用"。[1] 孝宗先是疑惑，继而听纳，下诏明示好恶所在。

其后，道学之名一时成为攻击排斥人的棍子，直学士院尤袤上言："近来立道学之名，把廉介、恬退、践履、名节都目为道学。此名一立，贤人君子一举足就坠入其中。这难道是盛世所应有的吗？"孝宗回答："道学岂是不美之名？惟恐假托为奸，真伪

---

[1] 陈邦瞻:《宋史纪事本末》卷80《道学崇黜》。

相杂罢了。"这才下诏戒敕，制止了事态的扩大。

淳熙十五年（1188），朱熹应荐入朝，兵部侍郎林栗与他讨论《易》和《西铭》，见解不合，不欢而散。有人忠告朱熹："正心诚意之论，皇上不爱听，你就别说了。"朱熹说："平生所学，惟此四字，怎能隐默不言，欺瞒君上？"孝宗召见后，除朱熹为兵部郎官。他因足疾发作，请求宫观闲差。林栗便当朝诋毁他不学无术，不过窃取张载、二程的绪余，夸夸其谈成为宗主，号之道学，妄自尊大；每到一处，便挈门生十数人，仿效春秋战国游士之态，大做孔圣、孟子受聘之梦，倘以治世之法作评判，则为乱臣之类的首领；如今用其虚名，置之朝列，他却邀索高价，傲睨累日，不肯供职，事君无礼。林栗最后请皇帝将其停罢，令其自省。但孝宗觉得林栗也忒夸大其词。

朝臣都在缄默观望，只有太常博士叶适率直上疏，逐条驳斥林栗的不实之词："自古小人残害忠良，都有名目。近又创为道学，郑丙首倡，陈贾应和，见士大夫稍慕修洁、略有操守的，就指为道学，使他们不能进用。过去王淮表里台谏，阴废正人，用的就是这个法子。林栗袭用郑、贾之说，以道学为大罪，逐去朱熹。只恐自此谗言横生，善良被祸。希望陛下摧折横暴，以扶持善类，奋发刚断，以慰公论。"对叶适的奏状，孝宗也没有正面表态，他没有留朱熹在朝为官，却也让林栗出知州郡去了。孝宗不好道学，却也反对朋党，他对朱熹与林栗的处理，应即他素所主张的"人主但公是公非，何缘为党？"[1]或许孝宗驾驭有术，道学朋党之争虽在淳熙年间波澜迭起，却始终没有掀起政局上的轩然大波。

光宗初政，人们对年前林栗劾朱熹的事件记忆犹新，臣僚入

---

[1]《建炎以来朝野杂记》乙集卷3《孝宗论不宜有清议之说》。

对与上书中论及道学朋党的为数不少，尤以刘光祖上《论辨学术邪正》奏疏最为中肯。他回顾了淳熙后期以来的道学朋党之争，指出：上次入朝时，虽听到讥贬道学之说，还未见朋党之分。去国六年，担忧两方议论日甚，惟恐一旦出现交攻之势。这次重来，其事果见：因恶道学，乃生朋党；因生朋党，乃罪忠谏。以忠谏为罪，离绍圣弊政还有多远？岂能因疾其学而并攻其党，因攻其党而并弃其言呢？我只能希望圣心豁然，使是非由此而定，邪正由此而别，公论由此而明，私情由此而熄，道学之讥由此而消，朋党之迹由此而泯，则生灵之幸，社稷之福。不然，相激相胜，辗转反复，贻祸无穷，就不知何处是尽头了！

光宗把这封章奏颁示臣僚，据说有人读后流下了眼泪。

东宫旧僚杨万里也告诫光宗："欲激人主之怒，莫如朋党；空天下人才，莫如朋党。党论一兴，其端发于士大夫，其祸及于天下。愿陛下公听并观，坏植散群，是君子就进用，是小人就废黜，不问他是某党某党。"万里虽没有正面论及道学之争，但他论朋党之争显然是以此为背景的。

也许杨万里、刘光祖等警告产生了作用，绍熙元年（1190），陈贾将以知静江府入朝奏事，受到殿中侍御史林大中的弹劾，说他"表里王淮，创为道学之目，阴废正人"，倘若允许他入奏留朝，绝非靖国之计，光宗便收回成命。

总观光宗朝，道学朋党之争未见有淳熙年间那样直接的交锋。而光宗后期过宫风波成为政局热点，也对道学朋党之争起了一定的抑制作用。然而，既然理学由显学通往官学呈不可遏止之势，道学家及其师友弟子由修身齐家进而跨入治国平天下的官僚人数比例呈居高不下的走势，那么，无论就学术地位，还是就政治地位而言，道学在走向独尊的官学路途上，受到非道学势力的阻抑也将不可避免。光宗朝道学朋党之争的短暂消歇，只不过是必然爆发前势能的积蓄。

能否有效制止道学朋党之争的总爆发呢？从尤袤、叶适，到刘光祖、杨万里，最终都只能祈求君主"圣心豁然"，"公听并观，坏植散群"，"摧折横暴，以扶善类"。也就是说，人主的明断与权威，才是能否消弭道学朋党之争的唯一关键所在。那么，宋宁宗是明断而权威的君主吗？

3. 韩侂胄从积怨到结党

司马光曾给宋神宗上过一疏，主旨是人君为政有体，治事有要，据说，宁宗即位前很喜欢读这篇《上体要疏》。然而，初政不久，他就差除不经中书门下，径以御笔付出施行。王府旧僚彭龟年对他说："陛下自即位以来，好出御笔，升黜之间，多为不测，若示人以聪明威断，实则有失为政之体，殆非初政之美。"他批评宁宗忘了《上体要疏》，请他再"平心熟诵，反而思之"。

御笔，也称内批、御批，在处理朝政时君权独用，径由禁中付外，不经中书拟议，绕过封驳程序，避开台谏论列，一旦失控，最易被权臣利用。徽宗的御笔成为蔡京的囊中物，致使大观、崇宁之政污浊败坏，是覆辙不远的前朝之鉴。有识之士都为皇帝重新滥用御笔而忧心忡忡。另一王府旧僚黄裳在去世前也说："陛下近日所为颇异前日，除授之际，大臣多有不知。我听说后忧虑更甚，病情更重了。"宁宗初政即用御笔，不论是本人自开先例，还是他人从旁教唆，若听从忠告，认识危害，停止使用，为时不晚，但他却置若罔闻，一意孤行。

绍熙五年八月，宁宗下了一道荐举人才的诏书，但强调"不植党与"。吏部侍郎彭龟年敏感到这一说法必有来头，就上疏说："自

古小人想空人之国，必进朋党之说。陛下还记得潜邸时听讲过元
祐、绍圣之事吗？如今临政还没两月，小人已能用此说蛊惑陛下。
轻信则易惑，易惑则小人之计得逞了！"这种强调不会出于皇帝本
意，或来自别具用心的提醒。而宁宗同意书之诏命，或许认为植党
总非好事，诏书也只是泛泛而论，并非专指某党。但既然采纳了
这一说法，无异于向提议者表明，朋党将是一个可能打入的楔子。
历来朋党之祸，都缘于人主的好恶之偏，在即将爆发的韩侂胄与
赵汝愚的激烈党争中，皇帝的好恶偏向何方，将是至关重要的。

　　绍熙内禅，实际上是一场宫廷政变。除去太皇太后吴氏，在
这场政变中，赵汝愚以首席执政的身份始终主其事，赵彦逾参加
了最初的决策，韩侂胄与关礼则在内外朝之间穿针引线，郭杲以
军事实力保证了政变的成功。宁宗即位当月，殿前都指挥使郭杲
进拜武康军节度使，获得了武臣建节的最高酬报，这显然出于赵
汝愚的建议。[1]关礼为入内侍省都知，又差充提举皇城司，他谦
抑谨慎，辞免推恩，请求致仕，不以功自居。

　　据说，定策内禅时汝愚曾许诺：事成以后让韩侂胄建节，赵彦
逾执政。[2]在即位推恩时，汝愚对彦逾说："我辈宗臣，不当言功。"
彦逾老大不痛快，却不便说什么。汝愚对侂胄则说："我是宗室之
臣，你是外戚之臣，怎么可以论功？只有爪牙之臣才应该推赏。"

[1] 诸多史料均记及郭杲此时的殿帅身份，但《两朝纲目备要》卷3在"以郭杲为武康军节度使"纲下，复有记云："录定策之功也。乃先拜殿副郭杲为节度使。"郭杲其时实任"殿副"，本非正任殿帅。《宋史全文》卷28记载更明确："殿前副都指挥使郭杲为武康军节度使。"陈傅良在绍熙四年（1193）至庆元元年（1195）以中书舍人执掌外制，其《止斋集》卷13有《和州防御使殿前副指挥使郭杲除宜州观察使》外制，佐证了郭杲在绍熙内禅时的实职。综上所见，郭杲在内禅后才由殿前副都指挥使迁为殿前都指挥使，即从副殿帅升任正殿帅，与他进拜武康军节度使，都是酬劳他在这场政变中所起的关键作用。
[2] 此说见于《齐东野语》卷3《绍熙内禅》，但似不可尽信。

爪牙之臣指殿帅郭杲。侂胄大失所望，他垂涎节钺已经多时。节度使毕竟是宋代武臣难得的荣衔，恩数同于执政，俸禄高于宰相呐！

知阁门事刘弼瞅了个机会对汝愚说："这事侂胄颇有些功，也须分些官职给他。"汝愚从内心有点卑视侂胄，说："他又有什么大功！"刘弼与侂胄是阁门同僚，颇以知书自负，内禅定策时，汝愚只找侂胄计议，他被摒斥在外，内心很不平衡，转身便将这话告诉了侂胄。侂胄起先还不相信，前去拜谒汝愚，想试探个究竟。汝愚岸然正襟，冷漠地接待了他。出来后，侂胄叹道："刘知阁没有诳我！"便萌生了排挤汝愚的心计。

国子司业叶适知晓后，劝告汝愚："侂胄指望的不过节钺，给他为好。"见汝愚不听纳，叹息道："祸患将从这儿开始！"权工部侍郎、知临安府徐谊也对汝愚说："将来必定是国家祸患。应先满足他的要求，而后疏远他。"汝愚仍不以为然。

宁宗终于特迁侂胄二官。他原为防御使，特迁两阶为承宣使，离节度使还有关键的一阶。这应是汝愚的建议，他终究没把节度使给侂胄。侂胄怨气冲天，负气力辞，只迁一官为宜州观察使。汝愚若有所悟，派人去转达抚慰之意，但回答已出言不逊了。

朱熹刚入朝，便注意到这个问题，好几次让人带亲笔信给汝愚："侂胄怨望殊甚，应该厚赏其劳，处以大藩，出之于外，勿使预政，以防后患。"朱熹对门人设譬说："韩侂胄，就像我们家乡的乳母，应该早些陈谢。"建州风俗，乳母哺乳孩子，一断奶，东家就用首饰、钱币礼送她出门，称为陈谢。尽管侂胄这时已下定了排逐汝愚的决心，而且开始了相应的行动，但汝愚仍疏阔地认为："他自己说不受官职，何虑之有？"认为对手容易应付，对朱熹的建议犹豫不决，再失可以弥补的机会。

对侂胄的裁抑，汝愚自以为在贯彻他认定的为政原则。同时代人在其身后这样评论他："平时气貌方严，未尝假人词色。及为相，尤重惜名器，不以朝廷官爵曲徇人情"。[1]他对选官求见者一概不见，对久游门下者避嫌不用，以杜绝用人上拉关系走后门的不正之风。他一心革除弊政，命干办粮料院游仲鸿考察两淮经总制钱的积弊。仲鸿对他说："丞相之势已孤，却不忧此而忧彼吗？"人们可以说他不通权变，却不能不肯定他为人之正、为政之忠。然而人心吏风已非比庆历之时，这种正直反而招来嗜进者的嫉恨与怨望，纷纷倒向了侂胄。

当庆元党禁已成历史烟云，理宗朝有人以诗批评汝愚的失策："不使庆元为庆历，也由人事也由天"；"好听当时刘弼语，分些官职与平原"。[2]晚清魏源也认为：汝愚的失着在于以己例人，然而，"汝愚，枢密使也，受赏不受赏，无所加损；韩侂胄，阁门使也，而欲其不受赏，得乎？"正是汝愚"忠有余而智不足"，当时尽管"有用人之权，有去小人之力，而优柔不断"，最终造成了双方力量的进退消长。[3]

也许，汝愚表面上说，"宗室外戚之臣不应论赏"，背后却有难言的苦衷。明清之际王夫之在《宋论·宁宗》里这样揣测：

> 光宗虽云内禅，其实废也。宁宗背其生父，正其不孝之罪，而急夺其位，且以扶立者惟有大勋劳而报之，天理民彝，其尚有毫发之存焉者乎？忠定（汝愚谥号）其忍以此自待，忍以此待其君乎？忠定不欲以禽兽自处，不敢以禽兽处君，且不忍以禽兽处同事之劳人，厚之至也。顾不能以此言告人者，一出诸口，而宁宗即无以自容也！

---

[1] 刘光祖：《赵公（汝愚）墓志铭》，载傅增湘：《宋代蜀文辑存》卷71。
[2] 《鹤林玉露》丙编卷6《韩平原》。韩侂胄后来封平原郡王。
[3] 魏源：《赵汝愚拥立宁宗论》，见《魏源集》上册，中华书局，1976年，第214页。

联系起居舍人刘光祖也对宁宗说过："陛下以为前日仓皇即位为得已乎？为不得已乎？大臣不得已而立陛下，为社稷计也；陛下不得已而从大臣决策，亦为社稷计也。"从道学的忠孝观出发，王夫之所揣测的难言之隐也是有可能的。至于宁宗，内禅时虽口口声声"恐负不孝之罪"，但行定策之赏时决不会考虑得如此深远的。

在这场较量中，韩侂胄有两个优势。其一，他是韩皇后的外族。虽然历史上以外戚而篡位的并不少见，但在外戚与宗室之间做选择时，君主往往认为，对皇位的威胁同姓宗室要比异姓外戚来得直接切近，故而多亲外戚而忌宗室。其二，侂胄知阁门事的职务"获联肺腑，久侍禁密"，比起宰相之职来，更有接近皇帝、交通内廷之便。他平时给人的印象小心谨慎，故而宁宗也常向他询访，以期裨补。于是，侂胄凭借"传导诏旨，浸见亲幸"，也经常可以在其中上下其手，窃弄威福。宁宗的倚重与御笔，正是欲与赵汝愚一决雌雄的韩侂胄迫切希望得到的。

他与刘弼的关系今非昔比了：过去只是阁门同僚，现在同一怨望把他们捆在了一起。刘弼对侂胄说："赵丞相欲专大功，你不但得不到节钺，恐怕还免不了岭海之行呢！"南宋贬官最重的处分是送往两广、海南州军安置或编管，故称岭海之行。侂胄先是愕然，继问对策，刘弼说："只有用台谏。"侂胄问："怎样才可用台谏呢？"答道："御笔批出就是了。"心计不多、城府不深的韩侂胄听了刘弼的话，顿时醒悟。自此便将御笔与台谏紧紧抓在手里，作为打击政敌的两件须臾不离的法宝。宁宗好用御笔，侂胄作为知阁门事颇有染指之便，于是他就日夜谋引其党的台谏，作为摈逐对手的关键一步。

台谏官何以在宋代党争中能起至关重要的作用呢？宋代中枢权力结构，除去君主，按性质、职能可以划为三个官僚圈，一是

位居三省二府（中书省、门下省、尚书省、中书门下、枢密院）
之长的宰执圈；二是包括给事中、中书舍人等封驳官在内的侍从
圈；三是御史、谏官构成的台谏圈[1]。其中，侍从因无弹劾权，只
在朝政上提供建议，其制衡力量远不如台谏那样能与相权抗衡。
北宋苏轼曾概括台谏在君主官僚系统中的关键作用："言及乘舆则
天子改容，事关廊庙则宰相待罪。"对君主来说，台谏象征着公
论，必须充分重视与采纳。对上至宰执大臣、下至一般臣僚，台
谏都拥有监察弹劾权，而相权则是其主要制衡对象。按宋代惯例，
包括宰相在内的庙堂大臣，一旦得知被台谏论劾，就必须去位待
罪。由于台谏拥有议论与弹劾的双重权力，在党争状态下，党争
双方无论为了左右舆论、评断是非，还是为了排斥政敌、打击异
己，都势必借助与倚重台谏力量。

　　赵汝愚虽知台谏对革新朝政的重要性，动作却迟缓了些。宁宗
即位没几天，他把左司谏章颖改调侍御史，右正言黄艾迁为左司谏，
只做了内部微调，对台谏阙员却未及时任命。不久，章颖、黄艾改
任他官，台谏缺员严重，汝愚奏请任命刘光祖为侍御史。光祖在绍
熙初政时任殿中侍御史，台谏风采为之一新，人们是记忆犹在的。
但知枢密院事陈骙却声明："光祖与我有嫌，今光祖入台，愿先避
位。"据宋代回避制，台谏官与宰执有亲戚关系、荐主举人关系或嫌
隙不和的，都允许职务回避，且以职低者引避为一般原则。汝愚猝
不及防，愕然而止。佗胄随即以内批除原知建康府谢深甫为御史中
丞，他是韩党之一。原来他与陈骙暗中合谋已久，汝愚却没有察觉。

　　其后，汝愚建议皇帝让侍从荐举御史，此举用意显然与佗胄

---

[1] 台谏官也有位列侍从的，但其职能与一般的侍从有别，君主下诏也往往将二者分
列并举，故应视为独立的官僚圈。

争夺台谏。他认为，侍从中仍多正人，所举自然不负众望，也可遏制侂胄援引台谏的势头。这次荐举名额为两人，侂胄进行了活动，让谢深甫推荐与侂胄深相交结的大理寺主簿刘德秀。结果诚如汝愚所料，荐吴猎的最多，其次是游仲鸿。侂胄见刘德秀不能入选，便让宁宗以内批兼用御史中丞所举一人，于是，刘德秀与吴猎并任监察御史，游仲鸿反而落选。

刘德秀以州县官从四川入朝，赵汝愚只让他做大理寺主簿，他怫然不满，见于辞色，受到侂胄的拉拢。他为人狠愎自任，一登言路，便视忠良骨鲠的士大夫犹如寇仇，不尽吞噬搏击决不罢手。史称，在庆元党禁中，肆无忌惮"未有如德秀之甚者"[1]。由于谢深甫、刘德秀的入台，侂胄在与汝愚的对阵中布下了活眼，争取了主动，其党鱼贯而进，言路上都是他的党羽。这是因为宋代台谏官享有独立言事权，不但不必通过台谏之长，还可以弹击台谏长官及其他言官。因此，对党争的任何一方说来，重要的并不在于争取全体台谏，关键在于抓住双方力量消长或君主倾向转变的有利契机，汲引及时而得当，一两个台谏便足以成为弹劾政敌、左右舆论的过河卒子，进而控扼整个言路。

援用台谏，初战告捷，侂胄迅即主动出击。就在内批刘德秀为御史的五天之后，侂胄又让宁宗任命刑部尚书京镗代数天前去世的罗点继任签书枢密院事。京镗在孝宗晚年出任四川安抚制置使，任命刚下，汝愚正从四川入朝，便对人说："京镗望轻资浅，怎么当此方面之任？"话传到了京镗耳中，就此积下了怨隙。他在四川政绩尚佳，召为刑部尚书后，结交于侂胄，为他出谋划策。不久前刘德秀入台，就有他的举状。侂胄打算窜逐汝愚，苦于找

---

[1]《宋宰辅编年录》卷20开禧二年。

不到借口，京镗说："他是宗姓，诬以谋危社稷，就可一网打尽了！"侂胄一下子开了窍，就造开了这方面的舆论。

这年十月深秋，气候反常，雷电交作，宁宗命台谏、侍从疏论朝政缺失。起居舍人刘光祖说：

> 小人之谋，其意将以阴制今日之相臣而动摇之也。陛下所宜早悟，无使大臣怀疑畏之心。今陛下有独断之意，乃是小人阴窃主权之梯媒，而陛下未知思也！

山雨欲来风满楼，光祖已有预感。他的上疏说得十分明白，那个与相臣对举的小人所指为谁，是不言自明的，他希望宁宗认真思考"小人阴窃主权"的严重性。在即将挑明的党争中，皇帝的好恶偏向决定一切。

初冬，赵彦逾接到出知建康府的任命，应该出于宰执的注拟。彦逾大为恼火，他本指望汝愚为相后援引自己共同执政的，不料竟来了个外放，便转投韩侂胄营垒。他对侂胄说："那事都是我俩之力，汝愚不过坐享其成而已。现在他自踞相位，专擅其功，却一点也不考虑我们！"不久，彦逾改任四川安抚制置使，殿辞时，他送上一张开列着朝臣姓名的纸条说："老奴今去，不惜为陛下言，此皆汝愚之党。"宁宗近来也常听到"宗室为相将不利社稷"的话头，但对汝愚还是相信的——尽管他对侂胄的信任更与日俱增——毕竟是危难时刻拥立自己的肱股大臣。但彦逾和汝愚都是宗室，又同为内禅决策者，这次告发无疑是很有分量的。从此，宁宗心头便对汝愚生出拂不去的疑云。

4. 在宗室与外戚之间抉择

与韩侂胄在摊牌前紧锣密鼓的活动相比，赵汝愚的反应显然迟缓和软弱。对此，朱熹忧心如焚。早在应召入朝途中，他听到宁宗以御笔逐罢留正，便颇有忧色道："进退大臣也应存其体面。皇帝新立，岂可开轻逐大臣之风？"但入朝侍讲后，他对弟子说："圣上可与为善，若常得贤者辅导，天下还有希望。"显然，朱熹认为皇帝是中人之质，可与为善，也可与为恶，关键在于变化气质。他更意识到经筵官作为帝王师的使命感与责任心，急于致君尧舜上，知无不言，言无不切，抓住一切机会对皇帝开导与谏正。

留正罢相后，侂胄知道右正言黄度与留正一向议论不合，暗示他上章再劾，以便给留正更严厉的处分。黄度对同僚说："落井下石很容易，但长小人气焰，行吗？"他看出侂胄有窃弄政柄的倾向，准备论劾，被侂胄察觉，借御笔夺了他的言职，出知平江府。黄度力辞新命，愤然上书：

> 祖宗以来，人主虽独断于上，但天下事必经中书，未有直以御笔裁处的。崇宁、大观御笔可为深戒。近来台谏官与封驳官屡有更易，中书无所参预，御笔渐多，实骇观听！

接着举自己为例，但皇帝根本不重视。黄度又上疏给宰执："御笔，蔡京用以乱天下，现在什么时候，而容许侂胄假借御笔，斥逐谏臣，使人低头而去，不能说一句话。这又不是国家的好事！"赵汝愚袖其上疏入见，宁宗仍不悟御笔之弊，改让黄度奉祠归养。[1]黄度被逐，不过是韩侂胄向赵汝愚正式发动搏击的前哨战而已。

朱熹在讲筵闻知这事，便与吏部侍郎彭龟年约定，找个机会共请面对，当皇帝面揭发侂胄的所作所为。正巧金国来使，龟年

---

[1] 奉祠即提举宫观，宋代宫观之职常授予归养或贬降的官员，又有在京宫观（内祠）与在外宫观（外祠）之分。

充任接伴使全程陪同，面对事耽搁了下来。一天，朱熹趁经筵讲毕上疏宁宗道：

> 陛下即位未能旬月，而进退宰执，移易台谏，甚者方骤进而忽退之，皆出于陛下之独断，而大臣不与谋，给舍不及议。正使实出于陛下独断，而其事悉当于理，亦非为治之体，以启将来之弊。况中外传闻，无不疑惑，皆谓左右或窃其柄，而其所行又未能尽允于公议乎？此弊不革，臣恐名为独断而主威不免于下移，欲以求治而反不免于致乱。[1]

宁宗既不纠正御笔之非，又不自省为政之非，只向臣下转发了这份奏疏。

佗胄见朱熹只差点了自己的名，一切都呼之欲出，勃然大怒。他深感朱熹的威胁更切近直接。一来，朱熹是理学领袖，具有登高一呼、应者云集的号召力。二来，朱熹任职经筵，能经常不断地对皇帝施加影响，说不定有天宁宗真听了他进谏，来个"远佞人"将自己黜逐了。于是，佗胄与同党密谋，认为先除去为首者，其余者小菜一碟。以直谏著称的彭龟年出朝接伴金使，正是一个绝好的机会。

佗胄让优伶王喜刻了峨冠博袖的朱熹木偶像，在御前献演傀儡戏，仿效朱熹形态讲说性理，嘻笑怒骂，既丑化朱熹，又试探皇帝。宁宗对朱熹早有忌惮，看了表演不但不制止，反而加深了对道学的反感。佗胄见算计得逞，便趁机进谗："朱熹迂阔不可用。陛下千乘万骑，而朱熹却请陛下一日一朝太上皇，岂非迂阔？"对朱熹什么事都插上一脚，论上一番，宁宗早不耐烦，觉

---

[1]《朱文公文集》卷14《经筵留身面陈四事札子》。

144

得佗胄说的有道理。

闰十月二十一日，晚讲结束，朱熹请皇帝施行他日前面陈的四事。退讲以后，宁宗颁下内批："朕悯卿耆艾，方此隆冬，恐难立讲，已除卿宫观，可知悉。"赵汝愚见到御笔，秘而不宣，对其他执政也不告知，还想让宁宗悄悄收回成命。他把御笔袖还给宁宗，且谏且拜，甚至以自求罢政为请："佗胄必欲逐朱熹，汝愚退而求去。"汝愚谏请愈力，宁宗怒气愈盛，认定他为助朱熹竟拒绝人主之令。

过了两天，佗胄怕夜长梦多，便令入内内侍省都知王德谦缄封内批面交朱熹，这种罢免方式也是绝无先例的。朱熹一见内批，知道皇帝彻底倒向了佗胄，已不可能再有所为了，当即附奏感谢免职，同时给中书进札请免辞谢礼。接到宁宗免谢的诏旨，他便告别了临安。这天离他入朝只有四十六天，他致君尧舜的梦想被一纸内批彻底揉碎了。

朱熹被罢是佗胄向改革派正面攻击的开始，顿时激起了轩然大波。给事中楼钥两次拒绝书行，向宁宗提出折衷的建议："陛下悯其耆老，不想让他立讲，望能授以内祠，仍令他修史，稍俟春暖，再回经筵。"宁宗仍不理睬，命照已颁旨令办。中书舍人陈傅良也再缴录黄说："莫若留之，方慰人望。"[1]

工部侍郎兼侍讲黄艾问为何骤逐朱熹，宁宗回答："我最初任命他的是经筵之职，现在他事事要过问。"黄艾恳请再三，宁宗并不回心转意。吏部侍郎兼侍讲孙逢吉趁进讲之机，反复讽谕，宁宗不满道："朱熹之言多不可用。"他对自己昔日的老师也逐渐生分了。

起居郎刘光祖两次谏奏道："陛下即位，首召耆儒，这是初政

---

[1] 《止斋集》卷27《缴奏朱熹宫观状》。《两朝纲目备要》卷3说："傅良疏中有朱熹论事频繁迂阔之语，故时人谓傅良因庙议不合，阴肆中伤云。"但上引缴状并无中伤之语，倒是对朱熹评介颇高，援救甚力，《两朝纲目备要》之说不足信。

最可称道的。今无故逐去，为什么用之急而去之遽？我再三谏奏，不是助朱熹，而是助陛下啊！"宁宗还是不睬。太府寺丞吕祖俭力论内批之弊、近习之患，直白地忠告皇帝："外廷情实，固宜致察；内廷奸欺，尤当深防。"

监登闻鼓院游仲鸿的上疏措词尤其激烈："陛下御批数出，不由中书。宰相留正之去，去之不以礼；谏官黄度之去，去之不以正；近臣朱熹之去，又去之不以道。朱熹一去，则谁不欲去？正人尽去，何以为国？望即召回朱熹，不使小人得志，养成祸乱！"他径以小人斥侂胄，人们都为他捏了一把汗。

吏部侍郎彭龟年送金使出境，回到楚州（今江苏淮安）时，听说朱熹被黜，便上奏道："天下都以朱熹的出处判治道的隆替。我曾与他相约在讲筵共献愚忠。现既罢他，我应并罢。"宁宗不报。龟年回朝，见侂胄用事之势已成，言官尽出其门，便对刘光祖说："不拔祸根，无以为国！"他知道，因朱熹去朝，揭露侂胄的任务只能由自己去完成了。

绍熙五年十二月九日，龟年决心背水一战，向宁宗当面揭发侂胄，宁宗大为震动道："只为是朕亲戚用他，信而不疑，不知竟如此！"龟年道："正恐陛下不知，所以要进言。"说着便进读事先拟好的奏疏：

> 进退大臣，更易言路，皆初政最关大体者，大臣或不能知，而侂胄能知之，大臣或不能言，而侂胄能言之。假托声势，窃弄威福，陛下总揽之权，恐为此人所盗。昔元符间陈瓘谓：自古戚里侵权，便为衰世之象；外家干政，即为亡国之本。若陛下以臣言为是，则乞黜侂胄，以解天下之疑；若以臣言为非，则臣与侂胄不能两立，退当屏处。

宁宗听罢，倒也无怒容。龟年说："我欲论此人很久了，至今方发。只缘陛下近日逐得朱熹太突然，故而希望陛下也能立即斥去这小人。不使天下人说陛下去君子如此之易，去小人如此之难。我仰犯圣威，自当居家待罪！"宁宗说："不必如此。"赐坐款问，仍颇礼遇。龟年回第即以札子申告中书，以便赵汝愚知道后能应对处理。

次日，宁宗对汝愚说及此事："侂胄是亲戚，龟年是旧学，诚是难处。"他打算把双方都罢免。在这关键时刻，汝愚没能抓住宁宗优柔寡断的性格特点，力劝他疏远侂胄，因为即使双方同罢，以牺牲龟年换得斥逐侂胄，在策略上也还是可取的。他建议让韩侂胄奉内祠，彭龟年依旧供职，坐失逐韩的唯一机会。宁宗说："随龙旧僚五人，只有彭龟年在，有事肯来说。只要如此，就甚好！"

然而，汝愚退后，侂胄加紧活动，宁宗毫无主见，最后颁下的内批任命却是韩侂胄进一官，与在京宫观，龟年出知江陵府兼湖北安抚使。汝愚再见宁宗，请留龟年，这次皇帝再也不听他的了。十几年后，吴琚对人说：宁宗当时并没有坚留侂胄之意，倘有一人继踵而言，逐去是很容易的。这话明显有回护的成分，继龟年以后还是有人论劾侂胄的，但在处理彭、韩去留时，宁宗一开始显见是踌躇不定、犹豫不决的，而汝愚的失策正在于没能及时利用这短暂的迟疑。

对宁宗的内批，给事中林大中与中书舍人楼钥两次联名缴驳："陛下即位之初，延见访问嘉邸旧僚，几无虚日。现在仅龟年一人还在侍从经筵之列，如今又将他罢免。以言得罪，尤害政体。况且一去一留，恩意不同：去者从此不能再侍左右，留者既然是内祠，就可以随时召见。"他们意识到这一任命对双方力量消长的重要性，建议宁宗或者仍留龟年于经筵，或者并去侂胄于外祠。

宁宗批道："彭龟年除职与郡，已是优异。韩侂胄初无过尤，屡求闲退，罢职奉祠，亦不为过。一并依已降指挥书行。"绝无商量的余地。

在罢黜龟年的当天，御史中丞谢深甫也劾罢陈傅良。几天后，监察御史刘德秀又弹去起居舍人刘光祖。一时间，善士相继坐绌，群小益以得志。吏部侍郎孙逢吉上疏道："道德崇重，陛下敬礼的无过朱熹；志节端亮，陛下委信的无过龟年，今先后皆以论侂胄罢去。我担心贤者都将心无固志。陛下用的全是些庸鄙恬薄之徒，何以为国？"宁宗无动于衷，侂胄却恨之入骨。

罢免龟年一事，连此前靠拢侂胄的陈骙也看不下去，对宁宗说："以阁门去经筵，何以示天下！"侂胄知道后，悻悻地对人说："彭侍郎不贪好官，则情理中事。枢院也想做好人吗？"罢逐龟年仅过四天，也免去了陈骙知枢密院事的职位，让参知政事余端礼取而代之。侂胄又命京镗参知政事，以便在宰执班子内钳制赵汝愚。汝愚在朝廷上已完全陷于孤立无援的境地。

庆元元年（1195）初春，侂胄见摊牌的时机已经成熟，便相继起用了京镗汲引的李沐任右正言，胡纮为监察御史，作为搏击政敌的鹰犬。李沐的父亲是淳熙参知政事李彦颖，故遂以大臣之子入仕。一天，李沐向宰执赵汝愚告假，准备返里给退闲的父亲祝寿，恰巧皇帝也遣使前往赐药、茗，作为对前朝大臣的礼遇。汝愚让他把皇帝恩赐的药、茗一并捎去，意在让他更光彩地荣归。李沐回答道："遣使赐药是礼数，恐不能因为我的人子之荣而废礼罢！"汝愚见他不识好歹，说了他几句。其后，李沐想为致仕的父亲谋求节度使的荣衔，汝愚没有同意，便积下了难解的怨隙。

胡纮在未成名前曾慕名往谒主持武夷精舍的朱熹。朱熹对来访学子的饮食招待向来简单，与来访者一起吃脱粟饭，就着三四只浸泡在姜醋里的蒸茄子。胡纮以为怠慢自己，对人说："这太不近人情！只鸡樽酒，山中不见得办不到。"归途道经衢州，他向知州觅舟。恰巧叶适因亲属求医先向衢守求助，衢守早知叶适的文名，把找来的船只先让他用了，胡纮对叶适又积下了愤怨不平之气。进士及第后，他出试县宰，入朝参见执政赵汝愚，通报身份时，傲然自报科第榜目与名次，指望能给个好出路，汝愚对这种高自标榜的做法不以为然："庙堂之上如都以前几名用人，那些不是名列前茅和不是科举出身的，何由进用呢？"胡纮因而对汝愚也心生龃龉。他与李沐都是有才学的，文章直逼柳宗元，而李沐的诗文也颇洒脱。士林败类自甘堕落，其搏噬正人君子的凶残阴险是远过一般鹰犬的。

汝愚自朱熹、彭龟年相继去国，审时度势，自知抱负已不可能施展，去意渐决。他请去再三，皇帝都不答应："丞相即使想去，也须等我和太上皇相见，再徐议进退。"汝愚将辞相札子放在御榻上，宁宗亲自取来再退还给他，显然不打算立即罢其相位。

正月初八，新年刚过，汝愚就命家人打点行装，准备次日退朝便辞相出城。韩党惟恐汝愚体面去位，他日还会复用，倘若东山再起，那就前功尽弃了，就施计延缓他的辞行。这天晚上，学士院锁院草诏，传闻是孝宗祔庙将行恩赏。但汝愚仍催办行李，说："朝廷自行赏，我自以私义求退。"有幕客说："皇帝刚即位，你作为大臣，进退不应如此匆忙。姑且听了明日宣麻再说。"次日，果然是祔庙行赏。蹊跷的是，对他既授特进，又迁三阶，而按故事只迁一阶官。于是，汝愚上表辞迁官、辞特进，奏牍、批答往来，等到允许他辞去二阶官职与特进，已快过去一个半月了。

二月二十一日，赵汝愚正欲辞相，右正言李沐上殿，请罢其右相之职。他把各种扑朔迷离的谣言编织成一篇弹劾状，说汝愚"以同姓居相位，非祖宗典故，太上圣体不康之际，欲行周公故事，倚虚声，植私党，以定策自居，专功自恣"[1]。汝愚得知被劾，按例出浙江亭待罪，乞请罢政。当天经筵讲席上，皇帝问侍讲们："谏官论及赵汝愚，你们认为怎么样？"多数人模棱两可，兵部侍郎章颖说："人情危疑，国势未安，不能轻易进退大臣，望不允其去。"宁宗即命内侍宣押汝愚回都堂治政。李沐闻知，马上再进札子，要求皇帝"即赐明断，更不宣押"。

岁末年初以来，流言蜚语不胫而走，宁宗也颇有闻知：内禅前，赵汝愚说过"只立赵家一块肉便了"，言下之意立许国公赵抦也可以；沈有开在汝愚面前说过"嘉王出判福州，许国公出判明州，三军士庶准备拥戴赵相公"；太学传言"郎君不令"，即嘉王不理想，故而太学生上书请尊汝愚为伯父；而受鼎负龙的梦更被歪曲附会得活龙活现。将这些捕风捉影的谣传与赵彦逾出朝前的告发一联系，再经李沐劾状的煽动，宁宗对汝愚确实放心不下了。

当天晚上，宁宗命权直学士院郑湜起草罢相制词。次日，宣布了汝愚罢相，以观文殿大学士出知福州。制词对汝愚的评价还是高的："应变守文，兼有大臣之能事；善谋能断，独当天下之危机。"这些措词，或是宁宗的本意，他虽心存怀疑，还打算让他体面去位的。但韩党却以罢相制词一无贬词，罢逐了郑湜。两天以后，御史中丞谢深甫率殿中侍御史杨大法、监察御史刘德秀、刘三杰等合台上言，以为汝愚冒居相位，现既罢免，就不应再加上诸殿大学士的

[1]《齐东野语》卷 3《绍熙内禅》。

隆名[1]，典守大藩，宜姑守职名奉祠，杜门省过。合台论劾是宋代御史台加强论劾分量的特殊方式，以期引起君主的重视。宁宗下诏依御史台所言，汝愚依旧任观文殿大学士，改提举临安府洞霄宫。

至此，在韩、赵党争中，皇帝终于倒向了韩侂胄。尽管双方首领一方是外戚，一方是宗室，但这次政争并不具有外戚集团与宗室集团斗争的性质。韩侂胄及其党羽并不代表后族的利益，他们也只是借着汝愚宗室大臣的特殊身份，作为打击政敌的借口而已。但这一口实对皇帝的站队却起着决定性作用。他也许认为，汝愚作为同姓宰相、定策大臣，对皇位的威胁远比侂胄为大，何况还有那些无风不起浪的流言，能不令人起疑和提防！

二　伪学逆党之禁

1. 贬赵激起的风波

赵汝愚罢相在朝野激起强烈的反响，人们都把他视为能再造庆历、元祐盛世的一面旗帜，于是，谏净、抗议的奏疏纷至沓来。拥赵反韩呼声之强烈，声势之浩大，为韩侂胄始料所未及，他决定给反对者以打击，好在台谏早已驱遣如意，内批犹如探囊取物。

汝愚罢相的第三天，权兵部侍郎章颖在经筵上请召还汝愚，左正言李沐首劾他阿谀结党，罢官与祠。几天后，工部侍郎、知临安府徐谊上疏论救汝愚。侂胄知道他是汝愚的心腹智囊，怀疑彭龟年弹劾自己即出于他俩的指使，早衔恨在心，让监察御史刘德秀、

---

[1] 宋代诸殿学士的职名主要包括观文殿大学士、学士，资政殿大学士、学士，保和殿大学士、学士等。诸殿学士无职守，但资望极高，有出入侍从、以备顾问的名义与荣誉，实为宰相、执政官以及翰林学士解职后所带的职名。

胡纮将他论罢。国子祭酒李祥也上章力辩："当初国命千钧一发，汝愚不避灭族殒身之祸，奉太皇太后之命决策立陛下，使天下复安。今使社稷之臣怫郁而罢，何以示天下后世？"国子博士杨简随即上书支持上司："汝愚之忠，陛下所知。作为祭酒属官，如见利忘义，畏祸忘义，我耻于这样行事。"两人随即被李沐劾免。

太府寺丞吕祖俭对人说："汝愚不可能没有过错，但没到言官所说的地步。"他上奏说："最近右相罢免，宣和弊政将重现于今日，没有人不深怀忧虑的。陛下疑防外朝，则腹心之谋、耳目之用，不能不有所倚仗。但倘使让其气焰增长，而威福集于私门，则观望趋附者渐多，而为公尽忠者渐寡。我深恐陛下不能尽闻真理实事，将有谁来效力宗庙社稷呢？"侂胄恚怒道："吕寺丞竟然干预我的好事！"

见李祥、杨简被劾，四月二日，祖俭毅然上封事说：

> 陛下初政清明，然未曾逾时，朱熹，老儒也，有所论列，则亟使之去；彭龟年，旧学也，有所论列，亦亟许之去；如李祥老成笃实，今又终于斥逐。臣恐自是而后，天下或有当言之事，必多相视以为戒。钳口结舌之风一成而未易反，岂是国家之利耶？

他接着提醒宁宗，御笔已为近幸利用：

> 若乃御笔之降，庙堂不敢重违，台谏不敢深论，给舍不敢固执，盖以事体多关贵幸，深虑左右乘间，过有激发而重得罪也。从昔而来，凡劝导人主事从中出者，夫岂意在尊君？盖欲假人主之声行之于外，使莫敢争执而可以渐窃威权，所当深加省察。

最后，他直斥权臣，警告皇帝：

> 车马辐凑，其门如市，恃权怙宠，摇撼外廷，声炎所及，类莫敢言，政权将归于幸门，而不在公室。凡所荐达，皆其所私，凡所倾陷，皆其所恶。岂但侧目惮畏，莫敢指言，而阿比顺从，内外表里之患必将形见。[1]

上书以后，祖俭便打点行装，准备流贬。有旨说："吕祖俭朋比罔上，送韶州安置。"中书舍人邓驲缴奏，认为不应以罪黜逐。很快御笔就颁给邓驲："吕祖俭志在无君，其罪当诛，姑从窜斥，以示宽容，自应书行。"这天经筵上，楼钥进讲吕公著奏议，便说："像公著这样的社稷之臣，应该宽宥他十代的子孙。前几天因言得罪的吕祖俭，就是他的后代，现在流放岭外。万一死了，圣朝就有杀言者之名。"宁宗懵懂问道："祖俭所言何事？"原来，不仅贬窜祖俭，他全然不知，连封事都没送到他手里。但令人不解的是，宁宗尽管现在知道了这事，却既不纠正对祖俭的处理，又不追究侂胄的责任，除去庸弱无知，很难有其他理由为他开脱了。

侂胄看透了皇帝的弱点，有恃无恐道："谁再论救祖俭，就处以新州之贬！"许多人不敢再吭声了。有人对侂胄说："自赵丞相罢去，天下已切齿。现又投祖俭到蛮瘴之乡，如不幸贬死，众怒更深，何不稍徙内地？"侂胄这才略有回心，他不想做得太绝。祖俭早已从容上路，行至半路，接到改送吉州（今江西吉安）安置的诏命，次年又量移高安（今属江西）。祖俭曾向其兄吕祖谦问学，笃守的信条是"因世变有所摧折，失其素履，固不足言；因

---

[1]《历代名臣奏议》卷206，吕祖俭：《乞还国子祭酒李祥任》。

世变而意气有所加者，亦私心也"[1]。他在谪地总是草鞋徒步，随时做着流放岭南的准备。次年，这位"触群小而蹈祸机"的无畏志士在贬所去世，党禁的阴霾正密布政坛的上空。

尽管侂胄发出恫吓，有人噤若寒蝉，但防民之口胜于防川，反映公道人心的呼声仍没有被遏止住。就在祖俭上书被贬以后的第三天，太学生杨宏中对同学说："师长们能辩大臣之冤，学生们却不能留师长之去，于义安吗？"他拟议叩阍上书，太学生周端朝、张道、林仲麟、蒋傅、徐范等六人自愿加入。蒋傅久在太学，忠鲠有声，起草了一篇正气凛然的上书，七人联袂署名。当夜传来消息：侂胄获知此事，扬言将严惩上书者。已签名的一位福州学生惧怕了，请求抹去自己的姓名。有朋友劝徐范也不要卷入，徐范慨然回答："既已具名，还有什么可改变的！"

次日，杨宏中等六人毅然伏阙上书道：

> 自古国家祸乱，唯小人中伤君子。党锢敝汉，朋党乱唐，大率由此。元祐以来，邪正交攻，卒成靖康之变，臣子所不忍言，陛下所不忍闻。谏官李沐论前相赵汝愚将不利于陛下，以此加诬，中外义愤，而言者以为父老欢呼。蒙蔽天听，一至于此！李沐内结权幸，阴有指授，其气焰已足以熏灼朝路，撼摇国势。陛下若不亟悟，渐成孤立，后悔莫及。
>
> 去岁变在朝夕，假非汝愚出死力，定大议，纵有一百个李沐也不能度过危机。当国家多难，汝愚位枢府，主兵柄，指挥操纵，何所不可？不以此时为利，今上下安定，反而独怀异志？章颖、李祥、杨简相继抗论，同日报罢，六馆之士为之愤惋涕泣。殆恐君子小人消长之机，于此一判！

---

[1]《宋史》卷455《吕祖俭传》。

　　愿陛下鉴汉唐之祸，惩靖康之变，念汝愚忠勤，烛李沐回邪，窜李沐以谢天下，召祥、简以收士心。臣等纵使身膏鼎镬，也在所不辞！[1]

　　上书递进后，如泥牛入海。他们便将副本散发给各侍从、台谏，侂胄大怒，准备将他们窜逐岭南。不久，朝廷下诏，以"妄乱上书，扇摇国事"将杨宏中等六人各送五百里外编管。中书舍人邓驲缴还诏旨，上书援救："国家自建太学以来，累朝对上书言事的学生天覆海涵，从不加罪。最重不过押归本贯或他州听读而已。陛下处分过严，人情震骇。"宁宗不听，侂胄党羽钱象祖新知临安府，连夜逮捕了这些太学生，分别派人强行押送贬所。宁宗这次虽知道杨宏中等上言何事的，但对太学生仗义执言仍做出了是非颠倒的处理。新任右相余端礼在御榻前叩拜数十次，恳请宽待学生，皇帝终算动了恻隐之心，改送六人至太平州（今安徽当涂）编管。邓驲因接连论救吕祖俭和太学生，不久即被罢免。

　　杨宏中、蒋傅、徐范等六人上书迅速广为流传，他们的浩然正气与无畏勇气赢得了世人的钦敬，称为"庆元六君子"。宋代自靖康以来，每逢国有大事，太学生都不惧安危，伏阙上书，发出公论，伸张正义。世人把"庆元六君子"上书视为公道人心的又一次呐喊。

　　在贬黜六君子当天，侂胄将李沐迁为右谏议大夫，刘德秀为右正言，作为对他们搏击有功的褒奖。至此，同情赵汝愚的知名之士都相继罢黜，但其他士大夫官员与太学生都愤愤不平，仍不乏上疏议论者，这让韩侂胄大为头疼。如不采取高压措施，吕祖

---

[1] 现存六君子上书，诸本颇有异文，此参《宋史》卷455《杨宏中传》、卷392《赵汝愚传》及《宋史全文》卷29。

俭、六君子式的激烈抗议，有可能前赴后继，此伏彼起，说不定哪天局势就会翻盘。侍御史杨太法与右正言刘德秀献策，让朝廷颁诏训饬在朝官史，对不从诏者处以重典。

这时制诏官与封驳官都是韩党天下了。直学士院傅伯寿奉命草拟了这道诏书：

> 风俗者，治忽之枢机；士大夫者，风俗之权舆。今也不然，怀背公死党之恩，蔑尊君亲上之义，谀佞侧媚以奉权强，诡僻险傲以钓声誉，倡说横议，贪利逞私，使毁誉是非，混然淆乱。自今至于后日，其有不吉不迪，习非怙终，邦有常刑，朕不敢贷！

这道诏书以背公结党为罪名，以尊君亲上为虎皮，钳制舆论，已有党争扩大化的意向。

韩党感到，赵汝愚的门下与朱熹的弟子颇多知名之士，都是于己不利的反对势力，逐个打击费时费力，总得编派个能一网打尽的笼盖性罪名，就想到了"伪学"。伪学这一名目不是一次性形成的，在孝宗朝道学之争时已有论者指斥道学为伪学。六月上旬，刘德秀上疏，旧事重提，借祖宗的亡灵来压当今的皇上："邪正之辨，无过于真伪而已。过去，孝宗皇帝垂意恢复，首务核实，凡虚伪之徒，言行相违的，没有不深知其奸的。愿陛下效法孝宗，考核真伪，以辨邪正。"宁宗将奏章转发群臣。奏章将孝宗以来思想学术上所谓"真伪"之争和庆元党争中所谓"邪正"之分拉扯搅和在一起，为韩侂胄排击异己提供了左右逢源的借口。

韩党无异于教唆那些见利忘义而清议不齿的官场小人，可以把反对者都指为"道学"，甚至暗中给出开好的名单，以便他们依次诬陷斥逐。刘德秀首先锋芒小试，一气弹去国子博士孙元卿、太学博士袁燮、国子正陈武、国子司业汪逵入札辩救，连他一并劾罢了。具有讽刺意味的是，自下发刘德秀奏章后，中书重新设立了废弃已久的台谏言事簿，驱使言路鹰犬为他死力搏击，而以言事簿记录数作为论功行赏的根据。韩侂胄本是粗人，志在招权纳贿，虽欲尽逐政敌，却不能巧立罪名，而刘德秀在为虎作伥上总走在前面的。

何澹这时已当上了御史中丞。这个绍熙初政中就见风使舵、推波作浪的老手，在继母死后要求起复不服丧，唯恐一旦守制三年，眼巴巴近在咫尺的执政之位就不归他有了。但太学生一通移书，冷嘲热讽说："你先主太学，继长谏垣，这可事关三纲五常啊！"他这才不得不悻悻去位。终丧以后，赵汝愚执政，只让他起知明州，他向韩侂胄怨望地摇尾乞怜，终于召为台长。他却急着圆执政梦，见刘德秀着了先鞭，紧跟着上疏请禁道学："专门之学，流而为伪，空虚短拙，文诈沽名，愿风厉学者，专师孔孟，不必自相标榜。"次日，宁宗命将其疏张榜朝堂。

吏部郎官糜师旦再次奏请考核真伪，将一个多月前刘德秀的建议具体付诸一个甄别运动，他获迁左司员外郎。何澹不甘落后，随即上疏："在朝之臣，大臣熟知其邪正之迹，但不敢指明，恐招报复之祸。望明诏大臣去其所当去者。"也就是在甄别基础上，对朝臣来一次大清洗。这次清洗几乎网尽了赵汝愚、朱熹门下的知名之士。

刘德秀、何澹一伙出于一己的利害恩怨，迎合了侂胄的需要，激成了伪学之禁。他们不仅把自己心中，还把与他们沆瀣一气的士林败类中最卑鄙肮脏的报复欲、名利心都鼓荡了起来，酿成了宋代党争史与思想史上最黑暗酷烈的一幕。在这一过程中，昏愦的宋宁宗完全受制于来势汹汹的朝堂舆论，认可了伪学之禁。嘉定十一年（1218），在一次经筵上，侍读袁燮与他重新讨论这桩党禁时道："逆党之说，既不足取信，又撰一名谓之伪学。"他不无感慨道："这是说道学啊！若不立此名，就无法排陷君子。"宁宗原是雅好道学的，但从他放任伪学之禁看，他对道学缺乏全面正确的认识。

自汝愚罢相，公论为之不平，上自朝堂之臣，下至布衣之士，交疏论辩不绝，韩侂胄以贬窜钳天下之口，也未奏效。监右藏西库赵汝谠也是宗室，上疏乞留汝愚，请斩侂胄。侂胄命言路党羽以"惑乱天听"将其废逐。但侂胄认定，如不重贬汝愚，抗议便不会止歇。于是，作为对何澹上疏的响应，汝愚随即免去了观文殿大学士，罢宫观，但迫害仍在升级。韩党把汝愚的存在视为现实的威胁。有党羽进言：食肉者必弃其骨，若留着必招集蝇蚋，何不连其骨都远远屏弃之，庶几绝蝇蚋之望。

不久，监察御史胡纮上奏说："赵汝愚唱引伪徒，谋为不轨，乘龙授鼎，假梦为符。他对人称：朝士中有人推其裔出楚王元佐，乃正统所在；还准备与徐谊挟持太上皇帝赴越，称绍熙皇帝。"谣言越编越离奇，宁宗对正统所在说和绍熙皇帝说不能不有所疑虑。元佐是太宗嫡长子，因精神发狂，皇位为三弟真宗继承，其后皇位虽一直在太宗系内传承，与元佐后裔却始终无缘。孝宗以太祖幼子德芳六世孙入承皇统，宁宗作为孝宗之孙，对汝愚自称正统所在的谣言，不能不有所顾忌。至于光、宁虽是亲父子，但宁宗即位之时已有"恐负不孝之名"的心理，对汝愚欲使父亲复辟为绍熙皇帝之说，也不会没有微妙的猜疑之心。

于是，汝愚被责授宁远军节度副使，永州安置。贬窜之命固然是侂胄的旨意，但也显然得到了皇帝的首肯。与此同时，徐谊贬为团练副使，南安军安置，宁宗对"绍熙皇帝"的传闻是信以为真的，故而视徐谊为汝愚"谋为不轨"的同党。贬窜汝愚的制词是韩党汪义端起草的,一开笔就用了汉诛刘屈氂、唐杀李林甫的典故,隐含杀机,继而列举罪名:"谋动干戈而未已,人孰无疑;妄谈符谶之不经,意将安在?"谋动干戈,即指绍熙内禅时汝愚命殿帅郭杲调兵护卫南、北大内;妄谈符谶,说的还是那个"受鼎负龙"之梦。一经渲染,汝愚竟被诬为动用军队,制造天命,一一坐实在"谋为不轨"的罪名上。

胡纮还建议把贬窜汝愚事奏告太上皇,父子或会因此尽释前憾,亲情如初。宁宗表示同意,他知道父亲并非心甘情愿地把皇位禅让给他,也希望有机会向父亲表白,让赵汝愚代自己担待起负罪感。不久,药局赵师召出于献媚侂胄而上书皇帝,请斩汝愚以谢天下。宁宗没理睬,自己的皇位毕竟有赖于汝愚的定策之功。

岁末,汝愚对长子崇宪等说:"侂胄之意,必欲杀我。我死,你们还有可能免祸。"他从容踏上了前往贬所永州(今湖南永州)的路途。路上,他有点病渴,医生以为热症,投以寒剂。舟过潇湘,风雪漫天,他伫立船头,望着茫茫雪景,杳杳远山,思绪如潮。他因此外感风寒,寒气表里交侵,便不能吃东西了。庆元二年年初,行至衡州(今湖南衡阳),已病得不轻,州守钱鍪秉承侂胄旨意,对他百般窘辱。正月二十日,汝愚服药后暴死,一说他的药里放入了冰脑,中毒身亡。[1]

---

[1] 汝愚卒日,《宋史》本纪作正月庚子,本传作正月壬午,此从本纪。其死因亦有歧说。《宋史》本传仅说:"为守臣钱鍪所窘,暴薨。"《宋史·韩侂胄传》则说:"虑他日汝愚复用,密谕衡守钱鍪图之。汝愚抵衡,暴薨。"《宋史全文》卷29和樵川樵叟《庆元党禁》说:"为臣守钱鍪所窘,遂服药而卒。"唯田汝成:《西湖游览志余》卷4《佞幸盘荒》以为"或谓中毒"。但刘光祖所撰《赵公(汝愚)墓志铭》(《宋代蜀文辑存》卷71所收)和《朱文公文集·别集》卷1《与刘德修书》转述汝愚子、婿书函皆未说其中毒,《赵公墓志铭》作于侂胄败死后,如汝愚确系遇害中毒,光祖完全可趁着清算侂胄的有利时机追究凶手,全无隐讳必要。故汝愚几无他杀可能性,因窘辱自杀的可能性却不能排除。

讣闻传到临安，人们不顾高压淫威，多自作挽章，私相吊哭，甚至大书挽文张贴在都城建筑物上。皇帝动了恻隐之心，下诏："与复原官，许其归葬。"中书舍人吴宗旦在缴驳中却主张："欲乞且令归葬，以伸陛下待遇之私；更不牵复原官，以慰天下议论之公。"宁宗只能表示同意。

归葬的灵车从衡阳向汝愚的故里饶州余干（今江西余干西北）进发，所经之地，父老们都在道旁焚香泣拜。萍乡全城百姓用竹枝把纸钱挑挂在门前，灵柩行经时便焚化纸钱，整个萍乡县城烟焰蔽空。甚至远在四川、福建的深山穷谷，寡妇稚子们听到讣告也"莫不愤叹，以至流涕"。在这场政争中，公道人心的天平明显倾向汝愚一方。即便在任何政治高压下，民心的向背总是评判是非的标准。汝愚执政才两年，入相仅六月，能够奋不顾身，临危受命，使南宋度过了一次君权嬗递的政治危机；他志在改革弊政，网罗德才兼备之士，辅助新君之政，令天下都怀翕然望治之心。他虽未成就庆历、元祐式的经世事业，但朝野人心还能辨别出他与侂胄在从政为人上的根本差异，转而寄希望于他。尤其经历了韩侂胄专政的倒行逆施后，都以为倘若汝愚不死，"事固未可知"。

汝愚暴死，引起正直人士的普遍愤慨。大内宫墙城门下，几乎每天有悼念汝愚的诗文张贴出来。韩党打算镇压，又不知作者为谁。实际上，这些匿名诗文大多出自太学生之手。一天，太学生敖陶孙等聚饮三元楼，酒意酣张后，陶孙挥毫在酒楼的屏风上题诗道：

> 左手旋乾右转坤，如何群小肯流言？
> 狼胡无地居姬旦，鱼腹终天吊屈原。
> 一死固知公所欠，孤忠幸有史长存。

九原若见韩忠献，休说渠家末代孙！[1]

诗把汝愚比作辅佐成王的周公、被楚怀王贬逐的屈原，结末两句痛斥侂胄将无颜面去见祖先韩琦。酒过数巡，陶孙发现题诗屏风不见了，知道已为韩党侦知，便换上酒保送来的衣服，乔装下楼，正与捕者交臂而过。他亡命福建，这首悼诗却以不同的抄本流传开了。不仅临安，不少地方都为汝愚冤死而赋诗摹印，匿名揭帖于市肆。

2. 尽黜"伪学"，尽逐"逆党"

庆元二年正月上旬，宰执班子有一次大调整。右相余端礼迁为左相，参知政事郑侨改知枢密院事；京镗则由知枢密院事进拜右相，谢深甫自签书枢密院事升任参知政事。现在，汝愚已死，侂胄大权在握，党徒们更有恃无恐了，他们对政敌的排击比侂胄还要卖力起劲。好在道学已成为随心所欲地打人的大棒，这是专制政治下思想罪的妙用。

正月下旬，右谏议大夫刘德秀再劾故相留正四大罪，第一条就是招引伪学以危社稷。他明知留正与道学中人既无思想渊源，又少人际关系，纯粹是借伪学之名，报私人之怨。当年他以州守入朝，不为时相留正所知，托著作佐郎范仲黼说项。留正认为，这人如留在朝班，朝廷绝无安静之理，只除他大理寺主簿。如今，刘德秀探知侂胄对留正昔日在都堂当众羞辱他仍耿耿于怀，便也想借伪学之禁，报复这只死老虎。他还抱怨仲黼当初没有力荐自己，便把仲黼也劾了进去，说是"附和伪学"。留正以观文殿大学

[1]《四朝闻见录》丙集《悼赵忠定诗》。

士罢相奉祠不久，就因言者劾其擅自出朝，撸去书殿荣衔。宁宗知道留正力请建储始末后，恢复他观文殿大学士的职名。侂胄却对留正积怨未消，便借刘德秀之劾，让宁宗给留正下诏，剥夺了他的职名，取消了他的奉祠。

这时，韩党有人再出新招："名道学则何罪？当名曰伪学。"那些猥薄干进之徒都说"伪学"罪名最便罗织，便攘袂奋臂，力攻伪学，开了学术之禁的方便之门。刘德秀的奏疏定道学为伪学，用心十分险恶：使思想罪向政治罪靠近了一步，以便深文周纳，置人死地；又使整肃面从官场扩大到学界，钳制住代表民心舆论的学生们的嘴和笔。政敌毕竟为数有限，学生却是为数众多，颇成气候，都城有太学生，地方有州县学生。自靖康学潮后，作为士大夫的后补梯队，学生议论朝政、关心国事的自觉性日渐高涨。庆元党争中学生旗帜鲜明地站在韩侂胄的对面，都城与州县的学生倘若互通声气，汇成洪流，局面将不堪设想。

二月初，省试在即，吏部尚书叶翥、吏部侍郎倪思知贡举，右谏议大夫刘德秀同知贡举，三人联名上奏说："伪学之魁窃人主之柄，鼓动天下，故而文风未能大变。请将《语录》之类，一并废毁。"省试策问照例应以皇帝名义出题，但宁宗在为孝宗服三年丧期中，便给叶翥等考官下了御笔，希望他们"毋使浮夸轻躁者冒吾名器"。御笔虽没说"伪学之士"，但显然已被叶翥奏议中"伪学"之说所蛊惑，所谓浮夸轻躁者总令人感到与"伪学"有关。这年取士的试卷只要稍涉义理就遭黜落，连《论语》《孟子》《中庸》《大学》都成为不能引用的禁书。而叶翥所发的第一道策问则是"问安刘者乃重厚少文之人"，以西汉周勃平诸吕叛变、拥立文帝的典故来阿谀韩侂胄，应试士子都愕然不知所对。

党禁狂澜既已掀起，便容不得在朝之士有任何反对甚至摇摆的表现。这年四月，宰执班子又有一次调整，余端礼称病罢相。他继汝愚登相位，后来史家以为他是韩党。其实，端礼在道学朋党之争中从未推波助澜过，但生性软懦退缩，虽颇知拥护善类，但受侂胄掣肘，总难如愿，对汝愚被逐，只能长吁短叹。端礼既罢，只剩下京镗独居右相，何澹改任参知政事，侂胄意旨的贯彻更畅通无阻了。叶翥不久前约倪思共论伪学，倪思在党禁上首鼠两端，这次没有附和他，便罢去吏部侍郎，出知州郡，叶翥则有执政之酬，迁为签书枢密院。

六月中旬，度支郎中、淮西总领张釜上疏说："天下都已洗心革面，不敢再蹈昔日之习。愿明诏在位之臣，上下一心，坚守勿变，不使伪学伪言乘隙破坏既定局面。"他希望宁宗在伪学之禁上决不动摇，大得侂胄欢心，即迁为尚左郎中。中书舍人汪义端把汝愚比为李林甫，对宁宗说："伪学之党都是知名之士，应该斩草除根。"

不久，叶适门人王大受见到吴琚，谈起伪学之禁株连良善，人心惶惶，唯恐不保，建议他劝说太皇太后出面干预，让外朝不要再纠缠旧事。吴氏从吴琚处辗转听到汪义端"斩草除根"的上言，她虽一向谨慎，不愿留下干乱外政之名，这次也向皇帝转达了自己大不以为然的态度。

宁宗向无主见，对太皇太后却十分尊敬，随即下诏说："今后给舍、台谏论奏，不必更及旧事，务在平正，以副朕救偏建中之意。"[1] 韩党见到诏书大为恼怒，左谏议大夫刘德秀纠集了监察御史张伯垓、姚愈等上疏力争：

---

[1]《建炎以来朝野杂记》甲集卷6《御笔禁言旧事》。

今后，旧奸宿恶如不思悔改，我们不说，则贻误陛下的
进用；说了，则违碍今日的御札。若等他们败坏国事，而后
进言，则噬脐莫及。三种情况，无一可取。望陛下将臣等奏
章布告天下，使中外旧奸知道朝廷纪纲尚在，不敢放肆。

韩党认识到这道诏书的严重性，故而殊死抗辩。宁宗被迫让步，
御笔将前一诏书中"不必更及旧事"改为"不必专及旧事"，以君
主之尊收回前诏之命，在宋代是几无前例的。

韩党惟恐皇帝犹豫不决，再变过去，攻讦排击更变本加厉了。
殿中侍御史黄黼针对宁宗的御笔上奏说："治道在于黜其首恶而任
其贤才，使有才者不失其职，不才者无所憾恨。仁宗曾说：朕不
欲留人过失在心。这才是为政之道。"对刘德秀等巧言强辩表明了
不同意见。侂胄容不得言路上有不和谐音，即将其改任他官，不
久罢去，让姚愈替代了他的言职。

侂胄也渐怀疑吴琚在暗助道学，对兄弟仰胄说："二哥只管引
许多秀才上门。"他与吴琚是中表兄弟，故称之为二哥。在一次赏
花会上，侂胄半真半假地对吴琚说："二哥肯为侂胄入蜀作万里之
行否？"吴琚答道："再远万里，我也不辞。"侂胄笑道："慈福太
后岂容二哥远去，刚才开个玩笑罢了。"但吴琚还是被排挤出朝，
差典了外郡。

七月中旬，太常少卿胡纮上疏说：

近年伪学猖獗，赖二三大臣、台谏出死力而排击，元恶
殒命，群邪屏迹。自御笔有救偏建中之说，有人误解圣意，
急于奉承，倡为调停，取前日伪学奸党，次第起用，冀幸他
日不相报复。徽宗建中靖国之事，可以为戒。

接着他引汉唐故事，汉霍光废昌邑王一日诛其群臣百余人，唐五王不杀武三思而终死其手，最后主张："今纵使不能尽用古法，也应令他们退伏田里，自省过咎。"这一建议旨在从官吏任命上杜绝政敌东山再起，大获侂胄青睐。上疏仅两天，胡纮即迁中书舍人。宁宗已完全被韩党的舆论攻势所左右，下诏说：凡伪学之党，曾被台谏论列的，宰执都暂停进拟其官职。

韩党鹰犬们把下一步搏击的目标转向已奉祠家居的朱熹。士林败类一旦自甘鹰犬，其存心之险恶、伎俩之卑鄙有时连主子也自叹弗如。侂胄当初把朱熹逐出朝列，是出于党派既分，政争既起，箭在弦上，不得不发，防止皇帝听了朱熹的进言，疏远黜斥自己。把朱熹赶走以后，随之赵汝愚也贬死，侂胄并没有进一步深究朱熹的意思。朱熹的名望太大了，过分之举将冒天下之大不韪。听说朱熹曾以陈谢乳母为譬劝汝愚给自己以节钺，侂胄会心一笑：自己索要的不就是陈谢之礼吗？

在归里后一年间，朱熹连上六疏，请朝廷追夺自己的职名，宁宗一再赐诏褒慰，没有同意。与此同时，韩侂胄也辗转向朱熹打招呼：朝廷不过以此别真伪，望先生体察此意，不要再辞职名。[1] 庆元初，侂胄虽未任宰执，但俨然已是幕后宰相，故而无论是宁宗褒慰还是庙堂寄声，都体现出侂胄的意向。朱熹坚辞职名，自有其为人准则在；侂胄虽不快，也未有加罪之意。但侂胄卵翼下的言路党羽们却跃跃欲试，把朱熹视为可邀大功的奇货，不过还是相互观望而不敢发难。门人听说乡间有趋名逐利者捏造事实讨好韩党，便函告朱熹。朱熹回书道："死生祸福，久置度外，不烦过虑。"

---

[1] 据《两朝纲目备要》卷4："庙堂寄声云：朝廷欲以此别真伪，望先生体此意，勿复辞。熹不听，辞益力，庙堂不乐。"此庙堂显指韩侂胄。

陈贾是当年攻击朱熹的干将，光宗朝一直出任外官。这年初冬才应召入朝，出任兵部侍郎。他的入朝任职，似是韩侂胄对朱熹不知趣的反应。韩党随即又除沈继祖为监察御史，急于让他充当弹劾朱熹的马前卒。原监察御史胡纮酝酿劾论朱熹前后将近一年，终于见到侂胄决心再劾朱熹的信号了，可惜自己已迁太常少卿，离开了言路，不能再享受那份搏噬的快感，便把疏稿送给了沈继祖。

沈继祖官卑职微时摭拾过朱熹关于《论语》《孟子》的论说以招摇标榜。伪学之禁起，他上疏追论程颐，迁为监察御史。接过胡纮疏稿，他大喜过望说："这下可以立致富贵了！"便迫不及待地上疏论劾朱熹：

> 剽窃张载、程颐之余论，寓以吃菜事魔之妖术，收召四方无行义之徒以益其党伍，潜形匿影，如鬼如魅。士大夫之沽名嗜利觊其为助者，又从而誉之荐之。根株既固，肘腋既成，遂以匹夫窃人主之柄。

接着捕风捉影，深文周纳，列举了朱熹不忠不孝不仁不义不公不谦六大罪，还编造了"诱引尼姑，以为宠妾"的桃色谣言，来证明朱熹不能修身。最后，他要求学孔子诛少正卯故事："陛下居德政之位，操可杀之势，而朱熹有浮于少正卯之罪，难道不能立即诛杀他吗！"宁宗于是下诏：朱熹落职罢祠。

沈继祖在弹章中还株连了布衣学者蔡元定。元定与朱熹的关系在师友之间，世称西山先生，尤袤、杨万里联名向朝廷推荐他，他托病坚辞不仕。在孝宗陵地选择上，朱熹、赵汝愚与韩侂胄有过一场争论。侂胄一派所卜陵地，勘查下来土层浅薄，下有水石，朱熹对宁宗说："不忍以寿皇圣体之重，委之水泉沙砾之中。"言下之意，侂胄一方应对此负责。朱熹卜葬之学是向元定讨教的，侂胄便对元定恨之入骨。沈继祖劾疏中一再诬其为"妖人""邪说"，并请行文建宁府，追送别州编管。宁宗下诏编管道州（今湖南道县），所受处分远比朱熹为重。在历代政争中，布衣平民蒙祸往往比达官名人更酷烈，迫害者对他们下手是少有顾忌的。

庆元三年初，执行命令下达建宁府（今福建建瓯），州县派人火急逮捕元定。朱熹与百余名弟子在萧寺为他钱别，座中有人感叹泣下，元定神色不变，赋诗道："执手笑相别，无为儿女悲。"举止沉毅一如平日。他与儿子蔡沈毅然上道，杖屦步行三千余里，双脚流血。到贬所后，远近前来问学的络绎不绝，有人好心劝他谢绝为好，他说："他们为学问而来，我怎能忍心拒绝？祸患也决不是闭门绝户所能躲避的。"次年，元定死于贬所。

伪学之禁还在扩大和升级。这年春天，大理寺直邵褒然请求明诏大臣：自今权臣之党、伪学之徒不得担任在京差遣。目的在于确保在朝官吏是清一色的韩党天下。宁宗转发了这一奏章。入夏，又有言官说：

> 三十年来，伪学显行，场屋之权，尽归其党。所谓状元、省元与两优释褐，若非其私徒，就是其亲故。望诏大臣审察其所举而后除授。

此举旨在对内外差遣的除授，进行全面的朋党甄别，甄别面竟然扩大到道学盛行以来的各科进士和太学优等生。

秋冬之际，各路转运司将对属下的州县官进行年度考核，监司、帅守也将向朝廷推荐一批官吏以供选拔。韩党让宁宗下诏：今后监司、帅守荐举改官，一律在奏议前声明所荐非伪学之人，如有违犯，愿正朝典之罪。他们指望这样就把荐举渠道上的"伪学之党"也给杜绝了。两天后，言路上的韩党又上奏说："以元祐调停之说为鉴，杜绝伪学根源。"建议考核以前，属官递呈转运使的预收家状也必须在结尾填明"委不是伪学"五字。其后不久，官僚荐举与进士结保等文牍都有"如是伪学者，甘伏朝典"之类的套话。

中国历代党争往往并不局限在高层政界的小圈子内。党争中占优势一方总企图既将其拉进思想之争的轨道，又将其拉出高层小圈子，前者为证明自己在道义上的绝对正确，后者旨在让党争双方以外的一般官僚、士大夫乃至平民百姓对党争表明态度，划清路线。于是，高层党争往往带来整个社会的动荡不安。庆元党禁中韩党的所作所为也是如此。他们把这种划线表态的做法推向全国应试的士子，迫使其必须声明不是伪学方能应试。这种以政治高压为后盾的言论钳制，士子们多虚应故事，韩党取得的只是虚假的保证，但也足以自慰了。不过，毕竟有抗议声音在。这年官吏考核时，抚州军事推官柴中行移文转运司说："自幼习《易》，读程氏《易传》，不知是不是伪学。如以为伪，不愿考校。"他以自己的胆气向伪学之禁、对言论钳制开了个玩笑，一时士论传为美谈。

反抗情绪在太学生中最为强烈。宋代太学立有斋生题名碑，凡在太学出身的学生都有题名其上的荣耀。这年秋天，斋生题名碑上何澹的姓名被人剜削了。这显然是太学生干的，原因无非何澹诋诬道学，搏噬正人，在学的太学生耻与其名列同碑。这种匿名的不满举动在政治专制下是代有其人、屡见不鲜的。这可触痛了何澹，他贵为执政，还遭此羞辱，便勃然大怒。临安知府赵师䆷意欲巴结，却像近年流传京师的匿名揭帖诗文那样，找不到是谁干的，就收买了不逞之徒，故意向太学生寻衅斗殴，以此为借口逮捕了几个学生，威逼他们承认削去题名和揭帖诗文都是太学生所为。被捕的学生坚决否认，被移送大理寺狱，拷掠得体无完

肤仍不承认，但最后仍削去何澹题名，远配岭南编管。^[1]

对已贬政敌的打击也在加码。时当盛夏，监察御史刘三杰服丧期满，还朝入见，便危言耸听地上疏道：

> 前日伪党，今又变为逆党。这批人潜形匿影，日夜窥伺，气候稍变，就喜形于色。防备不周，必受其祸，今日之计，只有销解一策。其习伪深而附逆固的，罪不容诛；其他能洗心革面的，则让他们去伪从正，以销今日之忧。

这一上言，把思想政治上的分歧和斗争推上忠逆之类的最高审判台，使政敌难逃诛心和诛身的双重判决，然后再采取所谓区别对待的政策，对政敌分化瓦解。这种手法也是中国专制政体下党争时惯用伎俩。

刘三杰再劾留正共引伪学之罪，作为"销解逆党"的一手。刘三杰迁为右正言，留正则送邵州居住。实际上，无论政敌中的领袖人物赵汝愚、朱熹，还是一般人物如彭龟年、陈傅良、刘光祖等人，他们的进用都与留正没有关系。侂胄一伙一再打击留正，纯粹借"伪学逆党"而一泄私愤。

伪学转为逆党之说一出，那些趋炎附势、见风使舵者以为党禁又将升级。新州教授余嚞上书请斩朱熹，绝伪学，且指蔡元定为伪党。参知政事谢深甫将其上书一掷，对同僚说："朱元晦、蔡季通不过相互讲明其学罢了，果真有什么罪？余嚞虮虱小臣，居然狂妄如此！"或许是顾忌朱熹盛名，韩党没有对朱熹采取进一步的迫害。

---

[1] 此事《宋史全文》《庆元党禁》系于庆元六年，但因事连敖陶孙吊赵汝愚题诗，故以《两朝纲目备要》系于庆元三年秋较为近是。

庆元三年岁末，知锦州王沇上疏请置伪学之籍："凡曾受伪学举荐升迁或自代之人，并令省部籍记姓名，授与闲慢差遣。"吏部侍郎黄由反对说："人主不可立党以待天下之士，故而不必置籍。"宁宗觉得黄由有理，但把持言路的韩党论劾不止，宁宗全无定见，不再坚持了。

一张伪学逆党的名单很快编定，其后续有增补。计有宰执四人——赵汝愚、留正、王蔺、周必大；待制以上十三人，享有盛名的学者朱熹、陈傅良和彭龟年、徐谊、郑湜、楼钥、薛叔似、孙逢吉等名列其中；其他官吏三十一人，知名的有叶适、刘光祖、吕祖俭、项安世、李祥、杨简、袁燮、吴猎、蔡幼学、周南等；武臣有皇甫斌等三人，太学生即庆元六君子；士人蔡元定、吕祖泰也榜上有名。

这张名单是胡乱拼凑的。列名其中的五十九人，虽确有不少道学家，但约有三分之一的人根本与道学无关。即以曾任宰执的四人而言，留正与王蔺与道学了无瓜葛，周必大以文章名世，当时也不视为道学家，将这三人与汝愚同列为"伪学逆党"的魁首，纯属胡编乱派。因此，道学家集团（或借韩党之所谓"伪学"）并非这张名单的共同点，而是这些人都曾直接或间接地触怒过侂胄或其党徒。正如朱熹弟子黄幹所说，他们"本非党者，其多群小欲挤之，借此以为名耳"，这才是这张"伪学逆党"名单的实质。[1]

---

[1] 有关庆元伪学逆党名单的宋代史料有《建炎以来朝野杂记》甲集卷6《学党五十九人姓名》与《庆元党禁》，皆列59人，仅个别人姓名、官职略有异同而已。这张名单一般都认为是庆元三年王沇上疏后即编定的。但我认为：庆元三年末四年初所列名单或未至59人，其中个别人应是后来补入的，即如谏立党籍的黄由庆元四年还在任礼部尚书，而布衣吕祖泰乃庆元六年上书以后才引起韩党侧目和嫉视的。故而这两人就不至于在庆元三四年间即入党籍。黄幹语见《困学纪闻》卷15《考史》。关于名单的评述参见郦家驹：《试论关于韩侂胄评价的若干问题》（《中国史研究》，1981年第2期）。

3. 党禁在一波三折中延续

编制"伪学逆党"名单，既是庆元党禁的高潮，也是强弩之末的开始。即便在高压专制下，反抗依然以种种形式巧妙地表现出来。庆元四年（1198）春天，又到了解试举人的时节，一些考官就在策问试题上做起了文章，抨击韩侂胄。果州学官王莘和西充县丞任逢分别指定为昌州和泸州的主考官，任逢出的策问题是"今日内外轻重之弊"，题文援引了两个故事：一是汉代外戚王凤辅政，有人虽为所举却不趋附；一是唐代牛仙客以不才滥登相位，有人不去谒见。问道："今欲居班列者，各知所以砥节厉行，销去私意，无入而不知出之病，无愧于不附凤、不诣仙客之人。何术可以臻此？"[1] 策问以外戚王凤、幸臣牛仙客比附侂胄，而表彰"砥节厉行，销去私意"的"居班列者"，显然指遭侂胄黜逐的"伪学逆党"中人。

礼部侍郎胡应期嗅出了气味，摘录了试题去告发，侂胄恼羞成怒。这年在发策上做文章的，还有广东考官陈一新和福建考官林复之。宰执京镗、何澹准备将他们一起治罪。监察御史张岩上疏说："诸路解试举人，有的经义题断章取义，有的策问题含沙射影。"王莘出的经义题截取了《尚书》语句，但张岩真正矛头所指的是出经义题的任逢等人，王莘不过是陪绑。中书舍人范仲艺知道韩党又将借此整人，便告诉了礼部尚书黄由。黄由找到京镗、谢深甫、何澹等执政，当面力争，却滴水泼不进。不得已，他上书侂胄分析利害得失，侂胄听从了劝告，不予追究，内心虽悻悻不平，却也不让党徒行过甚之举。

---

[1]《两朝纲目备要》卷5。

也许试题风波又激起了言路上韩党的反弹。四月，左谏议大夫张釜请再下诏禁止伪学，右谏议大夫姚愈也上言道："近世行险之徒，倡为道学之名。权臣力主其说，结为死党，窥伺神器，愿明诏播告天下。"上言已全是陈词滥调，但显然亟须借诏书来稳住阵脚。宁宗没有立即响应，拖了个把月，才由直学士院兼中书舍人高文虎草诏布告天下。诏书首先指斥"伪学逆党"不安分守纪，"意者将狃于国之宽恩而罚有弗及欤？"接着是无力的劝谕："谕告所抵，宜各改视回听，毋复借疑似之说，以惑乱世俗。"疑似之说令人联想到不久前的试题事件。最后恫吓道："若其遂非不悔，怙终不悛，邦有常刑，必罚无赦！"[1] 充分表露出韩党的反弹情绪与报复心理。

诏书当然借皇帝的名义，但持续不断的"伪学逆党"之争，宁宗从心底也有点厌倦了。这年初冬，黄由出任蜀帅，陛辞时说："治蜀当以安静和平为先，治天下兼同此道。"言外之意很清楚，劝宁宗再也别在"伪学逆党"上折腾了。宁宗深有同感，颁下了他的奏章。有韩党对张岩说："黄尚书可说是大有定力，如去年置伪籍，今年发策事，都能使用事者回心转意。"殿中侍御史张岩即奏劾黄由"阿附权臣，植立党与"，黄由被降官奉祠。

发策试题事又被抖落了出来。庆元五年正月，王莘、任逢等相继被论罢。王莘受本路转运使汪德辅派遣主持解试，德辅不是科第正途，而是以恩荫入仕的。为防止考官再在试题上做影射文章，张岩建议：今后转运使不是进士出身的，委派其他监司负责遴选考官；同时派一人为点检官，专掌命题去取之事；再有不称职者，即加重罚。韩党这才算出了口恶气。

---

[1]《宋史》卷 394《高文虎传》。

就在正式惩处策问案前半个月，原枢密院直省官蔡璉告发赵汝愚在内禅定策时有异谋，伪学逆党之禁重起狂澜。原来，当初在枢密院决策时，蔡璉在旁听到后准备张扬出去，汝愚将他囚管了起来，免得坏了大事。宁宗即位后，蔡璉从轻决配，去年岁末才逃回临安。韩党发觉竟还有奇货没能用上，便命他连日起草诬陷的书状，洋洋洒洒七十余纸。书状奏上后，有诏下大理寺立狱。汝愚虽早已贬死，但侂胄打算拘捕原与宁宗亲近的彭龟年、徐谊、沈有开、曾三聘、项安世等人，讯问坐实这一"异谋"，这些人都受到蔡璉的指控。一时间，一场更酷烈的迫害就在眼前。

两天后，工部尚书兼给事中谢源明向中书舍人范仲艺问起这事，仲艺回说不知道。源明略述其要，并建议他缴驳录黄，而只将录白送门下省审复[1]，以赢得时间，相机行事，仲艺漫相应诺。次日，吏部侍郎张孝伯又向他说及此事，并劝他论列彭龟年等人，他一口回绝。孝伯说："见到无礼于君上的，就应像鹰鹯搏击鸟雀一样。倘若这几人异谋成功，将置主上于何地？舍人为什么要庇护他们呢？"仲艺说："近年以来，朝廷发落诸人，不可谓不尽。现在又无故拘捕侍从、朝官数十人，岂不惊骇四方？"孝伯诺诺地走开了。仲艺后来才知道，孝伯已与侂胄面争过了，那番话只是试探自己。在专制高压下，人人自危，重足而立，王顾左右而言他，也是屡见不鲜的。

当夜仲艺当直，起草了驳奏。第二天，他袖着录黄去见侂胄说："相公今天得主上信任，欲有所作为，应以韩魏公为法。章

---

[1] 宋代中书据皇帝旨意起草诏令，须交门下省审复。其中，重大事件面奏得旨后，另以黄纸录送门下省审复，称"画黄"；小事则先拟出处理意见，得旨同意后，再以黄纸录送门下省，称"录黄"。而枢密院据皇帝旨意起草命令，则在得旨后以白纸录送门下省审复，称"录白"。此狱当由中书与枢密院联合请示谕旨，故既有录黄，又有录白。

惇、蔡京之权，当时不能说不大，但至今得罪清议，就为兴同文狱的缘故。相公为什么要那样做呢？"侂胄也说了心里话："我原没有这心，因受他人见迫，不容我罢手。你也就别问是谁了。"侂胄初衷不过利用伪学逆党来打击赵汝愚等有数的政敌，但潘多拉匣子一旦打开，他也不能全面掌控局面了，那些士林败类借机泄怨愤，猎名利，比他都起劲。仲艺问是谁的主张，侂胄告诉他："京镗、刘德秀等实主此议。"他收起仲艺的录黄，拘捕才停止执行。

谏官张釜、陈自强，御史刘三杰、张岩、程松等却连连上疏，论劾不止。宁宗不打算再重谴龟年等潜邸旧僚，下诏说："累经赦宥，宜免追论。"最后仍拗不过台谏舆论，不得不迁了蔡琏的官，彭龟年勒停，追夺三官，曾三聘追削二官。

党禁之起，刘光祖也名列伪学逆党。奉祠期间，他应邀撰作《涪州学记》，别有寄托道："学之大者，明圣人之道以修其身，而世方以道为伪；小者治文章以达其志，而时方以文为病。好恶出于一时，是非定于万世。学者盍谨所先入，以待豪杰之兴。"他坚信伪学之禁只是一时现象，历史将做出公正的结论。谏议大夫张釜读到这篇学记，奏劾他私附伪学、佐逆不臣、蓄愤怀奸、欺世盗名、侮慢君上等五大罪，最后仍以诏命，夺去光祖职名，房州（今湖北房县）居住。

其后约一年间，党争双方都没有什么大动作。持续四年的紧张对峙，韩党也累了。只有监察御史朱元之上过一奏："国是已定，关键在于坚持，不要变更，才能达到安定之治。"虽还在鼓噪，底气已很不强劲了。

庆元六年三月初九，一代理学大师朱熹在建阳考亭的竹林精舍去世。他晚年仍讲学不辍，有人劝他谢绝生徒以远祸避难，他笑而不答，在给弟子书函中说："以前常担心来学之人真伪难辨，现在多亏朝廷这样大开熔炉，锻炼一番，那些混淆夹杂之徒，不须大段比磨勘辨，自然无所遁其情矣。"对自己学说的传播充满自信。朱熹之死，引起了党禁双方的关注。尽管禁锢严酷，但路近的学生都前来奔丧，路远的弟子则设立牌位，私相祭吊。葬礼预定在十一月二十日举行。

韩党担心葬礼将变成"伪党"的大示威，有点惶惶不可终日。四月下旬，监都进奏院邓友龙请皇帝明诏大臣，对人才用舍、政事从违谨审抉择。用意正在守住对"伪学逆党"的最后防线，免得全线崩溃。朱熹葬礼前不久，右正言施康年上奏：

> 四方伪徒准备在那天聚众送伪师朱熹之葬。我听说，伪师在浙东则浙东之徒盛，在湖南则湖南之徒盛。现在虽死，其徒不忘，生则画像以事，殁则设位以祭。会聚之际，必无好事，不是妄谈世人长短，就是谬议时政得失。望令守臣严格约束，将采取的措施申报尚书省。

建宁知府是韩党傅伯寿，防范自然不遗余力。虽有些人吓退了，但前来会葬的仍多达数千人，成为对高压专制有力的抗议。

九月十一日，正在韩党为日渐迫近的朱熹葬仪心惊肉跳的当口，布衣吕祖泰击登闻鼓上书，请斩韩侂胄，犹如一石投水，使渐趋沉寂的庆元党禁波澜再起。祖泰是祖俭的堂弟，祖俭上疏被贬，他徒步前往贬所探视，归语友人："自我兄被贬，天下箝口，我必以言报国。但还须稍待，不能因为我的缘故连累他。"尽管在韩党高压下，他议论世事依然无所顾忌。现在，他认为以言报国的时机到了。在上书中，他揭露了韩侂胄及其徒党陈自强、苏师旦等人"自尊大而卑朝廷"，又为"伪学逆党"辩诬："道与学，乃是自古以来赖以立国的根本。丞相赵汝愚，当今有大勋劳的功

臣。立伪学之禁，逐汝愚之党，是空陛下之国，而陛下还不知觉
悟吗？陛下的旧学之臣如彭龟年等，现在哪里呢？"最后，他请
诛侂胄、师旦，罢逐陈自强之流，"原大臣健在的，唯有周必大可
用，宜以相代。否则，事将不测！"宁宗不置可否地将奏疏下达
中书处理。[1]

庆元党禁开始，周必大就激流勇退，致仕归里。比起韩侂胄
与他汲引的宰相京镗、谢深甫，必大在从政为人上都堪称正派，
人们对他普遍看好，隐然有东山之望。侂胄对他深怀顾忌，怎奈
他在党禁期间说话行事始终谨慎，没落把柄在韩党手里，故也不
便下手。如今祖泰公然请斩自己，代以必大，侂胄自然怒不可遏。
不过，侂胄知道禁伪学贬逆党并不得人心，何况眼下正行明堂大
礼，立即深究严办，也不是时候，便没有马上下令追究。

徒党们比主子还迫不及待，他们无不认为：祖泰上书是必大
在幕后操纵。监察御史施康年动用了露章奏劾的特殊形式，即在
上奏皇帝同时，将章疏公布于朝堂。他的弹章说："淳熙末年，王
淮为首相，必大挤去其位，取而代之后，就首倡伪徒，私植党
羽。现在屏居乡里，不思反省，却诱致狂生，叩阍自荐，希冀召
用。"监察御史林采也附和道："伪习之成，造端始自必大，宜加
贬削。"七天以后，明堂大礼告成，又过了五天，宁宗始下批旨：
"吕祖泰挟私上书，语言狂妄，送连州拘管。"右谏议大夫程松与
祖泰原为好友，这些天惶惶不可终日，自忖："人家都知道我与他
交往，会认为我参预上书之事。"为洗刷自己，便单独上奏说：
"祖泰有当诛之罪。他上书必有教唆者，今纵然不杀，也应杖脊黥

[1] 吕祖泰上书事《庆元党禁》作庆元五年，《宋史》本传为嘉泰元年，《宋史》本纪
与《两朝纲目备要》卷6、《宋史全文》卷29俱系于庆元六年九月，《续资治通鉴》
卷155考异甚详确，今据以系年。

面，流窜远方。"殿中侍御史陈谠也附议。宁宗又听从所谓"台谏公论"，下旨临安府责杖一百，发配钦州（今属广西）牢城拘管。

这十来天里，前来慰问的士大夫为数不少，钦敬之余流露出担忧之情，祖泰毫不后悔自己的所作所为。侂胄有宽待的意向，但必须说出受谁指使。祖泰从决心上书起，就抱定"自分必死"的信念，只希望能以一死使皇帝猛醒。专制政体下，历代志士仁人认为只有以血与死才能使其醒悟之时，这种血必然白流，死也必然白死！但是，这些志士仁人却是中国人的脊梁。

祖泰被押进临安府衙时，凛然无惧色。知府赵善坚因侂胄传话，先以好话套他："谁让你上书的，有共拟章疏的人吗？只要说了，就可宽待你。"祖泰笑道："问得多蠢！这是什么事？我自知必死，岂可受教于人，和人商议吗？"善坚喝问："那你丧心病狂了吗？"祖泰痛斥道："以我之见，眼下阿附韩氏，猎取美官的，才是丧心病狂！"善坚据案大怒，吆喝胥吏行刑。祖泰虽受杖刑，仍大声道："你是宗族，与大宋同休戚。我吕祖泰这是为谁家计安危而受杖辱啊！"堂上之人听了，有的发出了轻微的叹息声。赵善坚面露愧色，下令将他押赴贬所。

周必大也受到牵连，由少傅降为少保，韩党指望他会上章辩论，这样就可以从中深文周纳，再找迫害的借口。不料他却上了一份文辞得体的谢表，大意说："我致仕七年，过去罪愆仍在，贬官一等，再造恩典难言。这都因幸遇皇帝陛下崇德尚宽厚，驭民重故旧的缘故。今举国都说该杀，纵使略有宽贷理由，念耄耋不施刑罚，姑且引用最轻条款，让我衰朽之年尚有完整之躯。"侂胄一伙实在从谢表中找不出茬子来，只得无奈地罢手。

祖泰上书被窜，朱熹葬礼也过去了，韩党仍心有余悸。就在会葬朱熹的两天以后，殿中侍御史陈谠又上疏建议明诏大臣，在进拟人才之初就应审其邪正，不要等到封驳官缴奏。嘉泰元年（1201）二月，周必大再次贬官后六天，言路上的韩党再次上言：“伪学之徒，余孽未能尽革，愿听言用人之际防微杜渐。”老调还在重唱，但音量小多了，中气也不足了。党禁已接近尾声。

4．党禁的弛解

即便在党禁最酷烈的日子里，韩侂胄还是不断听到各种忠告的。籍田令陈景思是隆兴名相陈康伯的孙子，朱熹死后，他就劝姻亲侂胄不要做得太过头。庆元末年起，侂胄渐有悔意，曾对人说：“这批人难道可以没有吃饭的地方吗？”

庆元五年春天，胡纮同知贡举，由于主考宏词科不当，罢去吏部侍郎出朝。夏天，刘德秀也出知婺州。次年初秋，京镗死在左相任上。至此，韩党四大干将只剩下何澹一人在朝。世人称四人为“四凶”，正是他们主张伪学之禁，群小趋附，韩侂胄斥逐异己，多是四人所为；四人之中，又数京镗和刘德秀为最。侂胄尚未显赫时，就与他俩结交；及至擅权用事，所有倒行逆施，大都出自他们的教唆。伪学之禁，京镗创谋，侂胄只想用以逐异己、泄私愤而已。现在，京镗既死，侂胄对鼓噪一时的“伪学逆党”之说也感到纷扰厌烦了，打算略有更改，消解中外不满情绪。

韩党窥伺到这一意向，开始见风转舵。庆元六年岁末，距会葬朱熹事件仅过二十几天，言路上的韩党上言说：

> 最近奸伪之徒呼朋引类，企图报复，应该警惕这一苗子。伪徒之中，首恶者已屏斥禁锢，其次者也投置闲散。为天下后世计，使已往者能够悔罪，后来者可以少过，应该融

> 会党偏，咸归皇极。今后对回心改过者，可暂给外祠；对死
> 不悔改、负隅顽抗的，必须处以重典，投之荒远。这样才能
> 成就皇极至正之治。[1]

用语尽管仍声色俱厉，但已色厉内荏，尤其是"融会党偏，咸归
皇极"八字，透露出党禁即将松动的消息，这无疑反映了侂胄的
意图。

嘉泰元年七月，已故蜀帅吴挺之子吴曦多年居留行在，规图
回蜀为帅，买通了路子，得到了侂胄的许诺。但没打点到知枢密
院事何澹，他不同意这一安排。侂胄容不得不同意见，怒骂何
澹："当初以为你肯听我的，黜逐伪学，才把你放到执政之位上。
现在倒要立异吗？"让他罢政奉祠去了。

何澹一罢，党禁弛解的步子更快了。发动党禁的目的早已达
到，不仅政敌赵汝愚贬死，其他看不入眼者也都斥逐出朝，侂胄
已牢牢攥住了朝政大权。如今，四员干将或死，或罢，或外任，
他顿有羽翼尽去、鹰犬乏人之感。日前，吏部侍郎张孝伯见到他
说："再不弛党禁，恐怕将来不免有报复之祸。"这对侂胄大有触
动。那些在党禁中黜退的人，倒真有点专利国家，不为身谋，近
来频进恢复之议，令侂胄有点心动：如真要开边北伐，其中有些
人还是值得借重的。于是他下定决心全面弛解党禁。

台谏们摸准了侂胄的心思。嘉泰二年（1202）正月中旬，侍
御史林采、右正言施康年上奏宁宗：

> 近年习伪之徒，倡为攻伪之说。阴阳已分，真伪已别，

---

[1] 这一上言，《庆元党禁》系于庆元五年十二月甲午，《续资治通鉴》卷155系于庆
元五年，当即据此。《两朝纲目备要》作庆元六年十二月甲午（十二日），五年十二
月无甲午日，故当据以系年。

> 人之趋向，一归于正。谨守而提防之权，在二三执政大臣，
> 其次在给舍，又其次在台谏。望播告中外，专事忠恪，毋肆
> 欺谩，不惟可以昭圣朝公正之心，抑亦可以杜伪习淆乱之患。

这也是专制政体下中国历代党争的通例：大权在握的一方，绝不会承认自己党同伐异是不正确的；即使迫于形势做些让步，也总不忘摆出一副既往不咎、宽大为怀的高姿态，奏上一通"真伪已别人心归正"的凯旋曲。

宁宗内心早希望结束党争，仅仅由于韩党的阻挠，才一再延宕。这次，他颁下了两人的奏章，但没有正面表态，他要等待侂胄发声。不久，侂胄正式建议弛伪学之禁，宁宗自然言听计从。

党禁的全面弛解，以所谓党首赵汝愚的平反为标志。不久，汝愚追复资政殿学士。平反诏书说："曩因众论，尝挂深文。"意思说，过去因为众人论劾，曾经有些深文周纳。不痛不痒地把责任推给众人，诬陷者无罪；根据不实之词做出处分的当政者是不必承担任何责任的。这是专制政体下平反昭雪的一大惯例。其后，列入伪党名单的健在者，徐谊、刘光祖、章颖、吴猎、薛叔似、陈傅良、皇甫斌、叶适、项安世、游仲鸿、詹体仁等都复官自便。但在他们的复官制词中，仍强调"宗相当国，凶悍自用"，"而一时士大夫逐臭附炎"[1]，意在敲打他们：这只不过是皇恩浩荡下的大赦。只要党争主事者在政坛上依然有发言权，对旧日政敌与事件的甄别总会留下个尾巴，以证明当初的打击是完全必要的。这似乎也是专制政权下屡验不爽的通例。

朱熹去世两年多后，也被颁诏赐以华文阁待制致仕的恩泽。

---

[1]《四朝闻见录》丁集《嘉泰制词》。

故相周必大、留正还在世，次年初也分别追复少傅、少保之官。嘉泰三年，叶适上札子，希望皇帝效法仁宗嘉祐之政，"不分彼此，不问新旧"，"人才庶几复合，和平可以驯致"。他还举荐了楼钥、黄度等人，也都录用，起知州郡。现在荐人奏牍也不必再写"不系伪学"的保证了。

侂胄对道学开始表现出足够的宽容。有一次，赵令宪仓促间将正在阅读的朱熹《论语集注》放入袖中，赴韩府邀会揖拜时，一不小心，《集注》滑到了地上，他惶惑不知所措，侂胄却报以一笑。

然而，党禁的恶果并没随着禁网的放开而消除，它对南宋后期的政风、士风都直接产生了消极影响。在长达数年的酷烈党禁中，略以儒学知名者多无所容身。蔡元定贬死，朱熹祭之以文；朱熹病故，陆游也撰文以祭，"俱不敢以一字诵其屈，盖当时权势熏灼，诸贤至不敢出声吐气"。[1] 面对所谓"伪学逆党之禁"，士大夫官僚迅速分化为几种类型。类似吕祖俭、祖泰兄弟，庆元六君子那样虽九死而不悔，奋起抗争的毕竟为数不多。与此相对照，类似何澹、胡纮、陈自强、京镗、高文虎那样为虎作伥、助纣为虐的士林败类也还是少数。一些洁身自好之士往往缄口以远祸；另一些懦弱胆怯之人，否认师承，远离师门，撇清与道学的关系，也大有人在。在专制高压下，大部分人毕竟是弱者。

庆元党禁本质上是一场党争，但与宋代其他党争有所不同。其他党争较严格地局限在政见之争的范围内，而庆元党禁的发动者使党争以道学之争的面貌出现，对政敌所主张的道德规范、价值观念、行为方式，在竭尽歪曲丑化的前提下，借政权的力量给予全面声讨与彻底扫荡，而所声讨和扫荡的正是士大夫长久以来

[1]《四朝闻见录》丁集《庆元党》。

借以安身立命的东西。于是，一切都是非颠倒了。

对这种是非颠倒，五六年后，真德秀在《戊辰四月上殿奏札》曾有论述：

> 有如至诚忧国以为忠，犯颜切谏以为直，臣子之分也。柄臣则以好异诋之，设为防禁，以杜天下欲言之口。于是忠良之士斥，而正论不闻矣。正心诚意以为学，修身洁己以为行，士大夫常事也。柄臣则以好名嫉之，立为标榜，以遏天下趋善之门。于是伪学之论兴，而正道不行矣。相煽成风，唯利是视，以慷慨敢言为卖直，以循默谨畏为当然，以清修自好为不情，以顽钝无耻为得策。

由于是非颠倒，严重导致一般士大夫的价值危机与道德失范，致使正气消弭，廉耻沦丧，士风浇薄，政风颓靡。这种世俗人心的逆转，庆元党禁，不得不任其咎。

在这种"海内之士澜倒风从"的大气候下，不仅北宋庆历元祐间那种以天下为己任的政风士风颓然无存，即便与绍熙以前宋孝宗时代的政风士风也不可同日而语。诚如晚宋有学者指出："绍熙之前，一时风俗之好尚，为士者喜言时政，为吏者喜立功名"；自庆元党禁起，"稍自好者，名以伪学，欲自立者，号以私党。于是，世俗毁方为圆，变真为佞，而流风之弊有不可胜言者矣！"时人目睹身历了这种政风士风的急遽逆转，感叹良深道："庆元之学禁为人心祸，真酷且深也！"[1]

问题还不止于此。宋宁宗暗弱无能，党禁方兴时倒向了韩侂胄，导致了韩党在党争中的压倒性优势；其后他虽有过中止党禁

---

[1]《宋史全文》卷29引《讲义》；《两朝纲目备要》卷7。

的意向，却最终屈从了韩侂胄操纵的台谏攻势，误以为是代表了所谓的公道人心。在党禁持续的六七年间，作为君权的代表，他始终消极不作为，犹如供奉御座之上的一尊木偶，全然听凭侂胄摆布，默然旁观他上演一出出闹剧而无动于衷。惟其如此，侂胄才得以肆无忌惮地排击政敌，迫害善类，培植势力，专断朝政，走上了权臣之路。于是，"君子之脉既削，小人之势遂成"，党禁之网虽然松动，权臣之势却如日中天。而韩侂胄擅权开启了南宋后期接踵而至的权相专政之门，这一局面的出现正是庆元党禁对晚宋政治最直接的消极影响。

三　韩侂胄专政

1.韩侂胄和他的追随者

韩侂胄专擅朝政与击败政敌所用的是同一伎俩：其一，假借御笔；其二，操纵台谏。即位以来，宋宁宗就好出内批御笔，罢免宰相留正，用的就是内批。御笔无疑有违宋代的治道，但其始初阶段出自宁宗，还体现了他本人意旨。然而，御笔既绕过了宰执、给舍、台谏，传导又必经内侍和近幸，更何况侂胄既有外戚的特殊身份，又居知阁门事的特定职务，在其间或施加影响，或上下其手，使御笔成为其唾手可得的尚方剑和护身符，自是题中应有之义。宁宗对此全不省察，反自以为政从己出。侂胄通向权臣之路，毋宁说是宁宗亲为开启的。

御笔既然成了囊中物，侂胄便无所顾忌地汲引亲信，培植党羽。他首先网罗的是台谏官，以便借重所谓台谏公议钳制上下，左右舆论。在私选台谏以为羽翼时，侂胄尤其注重搜罗知名之士，借其声望慑服人心。何澹少年取科名，美姿容，善谈论，为世所称；谢深甫、胡纮等也曾都是有名望的士人。

侂胄私用台谏的方法是先由自己密启，再请宁宗御笔。在正常程序遴选下，台谏官确有可能成为公道人心的代言人；但在有力之臣汲引私人的情况下，他们的议论弹劾，都秉承风旨，而绝非公论。但韩党仍强调所谓"台谏公论不可不听"，宁宗也信为当然，于是他们就威福自用，无所忌惮。与此同时，侂胄还效法权相秦桧故伎，每除言官，必兼经筵，他专政期间，不兼经筵官的台谏只有两人。其目的无非利用经筵官经常侍讲君主之侧的便利，通过兼职台谏，窥伺皇帝动向。在台谏悉为鹰犬后，侂胄进而控制封驳机构，以确保自己的意志借助诏旨的形式畅行无阻。于是，给事中与中书舍人等封驳官与台谏官一样，都如同韩侂胄的役隶，无不请命遵令而后行事。这样，以宁宗在御笔上的失误为起点，侂胄一步步地走上了权相之路。

绍熙五年冬，宁宗命侂胄以知阁门事兼枢密都承旨，这是枢密院属官，恩数一如权六部侍郎。宋代典制，外戚不任外朝官，以防重蹈前朝外戚专权的覆辙，宋高宗就不让邢皇后之父出任枢密都承旨。侂胄也许知道这条规定，上奏力辞。宁宗却懵然不知高宗的故事，仍让他当上了外朝官。

此例既开，侂胄在官路上便一路绿灯。汝愚贬逐不久，侂胄就拜保宁军节度使，终于圆了节钺梦。次年，加拜开府仪同三司。庆元四年，加封为豫国公、少傅；次年，迁少师，进封平原郡王。宋室南渡以来，外戚封王都是皇后之父，而侂胄只是宁宗韩皇后的曾叔祖，尽管世系疏远，仍进封为王，实属前所未有的殊荣；而韩氏五世建节，在两宋史上也绝无先例。庆元六年，侂胄进为太傅，两年后进爵太师。宋代三公中，太师仅用以礼待少数开国元勋或身历数朝的元老重臣，至此，侂胄已迁升到荣衔的最高等级。

尽管在庆元、嘉泰十年间，侂胄的权势不断上升，直到建节、封王、拜太师，但都是荣衔，而非实职，他所任的最高实职只是枢密都承旨，而迄未染指相位。可能的解释是：侂胄也许认为这种局面比他亲任宰相专断朝政，要进退自如得多，既能避免外戚干政的非议，又丝毫不妨碍他大权在握。

侂胄虽非宰相，但宰执官以下的升黜，都在其掌控之中，朝堂之士都奔竞其门下。当时应召入朝的官吏，未等到皇帝引对，必先去谒见他。对拂逆其意者，则借御笔横予贬黜。侂胄攘取百官升黜大权，经历了三部曲：赵汝愚为相时，有人向其求官，他答以"当白之庙堂"；京镗为相后，他还答以"当与丞相议之"；自嘉泰三年（1203）陈自强为相，则对请托之客径答"当为敷奏"。至此，宰相仅为具官，侂胄已凌驾其上，当不当宰相对他已不是问题。陈自强甚至将印好的空名敕札送往韩府听其填用。而侂胄想除擢要臣，选用兵帅，竟懒得用空名省札奏禀皇帝，自己径作御笔批出。这样，短短数年之间，韩侂胄位极三公，爵尊为王，外则专制二府之权，内则挟持人主之尊，专政之势已坚不可破。

侂胄有点不把朝廷和皇帝放在眼里。太庙背枕骆驼岭，山上有一片广袤的山林，因下瞰太庙，历来号称禁地。侂胄听术士说，这里营造必能致福，便下令开山伐林，建楼造馆。竣工以后，入夜之时，这里总是灯烛照天，箫鼓噪耳，彻夜游燕，一无顾忌。宁宗也听之任之，不以宗庙禁地为念。庆元初，有一次宁宗率群臣赴慈福宫朝见太皇太后吴氏，行礼已毕，当随从出宫上马准备护送皇帝回大内时，忽传侂胄到，群臣立即折回侍立，手执朝笏恭候他到来，倒把准备起驾的宁宗晾在了一边。吏部侍郎孙逢吉愤然道："臣子事君父之礼应该如此吗？"对侂胄专政，世人都为皇帝干着急。大约嘉泰三年前后，有一次内宴演戏，伶人王公瑾饰顾客，挑剔卖伞商的雨伞只油了外面："如今正（政）如客人卖伞，不油（由）里面。"以谐音巧妙讽刺"政事皆不由内出"，一旁的宁宗却懵然不知所指。"天下大计，不复白之上"，宁宗已完全沦为侂胄卵翼下的傀儡。[1]

据《四朝闻见录》说，韩侂胄"侵盗货财，遍满私室，交通赂遗，奔走四方"，广受贿献是堂而皇之的。庆元三年，他生日时，内自宰执、侍从，外至监司、帅守都争送寿礼。四川茶马司献上红锦壁衣（壁毯）和承尘地衣（地毯），与平原郡王府的中堂正相契合，原来为讨其欢心，事先偷着量好尺寸派人定制的。吏部尚书许及之献十张红牙果桌，见者惊叹。权工部尚书钱象祖送的是十副珍珠搭裆，光彩夺目，原为宋代前大长公主的妆奁故物。知临安府赵师睪最后到场，拿出一只小椟说："穷书生没什么好献，有小果聊佐一觞。"启椟一看，粟金铸的小葡萄架上缀着百来颗硕大的北珠，观者为之骇然。

侂胄有四个宠妾，都封郡国夫人，能入宫与妃嫔杂坐，恃势骄倨，后宫很讨厌她们，却敢怒不敢言。韩府的亲属姻党，乃至僮仆奴客，也都不问流品，躐取美官，有的官至大夫，有的职为将领。其弟仰胄倚恃乃兄，纳贿弄权，走捷径求官者争相趋附，世人谓之大小韩。有一次内廷燕乐，优人扮候选官问卜者得官之期，卜者大声答道："眼下如欲求官，先见小寒（韩）；今后更望成功，必见大寒（韩）才行！"侍宴者都吃吃暗笑，宁宗却似乎没听出弦外之音。

---

[1] 张仲文:《白獭髓》;《四朝闻见录》戊集《满朝都是贼》。

　　庆元党禁和韩侂胄专政使吏风士风迅速败坏，颇有官僚士大夫出入其门，自称门生不足，进而称恩主、恩王甚至恩父，阿谀谄媚，在所不论。侂胄援引之人可分两类。一类为士林败类，多在庆元党禁中充打手。另一类为无德寡能的佞幸小人，构成了嘉泰、开禧期间韩侂胄专政的台柱。党禁渐弛，专政已成，侂胄本不学无术，也许只需俯首听命的爪牙，便不太需要第一类人当鹰犬了。

　　韩侂胄专政后期，陈自强最受信用。他做过侂胄的童子师，但讯问久断。侂胄发迹后，年逾花甲的陈自强入都候选州府学官，拉上了关系。他昏老庸谬，并无多少才学可取，为了抬举他，侂胄导演了一出"尊师"戏。那天，朝臣聚会韩府，侂胄设褥向他行弟子礼，命在座朝臣与他同席，还关心问道："这许多时，先生在何处？"又对朝臣说："陈先生是老儒，埋没了可惜！"次日，侍从交荐其才，除为太学录。不到四年，升为御史中丞，入台未满月，再迁签书枢密院事。嘉泰三年，居然拜为右丞相。

　　自强自然感激涕零，见人就说："自强惟有一死以报师王。"侂胄以太师为平原郡王，自强谀称他为"师王"，当面则称昔日学生为恩王、恩父，不知人间有羞耻字。自强生性贪鄙，四方致书须在封函上题明"某物并献"，否则就不开拆。有人求官，他总按其人贫富与其势缓急，当面议价，银货两讫。为相次年，临安一夕大火，将其累年鬻官纳贿所得焚为灰烬，侂胄带头赠钱万贯，于是上自执政，下至州府，纷纷献助，没几个月就捞了六十万贯，比烧去的还多出一倍。侂胄看他顺从，没自强难以专权；自强热衷财货，唯侂胄才能优容，于是师生狼狈为奸，威福共用。

　　赵师𥇥趋附韩门，以列卿知临安府，其鲜廉寡耻无所不用其极。庆元四年，有人献北珠冠四顶给侂胄，他最宠幸的四妾各得其一，还有十姬愤然不平，侂胄却不敢漫应。师睪得知，甩出十万贯购置了十枚北珠，制冠以献。十姬喜孜孜地在元宵夜戴冠赏灯，回来对侂胄嚷嚷："赵大卿的北珠冠让我们风光十倍，郡王何必吝惜一官呢？"元宵节后三天，赵师睪即转工部侍郎。还有一次，侂胄在南园招饮，与从者漫步园内山庄，见竹篱茅舍，回头对师睪说："真有点田舍气象，可惜少了点犬吠鸡鸣。"才走数步，只听见鸡啼狗叫声从矮丛林间传来，众人闻声寻去，竟是师睪，侂胄乐得前俯后仰。不久，师睪迁为工部尚书仍兼知临安府。

与赵师睪可以一比无耻的，还有许及之和程松。许及之在淳熙末年有好名声，擢任拾遗，侂胄擅权后却专事谄媚，得迁吏部尚书兼给事中。有一年他往韩府上寿，迟到一步，守门人正打算闭门闸，他就佝偻着钻进大门，挤进了谀寿者的行列。任尚书两年不迁，他凄凄惶惶，一见到侂胄，大谈知遇之恩和衰迟之状，说着说着涕流不止，扑通一声，双膝跪了下来。侂胄不由得可怜他，说："尚书的才望，我放在心上。你去吧，就会进拜好官的。"不久，许及之果然进拜同知枢密院事，但"由窦尚书，屈膝执政"的话柄也腾笑朝野。[1]

程松原仅是临安府属的钱塘知县。一次，侂胄小有不快，把一个宠姬赶出了门。程松听说，忙出高价买了她来，盛馔华帐，夫妇俩早晚恭谨地侍候她。几天后，侂胄怒气消解，想召还宠姬，知为程松所买，勃然大怒。程松将她送还，说："有郡守准备买了她带到外地去，我这才将她藏在寒舍的。"从爱姬嘴里知道程松谨

---

[1] 赵之犬吠鸡鸣与许之由窦屈膝，俱见《两朝纲目备要》卷 5，唯《齐东野语》卷 3《诛韩本末》说：侂胄"身殒之后，众恶归焉"，赵事"乃郑斗所造以报挞武学生之愤"，许事"亦皆不得志抱私仇者撰造丑诋"。然而，两人之事的个性真实即或存疑，其通性真实仍不容置疑：韩侂胄专政下趋附者多人格卑下而为人不齿。

188

待以礼，侂胄才转怒为喜，将程松从知县几经迁转升为谏长。庆元六年，程松一年未迁官，怏怏不乐，买了个美人儿，以自己的表字作美人的芳名，进献韩府。侂胄好奇地问："她怎么与大谏同名？"程松恬不知耻说："我只想您能常记住我的贱名。"次年，程松除同知枢密院事，也当上了执政。

除陈自强，苏师旦是侂胄重用的另一个心腹。他原是平江书吏，被侂胄罗致，当上了知阁门事兼枢密都承旨，自知出身低微，硬与苏辙之孙苏林拉同宗关系。开禧元年（1205），居然拜安远军节度使，没人肯为他起草建节制词，侂胄让枢密院检详文字易被迁改两制官特事特办。制词竟隐然以苏师旦比孔子，说他"有文事，有武备，无智名，无勇功"[1]。建节以后，侂胄对师旦说："都是使相了。"抬举他与自己平起平坐，一下子身价百倍，海内趋附之士造访其门而不得一见。他利用都承旨的职务之便，招权纳贿，门庭若市，自三衙以至江上诸帅的职位，都立了价钱，多至数十万贯，少者也不下十万。短短数年间，积聚了金箔金29250 片，金线 60 絣，马蹄金 15720 两，瓜子金 5 斗，2 尺 5 寸高的生金罗汉 500 尊，金酒器 6730 两，钗钏等首饰金 143 片，金束带 12 条。暴富如此，还向侂胄借钱，侂胄竟认为他为人"真诚"。就像宁宗对侂胄擅权乱政知之不详一样，侂胄对苏师旦的怙势弄权也并不清楚。只要一手遮住在上者的耳目就可以为所欲为，几乎是任何形式独裁统治难以根绝的痼疾。

对侂胄窃弄大权，擅作威福，引用群小，愚弄人主的行径，社会各阶层不惧高压淫威，仍以各种方式表达了强烈的声讨。绍兴酒监叶洪在韩家做过塾师，对侂胄专政义愤填膺，大约庆元五

---

[1]《齐东野语》卷 11《苏师旦麻》。

年前后，他写了一个封事，斥责侂胄"弄权不已，必至弄兵"，建请宁宗"强主威，去私党"，让受业于己的侂胄族子在内宴时面呈皇帝。宁宗把封事交给侂胄，侂胄认出叶洪的手笔，便削去他的士籍，编管了起来。[1]

公开的声讨会受迫害，人们便改用匿名或隐晦的方式传达愤慨之情。有一年，一位宗室出身的举子在客邸愤然题诗：

> 蹇卫冲风怯晓寒，也随举子到长安。
> 路人莫作皇亲看，姓赵如今不似韩。[2]

诗没有署名，一过客在题诗边批道"霍氏之祸萌于骖乘"，诅咒侂胄必将像西汉外戚霍氏一样有灭族之祸。在专制社会，民谣折射出下层民众的好恶爱憎。当时临安有小贩摹印了乌贼出没潮汐中的花纸片，一文钱一张卖给孩子们玩，并教他们唱道："满潮（朝）都是贼，满潮（朝）都是贼。"临安府知道后，抓了卖花纸的小贩们，杖责一顿，禁止出售。不久，又有卖浆者敲着碗盏吆喝生意："冷底吃一盏，冷底吃一盏。"冷就是寒，影射韩侂胄，盏谐音斩，市民听后马上会心地笑了。

对自己的处境，侂胄并非一无所知。据《四朝闻见录》，他卧室内的青绸帐四周"用罗木自围其寝，防刺也"。有年冬天，侂胄举家游西湖以后，在吴山上私家园林南园里置宴。宴上献演牵线傀儡，当时人称一种肩负小孩的胖泥偶为"迎春黄胖"。侂胄对身边族子说："你号称能诗，咏上一首。"族子借物寓讽道：

---

[1] 此事据欧阳守道《巽斋文集》卷19《书叶监酒庆元封事》与《四朝闻见录》丙集《叶洪斥侂胄》。但后者有些细节不尽可信，如说叶洪事发后被编管16年，而侂胄自庆元初年专权到败死总共才13年。

[2]《桯史》卷6《大小韩》。

> 脚踏虚空手弄春，一人头上要安身。
>
> 忽然断线儿童手，骨肉都为陌上尘。

委婉地告诫侂胄：不要太春风得意，稍一闪失骨肉不保的结局将是不堪设想的。侂胄也听出了诗外余音，家宴惨然不快。然而，权力欲的驱动，追随者的鼓噪，何况皇帝又那么容易愚弄和对付，都让侂胄在弄权的路上身不由己了。

2. 权臣专擅下的宁宗之政

庆元嘉泰之政，说到底就是韩侂胄专权，宋宁宗作为一个庸弱无能的君主，在此期间可说是少有作为。他与蔡京擅权乱政下的徽宗不同，徽宗作为性好声色犬马的风雅君主，还使崇宁、宣和之政打上了个性的印记。他与秦桧干政时的高宗也不同，正如张溥《宋史纪事本末叙》指出，"构既无良，桧尤凶丑，君臣鱼水"，绍兴之政是这对君臣共同铸成的。而庆元嘉泰之政当然也不缺诏敕诰制，但几乎听不到皇帝作为个人的论政见解，找不出宁宗作为君主的个性特点。也许，对权臣的唯唯诺诺，对朝政的不置可否，便是他唯一的特点。

宁宗即位约三年后，起居舍人卫泾在《丁巳岁右史直前札子》里富有现场感地勾画了宁宗临朝图：

> 待罪史官，分立柱下，今逾两月，每睹陛下尊居黼座，延见群臣，奏篇无虑累牍，前席或至移时，陛下霁色温颜，兼听广览，虽靡厌倦，而圣志谦抑，深自退托。未尝有所咨访，有所质问，多唯唯默默而容受之。进言者不得极其谏，秉笔者无所载其美。已事而退，皆若有不自得之意。

　　皇帝只管和颜悦色地听取那一大帮宰执、侍从、台谏与庶官连篇累牍、议论纷纭的进奏言，时间再晚、论奏再长也不敢倦怠，但听了也就完了，既不咨问，也不决断，沉默寡言地让他们不得要领地退了下去。

　　卫泾揣测了皇帝端拱沉默的种种可能，提醒道："长此以往，人们将窥测陛下深浅。望临朝听政之际，奋发德音，特出英断。"卫泾虽近为右史，却仍以臣子仰视人主的眼光在期待他。而实际原因就在于宁宗性既不慧，言又拙讷，岂能期望他成为"特出英断"的大有为之主。韩侂胄更接近皇帝，对他的深浅早就窥测得一清二楚，没费多少周折便成了擅政的权臣。

　　宁宗处理政务的能力是大可怀疑的，即位不久，群臣章奏就滞积内廷。彭龟年建议他，应让通进司把每日进奏开列一单，皇帝阅后根据不同情况，将留中的奏议在单子上注明，其他奏札则据单子封付三省、枢密院处理，既能确保章奏正常反馈，及时处理，又能避免近倖在其中玩弄花样。龟年还附上了单子格式，但对其理政究竟能起多少作用，则不得而知。即位以来，他对大臣进拟，不过批依画可而已，臣下批评他凡事仰成，无所作为，他还自以为谨守"毋作聪明乱旧章"的师训，陈傅良曾这样教导过他。

　　这种胶柱鼓瑟也表现在台谏问题上，宁宗常告知左右，"台谏者，公论自出，心尝畏之"，还说这是在"法祖宗"。[1]他没认识到，台谏一旦为权相所操纵，反会以公朝执法为私门吠犬。侂胄正是摸清了宁宗的底牌，才首借台谏以钳制上下，攻道学，专朝政，一切都借台谏名义进行，对宁宗一再强调台谏公论不可不听。

―――――――――
[1]《四朝闻见录》戊集《考异》。

在韩侂胄专政的十三年里，凡台谏论劾位高望重之人，都出自其唆使。开禧元年，李大异擢任谏议大夫，人们祝贺他所学得行，他却愀然不乐："现在台谏官就像州县衙役，何足道哉！堂上传呼某人当杖，就持梃上前；又吆喝放行，就置之而去。"贺客不禁一噱。他不幸言中，席不暇暖，就因谏北伐用兵违忤了侂胄，罢去了言职。

台谏每有常规月课，便弹劾一二小吏应付差事，起初还论及厘务官或郡守，后来只选些簿尉监当官权充月课，或者不痛不痒泛论君德时事。"聊以塞责"，竟成了其时台谏官心照不宣的流行语。有一位监察御史，到了月末该上奏章的日子，连聊以塞责的内容也遍找不着，便上言道："都城卖炒栗的都用黄纸包装，黄色只有帝王能用，望予禁止。"都民一时传为政治笑话。

纠察官邪的台谏官尚且如此，吏治的腐败不言而喻。冗官仍以惊人的速度增长着，庆元二年吏部四选的官员数达 42434 人，五年之间净增 9418 人，后来虽采取了一些扬汤止沸的措施，却仍居高不下。吏风败坏，兼之粥少僧多，在任的官吏贪赃枉法，乘机捞一把；卸任的官吏则纳贿求缺，到处走后门。庆元元年，吏部侍郎倪思建议，"今后对贪墨官吏，即使不送狱根勘，也应差官核实惩治，庶几大赃治而小赃惩"，但最后也不了了之。嘉泰二年，又有臣僚提出："此前赃吏劾罢，投闲数月即奉祠禄。今后请皆停二年。"但实际执行中，主管部门没有不睁一眼闭一眼的。陈自强父子和苏师旦公然卖官鬻爵，交相为市。豺狼当道，焉问狐狸呢？

荐举制成为官吏们猎取美官肥缺的一大捷径。庆元元年，宁宗下诏，对实有政绩者实行"诸司荐举，连衔以闻"，旨在克服绍熙年间独员荐士可能发生的徇情请托之弊。但汲汲仕进的士大夫不久就挟着三四道连衔荐章向执政索要美阙，对策无非同时请托两人而已。于是，在外被荐者多达千余人，有毫无清名者却举充廉吏，有素昧平生却举称亲知，有不能文章者却举任著述。嘉泰元年，眼见荐举势头狂滥不止，宁宗不得不下诏说："自今有人则荐，无人则阙。"次年，采纳台谏建议，下诏停止泛举，规定今后即使有特旨令内外举荐，也必须"具实迹以闻"。滥举冒荐之势虽稍有抑制，但弊症并未根本解决。真德秀指出：嘉泰以来，每年荐举的员额，往往掌控在权贵之手；孤寒无援之才，即便尽心职业，仍然不免沉沦底层；膏粱庸呆之徒，如凭有力后台，仿佛持券取货那样。

约自孝宗末年以来，监司、郡守之间送往迎来、公款吃喝、官费送礼渐成风气，尤以建康六司与成都三司最为猖獗。绍熙二年（1191），宋光宗下诏申明：监司、郡守互送以赃罪论处。嘉泰三年，宁宗又颁下类似诏书特予强调，但政风如故。次年初夏，都大提举四川等路买马监牧公事彭辂路经成都，受安抚制置使谢源明、转运使兼摄茶马公事赵善宣款留，长达两月之久，从入境迎迓到欢宴送行，彭辂收进各色礼物价值数万缗，谢、赵中饱私囊之数也不会比他少。不久，朝廷改任赵善宣为提举四川茶马公事，用意之一是转运使公署与茶马司衙门都在成都城内，可省去迎送费用。但谢、赵两人照旧每人支取了迎送水脚费达数千缗；谢源明还创设了压境钱，赵善宣改官上任足不出城，也恬然收下了这笔公款。史载，成都三司互送，一饮之费计三千四百余缗，建康六司还要翻个倍。有时候，邻路的监司、制帅也过来打秋风，蠹耗侵吞的公款数目更令人咋舌。足见宁宗诏书不过具文，从负有一路监察之责的监司所作所为，也可知吏治腐败已到何等地步！

宫廷恩赏仍是棘手的难题。即位不久，宁宗让知阁门事谢渊依韩侂胄例，按俸禄特给全支本色，因为谢渊是重华宫谢太后的亲弟；而谢太后的侄女婿傅昌期则迁为干办皇城司。太上皇后李氏毕竟是生身母亲，分封她的三姊妹为成国、信国、崇国夫人，依宫嫔之例每人每年支给大量的钱银米绢，有封驳官执奏，也置之不理。对随龙人，不论官吏还是军兵，一律各转四官。宁宗还以密白迁补原嘉王府医官二人。所谓密白，是枢密院向皇帝呈报机速事宜用的，可不经中书门下直接关报门下省。这份密白或出自枢密都承旨韩侂胄之手，但宁宗显然是认可的。尽管最终经封驳官缴奏而迁补未成功，但皇帝在随龙人恩赏上也够煞费苦心的。恩赏不节，内廷费用寅吃卯粮。即位以后，宁宗曾一次取淮东总领奉献的羡余五十万贯划归内帑，用途仍与其父光宗一样，移封桩库的储存填补内藏的缺额。庆元以后，每座封桩库取拨钱数达十万缗，银子数万两，黄金也数千两，仅庆元六年秋季三个月内，划拨金银钱计二百五十万缗，大多是违规支出。

宁宗还算略知民间疾苦的。即位以前，他护送高宗灵柩去绍兴落葬，路见农民田间稼穑的艰苦场景，对左右感慨说："平常在禁内，怎能知道这些！"即位以后，几乎每年都颁布蠲免灾区贫民租赋税额的诏书，这些诏书在嘉泰元年汇成《庆元宽恤诏令》。然而，对这些诏令的实际作用不宜高估。正如有臣下指出：往往今年下诏说"权免一次"，来年督促照收如故，适足使胥吏为奸，民害加重，"朝堂号令不过为墙壁之虚文！"[1]

嘉泰元年春，临安府发生大火灾，烧了四昼夜才熄灭。皇宫以北街区夷为残垣碎砾，59人活活烧死，逃生中踩死与受伤者不

[1]《宋史》卷390《沈作宾传》,《宋史全文》卷28引《讲义》。

计其数，受灾超过 5 万户，灾民达 18.6 万人以上。宁宗下诏赈灾，同时仿效古老的传统，避殿减膳半个月，自责"不明不敏"。他从内帑拨钱 16 万贯，米 6.5 万石，表示愿将"廪庾之积，捐以与民，一无所爱"；同时从大内搬出销金铺翠的服饰，焚之通衢，号召天下士庶不再服用，灾后营造务从简朴。这场大火把御史台也烧成灰烬，幸好保存图书的秘书省免遭回禄之劫。京城传开了一篇无名氏的四六文，最流传的警句说"公议不明，台遂焚于御史；斯文未丧，省仅保于秘书"[1]，抨击台谏不主公道。

嘉泰四年春，临安又是一场大火，火势迫近太庙。宁宗命临安府抄呈被灾之家，每人赐钱 1000 文，米 4 斗，接着又是避正殿，下罪己诏。右丞相陈自强也不得不仿汉代故事，引罪避位，宁宗批道："卿欲丐去，朕何赖焉？"他不仅离不开韩侂胄，也离不开陈自强了。不能说宁宗赈灾恤民，避殿减膳，没有施仁与民之心，但他本人无能，吏治贪浊，最终只能小惠未遍，虚应故事而已。

类似的虚应故事在庆元、嘉泰之政中并不少见。庆元五年，时任右谏议大夫的陈自强上《紧要政事丛目》，包括人才、财用、军旅等三十门。宁宗命侍从、经筵官进故事，在丛目中各择一事，先述前代得失，再引本朝故事，终论今日所宜，一旬一事，两年内讲毕。不久，翰林学士高文虎又上勤政、兵制等二十事，请皇帝仿前例施行。这些紧要政事是否开讲，是否讲毕，并不重要，即使听讲完毕，庆元、嘉泰之政依旧是权臣专政，秕政丛生，宁宗在理政上也依旧那么颟顸昏昧。

---

[1]《两朝纲目备要》卷 8。但将两句系于嘉泰四年大火条下似误，该卷列举延烧官府并无御史台，而同书卷 7 嘉泰元年大火条下说，"延烧御史台"，《西湖游览志余》卷 24《委巷丛谈》亦可佐证。

　　宁宗即位不久，原嘉王府内侍王德谦骤蒙亲信，擢为内侍省押班，赐以宅第，官迁承宣使。内批御笔主要由他传导，他便骄恣逾法，饮食服饰僭拟帝王，出入以导驾灯笼自奉，为人求官，赃以万计，泄言其事者祸患立至，宁宗却全不察知。由于他的旧身份和新权位，外朝多趋附其门，韩侂胄与他争相用事，但德谦更接近宁宗，屡占上风。侂胄深知御笔内批还须假手于他，表面上不得不与他套近乎，两人结为兄弟。

　　庆元三年春，德谦觊觎节钺，首先拉拢中书舍人吴宗旦，荐为刑部侍郎、直学士院，打算让他起草建节制词。然后，他试探侂胄："内侍有这样的先例吗？"侂胄道："已奏知皇帝，就要宣麻了。"德谦便向宁宗正式提出。宋代自真宗以来，宦官再尊荣，也只除承宣使，宣和间童贯、杨戬等宦官为节度使，乃徽宗变乱旧制，殷鉴未远。这次，宁宗完全忘了"毋以聪明乱旧章"的师训，居然同意了。德谦喜出望外，竟让吴宗旦先拟制词草稿。

　　卧榻之侧岂容他人鼾睡，侂胄对党羽预作交代。次日，制词付出，参知政事何澹不押制词，右谏议大夫刘德秀率台谏合班论劾不止，右相京镗主张毁裂麻词，贬逐德谦，宁宗竟问："只除他一人，可以吗？"京镗以堂皇的理由予以反对。宁宗收回成命，他没觉察出这是狗咬狗的权力斗争，见台谏论列，又以为公论所在，遂除德谦在外宫观。台谏们力攻不已，宁宗再诏罢其宫观，送南康军居住。

　　王德谦出朝时，拉住侂胄衣袖泣道："弟弟，你误了我！"侂胄诳他："哥哥放心去，就有诏书追回的。"背里却指使党徒痛打落水狗，将他僭拟乘舆和贪赃受贿事抖落出来。宁宗还顾念王府旧人，下诏改移居抚州，他事不必追究。韩党请追改为安置，今后纵有特旨也不赦免，并许台谏执奏。也许又出于"台谏公论"

的考虑，宁宗一一同意。德谦废斥而死，自此内批都"侂胄自为之矣"。[1]

约庆元六年前不久，右正言刘三杰出为郡守，陛辞宁宗。他恰生千日疮，下殿时只能佝偻地扶着陛槛。宁宗见状勃怒，不问情由，御笔批出："刘三杰无君，可议远窜。"三杰是韩党，侂胄为之辩解，但仍夺三秩，免去郡职。此事虽小，却令人寻味。第一，宁宗只见到刘三杰表面的不恭敬，对韩党专权却视而不见，绝非明察之君。第二，侂胄尽管专擅，仍未到说一不二的地步，宁宗依旧能贯彻自己的意志。由此可见，韩侂胄专政以及他鼓动的庆元党禁，乃至后来开禧北伐，某种程度上都是他所认可的，至少未有坚决的反对。纵观宁宗前期政治，侂胄固然是主要角色，但宁宗在君权上的失控与不作为仍须负最终的责任。

嘉泰二年，党争禁网渐弛，陈傅良也复官奉祠。一天，宁宗问起这位王府旧学官："陈某今何在？却是好人！"准备特除他宝谟阁待制。侂胄回答说："台谏曾论其心术不正，恐不是好人。"宁宗马上说："心术不正，便不是好人了！"打消了召用的念头。一年后，傅良告老，宁宗却慨叹："这是朕的旧学官，而且是书诏之臣啊！"对昔日老师的评价颠三倒四，出尔反尔，无论是缺乏深切的了解，还是不能坚持正确的见解，都反映出宁宗为政的昏聩颟顸。

庆元六年，光宗与太上皇后李氏先后亡故，年头岁尾相继出生的皇子赵坦和赵增，一个只养了八个月，一个还没有满月，都夭折了。这年冬天，韩皇后病逝，年仅三十六岁。韩皇后的事迹，

---

[1] 《四朝闻见录》乙集《吴云墅》。叶氏说："何澹时为中丞"，"悉如所教，继即合台疏德谦罪"，则误。德谦请节时在庆元三年二月，而何澹在二年四月已由中丞参知政事。此从《两朝纲目备要》。

史书颇少记载。淳熙十二年（1185），孝宗为尚是平阳郡王的宁宗择妇时，她与姊姊同时入宫，她更顺适两宫之意，便选中了她。史称她"柔和而端敏，肃靖而宽容"，在高宗吴后、孝宗谢后、光宗李后三代婆婆之间相处得很好，宁宗立后册文称赞她无愧妇道。她的父亲韩同卿远权势，惧满盈，从不干政，世人只知道侂胄是后族，竟不知同卿为国丈。韩皇后谢世让宁宗不无伤感，联系到父母见背，儿子不育，大有流年不利之感，有点厌恶庆元纪年了。岁末，他下诏明年改为嘉泰元年，指望吉利的年号能为他的家国带来祥和安泰。

宋代政治的转变，年号的更变往往透露出信息。"嘉泰"的含义或取自《周易》"天地交，泰"。采用这一年号似也包含了韩侂胄的意愿，就像庆元年号表达了赵汝愚的志向一样。下诏改元这年，三个人的去世对韩侂胄专权不能不产生影响。朱熹之死，解除了侂胄在政敌上的最后威胁；京镗之死，韩党失去了死硬派干将。这两个因素结合，或许促成了侂胄对党禁的松动。韩皇后之死，则令侂胄迫切感到不能再凭外戚之尊，而必须建立大功业来换取继续专权的发言权。

嘉泰共四年，虽有临安大火灾令宁宗、侂胄不无惊骇，但与庆元年间激烈的党禁相比，表面显得有点平静。一位毫无才智的庸弱之主，倚靠着一位不学无术的强权之臣，驾驭着一台腐败无能、破旧失效的官僚机器，支撑着一个内忧外患、积重难返的国家，勾画出嘉泰政治的全景图。倘若如此以往，也许还能使这个王朝苟活得长久些。无奈权臣韩侂胄正酝酿着一个冒险性的大计划，这无异于驱迫一个苟延残喘的病人去参加一次力难胜任的高强度竞技比赛，而宁宗对这一冒险计划依旧缺乏主见与明断。

第三章
从开禧北伐到嘉定和议

一 以"恢复"的名义

1. 北望神州路

庆元党禁虽将政敌驱逐出朝，韩侂胄却招来了朝野的抨击，失尽了上下的人心。与此同步的擅权，仍能听到各种反对的声音。这种情况未随党禁的开放而缓解，反而可能随着言网的松动而加剧。怎样才能保住既得的权位，侂胄有点忧心忡忡、一筹莫展。这时，有人劝他"立盖世功名以自固"，侂胄感到这是个好主意：既能转移反对派的注意力，使他们淡忘伪学之禁的创痛；而自己独揽大权、专断朝政也有了雄厚的资本，非议之声或许会随之消歇。

那么，建立什么样的盖世功名呢？北伐金国，恢复故土，这是自靖康之耻以来几代臣民难圆的梦，盖世奇功莫过于此。于是，侂胄决定发动北伐，收复中原。数十年后，有学者将这一决策与当年策动的燕云之役相提并论，认为"不度事势，妄启兵端"，"误国殄民，前后一律"，指出"小人擅朝，欲为专宠固位之计，

往往至于用兵"。[1] 在专制独裁政体下，这类出于转移政治视线的
动机，以民族或统一的名义，贸然将国家与人民拖入一场"不度
事势"的战争，历史上确实并不少见。

趋炎附势者窥测到主政者的新意向。于是，边将不时奏报金
朝多有变故的消息，逢迎者也游说治兵北伐之计，其中包括久遭
禁废而仍图进用的个别官员。恢复的气氛在短时间内便炒热了。

丞相陈自强已是一条听话的老狗，在恢复大计上也如此："侂
胄曰：兵当用，自强亦曰：当用；侂胄曰：事可行，自强亦曰：可
行。每对客言：自强受恩深，只得从顺。"[2] 随着恢复之议的兴起，
也有各种反对意见出现。自强在曲意附和同时，力援私党，占据
言路，利用台谏左右舆论，以胁制反对意见。

与陈自强互为表里、力倡恢复的还有苏师旦、邓友龙、易袚、
陈景俊等人。当时宋金边界上有些好事之徒经常往来两国之间，
号称"跳河子"，邓友龙视为奇货，时向侂胄荐见。侂胄曾在淳熙
末与庆元初两次使金，对金国情况略知一二，这些"跳河子"，便
剿拾事状，陈说利害，有意渲染金国内外交困之状。侂胄虽有意
开边，却顾虑人心舆论的向背。谏议大夫易袚建议，唆使朝臣上
奏，夸大敌国之事，他自己首先上疏，大谈"敌国如外强中干之
人，仅延残息"，"夷狄有必败之势，中国有必胜之理"。对非议
北伐者，侂胄决心剿灭异议，实施打击。于是，御史中丞邓友龙
和谏议大夫易袚、林行可对力争者相继论劾，以至贬斥。和、战、
守的舆论迅速向北伐主战一端倾斜。

在北伐之议的附和者中，李壁是引人注目的。他是著名史家李

[1] 吕中：《类编皇朝中兴大事记讲义》卷26《韩侂胄用兵》。
[2] 《四朝闻见录》戊集《臣寮雷孝友上言》。

熹的次子，也颇有才学。入朝以后，侂胄事无巨细，必与他商议。他患得患失，便趋和奉承，很快迁至礼部侍郎兼直学士院的要位。对侂胄锐意用兵，他明知舆情并不认可，与士大夫谈及时也蹙额颦眉，表示要进谏反对。但当着侂胄的面，说的却是迎合其开边的话头。不久，侂胄让他做了参知政事。李壁内心反对轻率北伐，但为了名位权力，终于把国家的休戚当作了交换的筹码。

宁宗的态度并不明朗。有记载说，"开禧用兵，帝意弗善"，或许这是他在嘉泰末年的倾向；但他确也认为"恢复岂非美事"，[1]依旧模棱两可，一无主见。然而，用兵开边绝不是宁宗首先动议的，则是肯定的。恢复之议日甚一日地升温，有人对侂胄说："自古君倡而后臣和，从来没有以人臣专大征伐的。以人臣而专征伐，诸葛亮诚然为忠，桓温、刘裕则为篡，你算哪一类呢？"侂胄默然无语。他既不像诸葛亮那样是为了汉室王业，却也绝无篡夺之志，只是为了巩固既得的权位。他将战争视为一种可以不负责任、不计后果的轻率儿戏，至于战前审时度势的见识，战时运筹帷幄的才略，显然是并不具备的。

靖康之变后，徽、钦二帝成为阶下之囚，客死金国；大好河山落入金朝之手。从岳飞那"靖康耻，犹未雪，臣子恨，何时灭"的仰天悲歌开始，直到不久前去世的陈亮那"尧之都，舜之壤，禹之封，于中应有一个半个耻臣戎"的慷慨吟咏，收复中原故土，重建一统江山，始终是南宋志士仁人难以纾解的民族情结。这种情结没有因时光的流逝而化解，这一时期陆游、辛弃疾的爱国诗词最能凸显这种民族情结的浓重与强烈。

这种民心，侂胄是知道而且试图利用的。在力主恢复的士大

----

[1]《宋史全文》卷 30，《宋史》卷 474《韩侂胄传》。

夫中，颇有才略可用之士，庆元党禁起，他们即使不名列伪党，也多摒落家居了。禁网弛解后，侂胄网罗四方知名之士入其麾下，其用意有二：一方面让这些知名之士作为他擅权的装饰屏风；另一方面，这些知名人士既是北伐所需的人才，又可作为恢复之举的号召，为其建立盖世功名所效力。

楼钥历任光、宁两朝的两制官，党禁起来后，他认为公道人心不在侂胄一边，宁可废罢也不趋炎附势，他并非道学家，却也上了党籍。侂胄对他的不趋附，倒也知敬重。党禁弛解后，既迫于公论，又重其文名，侂胄准备召用他，让他的亲戚传言他的子弟，只要他通一封寒暄的短柬，就召他入朝。楼钥命子弟备纸笔，亲书一段《颜氏家训》中子弟累及父兄的故事，其子弟自此不敢再提与韩侂胄通函事。杨万里诗文声名更高于楼钥，侂胄打算请他为新落成的自家南园作记生色，并许诺他两省之职，万里决绝回话："官可以放弃，记不可能作！"侂胄恼羞成怒，让他家居至死。

尽管时有碰壁，侂胄毕竟罗致了一批知名之士。他起用了吴猎，让他先后总领湖广江西京西财赋、主管荆湖北路安抚司公事，累迁京湖宣抚使，他在储运襄阳军饷，选拔孟宗政等名将，构筑防御工事上都有建树。薛叔似也出任京湖宣谕使，项安世则起知鄂州，叶适权兵部侍郎还更早些。

陆游、辛弃疾也都与侂胄有较多的往来，另一位辛派词人刘过则成为韩府的座上客。嘉泰二年（1202），陆游应召入朝任实录院同修撰，侂胄对他十分殷勤，宴席上命宠姬四夫人弹奏阮琴，起舞助兴，然后向这位大诗人求作《阅古泉记》。次年岁末，辛弃疾起知绍兴府兼浙东安抚使，不久召赴行在，也应邀出席过侂胄在南园的会饮。辛、陆被罗致，最令侂胄得意，他俩思念故土、渴求恢复的新作一经吟成便不胫而走，久被视为主战派的旗帜和歌手。侂胄的北伐之议因他俩的关系而声望陡增，但他们也因此遭到种种非议。

实际上，在侂胄所招致的知名之士中，对侂胄本人以及他倡议的伐金战争，态度并非完全一致。刘过对侂胄显然识人不透，估价过高，其《代寿韩平原》诗说："要令邻敌尊裴度，必向东山起谢安。"把他比作平定河北藩镇叛乱的裴度和战胜前秦侵犯的谢安；甚至将他比作牧野之战前的姜尚："维师尚父鹰扬，熊罴百万堂堂。看取黄金假钺，归来异姓真王。"[1] 词人容易沉浸在想象的胜利中："今日楼台鼎鼐，明年带砺山河。大家齐唱《大风歌》，不日四方来贺。"[2] 作为一个布衣词人，出于对收复故土的渴望，未能对敌我双方做冷静、全面的分析，对侂胄本人及其北伐主张，都怀着热切的期待，虽不无谀辞，还是可以理解的。

大诗人陆游对侂胄本人并不阿附，庆元末，侂胄向他求《南园记》，他不仅无谀言，还寓有规箴。[3] 然而，一生以恢复自期的诗人对这次北伐自始至终是热情支持、慷慨讴歌的。他也为侂胄写寿诗，"身际风云手扶日，异姓真王功第一"，这种歌颂主要还是期待他能恢复统一"致太平"。陆游主张北伐抗金，收复故土，代表了人民的愿望；至于如何抗金，如何进行充分的准备，做出正确的估计，选择有利的时机，这些都是政治领袖和军事统帅的职责，是不能苛求久居山村的诗人做出准确无误的判断的。

---

[1] 刘过：《龙洲集》卷 11《清平乐·新来塞北》。此词一作稼轩词，《两朝纲目备要》卷 10 说，"辛弃疾因寿词赞其用兵，则用司马昭假黄钺异姓真王故事"，邓广铭在《稼轩词编年笺注》卷 6 里说："不知究系稼轩所作否？"根据辛弃疾对开禧北伐的看法，此词显然不是稼轩所作，吴师道《吴礼部诗话》已辨其为京师人小词。

[2] 《龙洲集》卷 11《西江月·贺词》，此词一作稼轩词，但《吴礼部诗话》已辨为刘过之作。

[3] 参见朱东润的《陆游传》（上海古籍出版社，1979 年）与欧小牧的《陆游年谱》（人民文学出版社，1981 年）相关评述。

204

叶适、辛弃疾在政治与军事上都有深刻的认识，对战前的准备、战机的选择、战争的后果，就绝不像陆游、刘过那样乐观。然而，他们向来是主战派，当时一般人误认为他们是无条件拥护北伐之举的。稼轩自南归后，一直期待着北伐反攻的那一天，所谓"四十三年，望中犹记，烽火扬州路"。对正在从事的伐金准备，不论韩侂胄是否别有用心，稼轩在总体上是赞成支持的。他在军事上有真知卓识，为更确实地了解金国虚实，出任浙东安抚使后，他分别派人深入山东河北实地侦察，而后亲自把侦知的兵骑之数、屯戍之地与将帅之姓名汇总绘在"方尺之锦"上。嘉泰四年初，宁宗召见他，问以盐法后，向他征询目前应否出兵伐金的意见。弃疾回答道："金国必乱必亡，愿付之元老大臣，务为仓猝可以应变之计。"

这次召见与上言，历来被认为是弃疾支持侂胄北伐的根据。侂胄也确实做了为己所用的理解，认为稼轩在"陈用兵之利"，"元老大臣"无疑就指自己，十分欣喜，便决意开边。但是，弃疾所说的"金国必乱必亡"，并不就是说灭亡在即，他在开禧之际曾说过用兵"更须二十年"[1]，显然认为战前准备相差尚远。而他所说的把应变之计托付给元老大臣，弦外之音即告诫皇帝不应把这一重任交给由侂胄汲引的那些轻脱寡谋之徒；也许稼轩当仁不让地把自己包括在"元老"之列，期望能在备战应变中负起重任。[2]但宁宗不可能真正理会稼轩上言的真义。

稼轩被久废起用后，陆游曾以诗慰勉道，"深仇积愤在逆胡，不用追思灞亭夜"，反用了汉代名将李广复出后追杀当初羞辱他的

---

[1] 袁桷：《清容居士集》卷46《跋朱文公与辛稼轩手书》。
[2] 这一推断参见邓广铭《辛弃疾传》，上海人民出版社，1956年，第105页。

灞亭尉的典故，劝告他不必纠缠被韩党倾陷排挤的旧恩怨，而应以全民族的深仇积耻为重，为北伐抗金建功立业。辛、陆正是在北伐抗金这点上才与侂胄接近的，双方的出发点与目的并不相同，却在这点上交汇了。因此，赞扬辛、陆的爱国主义，并不等于肯定开禧北伐及其发动者；指出侂胄在开禧北伐上的轻举妄动，也不必把辛、陆等对北伐抗金的支持视为"污点"。

也许，侂胄认为，既然已争取到辛、陆等主战派代表人物的支持，赢得了社会舆论，就没必要让辛弃疾分享自己唾手可得的大功业了。不久便解除了他浙东安抚使之任，命他改知镇江府；开禧元年（1205），在北伐烽烟即将点燃的前夕，又让言官借故将他劾罢。

据几年以后真德秀的回顾："北伐之举，宗社安危所系也。雷同相从，如出一口，而争之者不数人。"开禧北伐前夕舆论的一面倒，侂胄长期专政，钳制舆论的因素固然不可忽视，但自隆兴北伐失利以来，南宋臣民的民族复仇情绪也在其间起了决定性的作用。有一个事件很能说明这种复仇情绪在朝野的强烈程度。庆元六年夏天，南宋贺金生辰使赵善义在归途中因争下车地点，与金国伴使相持不下，忿忿然脱口而出："你们正被蒙古侵扰，还有什么闲工夫与我国计较，莫待要我朝举兵夹攻吗？"尽管善义后因失言生事而免官，发泄的却是南宋朝野久被压抑的复仇情绪。侂胄正是利用、挟持了这种民族情绪与社会舆论，把伐金的气氛很快渲染得十分浓烈。诚如《两朝纲目备要》所说："复仇，天下之大义也。张忠献（张浚）抵死切齿而不得伸，阜陵（孝宗）二十八年长太息而不得遂者，一旦举而行之，谁曰不可？"嘉泰后期，韩侂胄及其追随者，辛、陆等爱国志士和朝野臣民都不约而同地把视线集中到西北神州、中原故土上来了。

宁宗也受到了这种同仇敌忾的影响。嘉泰四年岁暮，他下诏明年改元为开禧，取太祖开宝与真宗天禧年号各一字缀合而成。开宝年间，平南汉，取南唐，基本奠定了统一的版图；天禧年间则是澶渊之盟以后真宗统治的太平时世。宁宗似乎也认为"恢复岂非美事"，转而赞成北伐之举了。

2."燕可伐欤"？

开禧北伐前夜，刘过在词里唱道：

> 堂堂谋臣尊俎，边头将士干戈。
> 天时地利与人和，燕可伐欤？曰可！

化用了孟子劝齐伐燕的故事，认为南宋在天时、地利、人和上都具备了北伐的条件。诗人的讴歌，毕竟不是发动战争的依据，决策者必须从宋金双方的政治、军事、经济实力着手，做出综合缜密的冷静分析。这时，刘过还有一首词说："新来塞北，传到真消息：赤地居民无一粒，更五单于争立。"[1] 给人的印象是金国统治者内部危机四伏，民不聊生，怨声载道，只消稍施一击，即刻土崩瓦解。事实是否如此呢？

宋宁宗嘉泰、开禧时期（1201—1204，1205—1207）正值金章宗泰和年间（1201—1208）。金章宗是与宋光宗同年即位的，其政绩却是光宗无法比肩的。在政治、经济各方面，他把祖父金世宗大定之治的成果以法制形式固定了下来。章宗是金朝废除奴隶制使之转变为封建制的最终完成者。他将二税户及隶属僧道、宫监的奴婢悉放为良人，制定了禁止奴诱良人法，限制了猛安谋

---

[1]《龙州集》卷11《西江月·贺词》《清平乐·新来塞北》。

克的特权，加速其汉化的进程。在制度上，他使金熙宗以来汉官制更为健全，还实行了尊孔仪式，制定了礼乐制度，完善了取士科目，确立了以《泰和律》为代表的法制体系。

章宗朝，人口与税收都达到了金代的峰值。天下富庶，粮储充裕，明昌年间（1190—1195），甚至担忧廪粟积久霉变，下令诸路及时晾晒。其时，金国始建常平仓超过五百处，仅此一项储粮数即可供金国官兵食用四五年之久。在金朝列帝中，章宗是汉化最彻底的君主，他有志于治，多次咨询群臣汉宣帝综核名实之制与唐代考课之法，期望金朝能超过辽、宋而比肩汉、唐。据《金史·章宗纪》评价，在他统治期间，"承世宗治平日久，宇内小康"，"典章文物粲然成一代治规"。这就是开禧北伐前夕金国的政治经济基本形势。

金朝统治在章宗时代臻于极盛，但危机也渐露端倪。封建化完成后，土地和流民问题也开始严重困扰金朝的社会经济。各地常平仓的巨额储粮多为抑配和籴所致，国家储粮递增，但控制的货币量也随之锐减。由于货币总流通量的减少，米价居高不下，一有天灾人祸，农民就缺乏财力购入，所谓"赤地居民无一粒"，或即由此造成的。尽管如此，金朝支持战争的粮饷并不因贫民饥困而成为问题。

章宗在位，宠幸李元妃，外戚近幸干政，也导致了朝纲不正，军民怨嗟。章宗以皇太孙即位为帝，引起其叔父辈的不满和反对。明昌四年，郑王永蹈谋反被杀，两年后镐王永中又以"语涉不逊"赐死，这就是传闻的所谓"更五单于争立"。郑王、镐王之变对章宗统治有所影响，但承安元年（1196）以后，金朝统治基本上还是稳固的。

蒙古诸部日渐强大，对金国北界时有侵扰，其中尤以阻鞑部和广吉刺部为最。章宗采取了攻防并举的战略，一方面派遣夹谷清臣、完颜襄和完颜宗浩先后多次北伐，重创来敌；一方面在临潢（今内蒙古巴林左旗东南）至泰州（今黑龙江泰来西北）一线开筑壕堑，作为防御工事。阻鞑南侵打破了金朝北疆的宁静，但这时蒙古诸部尚未统一成为强悍善战、无坚不摧的游牧军事帝国，这一任务直到开禧北伐爆发那年才由铁木真最终完成。而蒙古对金朝构成真正威胁应在嘉定四年（1211）以后，嘉泰、开禧之际蒙古诸部的骚扰，对金朝不过是疥癣之疾。至于在军队战斗力上，封建化完成后，猛安谋克的作战能力确实有所下降，但金朝仍注意保持其尚武旧俗。泰和元年（1201），金朝专置按察司，任务即教习武艺，以确保其勇武风俗不致改易。兼之，金军尚有仆散揆、完颜匡、完颜宗浩等将帅之才，其战斗力仍比将恬兵嬉的南宋军队明显高出一头。

自隆兴和议后，金对南宋的基本国策是保边求和，金章宗也恪守这一原则。他一方面加强榷场管理和防御，增加边界戍兵；一方面在金宋交往中以大局为重，力求维护和平局面。绍熙过宫风波和禅让内幕不可能不传到金朝，据吕祖俭说："自绍熙变故，（金人）有轻我之心：彼之来者，陈币在馆，辞语不恭；我之去者，摧辱逼胁，不顾常礼。"这种现象主要是金国出使者和接伴者闻知宋朝内情后，站在敌国立场上，以幸灾乐祸的个人情绪影响到两国的正常关系。不久，章宗即注意到问题的严重性。承安三年（1198），下诏强调："凡馆接伴并奉使者，毋以语言相胜，务存大体，奉使者亦必得其人乃可。"泰和二年（1202），章宗对出使南宋的张行简说："听说此前奉使者过淮河，每到中流即以分界的原故，在乘坐哪国渡船上争执，这不合礼仪。你应该戒饬舟子，并对宋使说：两国和好长久，不宜因争细故而伤大体。"足见金朝仍希望维持两国和平相处局面。

实际上，绍兴三十一年（1161）金主完颜亮南侵惨败，两年后张浚主持隆兴北伐的失利，其间尽管有偶然性因素在起作用，但更深刻表明了绍兴和议以后形成的宋金对峙，从根本上说是地缘政治的产物，揭示两种带竞争性的体制在地域上达到并保持着力量的平衡。如果双方综合国力没有明显的消长，或者外来因素的强力干预，这种平衡态势绝不是那么容易打破的。因此，关键就在于跃跃欲试企望打破这种平衡态势的南宋，是否在综合国力上对金国已经取得了压倒性优势。

首先来分析一下南宋军队的装备和设施。在兵器制作上，据时人指出：金朝军器上，都有监造官的姓名，遇有损坏，影响使用，原监造官就依法惩处，断不轻恕，故而金国兵械其精良一如法规；相形之下，南宋军械的制造部门则"一切不问，则欲速成，可以逃责"，导致武器设备苟且灭裂，充数量而不中用。[1] 骑兵在整个中世纪始终是各国军队的决定性兵种，而南宋骑兵缺马情况较之北宋更为严重。据嘉泰三年（1203）江州都统制司申报，兵力配备中马军应该有披带马匹 1680 匹，如今却不及千匹，缺额几近一半。这一数据暴露的问题带有普遍性，南宋压根儿没有强大的骑兵可与女真骑兵抗衡。

通信与传令系统不啻军队的神经。对此，宁宗即位不久，彭龟年论其迟滞时指出：连登极赦书从临安到盱眙军（今江苏盱眙）都迟了两日十一时，金字牌竟晚到三日一时。赦书、金字牌是最紧急文书，尚且迟误如此，其他军事通信传令设施的壅滞更可想而知。龟年警告："边烽无警，偶不废事。但偷玩成习，万一不

---

[1] 华岳：《翠微北征录》卷 8《弓箭制》。

测，致失备御，其贻祸岂细！"但直至开禧北伐前夕，南宋军队的传令通信系统仍是这一状态。

对这一时期南宋军队的素质，有人做过总体描述：

> 今之所谓将者，或拔于行伍而骤用，或取其家世而因任，或以积日累月次第而迁，或以片言一长偶合而得，未闻有尺寸之效，积素之威，可以服人心而协众论。甚者懵不知军政，漫不治军旅，唯知刻剥军人，聚敛财贿，内以供庖传之费，外以充苞苴之资，凡可以便私计者，无不为也。

兵士是构成军队的基础，情况同样不容乐观：

> 尺籍伍符，虚实相半。老弱居其一，工匠居其一，俳优居其一，舆隶胥吏居其一。诡名冒籍，无所不有。则是朝廷养兵万人，所可用者数千人而止耳。至于军籍刓缺，往往掠市人而刺之，非其本心，唯去是计。其间不逞无赖之徒，利于所得，朝应募而夕逃遁。为主将者，无以谁何，姑任其去来而已。[1]

当时的将帅不知孙武、吴起为谁人，孙吴兵法为何书的，竟然十有八九；只知道如何私役军卒，贩运回易，克扣士兵，聚敛横财。开禧用兵在即，军士们冒寒出战，仍是"衣不蔽体，日食尚阙"。

军队内部矛盾十分尖锐。士兵们不仅被将帅武臣，甚至被文臣官吏役使占有，往往一个官衙就占用厢军与禁军四百余人，役使科抑，几同奴隶，故而一有机会就发泄怨愤与不满。甚至大会

---

[1]《历代名臣奏议》卷 234 蔡戡《论和战》。

操时，列队士兵应当声喏却沉默不语，以示抗议。参战双方在综合国力相颉颃时，军队素质的高低优劣，对胜负归属往往起决定性作用。南宋以这样的将帅统率着如此的士兵贸然北伐，其结局是不难预卜的。

而与金相比，在综合国力上，南宋其时也绝无优势可言。正如周南在北伐失败后分析的那样：

> 自中原失守，我以偏方一隅，当虏之众大，卒乘不如其多，土地不如其广，财力不如其盛，六七十年矣。中间养兵息民几三十年，未有振起之形。[1]

由此可见，即使不论动机，开禧北伐也是轻率之举。

自绍兴和议以来，在战、守、和三策中，对金国究竟应取何种国策，始终是南宋君臣争论不休的中心议题。且不论高、孝两朝，即使在宋金关系相对稳定的绍熙年间，也时有臣僚的议论打破军事上的宁静。到嘉泰、开禧之际，北伐的硝烟已隐然能嗅到时，对该不该把国家拖进没有胜算的战争泥沼，又引发了一场争论。支持者中既有韩侂胄及其追随者那样的投机分子，又有陆游、刘过这样的爱国志士；反对者中，各人出发点也不一致，既有史弥远、钱象祖这样的求和派，也有辛弃疾、叶适这样的抗战派。

嘉泰四年夏天，辛弃疾知道宁宗和侂胄不是没有理解，就是有意歪曲他在年初上言的本意，便在不少场合阐述己见。他对程洺说："中国之兵不战自溃，自李显忠符离之役始。但其后军队依旧父子更代，这种军队只能列陈江上，装点门面。至于渡淮迎战，

---

[1]《历代名臣奏议》卷 234 周南《论兵之胜负为国之强弱》。此奏编者误题光宗时，但奏中有"诛戮首事"之语，知在诛韩侂胄以后所上。

左右应援，非沿边土丁断不可用。沿边之人，幼则走马臂弓，长则骑河往来，从来没把金人放在眼里。招募分屯后，只要新其将帅，严其教阅，使他们势合而气震，就能不战而使敌人慑服。"但是过宫风波和庆元党禁，使十年岁月空然流逝，而可战之备从未着手，取胜之资全无积累。稼轩指着尺锦绘成的敌情图，感慨不尽道："敌国的兵马仍然如此，岂可轻率对待！"故而他不止一次说过："用兵更须二十年。"开禧北伐前一年，他以一首《永遇乐·京口北固亭怀古》对即将到来的北伐表达了深切的隐忧："元嘉草草，封狼居胥，赢得仓皇北顾。"以刘宋元嘉北伐草率出师、仓皇败北的历史教训，反对朝廷贸然开战。

叶适平日时有"大仇未复"之语，也是力主抗金的。北伐前不久，他郑重地连上三札：

> 陛下思报积耻，规恢祖业，此至大至重事也。诚宜深谋，诚宜熟虑，宜百前而不慑，不宜一却而不收。故必备成而后动，守定而后战。今或谓虏已衰弱，虏有天变，虏有外患，怵轻勇试进之计，用粗武直上之策，姑开先衅，不惧后艰，此至险至危事也。臣愿陛下先定其论，论定而后修实政，行实德，变弱为强，诚无难者。

接着，他陈述了修实政、行实德的具体建议。叶适的态度很明确：金宋强弱之势未改，实政实德之事未修，故而主张务实备战，反对仓卒伐金。[1]

---

[1] 叶适：《水心先生文集》卷1《上宁宗皇帝札子》。《宋史·叶适传》微讽叶适说："出师之时，适能极力谏止，晓以利害祸福，则侂胄必不妄为，可免南北生灵之祸。议者不能不为之叹息。"实际上叶适上引之札时在开禧出师之前，谏止之意甚明，问题在于宁宗、侂胄不可能听从采纳。

辛弃疾和叶适，一位深谙兵韬武略，一位颇知经世致用，平生又皆力主抗金，对开禧北伐的见解都是深中肯綮的。实际上，只要对国势边事稍加留意，谁都能仅凭常识即可判断是否应该轻率用兵，仓促北伐。嘉泰、开禧之际的南宋王朝，正如时人形容的那样，譬如一条船，中兴将近八十年，外观看去，船体似乎还坚致，但岁月既久，弊漏渐多，苟延残喘，尚且忧惧其倾覆，如今竟然侥幸去做前人所难之事，后果也就不难预卜了。[1]

当韩侂胄准备驾着这条破损的旧船疾驶向战争狂澜时，朝堂上反对的并非只有叶适一人。知庐州宇文绍节也直言不讳地致书侂胄："你有复仇之志，而无复仇之略；有开边之害，而无开边之利。不量国力，浪为进取！"开禧元年，学士院召试馆职，武学博士魏了翁上策论说："反观自身，则懔懔然未有可以胜人之实。而欲举二百年祖宗之天下，轻率地试于一掷之间，则举足之间，关系宗庙社稷的安危存亡！"御史徐柟论劾他对策狂妄，自党禁开放后，侂胄不愿多开罪于知名之士，放过了魏了翁。

3．走向战争

韩侂胄萌生开边的念头，是在嘉泰三年（1203）岁杪。这年，北方连年旱灾，饥民流亡，"盗贼"蜂起，数以十万计的流民潮涌动在唐、邓、颍、蔡、寿、亳州一带，部分流民向南宋守臣提出渡淮归宋的请求。金朝唯恐南宋乘隙寻事，在沿边聚粮增戍，还关闭了襄阳榷场。边报传来，韩侂胄以为金国乱亡在即，着手准备工作。

次年六月，侂胄派外甥张嗣古以贺生辰使赴金，命他探敌虚

---

[1] 参见《宋史》卷415《傅伯成传》，这一比喻即传主所说。

实。嗣古使归，上朝复命还未回家，就受邀至韩府咨询敌情。他据实陈报："以我之见，金未可伐。太师勿轻信人言。"大拂其意。为制造开战的借口，侂胄秘密指使边将挑起事端。于是，边将就让亡命之徒越过边界，制造事端。嘉泰四年十一月，宋兵抄掠金国宝鸡、郿县（今陕西眉县）。自此，在宋金边界的东、中、西段，这类试探性挑衅此起彼伏。

这年岁暮，邓友龙以贺正旦使赴金。入金以后，夜半有人偷偷求见，极言金国外为蒙古所扰，内为饥馑所困，王师如来，势若摧枯拉朽。次年初，邓友龙使归，报告的情况都投韩侂胄所好，同时上倡兵之书，北伐之议由此敲定。

开禧元年（1205），宋军挑起的边界争端，次数日渐频繁，事态日渐扩大，他们攻镇夺县，不仅杀死金国县令、县尉、巡检等，烧毁官舍，还夺取民马，抄掠民财。皇甫斌募兵骚扰淮北，公然下令人自为战，劫掠归己。

金朝的态度是克制的，这年春天，金人俘获了南宋间谍，得到了宋朝准备北侵的情报，金国枢密院立即移文南宋："依誓约撤新兵，毋纵入境。"宋廷回答：增戍为防北朝流民入境。金廷认为这显然在搪塞，而且挑衅未有消停迹象，便新设河南宣抚司，以平章政事仆散揆为宣抚使，在诸道征兵刷马预为战备，西线临洮、德顺（今甘肃静宁）、秦州（治今甘肃天水）、巩州（治今甘肃陇西）等地各置四千名弓手。

仆散揆以金河南宣抚司名义移文宋三省、枢密院，责问用兵原因，宋方推诿是盗贼生事，边臣不谨，已经降黜，更予戒谕。夏天，金章宗召集大臣，咨询对宋方针，多数人主张"设备养恶"，即做好战争准备，让南宋把事情做绝。章宗因南北和好四十余年，人民久不知兵事，况且北有边患，内遭饥荒，并不打算进行这场战争。

宋朝派出贺生辰使李壁使金，行至镇江，听说忠义人朱裕受镇江都统制司派遣，联合金国涟水县弓手李全攻袭涟水（今属江苏），便上书请斩朱裕，儆惩来者。渡淮入金后，金国接伴使和馆伴使都表示出维护南北和平的意向，李壁的回答也颇诚恳："本朝家法，一本仁厚，岂肯轻率用兵，北朝勿听间谍之言。自今各崇信义，则浮论自息；疑心一生，非两国之利。"金朝的疑虑打消了。但使归复命时，他见侂胄锐意用兵，却覆手为雨道："敌中赤地千里，斗米万钱，与鞑为仇，且有内变。"

初秋，宋殿前副都指挥使郭倪与濠州守将田俊迈买通了金国虹县人苏贵为间谍，对仆散揆说："宋人增戍，本为防盗，如今听说建立了河南宣抚司，反不敢撤戍了。增戍之兵原是白丁，自备粮粮，穷蹙饥疫而死，十有二三。"仆散揆向金廷建议撤销宣抚司。金章宗联想到李壁来使时曾说："增戍之事，本朝岂有他心，贵国自为过虑。今只须同时彼此俱罢，庶几两无疑阻。"便同意撤司，西线临洮等地新置的弓箭手也都罢去。

开禧元年岁暮，金使赵之杰来贺正旦。两国关系已剑拔弩张，之杰入见时举止有点倨慢，手执国书欲进不进，并不直接送上，似有要宁宗起身来接的架势。阁门夺过他手中国书，呈给宁宗，金使顿觉受辱，内心忿忿然。一会儿，赞礼官悠长地喊道："躬身立。"金章宗父亲名允恭，"躬""恭"同音，按外交礼仪，对方所有帝讳乃至同音字都应避免使用。准此而论，宋朝赞礼官似非礼仪上的疏忽，而是受命指使下的蓄意寻衅，意在激怒金方。金使直立不动，表示抗议。侂胄奏请宁宗起驾还内，未几传旨命金使正旦日朝见。

这种使节相见不合礼仪的事情，庆元嘉泰间也曾有过。那时，金使失礼在先，宁宗起身入禁中，宰执谢深甫命金使在殿角等候，请宁宗再御殿，由赞引官重引金使进国书，"迄如旧仪"[1]。但当时两国关系正常，故而妥善处理了。这次却不同，著作郎朱质看出了侂胄的用意，立即上书请斩金使。侂胄没有这么做，但免去了金使游览三天的日程安排。

与金使赴宋同时，陈自强推荐陈景俊为贺金正旦使北行侦知金国虚实。朝贺时，金章宗面谕宋使"不宜败好"，后又派御史中丞孟铸赴宋使馆邸转告："朕方以天下为虑，不计小嫌，故罢宣抚司。近来群臣屡言贵国渝盟。朕念和好岁久，委曲涵容。倘若盗贼仍不消停，臣下将续有抗议，朕虽兼爱生灵，事端岂能不止？卿等归国，应以朕意禀告汝主。"话说得有礼有节，委婉而有分量。金朝意向明确：要求对方边臣不生事，"盗贼"不作乱，以确保境安宁。景俊回国复命，自强为迎合侂胄，警告他勿将金廷之言如实奏闻。侂胄北伐决心更坚决了。

直到开禧二年春，金朝仍希望尽力避免这场迫在眉睫的战争。不过，获悉对手秣马厉兵，金朝也被迫做出反应，修道路，阅舟师，点集兵夫，添置寨栅，以便有备无患。

在制造边境摩擦和加紧外交试探同时，南宋在军政上也开始了战前准备。在装备上，嘉泰三年夏，殿前司拨到封桩库钱十万，奉命打造战舰。初秋，置四川提举茶马二人，一人分治马事，不久命四川提举茶马司通治茶马事，试图从大理国求购战马。开禧元年秋天，再置和州（治今甘肃西和西南）马监，和州毗邻吐蕃诸部，在此设立马监，显然希望开辟战马的新来源。尽管如此，

---

[1]《宋史》卷394《谢深甫传》。此事与深甫有关，但他在1203年初已罢相出判建康府，故显然与1206年初这次金使入见为两件事。

战马奇缺局面未能改观，于是下令献马者补官，京西沿边七州之民结伙越境，劫夺金地民户的马匹。

在兵员上，嘉泰三年秋季，增置襄阳骑军。这年冬天，两淮诸州趁农闲时节教阅民兵弓弩手。次年春季，吴曦练兵西蜀。春夏之际，命内外诸军研讨纯队法[1]。夏季，以军官子弟赴诸军帐前效力。初冬，令诸州置招军簿。开禧元年春季，新置澉浦（今浙江海盐南）水军，直属殿前司；淮西安抚司招募强勇军。初夏，内外诸军分别接到随时准备开拔的密令，诸路安抚司奉命教阅禁军。夏季，相继命兴元都统司增募战卒，湖北安抚司也增招神劲军。冬季，殿前司神武军五千人开赴扬州屯戍。岁暮，马军司增刺弩手。这些临阵磨枪式的战前准备，不能说一无效果，但在因循苟且、贪婪刻剥的政风、吏风、军风下，其成效大可怀疑。

战争所需要的财赋粮饷，是必须解决的大问题。嘉泰四年初，因金国在边境增戍积粮，宋廷也命各制置司盘点边关仓储，积粮计八百万斛，可食的则无多，便颁度牒一万五千道给总领所，依原储额收籴补齐。这年夏季，颁诏诸路核点诸州桩积钱米，监司核实后上报尚书省；沿江及四川军帅也简核军粮数，上报枢密院。同年冬，下诏总核内外财赋，侂胄以右相陈自强兼国用使，参知政事费士寅、张岩同知国用事。

宋代国用司是非常设性总管财赋的机构，乾道二年（1166）初置，当时隆兴北伐虽失利，但宋孝宗仍锐意恢复，故有此创设。后来或许认识到近期绝无再与金决战的可能性，三年后将其撤销。宁宗、侂胄再设国用司，显然考虑到"财赋各归户部而事权

---

[1] 纯队是50人一队使用清一色兵器，与此相对的花装则全队以各色武器搭配使用。南宋统兵者有"花装纯队之争"。详见王曾瑜《宋朝兵制初探》（中华书局，1983年），第261—262页。

散紊",意在以国用司调动全国财赋以支持北伐。开禧元年春,宁宗命国用司制定考核财赋法,这年夏天,韩侂胄亲自兼任国用使。次年初,国用司改名国用参计所,命诸路州县呈报岁账而索取其积余,四川诸州都不据实报,如实申报的江浙诸州则颇遭掊取之害。这年春天,北伐出师在即,从封桩库划出黄金万两,准备赏赐立功将士。然而,南宋在战争物资供应上显然捉襟见肘,春夏之际竟颁纳粟补官令,企图以鬻官来弥补粮饷的短缺。

在人事上,侂胄也做了些安排和调整。嘉泰二年,宁宗下诏命宰执各推荐可守边郡的人才二三人,同时命诸路安抚使、总领、监司荐举可任将帅的名单。次年,又颁诏诸军主帅,各推举有将才的部下三人,不如所举者处以连坐。开禧元年,在朝侍从、台谏、两省官与在外待制以上官员,又奉诏各举将帅、边守一二人。频繁的举荐诏令所暴露的则是军事人才的严重缺乏。

嘉泰四年岁初,金国饥馑连年、流民四起的边报传来后,侂胄立即做出反应,任命亲信参知政事张岩为淮东安抚使,同知枢密院事程松出帅淮西。他还打算让知枢密院事许及之出守江防重镇建康府(今江苏南京),许及之畏惧推托,侂胄一怒罢了他执政之位。原先追随侂胄的执政中,张孝伯、费士寅也感到北伐有点轻举妄动,却不敢明谏,侂胄察知后也将他俩相继罢免。

开禧元年六月下旬,宁宗诏拜韩侂胄为平章军国事。早在嘉泰元年夏,监惠民局夏允中就上书皇帝,让侂胄平章军国重事。侂胄虽垂涎这一宋代最高权位,还畏惧众议,假惺惺地辞谢说"闻之骇汗如雨",指斥建议者"肆为狂妄之说",请允许他致仕。宁宗不许,批其疏后道:"朕方得所倚赖,岂容远嫌?"允中拍马不在当口上,反因上书放罢,押出都门。但随着北伐的迫近,侂胄日渐感到必须集大权于一身,既便于调度指挥,也可以提高声望，以为号召。这次是右相陈自强、侍御史邓友龙及时献媚，向宁宗援引故事，重提旧议，才有此诏命。

宋代授平章军国事，寓有优待元勋重德之意，与一般宰相不可同日而语。在此以前，只有四位大臣获此殊荣。一为真宗朝王旦，一为仁宗朝吕夷简，两人不到半年都力辞而罢，还有两位即元祐重臣文彦博与吕公著，宠幸如蔡京、专擅如秦桧都与此无缘。韩侂胄拜平章军国事，比吕公著同平章军国事少了"同"字，其体更尊；比文彦博平章军国重事少了"重"字，其权尤广，即所谓"政事无所不关"，仅省免其常程细务而已。太常寺议定典礼：序班丞相之上，三日一朝，赴都堂治事（开禧北伐起，改为一日一朝）。礼官又建议，其节度使俸禄照旧支给。对这一决定，侂胄推辞了一下，终以下诏褒纳而不再拒绝。至此，侂胄既享有建节、封王等最高荣衔，又拥有了宋代相臣罕有的大权，俨然处于权位的峰巅上，可以为所欲为了。这一任命后，三省印都纳送韩府，宰相不复有印，仅同参知政事。

侂胄还命枢密院设置机速房，以亲信朝士主管其事，兵事密谋，都让他们论定再报他。知名之士周南正主管吏部架阁文字，侂胄欲罗致他，周南拒绝拉拢，对人说："我正以为首开兵端是发狂必死之药，怎能参预其间呢！"开禧元年秋季，殿前副都指挥使郭倪出任镇江都统制兼知扬州，侂胄以两淮为北伐主战场的意图已十分明显。

北伐的舆论宣传也逐步升温。嘉泰四年春夏之际，朝廷在镇江府为绍兴抗金名将韩世忠建庙。世忠指挥的黄天荡战役就是在镇江江面上拉开战幕的，而后直将完颜宗弼的大军逼进黄天荡（今江苏南京东北长江段），给不可一世的金军以沉重打击。如今，选择北伐前夕在这里为他立庙，显然是意味深长的。

时隔一月，宁宗下诏追封岳飞为鄂王。民族英雄岳飞的姓名本身，在南宋爱国军民心中就是恢复故土、洗雪国耻的一面旗帜。侂胄打算兴师伐金，自然有必要打这面大旗，既激励将士，又振奋民心，更抬高自己。追封制词说："人主无私，予夺一归万世之公；天下有公，是非岂待百年而定。"追封岳飞，尽管侂胄心存私意，但确是大振民心、大得人心之举，起到了号召军民的积极作用，为即将到来的北伐赢得了舆论上的广泛支持。

侂胄利用一切机会在舆论上鼓吹北伐。开禧元年，礼部试进士，第一名毛自知就因在策论中主张"宜乘机以定中原"，大得侂胄欢心而点为状元的。这年秋天，宋廷又追赠宇文虚中为少保。虚中在建炎初置生死于度外，应诏出使，为金强留。金熙宗皇统六年（1146），金上京汉人俘虏起兵南归，欲推他为首，事泄，以谋反罪处斩。开禧北伐前夕，追赠他为少保，也隐然有表彰民族节概的用意在。同时，南渡四大将之一的刘光世也追封为鄜王，光世并无抗金殊勋可言，侂胄追封他仍为"风厉诸将"。

开禧二年初夏，权礼部侍郎李壁上奏说："自秦桧首倡和议，使父兄百世之仇，不复系于臣子的虑念。宜亟贬夺爵位，改定恶谥，示天下以仇耻必复之志。"秦桧死后，高宗赠封申王，追谥忠献。人民对他的痛恨，与对岳飞的爱戴同样深切。于是，礼部从秦桧后裔处拘取了封王赠谥的告词，追夺王爵，降为衡国公；定谥"缪狠"。谁知侂胄对同伙说："且休，且休！"也许"狠"字触到了他的痛处，最后改谥"谬丑"。侂胄此举无非继追封岳飞后，再次在北伐舆论上制造轰动效应，这种效应也确实达到了。降封制词中"一日纵敌，遂贻数世之忧；百年为墟，谁任诸人之责"，立即成为传诵一时的名句。但时论以为：李壁所论不为不公，惜乎只斥其主和，而不论其无君，只是迎合侂胄用兵之私而已。

正当各种战争准备紧锣密鼓进行时，开禧元年四月二十七日，武学生华岳叩阍上书，给红红火火的北伐宣传当头泼了一盆冷水。上书首先勾画了一幅战前的景况：

> 旬月以来，都城士民彷徨相顾，若将丧其室家；诸军妻子隐哭含悲，若将驱之水火。我见到侍卫之兵日夜潜发，枢机之递星火交递，戎作之役倍于平时，邮传之程胜于往昔，这才知道陛下准备北征。

接着，华岳揭露了韩侂胄及其党羽专擅弄权、结党营私的种种倒行逆施，认为：这些也像外患一样，已侵入国家的腹心、股肱、爪牙、耳目和咽喉等要害部位，并驱使士卒仇其将佐，百姓叛其守令，自树国中亿万仇敌。今不务去我腹心、股肱、爪牙、耳目、咽喉之患与那亿万仇敌，却打算空一国之师，竭一国之财，与远夷外戎较量于血刃相涂之地，岂非不恤自身而误用其心吗？

他进而分析道：万一国家首开战端，则将帅内离，士卒外叛，涂炭万民，血刃千里，这是天数不利于先举；将帅庸愚，军民怨恨，马政不讲，骑士不熟，豪杰不出，英雄不收，馈粮不丰，形势不固，山砦不修，堡垒不设，虽带甲百万，运饷千里，而师出无功，不战自败，这是人事不利于先举。

他请皇帝斩韩侂胄、苏师旦，"先去国中外患仇敌，然后公道开明，正人登用，侵疆自还，中原自复。不然，乱臣贼子吟九锡隆恩之诗，有异姓真王之心，涂炭生灵，坠毁王业。那时，陛下虽欲不与之偕亡，但祸迫于身，权出于人，俯首待终，噬脐莫及！"华岳最后表示，为了验证取信，愿身系囹圄，如侂胄奏凯班师，甘愿枭首示众，为欺君罔上者戒；如结局与所奏相符，就放归田里，永为不齿之民。

宁宗阅过上书，未为所动，依旧交由侂胄处理。几乎同时，侂胄收到了华岳的一首诗，题为《上韩平原》：

> 君家勋业在盘盂，莫把头颅问镬镂。
> 汉地不埋王莽骨，唐天难庇禄山躯。
> 不随召奭始求老，便学孔明终托孤。
> 十庙英灵傥如在，谩于宗社作穿窬！[1]

大意说：你家曾祖韩琦倒是功垂千秋的，你可不要把头颅去试斧钺，王莽、安禄山的下场就是前车之鉴。你即便做不到召公奭那样在成王即位之初便乞老归岐，也该学学诸葛亮受托孤之重，忠心辅弼嗣君。大宋十庙祖宗的英灵决不会放过你这窃国之贼的！故而，宁宗让他处理这事时，侂胄怒不可遏地命大理寺立狱。华岳被削去学籍，押送建宁（今福建建瓯）土牢监禁。

华岳上书系狱后，已少有人再敢于公开批评北伐了。开禧二年春夏之交，连原先的追随者钱象祖也认为即将到来的北伐是冒险之举，表现出观望态度，侂胄认为他"怀奸避事"，连夺两官，信州居住。三天以后，知处州徐邦宪入朝，上疏宁宗，请立太子。他说："与其找名目来停战，还不如借建储大赦的机会，行弭兵之事，洗弄兵之咎，省戍边之师，发仓粟以赈饿殍，应农时而复民业。建储弭兵正可相为表里。"他以相似内容上书侂胄，试图为他找台阶下。但在侂胄看来，战车好不容易发动，怎能让息兵停战的话头使其熄火呢？便指使侍御史徐柟奏劾，将徐邦宪降秩罢祠了。

---

[1]《宋史》卷 455《华岳传》；华岳：《翠微南征录》卷 1《开禧元年四月二十七日上皇帝书》、卷 4《上韩平原》。

这时，距开禧北伐的爆发只有个把月了。宁宗对北伐虽有闻知，却不甚了了。侂胄败死后，指控他的罪名之一是，举事北伐，却"上不取裁于君父，下不询谋于缙绅"[1]。关于不询谋于缙绅，是用兵之议招致朝野的异议反对后，决策和准备工作便"其议愈密，外廷罔测"，故而"出师已有定期，在廷缙绅皆未之闻"。事涉军机，外廷不知，尚有理由可说。至于不奏禀皇帝，则是侂胄专擅已惯，宁宗总是言听计从的，故也认为不必一一取裁了。侂胄虽无不臣之心，却有嫚君之举。自平章军国事后，他把机速房设在私第，假作御笔，升黜将帅，已是司空见惯，甚至密谕诸将出师之日，也假借御笔颁下。至于御前金牌，祖制规定专隶内侍省，他却多自韩府发遣，调发人马，军期急报，都不奏禀宁宗。开禧北伐，本就是权臣专擅下裹挟私意的轻率决策。宁宗无能，侂胄专擅，礼乐征伐不自天子出，也是必然的。侂胄固然应该追究，宁宗本人就没有责任吗？

二　开禧北伐

1. 从三路出击到全线溃败

北伐的战幕是开禧二年（1206）四月下旬（公历 6 月上旬）拉开的，战争在东、中、西三个战场展开。御史中丞邓友龙任两淮宣抚使，郭倪以副殿帅兼山东、京东路招抚使，这是东路统帅。由东路渡淮北上离中原最近，且主要地形是平原，利于长驱直入，故而南宋方面选择两淮，尤其淮东为北伐主战场，旋即调发三衙

---

[1]《四朝闻见录》戊集《臣寮雷孝友上言》。

224

禁兵增援淮东。兵部尚书薛叔似为湖北、京西宣抚使，鄂州都统
赵淳兼京西北路招抚使，皇甫斌兼京西北路招抚副使，这是中路
的统帅。西路则以程松为四川宣抚使，吴曦为四川宣抚副使兼陕
西河东路招抚副使。

宋军首先在东线发动进攻。四月五日，东线左翼宋军进围
寿州，金亳州守将率步骑驰援，宋军被迫撤围。这一仗也许只
是大规模军事行动的前奏，而且失利了，宋方未予记录。[1]四月
二十五日，镇江都统制陈孝庆与勇将毕再遇奉郭倪之命，自盱眙
（今属江苏）出师，进攻淮水对岸的泗州（今江苏临淮东南）。毕
再遇原籍兖州，淳熙间就以骁勇闻名。接到命令后，他要求亲选
新募的敢死军为前锋，郭倪拨给他八十七人，命他克日进兵。

泗州原为宋金榷场所在，这时金军早关闭了榷场，加固了城
门，严阵以待。再遇对陈孝庆说："敌人已知我军出兵的日子，兵
以奇胜，应出其不意。"便提前一天渡淮，兵临城下。泗州有东西
两城，再遇将舟楫、旗戈陈列西城下，造成欲攻的假象，亲麾精兵
直扑东城南角。他身先士卒，率先登城，杀敌数百，金军大溃，打
开北门逃遁。西城仍坚壁不下，再遇披发戴兜鍪铁鬼面，挥动上书
"毕将军"大字的将旗，高喊："大宋毕将军在此，你们是中原遗民，
可快快投降！"不一会儿，金守城官缒城请降，泗州两城克复。

泗州之战是开禧北伐的开始。郭倪入城劳军，授再遇御宝刺史
牙牌，再遇说："大宋在河南有八十一州，现在下泗州两城就得一
刺史，而后何以为赏。何况招抚使带得朝廷几块牙牌来？"固辞
不受。

---

[1]《金史》卷12《章宗四》："四月丙辰（五日），宋人围寿春。寿春告急于亳。"似
已非此前一般性的军事摩擦。然寿春（今安徽寿县）时属南宋安丰军，金寿州（今
安徽凤台）与寿春相邻，当是寿州。

在东路右翼战场初战告捷同日，中路宋军由江州统制许进克复了新息（今河南息县），不久又攻下内乡（今河南西峡）。由金归宋的光州忠义人孙成也在四月二十六日收复了褒信县（今河南新蔡南）。五月六日，中路统帅命江州都统制王大节率部攻蔡州（今河南汝南），蔡州是中路北进中原的重镇，但王大节不仅攻城不克，反而全军大溃。

泗州大捷的消息传来后，南宋群情激昂，韩侂胄更是兴奋地以为恢复之期指日可待。他向宁宗列举了东路和中路的捷报，请正式下诏伐金。侂胄早就筹划这篇堂堂正正的北伐出师诏了。他先命叶适改权吏部侍郎兼直学士院，试图借其大名，再造轰动一时的宣传效应。叶适认为北伐时机尚未成熟，不愿草诏，托病力辞兼职说："我作一篇诏书要十天半月，恐怕误事。"侂胄只得改命权礼部尚书兼直学士院李壁草诏。五月六日，宁宗内批道："北金世仇，久稽报复，爰遵先志，决策讨除。宜颁诏旨，明示海内。"次日，北伐诏正式颁布。为表示"兵出有名，师直为壮"，诏书开头就说：

> 天道好还，盖中国有必伸之理；人心助顺，虽匹夫无不报之仇。

接着指责金国"军入塞而公肆创残，使来庭而敢为桀骜"。前者是无中生有，开禧北伐前，金人从未骚扰过边境，倒是宋方在不断挑事；而后者也是侂胄有意挑起的外交纷争。诏书号召：

> 西北二百州之豪杰，怀旧而愿归；东南七十载之遗黎，久郁而思奋。闻鼓旗之电举，想怒气之飚驰。[1]

---

[1]《两朝纲目备要》卷9；参校《大金国志》卷21《章宗皇帝下》。

诏文铿锵有力，激励人心，不久临安市上就有印刷物出售。下诏七天后，皇帝以伐金事祝告天地、宗庙和社稷。

金国虽不愿打这场战争，但南宋首开兵端后也迅即做出反应。四月十五日，金章宗下诏在南京（今河南开封）恢复河南行省，由平章政事兼左副元帅仆散揆为主帅，全权负责对宋战争。同时升诸道统军司为兵马都统府，东线以山东东西路统军使纥石烈执中为山东两路兵马都统使，西线以陕西统军使完颜充为陕西五路兵马都统使兼元帅右监军。不久，又以枢密副使完颜匡为右副元帅，主中线战事。这样，以河南行省为中心，金国也构成了东、中、西三路军事布局，分别阻遏南宋三路北进的势头。就在南宋下北伐诏的五天后，金朝也下了南征诏书，指责韩侂胄"辄鼓兵端，首开边隙"，"败三朝七十年之盟好，驱两国百万众之生灵"，最后表示金国不得已而应战，"彼既逆谋，此宜顺动。尚期决战，同享升平"。

但战事的进展却令宋人气短。五月七日，中路统帅之一的皇甫斌惟恐落后，未接宣抚使薛叔似的军令，就率军一千人，北攻唐州（治今河南唐河），初败于支池河，再败于方城。皇甫斌以出身将家、好说兵事而自诩，但纸上谈兵而已。他的麾下优伶荟萃，有民谣嘲讽道："宣威群下问，恢复竟如何？"[1] 其实，金人早在一个月前就获得他准备规取唐、邓的情报，行省派出的援军与坚守唐州的金将一举击溃了他的部队。

皇甫斌派出的曹统制率步骑数万分路攻蔡州，进至溱水，河水暴涨，又接到东路左翼建康都统制李爽攻寿州败绩的消息，便迟回不进。金将完颜赛不夜率骑兵七千人，分路抄击，待宋军刚

---

[1]《四朝闻见录》丙集《天上台星》。宣威为宣抚、宣谕、招抚使之别称。

过河，金军精骑即控扼了渡桥。黎明，宋军大溃，被追杀达两万人。侂胄大怒，六月，夺皇甫斌三秩，十几天后再夺其五官，南安军安置。

东路战况同样令人沮丧。山东京东路招抚使郭倪战前自视甚高，酒后就吟杜甫《蜀相》诗，阿谀者肉麻地吹捧他，他也真以为卧龙再生。战争开始后，他宴别先期出发的军需官陈景俊，大言道："木牛流马，就劳驾足下了。"座中之人几乎喷饭。泗州克复，时值盛暑，他在帅府见客，自己与来客用的纸扇上都题着那两句杜诗："三顾频繁天下计，两朝开济老臣心。"

另一位东路主帅是两淮宣抚使邓友龙，他曾追随理学家张栻，自称道学中人，故而也入庆元党籍。恢复之议起，他曲意鼓吹，也慷慨自许，明明不知兵机韬略，却偏以侍御史身份妄荐大将。监察御史娄机面讥他："今日谁可为大将！即使以你充任，能管保有用吗？"泗州之捷后，他与郭倪都被小胜冲昏头脑，既无持重之操，又无临敌之算，却自以为奇功唾手可得。

泗州收复后，郭倪即派其弟池州副都统郭倬和主管马军行司公事李汝翼移师西北，合攻宿州（今安徽宿州），以马军司统制田俊迈为先锋，并增派镇江都统制陈孝庆率军后援；又命毕再遇率四百八十骑兵为先锋直取徐州。田俊迈以步、骑两万连克虹县（今安徽泗县）、灵璧，势如破竹，仅七天就兵临宿州城下。郭倬、李汝翼率兵五万也随后赶到，便兵分三路进围宿州。沿边忠义奋不顾身，肉搏登城，城下宋军却嫉妒功落他人手，竟从下往上射箭。坠落的忠义人怒斥道："是一家人，还分你我！"攻城便延滞了下来。

南宋大军驻营在低洼处，时值两淮雨季，一夜豪雨使军帐积水数尺，金军不失时机地偷袭焚烧了宋军的粮饷。兼旬大雨，再加上饥饿，十天后宋军不战自溃。五月二十三日，宋军撤围向蕲县（今安徽宿州东南）方向败退。金国骑兵一路追击，杀伤数千人，追至蕲县将宋军团团围住。眼看宋军将全军覆灭，郭倬向金军乞和，金将仆撒孛堇说："执田俊迈给我，让你们全师撤回。"郭倬竟将勇将田俊迈缚送金营。金军虽让郭倬率军撤离，但仍将约半数的殿后宋军给剿杀俘虏了。

毕再遇的骑兵进发到虹县时，正遇上从宿州溃退下来的郭倬部败兵，就急行军赶赴灵璧，担任后援的陈孝庆正拟退兵。再遇说："我奉命取徐州，假道过这里，宁死灵璧北门外，也不死在南门下！"郭倪下令撤师的军令刚好送达。再遇说："宿州军溃，敌人必然追袭。我来阻击他们！"果然，金骑兵五千余人分两路追杀而来。再遇令敢死队二十人守灵璧北门，自率精骑冲突敌阵。金人见战旗，惊呼"毕将军来了"，便夺路逃遁。再遇手挥双刀，逐北数十里，杀敌甚多，铠甲为之尽弃。他扼守灵璧，估计南宋大军已撤到二十里外，才将余部撤回泗州。

宿州之役是北伐以来最严重的惨败。溃兵满野，下泣之声不忍入耳，伤病甚至肢残的兵士，无人救助，有实在忍受不了伤残苦痛的便投井自杀，溃兵过处甚至"井满不可汲"。[1] 在东路主战场上，宋军已完全丧失进攻性作战的实力和可能。而东线左翼，建康都统制李爽率部进围寿州，逾月不克。在金河南援军和寿州守军的两相夹击下，也大败而归，金军攻占了寿春府（今安徽寿县）。六月十七日，建康副都统田琳收复了寿春府，但比起李爽的溃败，这已算不上胜利了。

东线、中线的战事几乎同时发起的，攻势一开始也较凌厉。

---

[1]《桯史》卷14《开禧北伐》。

相比之下，西线战事发动虽早，攻势却并不猛烈。其间固有西线主帅吴曦不可告人的动机在，或许也是南宋的战略部署，即西线仅仅起牵制敌人配合友军的作用。

东线战幕拉开前不久，四月十三日，西线宋军攻入天水地界，次日在东柯谷（今甘肃天水东南）一带被金将刘铎击败。七天后，吴曦派兵进攻来远镇（今甘肃武山西南）兰家岭。但这些只是开禧北伐爆发前西线的前哨战。五月十三日，兴元都统制秦世辅率部由汉中出征关中，这是西线一次较大规模的军事行动。但大军开拔不久，刚行至城固（今属陕西），就未战而自溃。六月二十五日，吴曦派兵六千攻盐川（今甘肃陇西西南），为金将击退。七月十五日，吴曦亲率五万大军攻入秦州（治今甘肃天水），竟被金将完颜承裕、完颜璘以千余骑兵战退，奔逃四十里。与此同时，他命万人再攻来远镇，也被金同知临洮府事术虎高琪击破。

八月下旬，西线另一主帅程松遣将袭取方山原（今陕西宝鸡西），自己率兵数万乘暴雨大雾分道夺得和尚原（今陕西宝鸡南）等关隘。这些兵家必争之地，金军自然不会坐视宋人扼守。金元帅右都监蒲察贞遣将设伏在方山原上，别选勇士五百名由绝径攀援到方山原宋军上方的山头上，上下合击，夺回了方山原。而后又遣将用智斗勇，尽复和尚原等关隘，大败宋军。雄关险隘得而复失，西线战事的前景也可以推测了。

九月下旬，吴曦部将冯兴、杨雄、李珏以步、骑八千再攻秦州。步兵走西山，为金骑二百驰突追击，溃退至皂郊堡（今甘肃天水南），被斩杀二千余人；骑兵走赤谷（今天水西），也挡不住金骑的凌厉攻势，被杀千余人；杨、李战死，冯兴仅以身免。至此，西线进攻遂告终止。

东线战事早就一蹶不振了。七月十五日，水军统制戚春和副

230

统制夏兴国率水兵万余名沿黄河北上，准备取金邳州（治今江苏邳州南）[1]，被金邳州刺史完颜从正击败，戚春投水而死，夏兴国被杀。东线进攻性战事至此全告失败，张扬了好几年的北伐，只收复了一座泗州城。所有的庆功文章只能做在这座孤城上了。早在七月下旬，尚书都省曾以札子形式草草颁了赦令，而宋代惯例总是以皇帝的德音赦书曲赦武功拓地上的居民，或许韩侂胄也认为不便再借用宁宗名义来庆贺这弹丸之城的克复了。九月下旬，赏收复泗州之功，毕再遇功为第一。

韩侂胄终于明白，他的北伐大业倚用的是一批怎样的酒囊饭袋。盛怒之下，便狠狠地惩罚他们，六、七、八三月，贬窜败将成了他的一大节目。不仅皇甫斌、邓友龙、郭倬、李汝翼、李爽等先后被夺官，受居住或安置的处分；郭倬因献勇将田俊迈给敌国，最后在镇江斩首。

七月初的一天晚上，侂胄独招李壁同酌，说起轻信苏师旦之事，李壁略说了些师旦的劣迹，试探道："师旦弄权，使明公负谤。不窜谪此人，不足以谢天下！"师旦因迎合用兵，开禧元年拜为节度使，仍领阁门事，他公然定价售卖将帅之职，早是公开的秘密，只有侂胄还蒙在鼓里。如今经李壁揭秘，一怒之下，便当场让李壁代草劾奏。没过几天，师旦被夺三官，衡州居住，还抄他的家，抄出他招权纳贿、鬻官卖爵的金银赃物，数量之大令人咋舌，侂胄用作为四川、两京湖、两淮宣抚司的犒军费。不久，苏师旦除名，韶州安置。

七月下旬，侂胄将参知政事张岩改知枢密院事，李壁升为参

---

[1] 南宋时黄河改道由徐州、邳州、楚州一线夺淮入海，故宋军水师能从宋楚州（今江苏淮安）溯河而上。

知政事。在这以前，他已让江南东路安抚使丘崈代替被贬窜的邓友龙出任两淮宣抚使，命他赴扬州部署长江一线的三衙诸军分守江淮军事要地。丘崈一向主张对金复仇，北伐前侂胄试图拉拢他共取功名，准备让他任签书枢密院，宣抚江淮。丘崈答道："中原沦陷百年，固然不可一日而忘。但兵凶战危，胜负未知，首事之祸，由谁承担？一定有夸诞贪进之徒，侥幸以求万一。"侂胄不得不表示："这事姑且推迟一下。"内心却甚为不快。丘崈有些军事才能，处事也稳健。如今北伐丧师，侂胄只能起用他来收拾败局。

丘崈认为眼下未可言战，只能安集离散之兵，戍守要害之处，防止金军报复。他主张放弃攻克的泗州，还师盱眙。因为泗州已成孤悬之城，淮北还屯驻精兵近两万，万一金人南出大清河口，长驱天长（今属安徽）等地，将会造成淮东宋军首尾中断的态势。迫于形势，侂胄虽然不满，也只得让他去料理了。

自泗州之战起，渡淮宋军达七万余人，到六七月间，东线的宋军几乎都溃不成军了。丘崈赴任后，首先命田琳等招收宿州、寿县两地溃兵，仅得四万，安抚慰劳后一新号令，整编还成；然后部署郭倪、陈孝庆等屯驻宋金边界和扼守军事要地。

2. 转攻为守，左支右绌

宋军已无再进攻的可能，现在轮到金军后发制人了。开禧二年十月一日，金河南行省最高统帅仆散揆下令，九路金军从东、中、西三个战场向宋军全面反击。开禧北伐进入第二阶段：金由战略防御转为战略进攻，宋则由战略进攻被迫转为战略防御。

金军的东线攻势由左、中、右三路构成：左翼由左监军纥石烈执中率山东兵两万出清河口攻宋淮南东路；仆散揆亲领行省兵三万出颍州（治今安徽阜阳）、寿州（治今安徽蒙城）；右翼由河南路统军使纥石烈子仁统兵三万出涡口（今安徽怀远东北），与中路合攻淮南西路。中线战场由右副元帅完颜匡提师二万五千出唐州（治今河南唐河）、邓州（今属河南）。西线五路则是右监军完颜充率关中兵一万出陈仓（今陕西宝鸡西南），右都监蒲察贞引岐、陇兵一万出成纪（今甘肃天水），蜀汉路安抚使完颜纲统蕃汉步骑一万出临潭（今属甘肃），临洮路兵马都总管石抹仲温领陇右步骑五千出盐川（今甘肃陇西西南），陇州防御使完颜璘以本部兵五千出来远（今甘肃武山西南）。金军反攻的重点显然也在东线，秋高马肥之际，正是女真骑兵战斗力最强悍之时，而两淮平原也正是骑兵纵横驰突的最佳战场。

就在仆散揆下达反攻令的同一天，宋宁宗下诏，要求内外军帅各举智勇兼备堪充将帅者二人。除毕再遇、田俊迈，北伐宋军几乎没有值得称道的将帅之才。宁宗生日端庆节那天，想到前线将士在凛冽秋寒中与南下的金军作战，深感不安与怜悯，他罢去了圣节宫廷内宴。东线三路金朝大军已经全线突破淮河，进入南宋的淮南东路和西路。不久，宁宗又去告祭天地、宗庙和社稷，告以金兵侵淮事，而半年以前，他祝告的则是北伐金国事。祭告后两天，他开始避正殿，减常膳，表示对国运的关注和忧虑。这次避殿减膳长达三个月，表明确实不是装装门面，走走形式，但除此以外，他作为君主却一筹莫展。

十月廿九日，纥石烈执中统部以战船五百从大清河口渡过淮河，攻下淮阴，进围楚州（今江苏淮安），列营六十余里。另有三千兵戍卫淮阴的粮营，三千艘运粮船停泊在大清河上。升任镇江副都统的毕再遇侦知后，即遣部夜袭淮阴，焚烧金营粮草。楚州是淮东军事重镇，宋军拼死固守，毕再遇又多次出击楚州城外的敌营，故金军久攻不下。两淮是长江下游的屏障，丘崈命主管殿前司公事郭杲移屯真州（治今江苏仪征），准备随时驰援两淮。十一月三日，丘崈被任命为签书枢密院事、督视江淮兵马。在金军压境的形势下，宁宗把扭转危局的希望寄托在他的身上，亲写书翰慰问他。

十月三十日，仆散揆亲率河南行省大军攻克安丰军（今安徽寿县），取霍丘县。十一月十五日，攻至庐州（今安徽合肥），因宋将田琳据守，他挥师东进，九天后攻下含山（今属安徽），随即进围和州（今安徽和县）。和州城外敌骑蔽野，城内居民和宋军的储粮无多，形势岌岌可危。守将周虎有大将之器，与士兵同甘共苦，好几次亲率部下攻围苦战。他的母亲拔下首饰，拿出妆奁，巡城犒军，激励守军尽力一战。士兵们为他们母子的爱国诚意所感动，无不拼死血战，固守州城。仆散揆见和州久攻不克，半个月后撤围，转攻六合。

这时，有人劝丘崈放弃两淮，专力守长江，他坚决反对："弃淮则与金军共有长江天险，我誓与淮南共存亡！"六合（今属江苏）离长江仅数十里，六合一失，金军即可饮马长江，隔江虎视建康（今江苏南京）了。郭倪派前军统制、其弟郭僎率兵一万前往救援。两军相遇于仪真胥浦桥（在今江苏仪征），宋军大败，被杀八千人。金军攻至竹镇，离六合仅二十五里。这时，毕再遇率援军抢先一步驰抵六合，伏兵南土门，摆出无人守城的模样，等金军至城濠下，万弩齐发，金鼓大作，旗帜并举，再遇率师出战，金兵惊惧遁走。金军便屯驻瓦梁河（在今江苏六合），控扼真州、扬州之间的交通咽喉。郭倪原打算侥幸一胜，以掩前失，不料仍一败涂地，他闻讯后放弃扬州仓皇逃遁。这位以诸葛亮自况的原东路统帅之一，这才"自度不复振，对客泣数行"，有人当场嘲笑他说:"这是带计诸葛!"[1]

中线战场的南宋大军屯驻在襄阳,招抚使赵淳、副都统魏友谅和统制吕渭孙互相倾轧,各不相下。湖北京西宣抚使薛叔似向以功业自许,但临事怯弱,少可称道。自金军大反攻以来,宋军中路防线也一再为金兵突破。十一月上旬起,完颜匡军势如破竹,连克枣阳、光化军(今湖北老河口)后,进攻神马坡。魏友谅统兵五万夹汉水对阵,以强弩据守汉水之侧,在金军强烈攻势下,连失十三寨,不得不突围赴襄阳。赵淳竟焚毁樊城,退缩襄阳。樊城为军事重镇襄阳的屏障,赵淳自撤屏障,金军遂得以长驱直入。

完颜匡随即攻克随州(今属湖北),进围德安(今湖北安陆),因宋将李师尹坚守狙击,遂派别部相继攻占了安陆、应城、云梦、孝感、汉川(今均属湖北)等地,自己则在十一月廿四日亲率大军进围襄阳,破其外城,六天后又克宜城(今湖北襄阳南)。宋魏友谅军不战自乱,溃走江陵。开禧三年大年初一,完颜匡猛攻襄阳城。新任京湖宣抚使吴猎派骁将孟宗政等驰援,完颜匡解围而去,顺道取谷城(今属湖北)。二月上旬,金军攻克荆门军。

十一月间,东线右翼金军纥石烈子仁部先后占领了定远、滁州、来安、全椒等州县,十二月中旬,攻至真州(治今江苏仪征)一带,与仆散揆部会师,屯驻在真、扬之间。这时,真州宋军还有数万之众,死守河桥。纥石烈子仁率金军分路从浅水处涉渡过河,突现敌后。宋军大惊失色,不战而溃,被杀两万余人。十二月廿三日,真州失守,士民奔逃渡江的达十余万人。真州既失,

[1]《桯史》卷15《郭倪自比诸葛亮》;《宋宰辅编年录》卷20开禧三年。

扬州危在旦夕，郭倪早在几天前弃城南渡而逃。扬州宋军便开决城西、城北的巨胜、成公、雷埭等渚水，渡江南去。至此两淮州县几乎尽陷金军之手，金骑再次饮马长江，建康、镇江已一苇可航。

西线战场也不断传来坏消息，尽管西线五路金军的反击攻势不及东线与中线那么凌厉迅猛。十二月四日，完颜纲率部进围祐川（今甘肃岷县东南），迫使南宋守军投降后不久，又攻下荔川、阊川，然后占取宕昌（今属甘肃），十二月中旬，大军抵大潭县（今甘肃西和西南）。蒲察贞部则在十二月上旬取天水，破和尚原，陷西和州（今甘肃西和南），攻克成州（治今甘肃成县）。也在十二月，金军进犯七方关（今甘肃康县东北），被宋将李好义击退，但军事重镇大散关却为完颜充部金军攻占，川蜀门钥已落金人之手。

比起宋军北伐来，金军的南征基本上节节顺利，频频得手。忧心战事的南宋朝臣每以战事问陈自强时，这位"以容容为上策，以唯唯为善谋"的当朝丞相却束手无策，仍只是俯首唯唯，或干脆称，"太师自有措置"，往韩侂胄身上一推了事。侂胄这才认识到建盖世功业的美梦终成泡影。但战事既开，无论胜败，军费却一天也不能短缺，南宋财政早有寅吃卯粮的亏空感，军费开支成了大问题。侂胄不能不自为表率，他上表宁宗，请准许他将家藏先朝赐予的金器六千两献为军费。宁宗下诏应允，并表彰了他，而天下人仍"皆笑韩之欺君"。[1] 几天后，太皇太后谢氏也拿出私储一百万缗作为犒军钱。侂胄与谢氏一带头，上自执政下至州

---

[1]《四朝闻见录》戊集《侂胄助边》。《南宋杂事诗》卷1注引《笔麈》："韩侂胄出师数衄，自悔失图，私出家财二十万以助军兴。"捐献数额与此不同。

郡官吏，还有后妃，或减俸，或捐赠，倒掀起了一股不大不小的热潮。

官军溃败、城池失守的边报不断传来，金军逼近长江防线，侂胄"为之须鬓俱白，困闷莫知所为"[1]。政局和舆论对他越来越不利，皇帝对他仍很信任，有时还赐筵内廷。在一次内宴上，宁宗命准备演出的优伶把果桌移在旁边，两人看似失手实则有意地将果桌上的生菱打翻在地，一人忙说："不好，不好，坏了许多生菱（生灵）！"以谐音讥刺侂胄轻率用兵，涂炭生灵。在另一次赐宴上，三名优伶一扮樊迟，一饰樊哙，一演杜撰人物樊恼，借以谐音烦恼。当互问命名来由时，饰樊迟者说："孔夫子所取。"扮樊哙者答："汉高祖所取。"演樊恼的优伶却道："樊恼自取。"侂胄知道优伶们在嘲讽他贸然开边"烦恼自取"，却不便发作。尽管皇帝对他态度没变，但战争失利，侂胄颇有顾忌，不像以前为所欲为。

3. 吴曦之叛

四川的门钥大散关是开禧二年十二月十一日失守的，时隔十六天，四川宣抚副使吴曦自称蜀王，向金称臣，公然亮出叛旗，使南宋的战争危局雪上加霜。消息传来，朝野震惊。

南宋初年，吴玠、吴璘兄弟在川蜀抗金战争中拥有了自己的部队，号称吴家军。吴玠死后，吴璘代领其军。由于当时宋金对峙的严峻局势，四川远离中央，在地理、财政上都有相对独立性，绍兴年间，宋高宗的第二次削兵权未对吴璘采取措施。吴璘去世后，其子吴挺继任吴家军新统帅。吴氏三世帅蜀，尽管自高宗以来"皆留其子孙于中朝"，但从孝宗朝起就引起有识之士的

---

[1]《四朝闻见录》戊集《优伶戏语》。

忧虑。[1]

绍熙三年（1192），朝议讨论更代蜀帅事，留正认为吴家军不知有朝廷，命丘崈为四川安抚制置使。丘崈入川前对光宗说："吴挺如死，兵权不可再授其子。请让我有权酌情抚定诸军。"光宗表示同意，次年，吴挺死，丘崈命总领财赋杨辅权利州西路安抚使，统制官李世广代领其军。这时，光宗精神病复发，半年不置蜀帅。后在知枢密院事赵汝愚的建议下，命兴州都统制张诏兼知兴州，取代吴挺领军。吴挺之子吴曦则调任建康军马都统制，后迁殿前副都指挥使，名义上待以成卫京师的重任，实际上夺了他几近世袭的吴家军兵权。

据说，吴曦少时，吴挺问其志向，他即有"不臣之语"，吴挺一脚把他踹倒在火盆上，脸上烙出了伤疤，川人都叫他吴巴子。吴曦成年后，孝宗借其朝觐，留以禁卫。吴挺死后，他总想回川独领吴家军。当上副殿帅后，他曾命画工将皇帝的乘舆、仪仗等绘成精细的卷轴，有人问他何用，他诳言道："带回去让孩儿男女看了好消灾。"后来人们都知道，他的反状已萌蘖在这时。

吴曦开始结交陈自强，贿以重金。自强便对韩侂胄说："只有吴曦才能镇住川蜀。"侂胄正酝酿开边，也认为吴曦可以担当西线的大任，就同意放他归蜀。嘉泰元年夏天，吴曦被任命为兴州都统制兼知兴州，利州西路安抚使。走出临安府北关时，他焚香拜天道："总算脱身归去了！"入川后，他首先潜罢副都统王大节，不再任命新的副帅，把兵权独握在手。而后，他以重贿再走苏师旦的门路，索要整个四川的军政大权。

[1]《两朝纲目备要》卷7。反对议论如《桯史》卷3《赵希光节概》载，赵雄对孝宗语曰："西人又以二父（指玠、璘）故，莫不畏服"，"古帝王长虑却顾，为子孙万世之计，似不如此"。

238

开禧二年三月，侂胄物色西线主帅，以原同知枢密院事程松为四川宣抚使；由于苏师旦运动，吴曦任命为宣抚副使，旋兼陕西河东路招抚使。侂胄也自有考虑：程松任钱塘知县时，就是通过吴曦与自己套上近乎的，两人既然有旧，协力共济，自然是统领西线的最佳搭档。

程松到任后，移司兴元（今陕西汉中）东，统兵三万，吴曦则领兵六万，进屯河池（今甘肃徽县）西。对付吴曦，程松"才不足以驭其奸，疑适足以趣其变"，还想着以执政之礼来接受他的庭参。吴曦哪会把一个巴结自己与侂胄，由小知县蹿居方面大帅的程松放在眼里，不仅不去参见，反而抽调了程松一千八百名卫兵归己统领。

自高宗绍兴以来，朝廷另设总领四川财赋所主管四川财政，其长官与宣抚使分庭抗礼，旨在使财权、军权分离，以免川帅坐大。韩侂胄专权后，将四川总领所隶属于四川宣抚司，宣抚副使有权节制按劾总领，财权也成了吴曦伸手可攫之物。

吴曦出任西线战场副主帅后，金廷为应付即将到来的战争，把策反的目标对准了他，开禧二年三四月间，给他送去了一封诱降函。这通书函的具体内容已不得而知，原件在吴曦败死后被抄出，送往临安。

开禧北伐一开始，吴曦认为献地求荣的时机已经成熟。四月下旬，他派密使赴金，表示只要封他为蜀王，他就献出阶、成、和、凤（分别治今甘肃武都、成县、西和、陕西凤县）关外四州。但金廷对其献降心存疑虑，没有立即反应。其后几月间，吴曦做贼心虚，神思恍惚，"夜数跃起寝中，叱咤四顾，或终夕不得寝"[1]。

---

[1]《桯史》卷3《梓潼神应》。

但叛降第一步既已跨出，吴曦自知骑上虎背，绝无退路了。

朝廷不断派使者入川，传达侂胄"日夜望其进兵"的钧旨。为稳住侂胄，等待时机，吴曦派兵佯与金军作战。有吴曦做内奸，西线宋金战局可想而知。金蒲察贞部进攻西和州时，宋军力战抵御，正在激战当口，吴曦传令退保黑谷，宋军闻令顿时溃不成军。吴曦便焚河池县，退居青野原，将士们不知底里，仍奋力死战，金兵却在暗中好笑。宋朝重兵扼守的大散关，历来号称天险，正是吴曦撤去了蓦关的守军，金兵才得以从背后直捣大散关，致使雄关失守。

吴曦终于取得了金朝的信任。十月，金军发起全面反攻后，金廷认为：侂胄素忌吴曦威名，四川又在上游，一旦在金掌握之中，战局就将彻底改观。于是，金章宗决定接受吴曦的献降，预备了诏书，铸好了王印，交西线主帅完颜纲全权处理。完颜纲在吴曦老家德顺州（治今甘肃静宁）找到了他的族人吴端，命吴端携诏书去见吴曦。金朝诏书说："若按兵闭境，使我师并力巢穴而无西顾之虞，则全蜀之地，卿所素有，当加册封，一依康王故事。更能顺流东下，助为犄角，则旌麾所指，尽以相付。"[1] 吴曦怦然心动，但程松还驻兵兴元，仍不敢轻举妄动，便对外宣称已将吴端杖杀。

不久，金兵攻凤州，程松驰函要求吴曦速派骑兵赴援。吴曦回函诳骗说已发三千骑兵，同时派主管机宜文字姚圆与吴端赴金军大营奉表献降。完颜纲遣使去见吴曦，向他索要告身以为凭信，吴曦一股脑儿都拿出来交给了金使。完颜纲收到后，即派使者带上诏书、金印至罝口（今陕西略阳西北）立吴曦为蜀王。

---

[1]《金史》卷98《完颜纲传》。

　　十二月廿二日，吴曦秘密接受金国的诏书、金印后，就率部由青野原还屯兴州。次日，他召集幕属与部将说："现在东南失守，皇帝车驾巡幸四明。我们应该从权行事。"大将王喜赞同叛立。有部属说："如这样，相公八十年忠孝门户将一朝扫地。"吴曦说："我主意已定。"便一方面派兵夺取设在益昌（今四川广元西南）的四川总领所仓库，一方面对外宣称金人欲求关外四州，这才议和的。他又致书程松，劝他离川。

　　早在数月前，不止一人对程松说吴曦必叛。他却嗤笑告变者脑子有病，如今吴曦果真降金，他竟惶愕不知所为。这时，知兴元府兼利州东路安抚使刘甲和主管四川茶马公事范仲壬主张起兵讨叛。他身为四川军政最高统帅，竟然担心事泄取祸，把两人礼送走了。

　　兴州城内百姓听说金兵将至，一城如狂，争相逃命。程松也置川蜀四路的江山和人民于不顾，仓皇逃窜了。他从阆州沿嘉陵江顺流而下，逃至重庆时致书吴曦称他为蜀王，竟向他乞取送行的彩礼以买舟东下。吴曦派人赠以封匣，程松以为是让他自裁的匣剑，拔脚狂奔，被使者追上。他抖抖索索开匣一看，才知是吴曦馈赠的财物。日夜兼程逃出三峡，他西向挥泪道："这才算保住了头颅。"

　　十二月廿七日，吴曦始称蜀王，遣使向金献上川蜀地图志和吴氏谱牒。次年正月十八日，吴曦在兴州（今陕西汉中）正式即位，继张邦昌、刘豫之后当上了金国第三个儿皇帝，议行削发左衽令，遣使向金称臣，献谢恩表、誓表、贺全蜀归附表。随后，他引金兵入凤州，付以关外四州；同时派兵沿嘉陵江乘舟而下，折入长江去戍守溯江入川的军事要地，沿途却扬言与金人约攻襄阳。他还在成都营治宫殿，准备迁居蜀中，又听其弟建议召用蜀地名士以安定民心。但大多数知名之士弃官而去，权知大安军杨震仲饮毒自杀，军学教授史次秦自熏其目，拒仕伪朝。

首先向朝廷通报事变的，就是利州东路安抚使杨甲。他在弃官而去前募了两个士兵，带了帛书昼夜兼程赶赴临安面呈参知政事李壁。大约二月初，吴曦种种不臣之状已传入朝廷，成都府路安抚使杨辅也密奏朝廷论吴曦必反，但韩侂胄仍不相信这种预料与传闻。二月十三日，李壁转上杨甲的告变奏议，举朝震骇。宁宗连称杨甲为忠臣的同时，想起了杨辅的密奏，认为他也必能讨叛，便密诏任命杨辅为四川制置使，授权他相机行事。

侂胄闻叛，大惊失色，有人劝侂胄干脆封吴曦为王。他便致函吴曦说：

> 侂胄排群议，以节使能世其忠。今公此举，侂胄何面目以见上与士大夫？是非节使负侂胄，乃侂胄负上与天下士大夫也。书至日，即宜舍逆从顺，反邪归正，闭三关以绝金，上伪玺于公朝。侂胄当为奏之上，封节使以真王，犹可以慰天下士大夫之望，而侂胄庶几有面目以见上与天下士大夫矣！[1]

信函发出后，侂胄仍感不妥，召见知镇江府宇文绍节，托付讨叛重任。绍节分析道："现在如进攻，吴曦必死守瞿唐关；如驻军荆南，徒损威望。听说随军转运使安丙一向忠义，似非附逆之人，如授以密旨，或能讨贼成功。"侂胄便以帛书密谕安丙："如能图曦报国，即使二府之尊也不会吝授的。"

杨辅接到任命，吴曦却不买账，将他移知遂宁。刘光祖等劝

---

[1]《四朝闻见录》戊集《考异》。《两朝纲目备要》卷10开禧三年二月己未条所载该函文字与此颇有异同，或一为草稿，一为正本。

他举兵讨叛，他以不谙兵事和无兵可用为由，迁延不发，最后把官印交给通判，弃离成都而去。与杨辅的畏缩成对照，一些忠义之士却暗里筹划义举。监兴州合江仓杨巨源与原吴曦部将张林、朱邦宁及义士朱福等联络了三百人准备讨逆。

有人把这消息告知安丙。吴曦叛后，安丙被召为伪丞相长史、权行都省事。他审时度势，表面接受下来，暗地却另有打算，托病不赴衙署理事，听到这一消息，便把杨巨源请入卧室。巨源问："先生要去做逆贼的丞相长史吗？"安丙流泪回答："目前兵将不能奋起，必须有豪杰，才能灭此贼。"巨源激他："先生的主意定了吗？"安丙指天发誓："若诛此贼，就是做忠鬼，死也无憾！"巨源自知官卑望微，便与安丙相约："非先生不足以主此事，非巨源不足以了此事！"

兴州中军正将李好义与其兄好古也在串联军士李贵、进士杨君玉等数十人准备诛逆。好义也考虑到如无素有威望的人出来镇抚，即使吴曦受诛，很可能一变未平，一变复生。听说巨源也在筹划此事，便邀他共商大计，都同意推安丙出主其事。巨源对好义说："我与安长史已约好举事之日。那天先邀吴曦谒庙，到时命勇士刺杀他。"好义说："吴曦出入必清道，且侍卫众多，恐难以成功。听说寒食日他去祭东园，倒是动手的好机会。"好义希望见一次安丙，以为约定。巨源说："我先去和长史说，明日伪宫相见时，让他问你的先世作为定议的暗号。"

安丙终于出主其事了。第二天，二月廿六日，安丙在伪宫见到好义，说："我与令堂曾经共事，杨省干盛赞你的才略，迟早要委你重任的。"接上暗号后，安丙命杨君玉起草了一份"密诏"，因杨辅新除四川制置使，安丙、巨源便声言密诏来自杨辅，起事的忠义都深信不疑。

　　唯恐夜长梦多，巨源、好义果断决定提前起事。廿八日深夜，好义夜飨义士，与好古及子侄辈拜别家庙。好义对妻子马氏说："日出后若还无消息，你自作打算吧！"马氏说："你为国诛贼，何以家为？"马氏之母也说："去吧，好好干！你们兄弟，生为壮士，死为英鬼！"好义对预事之人说："妇人女子尚且专虑朝廷，我们该怎样呢？"群情更为激昂，好义率众发誓："入宫妄杀人、掠财物者死！"

　　次日天色未明，好义率七十四名忠义之士潜入伪蜀王宫，内应早将宫门洞开。好义率先大呼而入："奉密诏以安长史为宣抚，令我辈诛反贼，违抗者灭其族！"吴曦的千余名卫士听说有诏书，顿作鸟兽散。杨巨源持诏骑马抵内殿，自称奉使宣"密诏"。好义的队伍包围了吴曦的寝室。吴曦闻声仓惶起身，露顶光脚，开门欲逃，见李贵已到门前，便返身入室死拉住门。李贵夺门，门钮折断，一把抓住吴曦的发髻，一刀刺中他的脸颊。吴曦也有勇力，将李贵反扑在地。好义急呼他人以斧击其腰，吴曦痛得放开了李贵，被李贵一刀砍落了脑袋。

　　安丙接到吴曦被诛的驰报，到场宣诏说："邦有常刑，罪在不赦。"军民欢声雷动。随后，安丙命人将吴曦首级挂在兴州城内示众，同时捕杀其党羽。他向朝廷奏报了吴曦之叛及矫诏平叛的经过，便宜赏功的情况，函封了吴曦的首级连同僭制的乘舆、法物以及金人的诏书、王印，一并遣人送往临安。吴曦僭位前后仅四十一天，就被彻底平定，这时，金国派遣的册封使尚未到达，侂胄给安丙的密谕函书也还在路上。

　　吴曦被诛的露布送达临安，宁宗与侂胄放下了心头的巨石，即日拜安丙为知兴州兼四川宣抚副使，杨甲为四川宣抚制置使兼知成都府。吴曦首级送到的次日，宁宗将其献祭宗庙、社稷，

244

又在临安示众三日。吴曦妻、子被处死，男子年十五以下都送两广州军编管。吴璘的子孙全部迁出四川，吴玠的后代免去连坐。

赏赐平叛的规模之空前、费用之巨大令人瞠目结舌。王喜等420名将领或由副使建节，或由白身授郎，全军约7万人或转三官，或迁五秩，共计迁转官资达30万阶。收复关外四州后，又特赐有功将士转迁官资9万余阶。为了支付两次转迁官资的功赏，四川总领所其后每年支钱物约280万缗，这还不包括对平叛将士一次性赏赐的金7000两、银61.777万两、钱8.025万引、绢61.7万匹。

吴曦之叛完全是侂胄用人失误造成的一次浩劫，出于对侂胄弄权开边的不满，当时蜀人谣传说，金国封侂胄为吴王，还说侂胄欲与吴曦分王吴蜀之地，这当然是不实之词。然而，侂胄文过饰非，把叛乱的敉平作为自己的功绩，劝说皇帝举行登楼受俘的庆功大典，后来也许考虑到毕竟是家丑，且与恢复之功完全挂不上钩，这才作罢。

宁宗赐给杨辅便宜行事的密诏，大概是他在位期间值得称道的主动举措了。但杨辅临危避事，仍表明他的判断失误。至于侂胄给安丙的密谕，送达已在叛平后三天，也未起到作用。安丙矫诏诛逆的成功，最根本原因是分裂不得人心，而平叛过程中最担身家性命风险的则是杨巨源和李好义。如今平叛成功，侂胄还自以为功道"此诏非矫，实朝廷密旨"[1]，给自己贴金。他径以矫诏的官职授予安丙，也为了证明自己的密降帛书在平叛中的关键作用。

---

[1] 《齐东野语》卷11《文庄论安丙矫诏》。

　　吴曦之死，对金朝的战略反攻不啻沉重一击。金章宗批评完颜纲："吴曦归降，金军自应进据仙人关，既把握川蜀的管钥，又做吴曦的后盾。你既不据关，反撤大军，致有今日结局！"关外四州向为川蜀屏障，叛平之后，李好义、杨巨源对安丙说："吴曦被诛，金人破胆，应乘势收复关外四州，否则必为后患。"于是安丙遣将分路进攻四州。好义率步骑一千人，死士二百，一路上忠义民兵应者云集，仅七天就直捣西和。他亲冒矢石，率先攻城，人人奋不顾身，金将弃城遁去。好义军声大振，以步骑三万乘胜径攻秦州（治今甘肃天水），试图牵制两淮金军。安丙却命他知西和州，谨守疆界，不得侵越，致使昂扬的士气顿时低落。

　　吴曦之诛，杨巨源、李好义首倡之功最大，安丙向朝廷报功时，诈称以他俩为首，实则将首功据为己有，还庇护叛将王喜。惟其如此，朝廷奖谕诏书竟没有一字提到巨源和好义，附逆从乱的王喜反拜为节度使。安丙忌功妒能，先是听到王喜派死党毒死李好义而不予追究；继而指使亲信杀害杨巨源而诬以谋乱自刎。好义、巨源相继死于非命，蜀中忠义之士莫不扼腕流涕，一时再次人情汹汹。安丙上章自求免职，朝廷保留他宣抚副使的要职，免得把他激上吴曦叛乱的老路。

4．摇摆在和战之间

　　为了攻宋，金廷征发河南兵夫达二十七万，投入两淮战场为十七万，投入京湖战场为十万；为防备鞑靼部族趁机南扰，又调发河北兵民十万，以加强北方的防守。金朝内部形势随之吃紧，内外骚动，民众乱象渐生。金军在战略反击中已占优势，并不愿在惩罚南宋的道路上走得太远。南征统帅仆散揆在精心计划进攻时，即与金章宗商议和战大计。章宗给他三策：第一策是径渡长江；第二策是划江为界；第三策，如果赵扩上表称臣，缚送首谋，岁增贡币，归还俘掠，罢兵议和也未尝不可。

仆散揆是主张在适当时机和条件下与宋议和的。他寻访到侂胄的族人韩元靖，让他渡淮赴丘崈营中。元靖自称韩琦五世孙，丘崈问其来意，他说："两国交兵，北朝都认为出自韩太师私意，现在相州（今河南安阳）的祖坟都保不住了，所以南来投太师。"说到最后，才吐露出愿为两国议和穿针引线。

丘崈立即奏报朝廷。宁宗和侂胄正愁议和无门，便命丘崈派人护送韩元靖归金，以探对方的诚意。丘崈派幕属刘祐同赴金河南行省，带回了仆散揆的书函，表示须称臣割地，献首祸之臣，才能议和。丘崈再次奏报上去，宁宗不愿开罪韩侂胄。十一月下旬，丘崈只得派人持书、币再使金营，转达了宋廷议和意向，说："用兵乃苏师旦、邓友龙、皇甫斌的主张，不是朝廷的意思，眼下这三人都已贬黜了。"仆散揆驳斥道："侂胄是平章军国事，若无意用兵，师旦辈岂敢专擅？"他决定以战胜为筹码，来个欲擒故纵："我奉命征讨，不敢自专进止。"托辞拒绝了，宋使不得要领而归。

仅过半月，丘崈再次遣使携函赴金营，书函犯了金朝庙讳；而数天前郭僎驰援六合恰被金军大败于真州。仆散揆据此认为南宋缺乏诚意，拒见使者，退回来书，让人责备宋使道："既欲议和，为何出兵真州，袭击我军？"但诘问中仍露出和意。从频频来使求和，仆散揆认定宋军已无大规模反击的实力和可能，而金军也不适应即将到来的南方阴湿气候，便在岁暮率大军班师，只留部分军队屯驻濠州（今安徽凤阳东北）静待议和。

丘崈向侂胄建议：由朝廷直接移书金廷继续议和；又认为：

既然金方指侂胄为首谋，移书时侂胄以暂不署名为妥。侂胄大怒，罢去了他的职务。李壁力论丘崈有人望，侂胄不快道："天下难道只有一个丘崈吗？"两天后改命知枢密院事张岩代领其职。侂胄原以为，只要宋朝提出议和，金廷就会不附任何条件地欣然同意。但两国交兵，和谈只能是战争的继续，战争双方的胜负强弱必然在和谈过程中体现出来。如今，金军在反击中占了上风，当然握有了讨价还价的主动权。对此，侂胄完全缺乏认识，决定"不复以和为意"。

侂胄又想到了辛弃疾。在北伐筹备和开始阶段，他并没有与当代贤杰分任权责，共创功业的大公之心，如今面对战既无力、和亦无方的局面，他准备以名位利禄将辛弃疾等知名人士笼络过来，为他支撑危局，分谤任咎。开禧三年初春，朝廷颁诏任命弃疾为兵部侍郎："朕念国事之方殷，慨人才之难得。"诏书当然仍是秉承侂胄的意志。弃疾愤然表示："侂胄岂能用稼轩以立功名？稼轩岂肯依侂胄以求富贵？"力辞新命，归居铅山。

战争在年初已然定局，但宋军战略进攻与战略防御都如此不堪一击，却出人意料。其重要原因之一，就是侂胄所用非人。在朝堂上，侂胄倚用为左右手的陈自强和苏师旦，前者"阴拱固位""饕餮无厌"，后者"因受结托，荐用庸谬"，由他们推荐的北伐将领往往私底下声称，"我这欠债的冤主却委以打仗的战将"，这类笑话喧腾征途，传至境外。由此也决定了侂胄借以方面之重的主帅与大将的素质：郭倪、郭倬、李爽、李汝翼、皇甫斌诸辈都是猥琐庸才，他们平日只知克剥士卒，收受贿赂，作为买官进身的资本；而吴曦更是外交敌国谋危父母之国，刚刚开打就前军败，后军溃，大者被歼，小者狼奔，其部将罪重者受戮，罪轻者贬窜。在北伐主力上，袁甫的回顾也印证辛弃疾的战前分析是正确的："稍以立功自见及控扼关隘之人，大抵皆义勇、民兵、万弩手、雄淮、敢死诸军"；而官军则"弃甲曳兵而走者"。[1] 以这样的军队，在那样的将帅统领下进行北伐，焉能不败？

还师次月，全军主帅仆散揆病死军中。一个月前，章宗已任命左丞相宗浩兼都元帅代其主河南行省事。宗浩继任统帅后，就大肆张扬将亲自率师攻襄阳。侂胄接报，又大为恐惧，担心上流屏障一失，南宋朝廷就会岌岌可危，便命知枢密院兼督视江淮兵马张岩再向金营传递求和信息。张岩以督府名义招募议和使臣，但战败情势下，连合适的人选都征召不到，最后起用了萧山县丞方信孺。

开禧三年二月，方信孺以枢密院参议官的身份带上督帅张岩的乞和书函出使金国。行至濠州，金将纥石烈子仁将他投入大牢，命金兵持刃胁逼他答应议和条件："你不打算活着回去吗？"信孺答道："奉命出国门时，早把生死置之度外了！"子仁只得放他北上去见宗浩。

宗浩将他安顿在驿舍里，上书"天狱"两个大字。庞赵奉命来见信孺，告诉他说："这里不是濠州可比的。"信孺道："事情须商量，何必恃威吓人呢？"

庞赵谴责南宋无故兴兵，信孺说："本朝立即追悔，所以敛兵约和。""恐怕无兵可战才请和的吧！"庞赵讥刺道。"难道没有泚水之战那样的八千之众吗？"信孺应口反击。

庞赵重申仆散揆定下的议和条件说："称臣、割地，自有故事。"信孺说："靖康间仓卒割让三镇，绍兴时为太母委曲求全，

[1] 袁甫：《蒙斋集》卷2《入对札子》。参见第209页辛弃疾的议论。

怎能用为故事？这事不仅小臣不敢议，督府也不敢奏。请让我面见你们丞相剖决。"

宗浩在行省府列兵召见了他，威胁说："不答应条件，即日旌旗南指，楼船东下！"信孺侃侃而辩，词正理直。宗浩喝道："前日兴兵，今日求和，为什么？"信孺道："前日兴兵复仇，为社稷；今日屈己求和，为生灵。"

宗浩颇有汉文化修养，唇枪舌剑一番后让信孺与他联句赋诗，信孺慨然应允。宗浩先吟两句："仪秦虽舌辩，陇蜀已唇亡。"意思说：你再像张仪、苏秦那样能言善辩，但南宋既失四川，已唇亡齿寒了。信孺反击道："天已分南北，时难比晋唐！"意思说：天限南北，你们还打算像辽朝利用石敬瑭这样的民族败类，以晋代唐，建立附庸国，是不可能得逞的。

宗浩见联句不能折服他，便问："你们国家有多少州军？现在一天就失了川蜀五十四州，我都为贵国担忧！"信孺声色不变道："我出使在外，自然不知失蜀始末。大元帅间谍工作向来高明，还不知我们立国根本吗？"

接着他侃侃而谈两广、八闽、淮南、两浙与江东、江西的富庶，"除川蜀财赋仅足五十四州军民之用外，国力有余，所以余富也惠及贵国"。宗浩不得不折服他的辩才，修了复函让他带回说："和还是战，等你下次来使后决定。"

信孺回朝复命，宁宗命侍从、台谏、两省官集议。对金国提出的议和五款，除割地、称臣两款没有同意外，对归战俘、罪首谋、增岁币三款认为可以接受。当然，首谋不是指韩侂胄，而是让苏师旦、邓友龙、皇甫斌来顶缸。于是，信孺带着张岩的回书再使金国。此前不久的平定吴曦之叛，使侂胄误认为宋军还有攻击力，催促张岩在东线再发起军事行动。张岩便派毕再遇、田琳合兵攻敌，并发出悬赏，招募能活捉金帅的勇将。然而，西线战事却一再受挫，连一度收复的大散关也再次失守。侂胄这才重新感到棘手。金廷态度也更强硬，在议和条件上寸步不让。

信孺向宗浩递上回书，复函词卑意恭，请求金国"捐弃前过，阔略他事"，"感恩戴德，永永无报"。战败国无外交，谈判是辛苦的。在五款中唯归战俘一项两无争议，在岁币上，南宋只同意由隆兴和议的银绢二十万两匹恢复到绍兴和议的二十五万两匹，金方绝不接受这一数额；至于罪首谋，分歧则在究竟谁为首谋这点上；而割地、称臣绝无谈下去的可能。和谈陷入僵局。

信孺对金方和谈代表庞赵说："本朝认为增币已经委屈，何况名分、地界呢？"金人指责南宋背信弃义，擅起兵端，信孺针锋相对地说："你们失信，我们才失信的！"金人责问："我们哪里失信？"信孺从容说："本朝兴兵在后，而北朝致函吴曦，诱使叛降在前。你们先诱我叛臣，情理曲直显而易见。"

金人一时语塞，信孺继续说："以强弱而论，你们夺得了滁州、濠州，我们也攻下了泗州和涟水；你们说我们攻不下宿州、寿州，你们包围了庐州、和州、楚州那么长时间，就一定能攻得下么？五款已答应三条，还固执地不接受议和要求，那也不过再交战罢了！"

庞赵见信孺说得很诚恳，便与他定约说："割地之议就暂且搁置；但不能称臣，也应改称叔为伯；增币五万之外，另加犒军费也可以考虑。"实际上，这只是庞赵代表宗浩个人在谈判条件上的松动。信孺在南归复命前，还与庞赵约定数事，例如宋廷派出通谢使，呈送宋宁宗誓书等。

不久，宗浩奏报了和谈进展，章宗指示：一、宋如称臣，许以江、淮之间取中为界；如仍称侄，即当尽割淮南，直以大江为界；陕西并以大军已占为据；二、首谋奸臣必使缚送或函首以献；三、岁币增至三十万两匹；四、另输银一千万两以充犒军之用；五、方信孺言语反覆，不足取信，命另遣忠实前来禀议。议和条件显然更苛刻了。

八月，方信孺回朝复命后以通谢国信所参议官身份，带着宁宗誓书的稿本再赴河南行省大营。因为有了金章宗的新诏命，宗浩没让庞赵再出面，接待的金将指责信孺没有详达金廷原意，反而急匆匆带来誓书稿本，并出尔反尔地说："岁币不是犒军费可以了结的。"信孺说："岁币不能再增，所以代以一百万通谢钱。现在得陇望蜀，我只有头、璧俱碎而已！"金人以诛戮禁锢恫吓他，信孺坚决地说："拘禁金国是死，辱没使命也是死，还不如死在这里！"

在外交折冲上，宗浩略输信孺一筹，便在其出使身份上找茬，指为"轻妄"，下令将他关押起来，并以此为由向宋廷交涉，要求改派"谨厚"的使者。南宋现在凡事低人一等，对金国扣留宋使不提出抗议，反认为信孺出使未能协调两国关系，随即再派通谢使前往金营征询意见。宗浩知道，囚禁宋使毕竟不在理上，便放信孺南归，同时致书张岩，将金章宗钦定的议和条款知照南宋方面。

信孺约在九月上旬返抵临安复命说："金国要求五件事：割两淮，第一；增岁币，第二；犒军，第三；索还被俘者与归正人，第四；至于第五么，我不敢说！"侂胄追问再三，厉声道："若不说，朝廷将有行遣！"信孺这才慢悠悠道："欲得太师头罢了。"侂胄闻语大怒，即以恶语诟詈信孺。不久，信孺被夺三官，贬临江军居住。信孺是开禧北伐期间出色的外交使节。在南宋处于军事劣势的条件下，他能清醒认识到金国北有鞑靼之扰，虽勉强出兵与宋朝相持，力绌情见，势不能久，故而敢于拒绝金人索求，而希望以一己之口舌，弭双方之兵戎，而能够不辱使命。他的外交才能为"公论所推，虽敌人不能掩"[1]。但侂胄终不能用他。

侂胄又被激怒了，再度锐意用兵。九月四日，宁宗颁诏告诫诸路将帅：和议未必可成，应该加强边备。十天后，淮西转运使奉命措置雄淮军。又过五日，赵淳任命为殿前副都指挥使兼江淮制置使。连息影铅山的辛弃疾也接到诏命，任为枢密院都承旨，命他速赴行在奏事议兵。以宁宗名义发出的诏书仍是侂胄的旨意，还企图借助稼轩来为他收拾败局。诏命到日，弃疾已沉疴不起，上章请辞的几天后，就怀着深深的遗憾去世了。

张岩则被侂胄召回，斥责他督视无功。他原就不知兵事，因善于见风转舵，又长于说笑逗乐，在庆元党禁中成为侂胄打手，博得了欢心，终于以执政继任东线主帅，开府仅九个月，靡费官钱三百七十万缗有余，督视无功也是意料中事。

十月十四日，侂胄通过宁宗诏谕军民，告以"和议未成，虏多要索之故"，诏书说：

> 敌人阴诱曦贼，乃在交锋之前，当知今日之师，忱非得已而应。事虽过举，盖犹系于纲常；理贵反求，况已形于悔艾。凡我和战，视敌从违。[2]

比起伐金诏来，口气的软弱，心情的无奈，都跃然纸上。

---

[1] 刘克庄：《后村大全集》卷166《方公行状》；《宋史》卷395《方信孺传》。
[2] 《建炎以来朝野杂记》乙集卷18《丙寅淮汉蜀口用兵事目》；参以《两朝纲目备要》卷10。

　　侂胄当然不会以自己的头颅作为与金议和的筹码。然而，他既缺乏方信孺那样对金国内外形势的深刻洞察力，又不可能用人得当，措施得力，凝聚南宋军民之力构筑起一条抗金防线，而仍如过去一样，固执而轻率地宣称"有以国毙"，即把整个国家捆绑在战车上同归于尽。

　　随着北伐的失利，侂胄的地位开始动摇，面责其非的朝臣也多了起来。苏师旦被贬以后，试礼部侍郎倪思当面对他说："周筠、苏师旦狼狈为奸，师旦已逐，周筠尚在。人言平章骑虎不下之势，此是李林甫、杨国忠晚节。"侂胄悚然答道："闻所未闻。"苏师旦被贬以后，事无论大小，侂胄都倚用省吏史达祖，就像当初信任苏师旦一样。达祖词坛名家，文章也好，侂胄凡有拟帖撰旨，俱出其手；但他为人从政一无可取，与陈自强称兄道弟，那些干求差遣的无耻之徒转而先登其门，他也专以奉纳多寡决定予夺。同时受侂胄倚重的还有三省、枢密院吏人耿柽、董如璧，他们三人都不把执政放在眼里，以至朝野有"史丞相、耿参政、董枢密"之说[1]。正是史达祖、苏师旦、陈自强、刘德秀等一伙狐群狗党的倒行逆施，韩侂胄成为千夫所指的众矢之的，既加速了自身的覆灭，也在身后蒙上了更多的污名。

三　诛韩与议和

1. 杨皇后和史弥远的结盟

　　庆元六年（1200），韩皇后去世，宁宗没有立即册立新皇后。

---

[1]《四朝闻见录》戊集《侂胄师旦周筠等本末》；《历代名臣奏议》卷185卫泾《论苏师旦状》。

妃嫔之中，杨贵妃与曹美人俱受宠爱，优柔寡断的皇帝拿不定主意。

杨贵妃出身低微，生身父母姓什么，连正史都失载，籍贯也不清楚，一说是遂安（今浙江淳安西南）人[1]。养母张夫人擅长声伎，宋孝宗乾道年间入慈福宫为乐部班头，她也随从入宫，在杨才人位下做杂剧孩儿，应是以嬉乐戏要逗人发噱的儿童演员。她姿貌出众，举止得体，尤受太上皇后吴氏喜欢，年齿稍长，就以擅奏琵琶隶慈福宫，也招来同伴的嫉妒。一天，吴氏入浴，同伴姐妹便怂恿她把吴氏脱下的皇后冠服穿戴起来，随即举报她僭上。谁知吴氏不但不以为罪，反而对捉弄者说："你们不要大惊小怪，她将来也许会穿上这身服装，到我这地位的。"

她出落得楚楚动人。宁宗还是嘉王时，每赴慈福宫家宴，眼神总往她那儿瞟。宁宗即位之初，留在重华宫主丧听政。一次，在慈福宫家宴上，酒泼在了手上，杨氏捧着铜匜伺候他洗手。双目对视时，宁宗怦然心动，便以手沾水有意洒她一下。杨氏心领神会，一有机会便往听政处跑，就此得幸皇帝。吴氏知道后大为不快，准备严厉鞭扑杨氏。内侍王去为劝道："娘娘连天下都给了孙子，一个妇人又何足惜，何况这事不宜让外人知道。"也有贵戚在旁边说："娘娘尚未见玄孙，杨氏命相宜生子嗣。"吴氏怒意始解，将她赐给宁宗时说："看我面上，好生待她。"

庆元元年（1195），宁宗封杨氏平乐郡夫人，对她宠爱日增。两年后进封婕妤，直到这年慈福宫太后去世前，杨氏对她始终定省有礼。随着地位上升，她深为出身低贱而苦恼，对原先亲族虽

---

[1] 此据《建炎以来朝野杂记》乙集卷2《今上杨皇后》，《宋史》卷243《杨皇后传》曰"或云会稽人"，当是与杨次山相认归姓以后冒籍。

暗地也有馈赠，但绝不往来。她命内侍私下为她寻找同宗，找到了武学生出身的杨次山。次山被宣召入宫，两人相见，演了一场多年失散一朝相认的轻喜剧：次山声泪俱下，还举事作验证，"或谓皆后所授"[1]。她这才放弃原姓，归姓杨氏，并依次山的籍贯自称会稽人。

庆元五年，杨氏进封婉仪，次年册为贵妃。在慈福太后死后，她对太皇太后谢氏也朝见勤谨，视疾探病时甚至亲尝药饵。宁宗重孝道，对她很满意。韩皇后死后，中宫虚位，韩侂胄失去了靠山。在拥立中宫问题上，侂胄认为，杨氏知书史，通古今，为人机警而颇任权术，对她有点忌惮。而曹美人也正受宠幸，她性情柔顺，其姊妹都记名禁中为女道士，与侂胄稔熟亲昵。侂胄力劝宁宗立曹美人为后，同时千方百计地隔绝杨贵妃与外朝的交通往来。杨次山从门客处知道这事，告诉了杨贵妃，她衔恨在心而不露声色。尽管在杨贵妃与曹美人之间，宁宗更喜欢前者，但还是下不了决心。

嘉泰二年（1202）岁末，宁宗也感到立后之事不能再迟疑拖延了，而杨、曹也心照不宣地决定在争夺凤冠上一决高低。据说，两阁在同一天款待皇帝，杨贵妃坚持地谦让曹美人优先安排在白天，自己在她宴罢的晚上再宴请。曹美人不知她在用心计，欣然同意了。天色向晚，酒才过两巡，曹美人还不放宁宗移阁，杨贵妃位下已来人奏告帝辇备讫，催促皇帝过去了。

宁宗到后，杨贵妃从容劝饮，终于让他留宿贵妃阁。她早已备好笔墨，醉意朦胧中，宁宗写下了御笔："贵妃杨氏可立为皇后，付外施行。"杨贵妃请他再同样写上一张，命可靠内侍次早直

[1]　周密：《齐东野语》卷10《杨太后》。

送乃兄杨次山。故而第一张御笔还没送到中书门下，次山早揣着第二张御笔找到了宰执。杨氏惟恐侂胄压下御笔，好事就可能变黄，故多了个心眼。

这年十二月十四日（12月29日），杨贵妃终于如愿以偿地立为皇后。次年二月六日（3月20日），皇帝御文德殿正式行册后大礼。但杨皇后对侂胄排斥自己一事却始终耿耿于怀，与次山密约寻机报复。对开禧北伐，杨皇后从一开始就以为失之轻率，但皇帝并不重视她的意见。

开禧三年（1207）四月，钱象祖再任参加政事，这是韩侂胄权势遭到有力挑战的重要信号。象祖因投靠侂胄而位至通显，嘉泰四年迁同知枢密院事。在其后两年间，对甚嚣尘上的北伐之议，他首鼠两端，进则面谀，退则腹诽；直到战争迫在眉睫之际，才公开亮出反对意向。北伐开始前，他被夺两官，信州居住。不久，北伐失利，他起知绍兴府。开禧三年春，他应召入朝，没有授以新任，仅以原执政身份提举在京宫观兼侍读。如今，时过两月，他重为执政，显非侂胄本意，很有可能是史弥远通过皇子赵曮向皇帝建议的结果。

皇子赵曮并非宁宗亲生，他是燕王德昭的十世孙，原名与颢。绍熙四年（1193），宁宗还做嘉王时生下长子，未及命名就死了。庆元二年（1196）次子赵埈未满百日也夭折了。两年以后，宁宗听从宰执京镗等建议，仿效高宗故事，将六岁的与颢接入宫中抚育。庆元六年，韩皇后所生皇子赵坦又是早殇，宁宗便为与颢更名为曮，封福建观察使；次年，封卫国公，听读资善堂。

赵曮倒也专意向学。资善堂小学教授娄机为他编了《广干禄字》课本，他让戴溪写了跋语，学得很认真。娄机亲书本朝事亲、修身、治国、爱民四事，他置诸座右，朝夕观省。一天酷热，赵曤对娄机说:"今日酷热,禁廷深邃尚且如此,闾巷小民怎么受得了。"娄机奏报给宁宗,宁宗高兴说:"唐文宗只说:人皆苦炎热,我爱夏日长。更没一句念及百姓,皇子此意,过之甚远。"对皇子印象不错。

自韩皇后死后,宁宗新生的皇子赵增、赵坰又相继冲龄夭亡。开禧元年,宁宗在忧惧中立赵曤为皇子,制词是"意味悠长"的:"爰建神明之胄,以观天地之心。"[1] 意思说,倘若上苍让他无子,皇位就传燕王之后;倘若因这无私之举而生子得育,那也是天地之心。次年,史弥远以起居郎兼资善堂直讲;不久迁为礼部侍郎,仍兼资善堂翊善。赵曤时当十四五岁,正是少年向成人世界转向的关键年龄,接受的是史弥远的熏染。[2]

史弥远的父亲史浩在孝宗朝两度入相,在家世出身上,他颇有与韩侂胄抗衡的资本。两人最初虽都以恩荫入仕,但弥远后来考取进士,进入了文资行列,是足以睥睨侂胄的。弥远曾师从理学家杨简,尽管这对师生后来互有微词[3],但他与嫌恶道学的侂胄毕竟旨趣有别。庆元党禁时,他虽有投靠侂胄的机会,却没忘乎所以[4];但也绝不可能如同吕祖俭那样顶风上言。恢复之议炒热时,弥远也在朝中,仍未公开站出来反对。直到北伐受挫,形势明显不利于侂胄时,宁宗下诏在位者言事,他才上了一疏,认为

[1] 《四朝闻见录》甲集《徐竹隐草皇子制》。《两朝纲目备要》卷8所载立皇子诏无此二语。
[2] 《宋史·史弥远传》未载兼翊善事,此据《宋史》卷246《景献太子传》。
[3] 据俞德邻《佩韦斋辑闻》卷3,理宗即位后,杨简以台州卿召对,"上从容问曰:闻师相幼尝受教于卿?简对曰:臣之教弥远者不如此。上曰:何谓也?对曰:弥远视其君如弈棋。上默。罢朝,上以语弥远,弥远曰:臣师素有心疾"。
[4] 据《宋史》卷414《史弥远传》,他自庆元二年再入朝为大理司直,改任诸王宫大小学教授,轮对时建议宁宗"旌廉洁之士,推举荐之赏","为水旱之备"与"边鄙之防",也只是四平八稳地泛泛而论。其后迁枢密院编修官、太常丞兼工部郎官,直至庆元六年改宗正丞后始求外职,一直在朝。

"岂可举数千万人之命轻于一掷"，主张"固守封圻"，建议宁宗"毋惑浮言以挠吾之规，毋贪小利以滋敌之衅，使民力愈宽，国势愈壮，迟之岁月，以俟大举"，反对意思很明确，措辞仍留有余地。

开禧北伐期间，史弥远所做的，大概一方面充分利用翊善的身份，对皇子施行"特殊教育"，巧妙地通过他传达内外朝的动向，一方面密切注视着宋金战局的发展和朝廷势力的消长。钱象祖东山再起，很有可能是他由皇子传语而居中操作的结果；即使与他无关，肯定也是欢迎这一信号的。当时弥远仅是礼部侍郎，要把事情做大，还须借助地位更高的同盟者。而钱象祖因公开反对北伐而被侂胄贬黜出朝，在反韩与求和上，不言自明是合适的结盟人选。

开禧三年秋，侂胄中断议和进程，下决心"有以国毙"，准备继续战争。这一决定让都城震惊，朝堂疑惧，唯恐祸在旦夕。朝廷大臣中已没有寇准那样有战略眼光的政治家，朝臣对前途的惶恐不安是可以想见的。被屏斥家居的林大中对人说："今日欲安民，非议和不可；欲议和，非去侂胄不可！"这一见解反映了当时人的共识：侂胄已成为议和的唯一障碍。然而，怎样才能去侂胄、求和议呢？

史弥远和钱象祖的联手应该在侂胄决定再战后才形成的。九月末，王柟持书再次赴金，所带书函虽仍以侂胄名义发出，但派他继续方信孺未竟的和谈，不会是侂胄的本意，至多是侂胄向钱象祖为首的议和派妥协的结果。

大约这时前后，有一位稀客拜访了韩侂胄。他是侂胄任南海县尉时的幕客，人贤，文也佳，因改名登第而久疏音问，故而款留也极殷勤。夜阑酒酣，侂胄屏人相问："我谬执国政，外间

议论如何？”这人长叹："唉！平章家族危如累卵呐！"侂胄惊
问其故，那人答道："这是不难推知的。中宫之立，不出自平章，
中宫怨恨你；皇子之立，不出自平章，皇子怨恨你。贤人君子，
从朱熹、赵汝愚以下斥逐贬死，士大夫都怨恨你；边衅一开，则
三军、百姓都怨恨你。众怒汇集，平章怎么担当得了呢？"

　　侂胄沉默良久，问道："何以教我？"追问再三，那人才说：
"仅有一策。主上原就不想做皇帝，如劝他早建太子，开陈高宗以
来禅代故事，则皇子之怨可变为恩，中宫退居为太上皇后，也无
能为力了。然后，你辅佐新君，更始新政。诸贤死去的给予赠恤，
健在的给予召擢。遣使议和，犒抚军士，尽去军兴以来无名之赋，
使天下百姓有更生之意。而后让贤退隐，庶几转祸为福。"侂胄感
到他分析在理，准备留之府中以备咨询，他却力辞而去。对他的
建议，侂胄也"犹豫不能决"。[1]

　　史弥远却利用翊善身份向皇子力陈局势的危急。皇子随即具
奏道："韩侂胄轻起兵端，上危宗社，宜赐罢黜，以安边境。"宁
宗没表态，他对用兵始终是模棱两可的。在北伐前夜，他向执
政钱象祖表示过"不以为然"的态度，致使象祖敢引圣语非议
北伐。但在战争开始后，他下北伐诏，告天地宗庙，又似是赞
成北伐之举的。尽管对北伐的态度游移不定，但他对侂胄的倚
信至今仍是确定不移的，离开了强有力的侂胄，他将以谁为依
靠呢？

　　知道皇子谏奏而皇帝沉默后，杨皇后怂恿皇子再次进言，她
表示自己也将在旁劝谏。瞅了个机会，皇子又对皇帝说："侂胄再
启兵端，将不利社稷。"宁宗还是不搭腔。杨皇后在旁边竭力附

---

[1] 罗大经：《鹤林玉露》乙编卷 2《韩平原客》。

和，宁宗仍一言不发。杨皇后深知宁宗的性格，说不定改天就会把这番话原原本本搬给侂胄听，他毕竟仍大权在握，若要反击，还是易如反掌的。

深谙宫廷权斗术的杨皇后不能不预为之计，她审视了朝廷内外的形势：太上皇后谢氏这年夏天去世，整个后宫唯己独尊。宁宗生性软弱游移，只消大局一定，他是会承认现实的。然而，倘若没有外朝大臣的有力支持，即使宫廷政变暂时成功，也难以收拾局面，稳定人心。现在的关键是寻找一个堪当大任的朝臣共图此举。

于是，杨皇后让其兄杨次山物色这样的人选，次山找到了礼部侍郎史弥远。弥远已通过应诏上疏与皇子代奏的方式表明了反对北伐的态度，也感到与侂胄之间已到了势不两立的地步，与其坐等对方动手，还不如先下手为强。但以自己目前的地位，与侂胄这样的权臣对抗无异于以卵击石，现在既然杨皇后主动来与他结盟，他便欣然应命。

2．诛韩前后

开禧三年十月三十日前后几天，一场政变在秘密策划中。

史弥远在接到杨皇后的指命后，首先透露了一点给参知政事钱象祖，随即礼部尚书卫泾、著作郎王居安、前右司郎官张镃也参预了进来。定议以后才告诉参知政事李壁。保密工作做得很疏失，王居安竟忘乎所以地对同僚说："数日之后，耳目当一新。"弥远知道后忧心忡忡。对怎样去掉侂胄，弥远一开始并未心怀杀意，他访问了张镃。张镃是绍兴大将张俊曾孙，对弥远说："势不两立，不如杀了他，以绝后患！"弥远听了，抚案叹道："不愧是将种！我决心下了。"

十一月二日，杨皇后准备好御笔，自然是她的手笔："已降御笔付三省：韩侂胄已与在外宫观，日下出国门。仰殿前司差兵士三十人防护，不许疏失。"[1]御笔原都出自侂胄，近来却渐由杨皇后取而代之。为防意外，她故技重演，备下了三张相同内容的御笔，纸尾都皆盖上刻有虎符印的皇帝牙章，有这方牙章印，御笔的权威性才被承认。杨皇后将一张御笔递送史弥远、钱象祖，一张授予张镃，另一张交给光宗李皇后的兄弟李孝纯，后两张御笔没有使用。

当夜，史弥远微服往来于钱象祖与李壁两宅之间。钱象祖看了御笔，打算奏准宁宗再举事，弥远不同意。李壁也认为：事一耽搁，就会泄露。象祖找到殿前司中军统制、权主管殿前司公事夏震，让他选兵三百，诛杀韩侂胄，夏震面露难色。他原由李壁推荐给侂胄，才让其权摄殿帅的，如今面临站队的关键抉择。但当他看到象祖出示御笔时，便决然说："君命，自当效死！"

对政变的密谋，侂胄似有风闻。前二天，他在都堂问李壁："听说有人要变局面，相公知道这事吗？"李壁怀疑机密泄露，内心一震，仍镇静下来说："恐怕没有这等事吧！"侂胄便没把这事放在心上。二日这天，周筠听说有御批发自大内，具体内容却打听不到，就对侂胄说："事情恐怕不好！"侂胄答道："我准备以死报国！"周筠苦求他早做应变之计。侂胄这才与陈自强商议，准备再用引台谏逐政敌的老法子。自强推荐党羽林行可为谏议大夫，刘藻为监察御史，打算在明天上朝时，把钱象祖以下一网打尽逐出京城。

这天恰是侂胄宠幸的三夫人生日，张镃与侂胄素有往来，有意在韩府醉醺醺、乱哄哄地闹到次晨五更方散。其间，周筠以封

---

[1]《四朝闻见录》丙集《虎符》。

帖投入，提醒侂胄："听说外间戒严，请闭阁门，免去早朝。"侂胄醉昏昏道："这家伙又来胡说！"说着将封帖放在蜡炬上烧了。侂胄正准备上朝，周筠赶到韩府，劝他别再去早朝，侂胄呵斥道："谁敢？谁敢！"边说边登坐车上道了。刚走不久，殿前司禁军便包围了韩府。

这时，宰相陈自强与参知政事钱象祖、李壁都早坐在了待漏院。林行可也到了，请求廷对，陈自强不无得意地对在场官员说："今天大坡上殿。"大坡是谏议大夫的别称，自强指的是林行可。不一会，侂胄的先遣侍卫到了待漏院，传呼"太师到"。钱象祖、李壁脸色陡变，认为肯定是夏震变了卦，故而侂胄侍卫能先期到达，倘若侂胄一入待漏院，局势就会逆转直下。然而，久久却不见侂胄入院。

在这场政变中，夏震的地位与作用恰可与绍熙内禅时郭杲相类比。值得注意的是，两人都位居殿帅之职。这天清晨，夏震派护圣步军准备将夏挺率健卒数十人在太庙前邀截侂胄的坐车，又命中军正将郑发、王斌领兵三百，执弓枪刀斧在六部桥待命。平日，侂胄也乘私人小车径从和宁门进入大内，倘若如此，夏震的部署就会完全落空，诛韩的密谋也会前功尽弃。幸亏今天侂胄的侍卫、车队由宝莲山下到御街，再向太庙方向缓缓而来。

放过了先头侍卫，夏挺率部上前截住侂胄的坐车，告诉他说："有御笔：太师罢平章事，即日押出京城！"侂胄惊惶失措说："御笔应由我发。有旨，我为什么不知道，一定是假的！"全副武装的士兵裹挟着侂胄折向六部桥，在郑发等三百名士兵护卫下向候潮门方向走去。侂胄发现不对头，说道："我家在湖州，应该出北关门，怎么让我向东出候潮门呢？"出了候潮门，侂胄见队伍沿皇城根折往南面的玉津园而去，一路上便很不安。一会儿，他对郑发说："你放了我，我让你拜节度使。"郑发没理他，他又问："我有什么罪？"走到玉津园磨刀坑的夹墙甬道内，队伍停下了。侂胄知道凶多吉少，大声喝道："何得无礼大臣！"郑发叱道："你这国贼！"说着举起铁鞭，猛击他的下部。侂胄为防行刺，全身都以软缠裹束，即使用兵器击杀，一下子也难以致死。郑发知其底里，一鞭将其毙命，驰报夏震。

大约就在侂胄押往玉津园时，宁宗在后宫还没上朝，杨皇后向他透露：今天将对侂胄采取行动，现已押往玉津园了。宁宗一听，立即用笺条批示殿前司："前往追回韩太师。"杨皇后一把夺过笺条，哭诉起来："他要废我与儿子，又杀两国百万生灵！"软弱的宁宗挡不住杨皇后的眼泪，也垂下泪来。杨皇后进而要挟道："若要追回他，我请先死！"宁宗无奈地收起了眼泪，不再坚持追回侂胄了。宁宗至此仍不知道侂胄已死到临头了。"不是持笺能力阻，玉津园外已回车。"[1]这两句诗说出了杨皇后在诛韩中的关键作用，也从另一角度证明：专制政权的运作过程中往往会有许多偶然的非制度因素在其间起着支配作用。

夏震一赶到待漏院，钱象祖按捺不住焦急的心情，起身问道："事已了否？"答道："已了事。"钱象祖这才向待漏的上朝官宣布韩侂胄已伏诛，接着他从怀里拿出堂帖给陈自强说："有旨：太师韩侂胄轻启兵端，可罢平章军国事；陈自强阿附充位，可罢右丞相，即日出京城。"自强惶恐不已，起座向象祖再拜辞出，临上马时还不住地对象祖说："望大参保全！"在贬逐的路上，每天早上他必定穿戴朝服，焚香祝祷："向上天乞一日之命。"次年夏天，他在忧悸中死于贬所。

---

[1] 赵莱：《南宋宫闱杂咏·香艳丛书》本；《齐东野语》卷3《诛韩本末》。

从二日深夜到三日凌晨，史弥远好似一个以生死荣辱压为赌注的赌徒，等待赌局揭晓那样，心神不定，坐立不安。他虽不是政变现场出头露面的指挥者，依照身份，他还只能把这事交给钱象祖、李壁去办，但依然彷徨伫立门首，等待着消息。到拂晓时分，依旧音讯杳然，他有点心慌意乱了，甚至准备易装逃遁。

钱象祖、李壁赴延和殿奏事。宁宗只知道侂胄被杨皇后以御笔名义罢免了平章军国事，押出京城，对奏报侂胄被诛的消息愕然不信，其后好几天仍不相信他已经毙命。

就在政变成功的当天，皇子赵曮再次上奏，列数因侂胄擅起兵端所造成的"死者冤痛，生者愁苦"等种种惨状，请求宁宗罢侂胄平章军国事，给与在外宫观，命日下出京城。从赵曮上奏看，他虽在政变前传递过消息，但对侂胄已被诛杀似乎还一无所知。[1]于是，宁宗同意皇子的建议，颁诏说："韩侂胄久任国柄，粗罄勤劳。但轻信妄为，辄起兵端，使南北生灵，枉罹凶害。今敌势叵测，专以首谋为言；不令退避，无以继好息民。可罢平章军国事，与在外宫观。陈自强阿附充位，不恤国事，可罢右丞相，日下出京城。"作为对杨皇后昨日矫诏御批的追认。

四日，根据上述诏书而草就的罢职制词，虽指责侂胄"植党擅权，邀功生事，不择人而轻信，不量力而妄为，败累世之欢盟，

---

[1] 皇子奏事及奏文见《四朝闻见录》戊集《开禧施行韩侂胄御批黄榜》。但叶绍翁认为此奏为"诛韩后三日"所上，似误。侂胄被诛当日，宁宗即御批施行黄榜作为对杨皇后矫诏的承认，故这一真御批在《宋史·宁宗纪》《宋史全文》《两朝纲目备要》等据官史修成的史书里都与杨皇后矫诏混而为一，系于夏历十一月二日甲戌，以掩盖史、杨背君诛韩的真相。而《四朝闻见录》明言为十一月三日（公历11月24日）圣旨，是揭明事实的。但《宋史全文》卷29说："皇子荣王入奏遂有此旨。"则皇子入奏应不可能晚于24日。《四朝闻见录》该条在全录皇子奏文后即记："十一月三日，三省同奉圣旨并依。"也证明《宋史全文》所说不谬，则上云"诛韩后三日"显然自相抵牾。故应是诛韩当日皇子即上奏。或应读作"诛韩后，三日"，则三日正是公历24日。

致两国之交恶",但仍表示"欲存大体,姑畀真祠",即"依前太师、永兴军节度使、平原郡王,特授醴泉观使,在外任便居住,食邑实封如故"。[1] 从这份日期倒填的罢免制词,可知宁宗这时仍对侂胄怀有好感,对他的处分还是手下留情的,而且并不认为他已被处死。

然而,宁宗似乎有点明白礼部侍郎史弥远在这一事件中所扮演角色的重要性,准备擢他知枢密院事。或许出于窥测形势的需要,史弥远坚决推辞了这一任命。于是,在政变成功当日,分别以参知政事钱象祖与李壁兼知枢密院事与同知枢密院事。同时,礼部尚书卫泾出任御史中丞,著作郎王居安改任左司谏,吏部侍郎雷孝友为给事中。这三人的任命,除王居安还算升迁,卫泾与雷孝友分别以尚书、侍郎改任御史中丞与给事中,以资序而论,实是降格下除。但台谏和封驳官此前均为韩党据有,在政变初定时,这两个要害部门一主舆论,一主政令,尤须把握在手,政变集团才做出了这样非同寻常的任命。这些任命也表明:从一开始,宁宗就顺从了以史弥远为代表的政变集团的摆布和控制。

令人吃惊的是,从政变成功后的五天里,包括参预诛韩密谋的卫泾、王居安在内的台谏、给舍的上奏,都置韩侂胄被处死的事实于不顾,依然煞有介事一而再、再而三地奏请宁宗将侂胄或"重赐贬窜",或"明正典刑",或"显行诛戮"。[2] 这种公然愚弄

---

[1]《四朝闻见录》戊集《罢韩侂胄麻制》;《宋宰辅编年录》卷 20 开禧三年。
[2] 以上建议分别引自卫泾、王居安、雷孝友的奏议。卫泾的上奏见《历代名臣奏议》卷 184《论太师、平章军国事韩侂胄右丞相兼枢密使陈自强乞赐贬窜状》,《四朝闻见录》戊集《臣寮雷孝友上言》实即卫泾之奏,互校即可知,而叶绍翁误题。王居安上奏见《宋史》卷 405 本传,《四朝闻见录》戊集《又臣寮上言》即此奏,对勘可证。同书同集《臣寮上言》末云:"所有录黄,臣未敢书行。"据《建炎以来朝野杂记》乙集卷 7《开禧去凶和敌日记》曰:雷给事封还录黄,六日戊寅诏:侂胄改送英德府安置。"可知该臣寮即雷孝友,时任给事中。

人主的举动，在宋代历史上是绝无仅有的。

史弥远以杨皇后的"御笔"杀了韩侂胄，按例应该明确由史官载入起居注。但这样一来，史弥远就将背上矫诏的罪名。而此时的宁宗，既不相信侂胄已被处死，并且"犹未悟其误国"，而倘无皇帝的认可，善后工作也难以顺利推进。弥远也摸透了宁宗为人理政的致命弱点，即只知道胶柱鼓瑟地"动法祖宗，每对左右以为台谏者公论之自出，心尝畏之"，庆元党禁时，侂胄就借台谏公论尽逐道学。如今，弥远袭用其术，私下示意台谏官与封驳官，在短短几天内连珠炮似地上奏抨击侂胄，借所谓公论迫使宁宗转变态度。[1] 因此之故，卫泾、王居安、雷孝友的上言绝口不谈侂胄之诛，反而一再要求对已死的侂胄施以贬窜诛戮，这显然是史弥远、钱象祖别具用心的愚君安排。

于是，宁宗在政变后几天颁布的诏书，就与事实之间发生了严重的出入。[2] 三日，宁宗对已死的侂胄颁了罢政制词：特授醴泉观使，在外任便居住。次日因卫泾弹劾，五日，宁宗又下诏责授侂胄为和州团练副使，郴州安置；自强追夺三官，永州居住；苏师旦特决脊杖二十，发配吉阳军。这天，宁宗还向天下诏告了"贬逐"侂胄事，诏书首先承认"朕德不明，任用非人"，然后数

---

[1] 叶绍翁在《四朝闻见录》戊集《考异》里提出这一见解，是对上述反常现象的合理解释。

[2] 《宋史》卷38《宁宗二》开禧三年十一月乙亥（24日）说，"以诛韩侂胄诏天下"，应是史弥远专政后篡改国史、掩盖真相的记录。实际上，这天诏书只说侂胄"可罢平章军国事"，并无一字涉及其诛死，而这一诏书后来又被歪曲地系在十一月甲戌（23日）之下。《两朝纲目备要》卷10十一月乙亥条说，"以罢逐侂胄意诏天下"，虽较近事实，但下引诏书却是丁丑（26日）的自责诏。《宋史全文》卷29十一月乙亥至己卯（28日）条记事稍近真实，故本段与《四朝闻见录》戊集《开禧施行韩侂胄御批黄榜》至《考异》诸条考较而缀述之。至于《宋史纪事本末》卷83《北伐更盟》、《续资治通鉴》卷158的相关记载以为宁宗对史、杨诛韩的预谋是知道并同意的说法，无疑都失于考证。

落了侂胄"怀奸擅朝，威福自己；劫制上下，首开兵端"；"疏忌忠谠，废公徇私；气焰所加，道路以目"等罪行，最后把一切过失往他身上一推，"念目前过举，皆侂胄欺罔专恣，非朕本心"。因给事中雷孝友封还录黄，次日，宁宗再下诏，令将侂胄改送英德府安置，陈自强责授武泰军节度副使，依旧永州居住。诏书宣布不久，左司谏王居安又上奏劾论，请将侂胄家财产业尽行籍没，拘收封桩库，专供战备之用。宁宗即重新下诏，命侂胄除名勒停，送吉阳军，籍没家财；自强改送韶州安置。

在查抄韩府时，搜出了苏师旦给韩侂胄的私函，函中建议侂胄将殿前司兵额裁至与步军司相等，而将裁减兵额划出，另立一军由他掌领。宁宗或许认为这是别有不轨企图，七日诏命广东提刑斩决苏师旦。大概到这天，宁宗才相信侂胄确被诛杀，下诏承认"奸臣擅朝"，"今既窜殛"云云。然而，宁宗对侂胄的处理仍网开一面，他颁旨说：韩侂胄罪该诛戮，但念其祖先韩琦、韩忠彦之故，"今已身故，可令临安府棺敛，许于本家先茔归葬"。

籍没韩府时，抄出了绣有龙凤的服饰。政变者打算据此诬指其有不臣之心。大理卿奚逊明辨其不然，认为侂胄擅权开边，"自有定罪，若欲诬之以叛逆，天不可欺也"。正如宋末周密指出："大臣之间，平日必与禁苑通，往往有赐与帝后之衣，谓之御退，衣服皆织造龙凤。他如御书必籍以龙锦，又何足为异？"故而也力辩其"僭逆之类，悉无其实"。[1]

侂胄被诛的消息公布后，临安民众歌舞于市。酷烈的党禁，轻率的战争，专擅的政治，污浊的吏风，令国家大伤元气，士民饱受祸害，人们犹如送瘟神一样欢庆他的死亡。然而，民众已经

---

[1]《癸辛杂识》后集《簿录权臣》；《齐东野语》卷 3《诛韩本末》。

看出：诛韩并非皇帝的"英断"，只不过是当下对战争持不同政见的官僚派别之间又一场权力斗争而已，便传诵开了一首形象生动的民谣：

> 释伽佛，中间坐；罗汉神，立两旁。
> 文殊普贤自斗，象祖打杀狮王。

谣谚借佛教塑像作譬喻：两旁的罗汉神分指两派，文殊、普贤各为释伽牟尼佛的左右胁侍。文殊的塑像一般骑狮子，这里借指侂胄，因其拜太师，党徒皆呼他为师王，其谐音即"狮王"。普贤的塑像一般骑白象，这里影射钱象祖。"象祖"打杀了"狮王"，而端坐在正中的释伽佛则借喻宁宗，他实际上一无所知。民谣把政变双方的钩心斗角以及宁宗的拱默无能都刻画得惟妙惟肖，在流传过程中无不"闻者绝倒"。[1]

接着，政变集团在贬逐韩党的同时进行了第一轮的权力分割。李壁虽参预了诛韩密谋，但终因洗刷不清他与侂胄那种剪不断、理还乱的关系，政变未过半月，就划为韩党，夺去二官，抚州居住。没有皇宫侍卫的支持，宫廷政变就缺少成功的保证，夏震最先得到权益的酬答。政变后的第三天，他就进为福州观察使，主管殿前司公事，去掉了"权"字，并进封县伯，加食实封，制词竟以"若周勃入北军"作为比喻，以为赞美。弹劾韩党的胜局奠定后，政变成功没几天，卫泾即由御史中丞升任签书枢密院事兼

---

[1]《西湖游览志余》卷4《佞幸盘荒》。据《四朝闻见录》戊集《满潮都是贼》，韩府被抄后，发现有宁宗写给侂胄的"圣语"，末句为"遭他罗网祸非轻"，还有一句说"远窜遐荒始得平"。侂胄生前读到这些"圣语"时，"尝怪其言"。若此，宁宗对侂胄专政似十分愤懑，并拟窜逐他。但这一记载大可怀疑：第一，与其他众多史料所反映的宁宗态度，尤其诛韩以后数天内对韩侂胄的态度全不吻合；第二，宁宗纵使"不慧"，也不至于蠢笨到把这种针对性的"圣语"写给其本人。故所谓"圣语"只能视为不足征信的小说家言。

权参知政事；五天以后，钱象祖拜右丞相兼枢密使，给事中雷孝友与卫泾同拜参知政事，吏部尚书林大中出任签书枢密院事。杨次山在政变中是交通内廷外朝的关键人物，得到了使相的荣衔，加开府仪同三司。宁宗从内府取玉带一条赏赐给他，同时解下了自佩的玉带赐给了史弥远。两条玉带浑然无别，但解赐之举表现出对弥远特殊的恩宠。政变的主谋见大局已定，也正式走到了前台：这年腊月二十三，史弥远当上了同知枢密院事。

3．屈辱的和议

这次政变，实质上是南宋统治集团内部在战和问题上不同政治派别的一次激烈较量。对金和战是南宋政治史的一大主题，王应麟在宋元之际曾有过一个绝对的判断："绍兴、隆兴，主和者皆小人；开禧主战者皆小人。"且不论绍兴、隆兴之事，即以开禧、嘉定和战而论，陆游、辛弃疾都主张收复故土，岂能以小人视之？反之，主和者如史弥远，即以儒家大义来评价，也未必就是君子。

在《宋论·宁宗》里，明清之际王夫之有一段颇在理的议论：

> 宋自南渡以后，所争者和与战耳！当秦桧之世，言战者以雪仇复宇为大义，则以胜桧之邪也有余。当韩侂胄之世，言和守者，以固本保邦为本计，则以胜侂胄之邪也有余。反桧而得侂胄，反侂胄而又得史弥远，持之皆有故，号之皆有名。而按以其实，皆义之所不许，名之所不称。

确实，和与战的名义，权奸之臣都可以利用，以达到一己之私利。战，在民族大义上是应肯定的，但像韩侂胄这样别有动机的轻率浪战，则是名既不称，义亦不许的。和或守，从地缘政治角度而言，不失为冷静务实的选择，但不是卧薪尝胆、秣马厉兵，力促双方综合国力的消长发生有利于己的变化，以创造条件，收复失地，反以和守为因循苟且和专擅窃权的遁词，就像秦桧、史弥远先后所做的那样，也是"义之所不许，名之所不称"的。

以史弥远为代表的政变派之所以必置韩侂胄于死地，根本用意在于以侂胄之死作为向金乞和的筹码。对此，王居安的奏议说得很明白："朝廷倘不明正典刑，则何以昭国法，何以示敌人？"诛韩的目的，居然是讨好敌国，还声称"以此示敌，何敌不服？"也就是说，不惜代价，不顾国体，来迎合敌国苛刻的议和条件，乞求屈辱的和议。

侂胄被杀当天，参知政事钱象祖就用省札把这一消息移牒金国河南行省。仅过一月，南宋先后撤销了山东京东路招抚司和京西北路招抚司，向金传递了不欲再战的信息。被侂胄罢免的丘崈起用为江淮制置大使。政变前南宋派往金河南行省的使者王枏是绍兴议和宋使王伦的孙子，继续议和谈判的使命。

到达金营后，王枏没能直接见到金国元帅。这时，金行省都元帅宗浩已病故，由左副元帅完颜匡继主其事。金将乌骨论等接待时问他："韩侂胄显贵已经几年了？"王枏说："已十余年了。不过，平章军国事才两年。"又问："南朝怎么这样信任他？不知他是什么人？"王枏答道："他是韩琦之后，吴太皇太后的至亲。"接着就盛称其忠贤威略。几位金将揶揄地相视而笑，接伴使完颜天宠取出钱象祖发来的省札，慢悠悠说："依你之言，南朝为什么还要杀他？"王枏这才知道侂胄已被处死，一时窘骇无语。省札不送使者，却先致敌国，令他十分被动和尴尬，何况他携带的议和书函还是以侂胄名义发出的。完颜天宠说："王枏虽持侂胄书函，却是南朝有旨遣他来议和的，自当详议呈报。"外交上这一挫折，让王枏对金国的无理要求难餍索取，"不敢与较，一切许之，以为脱身之计"。[1]

在停战谈判中，双方外交折冲，能摧折其预谋则谈和较容易，如启发其傲慢即乞和也困难。金章宗得到南宋诛韩通报后，看出了对方的软弱退让，便命完颜匡移书南宋执政，重申议和五款条件，并强调必须以韩侂胄的头颅赎回淮南之地，犒军钱改为银三百万两。为增强讨价还价的资本，岁末年初，金河南行省派兵攻陷了南宋随州，金陕西宣抚司也准备对占夺到手而原属南宋的川陕关隘增派戍卒万名。

嘉定元年（1208）正月，王枏返抵临安，转达了金国函送首级的要求。几天前，右谏议大夫叶时、殿中侍御史黄畴若等先后两次上言，要求将侂胄的头颅割下来，置于两淮积尸丛冢之间，以谢天下。宁宗第一次以"慎重行事"为答，第二次御笔批"未欲轻从"，都没有同意。王枏归朝后，叶时等再次重复同样的奏请。王枏复命仅隔三天，皇帝命三省、枢密院详议。这次详议的结果，史料记载不详。从当时宰执成员构成来看，右相钱象祖、执政卫泾、史弥远、雷孝友、林大中无一不是倾向于函首的。但宁宗仍没下令函首，他还是慎之又慎的。

首次详议一周后，南宋派许奕为金国通谢使，王枏为通谢所参谋官再使金国。到达濠州后，许奕被阻留原地待命，只允许王枏赴河南行省议和。他向完颜匡送上钱象祖覆函：

> 东南立国，吴蜀相依，今川陕关隘，大国若有之，则是

---

[1]《齐东野语》卷3《诛韩本末》。《宋史》卷395《王枏传》载："金人又问：今欲去此人可乎？枏曰：主上英断，去之何难？"与此不同。《真文忠公文集》卷2《戊辰四月上殿奏札》说："侧闻日者小行人之遣也，虏人欲多岁币之数，而吾亦曰可增；虏人欲得奸臣之首，而吾亦曰可与。至于往来之称谓，犒军之金帛，根据归明、流徙之民，承命唯谨，曾无留难。"都印证《齐东野语》的记载是可靠的，而《宋史》本传显有回护处。

撤蜀之门户，不能保蜀，何以固吴？倘大国终惠川陕关隘，所划银两悉力祗备，师旦首函亦将传送。[1]

覆函只同意将犒军钱改为银子，对韩侂胄函首事仍未松口。这时，金陕西宣抚司向金章宗坚决要求：不能归还已取的川陕关隘。王柟为金方这一要价所困惑，向完颜匡表示：只要归还川陕关隘，他可以回朝就函首事说项。完颜匡认为南宋确有议和诚意，便对章宗分析道：川陕关隘对宋性命攸关，倘坚持不还，势必双方争夺，绝无一日之安。章宗遂诏谕完颜匡：只要函送侂胄首，陕西关隘可以赐还。完颜匡据此即再次致书南宋宰执，让王柟回朝转达。

王柟是三月二十日还朝述职的。前一天，史弥远集团冒天下之大不韪，公然为秦桧恢复了王爵与赠谥。这一举动，在史弥远或是为了表示与韩侂胄对着干，却也向敌国、向人民表明：自己是秦桧路线的维护者和继承人。王柟传达了金国的议和条件，即只有以侂胄首函才能换回开禧北伐中失去的淮南、陕西之地。至此，宁宗不得不做出抉择：要么函首乞和，要么坚决拒绝，另作他图。他还是把这个难题交给所谓公论去裁决。王柟复命次日，皇帝下诏侍从、两省、台谏官赴都堂集议，第二天奏报结论。宋代讨论重大国是时往往使用集议这种形式。

集议在争吵喧嚷中进行。直学士院章良能首先说："已毙之首，又何足惜！"侍左郎官兼太子舍人王介抗议："侂胄之首，诚然不足惜，但国体可惜！"章良能反唇相讥："你恐怕还是可惜侂胄的头颅吧！"吏部尚书兼翰林侍讲学士楼钥、签书枢密院事林

[1]《金史》卷98《完颜匡传》。

大中、兵部尚书倪思等都主张函首。太常少卿黄度虽受过侂胄排斥，仍认为函首辱国。楼钥等竟说："与其亡国，宁可辱国！"倪思大声嚷嚷："侂胄一颗臭头颅，诸公何必争得那么起劲！"又威胁："有人在朝受过侂胄之恩，要为他说话吗？"在一片闹哄哄的反对声中，王介、黄度等遭到围攻。

　　第二天，奏报集议结论："和议重事待此而决，则奸凶已毙之首又何足惜。"[1]宋宁宗迫于所谓公论，再次无原则地放弃了自己的初衷，颁旨依奏。集议仅过两天，朝廷向临安府和两淮、荆襄、四川等宋金交战地界颁发黄榜，晓谕函首事；次日，又通知其他诸路安抚制置司。两天之后，临安府派人从报慈寺韩氏先茔中挖出侂胄的棺木，斫首函送江淮制置大使司。

　　四月中旬，王柟携带宁宗誓书草本和钱象祖覆函再抵金河南行省，向完颜匡通报了侂胄已枭首的消息。钱象祖的回书告知宋使已携礼物、岁币等起程，只等金国批准议和，即运抵边界交接，故望金帝"画定圣旨，先赐行下沿边及陕西所属，候侂胄首到界上，即便抽回军马，归还淮南及川陕关隘地界"。章宗接报，即颁诏完颜匡："其侂胄、师旦首函及诸叛亡至濠州，即听通谢使人入界，军马即当撤还；川陕关隘俟岁币、犒军银纲至下蔡（今安徽凤台），划日割还。"[2]完颜匡将诏书内容通知王柟，命依照执行。

　　闰四月下旬，南宋派人将韩侂胄、苏师旦首函送至金河南行

[1]《齐东野语》卷3《诛韩本末》；《四朝闻见录》乙集《函韩首》。有关集议时诸人倾向，各种史料颇有出入。《宋史·倪思传》以"有伤国体"之说出于倪思，但上引二书皆指倪思对函首"主之尤力"，则《宋史》本传似有回护。《齐东野语》又说章良能"以事关国体，抗词力争"，以为《四朝闻见录》说"良能首建议函首"，"此非事实"。此据诸书所载缀述之，唯《四朝闻见录》所记集议诸人官衔多误，故比勘他书而系之。
[2]《金史》卷98《完颜匡传》。

省元帅府。五月九日，金章宗遣官将宋廷函首求和事奏告天地、太庙、社稷，亲王、群臣都上表称贺。这天，金朝举行了献受首函的隆重仪式，庆贺对宋战争的又一次胜利。章宗登上了京城应天门，完颜匡派大将纥石烈贞上城楼献呈韩侂胄、苏师旦的首函以及元帅府露布。金帝命将两具首函献祭太庙、社稷，并颁露布于中外。庆典结束，两颗头颅被高悬在旗杆上示众，并配挂上两人画像，让百姓纵观，最后用漆涂抹，藏入军器库。

不久，完颜匡还朝，金撤销了河南行省。六月五日，南宋通谢使许奕带着宋帝誓书入见金章宗。其后三个月，双方围绕和议有一连串外交往来：金章宗以宋同意求和诏告天下，再派完颜侃为谕成使携金帝誓书赴临安入见宋宁宗。九月十二日，宋以和议达成诏告天下。至此，嘉定和议正式成立，主要条款为：一、宋帝与金帝的称呼由侄叔改为侄伯；二、宋致金岁币由二十万两匹增至三十万两匹，另支付犒军银三百万两；三、宋金地界维持战前原状；四、宋向金函送韩侂胄、苏师旦之首。和议虽然免去了称臣割地的难堪，在双方关系与岁币数额上却比隆兴和议明显倒退了一大步，函首乞和更是主权国家的奇耻大辱。

仍因在建州土牢的华岳听到这一消息，并没有因受过侂胄迫害而感情用事，对史弥远为首的当政者屈膝求和以诗歌表达了明确的反对："纳币求成事已非，可堪函首献戎墀？和戎自有和戎策，却恐诸公未必知！"京师太学生也以揭帖诗道出了当时的公论："自古和戎有大权，未闻函首可安边。庙堂自谓万金策，却恐防胡未必然！"[1]

不久，对于韩侂胄，金国台谏交章上言，认为他"忠于其国，

[1]《翠微南征录》卷4《和戎》；《鹤林玉露》乙编卷2《函首诗》。

谬于其身"，建议追封"忠缪侯"[1]，他的首级最终被安葬在安阳韩琦墓地旁边。金朝将这事札报南宋，或隐含嘲讽之意：比起你们本朝来，我们敌国的评价似乎还公正些。对南宋来说，函首乞和无疑是丧权辱国的决定。对此，晚宋有人打过一个譬喻："譬如人家子孙，其祖、父为人所杀，其田宅为人所吞，有一狂仆佐之复仇，谋疏计浅，迄不能遂。乃归罪此仆，送之仇人，使之甘心焉，可乎哉？"[2] 宋金既为敌国，在议和谈判中，自然也有国家主权、民族尊严的问题。诚然，不能因为韩侂胄包藏私心、轻率用兵而讳其为抗战派代表。但他发动的开禧北伐毕竟是以国家名义进行的恢复战争，将他诛戮函首，完全是史弥远为推行乞和路线一手策划的。这种做法，对南宋是有辱国体的奇耻，对韩侂胄也有失公允，以至金人都感叹"何国之为"！对此，清代史家有诗云："匆匆函首议和亲，昭雪何心及老秦。朝局是非堪齿冷，千秋公论在金人！"[3]

开禧北伐尘埃落定，金人长长喘了口气。在发动反击后，统帅仆散揆、宗浩相继而殁，临战易将向为兵家所忌，但南宋却不知也无力利用，举朝惶惴，反以侥幸和议为得计，致使金朝认定南宋已无人才。

宋人对这场战争的反思是痛苦而持久的。南宋末年，周密指出：

> 寿皇（即孝宗）雄心远虑，无日不在中原。侂胄习闻其说，且值金虏寝微，于是患失之心生，立功之念起矣。殊

---

[1] 张端义：《贵耳集》卷下。
[2] 《鹤林玉露》乙编卷 2《函首诗》。
[3] 钱大昕：《潜研堂诗续集》卷 2《过安阳有感韩平原事》。

> 不知时移事久，人情习故，一旦骚动，怨嗟并起。而茂陵
> （即宁宗）乃守成之君，无意兹事，任情妄动，自取诛戮，
> 宜也。

从民族感情而言，开禧北伐是有社会基础的。之所以失败，固然有韩侂胄方面的种种因素在，例如准备不足，措置乖张，用人失当，等等。但更深刻的原因却是：金人入主中原以后，双方随着"时移事久，人情习故"，已与南宋在地缘政治上形成了一种势均力敌的抗衡态势，谁也吃不掉谁。从绍兴末年金主完颜亮南侵，中经隆兴北伐，直至开禧北伐，不论率先发动战争的是宋还是金，从来都没能如愿以偿过，其间地缘政治的综合因素似在冥冥之中起着决定性的作用。

倘若从稍长时段来分析宋金和战史，绍兴和议前，新的地缘政治平衡尚在建构之中，南宋若能利用岳飞抗金的破竹之势，重建类似澶渊之盟后那种地缘政治上的平衡态势并非绝无可能。及至绍兴和议成立以降，宋金地缘政治的新格局已然确立，任何一方都没有强大到足以打破这种地缘平衡，故而隆兴北伐终致无功。宋元之际，有人曾发感慨："高宗之朝，有恢复之臣，而无恢复之君；孝宗之朝，有恢复之君，而无恢复之臣。"循此推论，则宁宗之朝，既无恢复之臣，又无恢复之君，反顾"宁宗之为君，韩侂胄之为相，岂用兵之时乎！"[1] 开禧北伐时南宋的综合国力显然不及隆兴北伐之际，再加上开禧君相的因素，宋金地缘政治的格局不可能改变，北伐失利是无可避免的。

宋宁宗对开禧北伐的基本倾向，诚如晚宋周密所说，是"无

---

[1] 刘一清：《钱塘遗事》卷2《孝宗恢复》；《宋史》卷410论赞。

意兹事"的。北伐前夕，他曾表示"不以为然"，内心显然持反对态度。侂胄败死，他说："恢复岂非美事，但不量力尔。"足见他始终认为对宋而言北伐是不自量力的。然而，一方面出于"恢复岂非美事"的考虑，一方面基于他软弱游移的性格，对权臣韩侂胄一贯言听计从，没有也不可能坚持己见，去制止这种轻举妄动，反而听凭他将国运与生灵投入一场必败无疑的政治豪赌。这场战争的破坏是惨烈的，后果是严重的，"百年教养之兵一日而溃，百年葺治之器一日而散，百年公私之盖藏一日而空，百年中原之人心一日而失"。[1] 对此，权臣韩侂胄固然难辞其咎，心以为非却听之任之的宋宁宗也应负主要责任。

---

[1] 程珌：《洺水集》卷 1《丙子轮对札子》（嘉靖本）。

第四章
因循苟且的十七年

一 嘉定更化

1. 宁宗"作家活"

开禧三年（1207）夏秋之际，战争还没有正式结束，天灾却交并而至。从五月起浙西大旱，宁宗向天地、宗庙、社稷祝祷求雨。持久的干旱，又引起了蔽天盖地的蝗灾。七月，沿江州郡洪水泛滥，哀鸿遍野。持续而严重的自然灾害，令宁宗惶恐不安，下诏罪己。

诛韩月余，宁宗下诏明年改元嘉定。改元诏书承认：

> 频年相继，寰宇多虞。边衅遽开，顾生灵之何罪？虫蝗为孽，与旱潦之相仍。

在他看来，天灾人祸已使国计民生困顿凋瘵，在今后一个时期内，压倒一切的是社会安定。这是改元嘉定透露的信息。

权臣韩侂胄死后，宁宗开始所谓的"亲政"，尽管此前是他自己把权力拱手让渡给侂胄的。他曾对侂胄信任甚深，倚赖甚笃，如今已扭转了认识。这固然是史弥远利用台谏公论大作文章的结果，但他本人也确实缺乏主见。嘉定改元后不久，宁宗对签书枢密院事林大中论及议和事，感慨地说："朕不惮屈己为民，讲和以后，亦欲与卿等革侥幸弊政，作家活耳！"大中称颂道："陛下能言及此，真是宗社生灵之福。"皇帝打算经营赵宋家业，自然令臣下振奋，这番话可视为他嘉定更化的宣言。

所谓嘉定更化，严格说来从诛韩后就开始了。第一个措施就是开言路。开禧三年十一月，宁宗下诏说：

> 奸臣窜殛，当首开言路，以来忠谠。中外臣僚，各具所见以闻。

诏书颁下一个多月，却少见奏封呈进，对日前的政变，臣下显然仍有顾忌，还在观望。嘉定元年（1208）正月，宁宗再下诏求言，求言面也从臣僚扩大到一般士大夫和庶民，说得也更诚恳：

> 今犹奏封罕见，岂习俗相仍，激昂者寡；抑精诚弗至，顾忌者多？厥今百度未厘，二边未靖，人才乏而未究搜罗之术，民力困而未明惠养之方。救此弊端，宁无良策。乃若箴规主失，指摘奸邪，人所难言，朕皆乐听。

群臣终于被打动了。在君主制下，在臣下观念中，对权臣的弊政，君主是毋须负责或不必负主要责任的，而决心更化倒表现出人君圣德。奏疏陆续递了进来。在应诏上言中，颇有臣僚对议和以及议和后应该怎么吸取教训，发表了与主政者截然不同的意见。原湖广总领傅伯成在召对时指出：

> 前日失于战，今日失之和。今之策虽以和为主，宜惜日为战守之备。

太学博士真德秀入对时也说：

> 今后应以勾践卧薪尝胆为法，以六国亡于强秦为戒。倘
> 若盟好既成，志气愈惰，宴安鸩毒之祸作，浮淫冗蠹之事
> 兴，彼方资吾岁赂以厚其力，乘吾不备以长其谋，然后发难
> 从之请，挑必争之端，而吾彷徨四顾将无以应之，此长虑远
> 识之士所为寒心者也！

对这类切中时弊的上言，宁宗似乎仍仅听听而已，未见在嘉定更
化中采取过切实的措施，在对金政策上依然苟且偷安。

群臣封事或奏议涉及方方面面的弊政，更化应该着手之事可
谓千头万绪，关键在于对形势必须有深刻的估计。淮西总领徐邦
宪入对时直言：

> 今日更化，未可与秦桧死后高宗更化同日而语。秦桧专
> 政，天下犹可缉理；今侂胄专权，天下已尽败坏！

韩侂胄专政因庆元党禁而摧残人才，因开禧北伐而危害国家，
但最大的流毒还是钳制舆论公议，败坏风气人心。真德秀分析道：

> 绍兴之际秦桧擅权专杀，还不能消弭和好不足恃的公
> 论。侂胄擅政十余年，谀佞成风，尚同成习。庆元时，吕
> 祖俭、六君子上书，近臣中还有为他们争论是非的，正如
> 始病之人仅伤气血。其后吕祖泰之贬，近臣暗默，台谏还
> 死力攻击，则嘉泰之疾已深于庆元。到开禧用兵，不仅举
> 朝不敢言，布衣之中找一个吕祖泰那样的人也难得，则开
> 禧之疾又深于嘉泰。风俗至此，已成膏肓，救药扶持，岂
> 易为力？

他因此建议：

> 当先破尚同之习，广不讳之途，则士气伸而人心正，风
> 俗美而治道成。更化之务，孰先于此？

一句话，就是开放舆论，让不同的意见说出来。皇帝表示赞同，
在其奏札上批了个"依"字，确乎表现出"人所难言，朕皆乐听"
的诚意。

　　二月，宁宗下诏史官改正绍熙五年（1194）以后至开禧三年
（1207）以前国史关于韩侂胄事迹的记载，这也是更化的内容之
一。自韩侂胄专政以来，从绍熙内禅经庆元党禁到开禧北伐，无
论日历、时政记，还是玉牒、会要，所记大抵迎合其意而夸大其
功。在这一问题上，侂胄专擅固然是主因，但宁宗也认可的。嘉
泰元年（1201），史官王容请将侂胄定策事迹付史馆，就得到过
御准。当时史官，或原为私党，或慑于淫威，承风希旨，刊旧史，
焚原稿，无所顾忌。当年秦桧主和后就厉行私史之禁，侂胄专政
后同样担心私史保存了绍熙内禅与庆元党禁中不利于他的史实，
何况国史失信而私史转盛已现势头，"郡国皆锓本，人竞传之"，
故而嘉泰二年韩党也奏禁私史。除了将《续资治通鉴长编》与
《东都事略》等送缴史官考订，只获准保存，但不许刊行，其他私
史"悉皆禁绝，违者坐之"[1]。嘉定更化中改正诬史、重修信史的
工作量是巨大的。在专制统治下，每当政局剧变后，往往伴随着
这种改写和重评历史的工作。但史弥远主政，所谓改正国史工作，
也必然导致韩侂胄传世形象的污名化；他之被打入《奸臣传》，与
此也不无关系。

---

[1]《建炎以来朝野杂记》甲集卷6《嘉泰禁私史》。

韩侂胄败死后，同党陈自强、邓友龙、郭倪、张岩、许及之、程松等一再贬窜远恶州军，除名、抄家的也大有人在。但清除工作却走向了极端，出现了偏差，凡是赞同过北伐恢复之议的官僚士大夫，都视为韩党，悉与屏逐。就连开禧元年的省试状元毛自知也因在策论中附和用兵，而夺去了魁首恩例，降为殿试第五名。

实际上，对参预兵议的士人也应做具体分析，其中固有趋炎求荣、丧失操守而沦为韩党的，例如邓友龙、皇甫斌之流；却颇有士人出于民族大义的考虑，如今也成了清理的对象。叶适力辞草北伐诏，他是反对仓促北伐的。但战争开始后，他并没有袖手作壁上观。当金军饮马长江，建康震动的危急时刻，他在知建康府兼沿江制置使任上，镇定自若，以有限兵力数袭敌营，所向皆捷；安置蜂拥南渡的两淮难民，令其来如归。金军北撤后，他改任江淮制置使，在西起历阳（今安徽和县）东至仪真（今江苏仪征）一线，组织民众构筑起长达三百里、阔约四十里的缓急应援、首尾联络的防御体系。他以自己的经世才干和务实态度有效减少了东线战场的损失。但清除韩党时，御史中丞雷孝友不辨皂白，劾奏他附会侂胄开兵，夺职奉祠达十三年之久。

连致仕家居的大诗人陆游也扣上了"党韩改节"的罪名，夺去了宝谟阁待制的职名。以皇帝名义颁发的落职制词说："虽文人不顾于细行，而贤者责备于《春秋》。"他以爱国之情讴歌过北伐，却既未预议其事，也不阿谀其人。对这样的责备，陆游啼笑皆非，在谢表中反驳并自嘲道："每自求于远宦，岂有意于虚名？命之多艰，动辄为累！"[1]最令人愤慨不平的是那位以血战死守和

[1] 周密：《浩然斋雅谈》；陆游：《渭南文集》卷1《落职谢表》。

州的勇将周虎，言者也指为韩党，受到安置的处分。因为家贫，他不能带着老母同往贬所。不久，他在谪地接到讣告，对深明大义的母亲之死号恸欲绝，发誓不再出仕。

在这场清洗中，偏见的传染固然左右了部分言官的情绪，但借清除韩党为名，行排斥异己为实的倾向也十分明显。户部侍郎赵彦橚愤愤说：

> 始坐伪学废，终用兵端斥。苟欲锢士，何患无名？材尽而求不获，有国之公患；冤甚而谤不息，非士之私耻也。[1]

他多次向宁宗恳切说起清党扩大化的倾向，却没能引起应有的重视。

平反昭雪与清理韩党在同步进行。党禁开放后，虽然追复了赵汝愚等人的职名，起用了一些名列"伪学"之士。但这只是所谓甄别，当时侂胄的权势还如日中天，绝不可能承认伪学之禁搞错了。在专制政权下，重大历史事件的所谓拨乱反正，只能在与那一事件利害攸关、荣辱与共的权势人物或死或败，退出政治舞台后，才能真正着手进行。如今侂胄败死，要求对庆元党禁彻底平反的呼声也越来越强烈。

侂胄被诛不久，林大中就奉召入朝，试吏部尚书。他被逐出朝、退居家园已十二年了。他对宁宗说："为论列韩侂胄，吕祖俭贬死瘴乡，后虽赠官，但公论未洽；彭龟年、朱熹降官夺职，终于老死，应优赐旌表；其他因讥切侂胄而得罪的，都应区别轻重，给予表彰。这才说得上为蒙冤者平反。"其后，太学博士真德秀也提过类似的建议。

---

[1] 叶适：《水心先生文集》卷 23《赵公（彦橚）墓铭》。

嘉定元年二月，刘德秀的遗表送呈朝廷，按例应该追赠官职的，现在当然给免了。不久，党禁中充当喉舌的李沐在夺去宝文阁学士的职名后，再夺三官，信州居住。诬告赵汝愚谋逆的蔡琰也被除名，发配赣州牢城。

开禧三年岁暮，为吕祖俭平反，追赠朝奉郎、直秘阁，官其子一人。次年二月，赵汝愚追复观文殿大学士，尽叙原官，赠谥忠定，算是充分肯定他在绍熙内禅中的忠诚和功绩。七月，上书论侂胄专权而发配钦州的吕祖泰获得改正，特补上州文学。十月，庆元六君子也受到表彰：杨宏中等三人各循一资；周端朝、林仲麟允许直接参加省试；蒋傅已故，赐其家束帛。

与此同时，皇帝准备赐朱熹谥号。太常初定为"文忠"，复议时有人提出：

> 子思、孟轲之死，孔子之道几熄，至本朝而复明，濂溪、横渠、二程发其幽微，到朱熹而圣道灿然。"文"为一字之谥，但更名副其实。

嘉定二年十二月，文臣最高荣誉的一字谥赐给了朱熹。约半年后，被无端贬死的朱熹门人蔡元定也特恩追赠迪功郎，以宁宗名义颁发的追赠制词说："今是非已定，尔则殂矣，朕甚悯之。"悲悯之心似跃然纸上。但制词开头说："士之遇不遇，天也！其或摈斥于生前，而获伸于死后，天理昭昭，未有久而不定者。"[1] 也就是说，你在庆元间受诬遭谪，这是天命，与人主无关；而现在昭雪，这是人君在昭示天理。嘉定更化中，宁宗就是抱着这种认识为党禁受害者平反昭雪的，却从不反省：韩党当初所为，都是通过他的

---

[1]《两朝纲目备要》卷12。

名义，获得他的认可才推行下去的。

在平反过程中，宁宗越发怀念昔日老师彭龟年了。他看到楼钥录呈龟年的谏草，深感怆悼，下诏追赠龟年为宝谟阁直学士，随即又御批道：

> 彭龟年系朕潜藩旧学，当权臣用事之始，首能抗疏，折其奸萌。褒恤之典，理宜优异，虽已追赠，未称朕怀，可特加赠龙图阁直学士，并擢用其子为官。

嘉定三年春天，礼部尚书章颖建议对龟年追赠美谥，宁宗说："龟年忠鲠可嘉，应赠美谥。倘人人如此，必能置人主于无过之地。"亲自赐谥忠肃。他忆起党禁之风乍起于青蘋之末时，龟年最先上忠鲠之疏，后悔没能及时听纳，怀念之情愈不可抑。唯恐有关部门执行迟滞，他又用上了龟年生前谏止再三的内批，借以表达对昔日老师的"肃敬之意"。[1] 临朝之际，宁宗不止一次对辅政大臣说："这人若在，必将大用。"嘉定元年春，司封郎官袁燮在入对时说："倘若昔日陛下坚信龟年的忠诚，摧折奸邪在萌芽之初，何至于此。然而，往者不可及，来者犹可追。正人端士，现不缺乏。陛下常有此心，一龟年虽殁，众龟年继进，何忧天下之不治！"话说得很委婉，却在面责与忠告人君：既知其忠，逐而不用，你是有责任的；但关键还在于防止故态复萌。

臣僚之中不止袁燮看出了皇帝在识人用人上懵懂依旧，上奏论治道人才的也大有人在。宁宗主观上也想起用人才的，他想起了黄度。黄度已经老病，请求致仕，免去入朝，却未获允准，只得扶病入见，君臣相见，感慨万端。黄度说："陛下即位之始，擢

---

[1]《宋史》卷393《彭龟年传》；《攻媿集》卷96《彭公（龟年）神道碑》。

臣为谏官。不到一个月，忤侂胄而罢，至今已十五年了。"宁宗说："卿去国日久，能再入朝相与扶持，甚善！"让他权吏部侍郎。黄度别有意味地说："眼下威柄复还，正与高宗末年相似。秦桧死后，高宗常并任宰执，愿陛下更留圣意。"又说："给舍、台谏，人主自用则威权在己；臣下得用则威权尽去。"[1] 宁宗认为他说得对。然而，后来朝政的演变证明他并未真正领悟黄度上言的良苦用心。

右司谏兼侍讲王居安也向皇帝指出："如用人稍误，是一侂胄死，一侂胄生。"他见召用人才中竟有赵彦逾，便对宁宗说："汝愚贬死，彦逾的作用不小，他实为汝愚的罪人。如今召用他，岂非良莠不分、邪正并用吗？"当居安准备继续上疏时，突然命他改任起居郎。这一任命也许出自执政钱象祖与史弥远的安排。他任谏官仅十八日，作为劾论韩党的主力，连珠炮似的弹击使韩党树倒猢狲散，钱象祖、史弥远为首的政变集团也因此胜券在握。而他"一侂胄死，一侂胄生"的警告显然触痛了他俩的要害，罢去其言职正是其时。但王居安却援引史官可以直前奏事的祖宗故事，继续抗论："臣为陛下耳目之官，谏纸未干，却以忤权要而徙他职。台谏不得其言则去，臣不复留朝了！"宁宗听后倒也为之改容。御史中丞雷孝友劾其越职言事，他被夺官罢任。太学生集队举幡，请求挽留他，也没能奏效。

王居安去朝，预示着宁宗在用人上摇摆不定、邪正不分的旧病复发，其后二三年间，傅伯成以谏官论事去，蔡幼学以词臣论事去，倪思以侍从论事去，邹应龙、许奕又以封驳论事去。真德秀提醒皇帝："是数人者，非能大有所矫拂，已皆不容于朝。设有

[1]《絜斋集》卷 13《黄公（度）行状》。

大安危、大利害，群臣暗默，岂不危殆！"宁宗虽对这些去朝之
士仍授以美职，任以大藩，但群臣却认为他没能真正做到更化之
初所说的"人所难言，朕皆乐听"，重新三缄其口了。

在用人为政问题上，宁宗没能抓住也不知如何抓住侂胄败死
的转机，致使皇帝不急臣下急。嘉定改元当年，袁燮第二次轮对
时急切地发问：

> 今日在廷之臣，谁有某善，谁有某能，谁可以当重任，
> 谁可以办一职，谁为人望所归，谁为清议所贬，陛下能否尽
> 知之？当今之务，何者为纲，何者为目，何者当先，何者当
> 后，所未立者何事，所未革者何弊，陛下能否尽知？

宁宗自称欲作家活，对此确实懵然无知，他端拱渊默仍如往昔，
不仅拙于言词，尤其昧于治道。尽管号称更化，却如真德秀所说，
依旧"正人虽进用，而委任未尽专；小人虽退斥，而侥幸未尽塞。
名虽好忠而实则喜佞，故谏争之途尚狭，忠鲠之气未伸"。[1] 尤其
严重的是，内批御笔仍未绝迹。王师尹大概是应奉医官，宁宗以
内批为他转官；至于以御笔为近幸谋求带御器械、迁转遥郡官的，
也不乏其例。

侂胄倒台时，"下至闾巷，欢声如雷，盖更化之初，人有厚
望"。但随着时间的推移，人们都失望地说：嘉定更化，"有更化
之名，无更化之实"。[2]《宋史·许奕传》为更化时的宋宁宗留下
了一帧写真。许奕时任权礼部侍郎兼侍读，"每进读至古今治乱，
必参言时事：'愿陛下试思，设遇事若此，当何以处之？'必拱默

[1]《真文忠公文集》卷2《己巳四月上殿奏札》。
[2]《宋史》卷392《赵崇宪传》。

移时，俟帝凝思，乃徐竟其说"。从宁宗的凝思移时，最终却由经筵官缓缓说出处理办法，其木讷不慧的模样可以想见。

宁宗对许奕的印象不坏，迁他为吏部侍郎兼权给事中。许奕论驳贵戚近习扰政之事达十六起，当论及外戚杨次山和史弥远时，皇帝却来个疏入不报。许奕便坚求补外，遂出知泸州。宁宗对人称赞许奕"骨鲠"，问道："许奕已走了吗？听说泸州是大郡，姑且让他去罢！"明知是骨鲠之臣，却听任他出朝，这倒充分反映出宁宗为政的游移和颟顸。以这样的君主主持嘉定更化会有怎样的效果，自然是不言而喻的。

2．立皇太子

开禧三年十一月，诛韩还未半月，皇子荣王赵曮立为皇太子。尽管立储诏书声称出自宋宁宗亲断，但内幕却令人生疑。在此之前，宁宗虽因连夭亲子以听天由命思想立其为皇子，实际上仍指望这"无私之举"而祈祝上天让他养大一个儿子。这年正月，第六子赵圻出生，宁宗特行奏告天地、宗庙、社稷、陵寝和欑宫的隆重仪式，目的无非保佑他这个儿子存活下来，但满月不久就夭亡了。几天后，第七子赵墌来到世上，但又匆匆而去。伤感是难免的，但宁宗年仅40岁，还在生育年龄，健康也未见异样，皇位继承尚未成为迫在眉睫的问题。因而立太子事未必是皇帝最先提出的。

在诛韩政变中，内廷与外朝之间起传导作用的关键人物，一是杨皇后之兄杨次山，一是皇子赵曮。皇子这年已15岁，因不是杨皇后亲出，频繁面见的可能性不大，但显而易见，他与次山是弥远和皇后间传递消息中不可或缺的交接点。从杨皇后口口声声在皇帝面前诉说"侂胄要废我与儿子"，表明他们的母子关系很好。杨皇后这年已经46岁了[1]，逼近了女子育龄的上限。她生过皇子，也都没成活。生性机警的杨皇后对嗣君问题的关心绝不会亚于宁宗，这关系到宁宗身后她在后宫的地位。在与韩侂胄的斗争中，赵曮坚决站在杨皇后与史弥远一边，取得了他们的信赖与支持，是顺理成章的。

当然，对这一建议，宁宗也是同意的。他之所以同意，还有一个重要的原因。绍熙内禅时，太皇太后吴氏曾当着他的面对赵扩交代过："他做了，你再做，自有祖宗例。"即位以后，宁宗与赵扩的关系倒始终"兄弟友于"的。庆元二年，封他为吴兴郡王，制词说："孝宗怜早慧以钟爱，太上念特立以垂慈。"对皇弟示以贵宠的同时，也表明自己没忘记孝宗和吴氏的安排。郡王体羸多病，宁宗命太医必须先进呈药方，取旨同意才能用药。开禧二年五月，赵扩病故，追封沂王。他生过一子，早就夭亡。为了不使这支宗室绝后，宁宗取宗室希瞿之子入嗣沂王，赐名贵和。既然皇弟赵扩已死，当年孝宗与吴氏的吩咐就失去了意义。宁宗原就不热衷于做皇帝，养了好些个亲生儿子，一个也没有保住，早立储君，即使不是亲子，在他也是无可无不可的。

嘉定元年春夏之际，一天早朝时，宁宗对宰执说："赵彦逾昨

---

[1] 关于杨皇后的年龄，王鸣盛《蛾术编》卷60《杨皇后年反长于宁宗不可信》，根据《宋史·杨皇后传》考证，《宋史·理宗纪》误衍"有五"，其卒年应据本传作71岁，是正确的。但他认为杨氏年长于宋宁宗6岁为不可信，则纯属臆断。宛委山堂本《说郛》卷29引《朝野遗记》"宁宗后杨氏"条说"其生在壬午"，壬午年为绍兴三十二年（1162），据《宋史·理宗纪》，杨氏卒于绍定五年十二月壬午（初七），已为公历1233年，若以王氏所考享年71岁上推，正相吻合。王氏推断理由为"后乃以色升，其年反长，此不可信"，则是拘泥之见。杨氏少以姿容入宫，一直隶于慈福太后位下，直到绍熙末年才入后宫，这年宁宗27岁，杨氏33岁，一个姿容姣好的女子在这一年龄段美貌依旧，对宁宗仍有吸引力是不足为奇的。在历代帝王后妃关系中，"其年反长"之例也并不少见，例如万贵妃比明宪宗年长19岁。若以心理分析而论，皇帝恋溺年长于己的女性，大多有一种恋母情结，性格往往懦弱游移，有强烈的依赖性。这倒不失为宋宁宗性格的一个注脚。

天经筵求去时奏请皇太子参决政事。朕有此意甚久。此事断自朕意，不欲因人言批出。卿等可商量教稳当，欲待批出。"钱象祖、史弥远与卫泾立即称颂"圣明独断"，卫泾代表宰执说出担忧："臣恐外人不知，妄有传播撰造语言。陛下圣明必能洞见。"这番话有点此地无银的味道，令人怀疑彦逾之奏是他与史弥远政变集团私下达成的政治交易，因为右谏司王居安弹劾赵彦逾时，他曾受到某权要的庇护。卫泾接着说明大臣朝殿奏事后，"凡有要事，往往缴入，平时无缘可得通达内外之意，致使韩侂胄得以窃弄威福"。最后指出："今得皇太子会议，臣等奏事既退，陛下有所宣谕，或臣等有敷陈未尽之意，皇太子在侍膳问安之际，都可以从容奏禀。内外不至扞格不通，且更不容外间别有人出入禁闱干预朝政。"这番话透露政变集团迫不及待让皇太子参决政事，目的就在于由他沟通内外朝，窥伺皇帝，左右朝政。

　　闰四月十四日，皇子赵坦出生仅月余再次夭折。次日，宁宗正式下诏：

> 朕更化励精，先图其大者。皇太子学问夙成，欲使与闻国论，通练事机。二三大臣各兼师傅宾僚，其相与辅导，成朕爱子之义。自今再遇视事，可令皇太子侍立。宰执赴资善堂会议。

皇太子更名赵询，出居东宫。宰执之中，史弥远原就是资善堂翊善，右相钱象祖兼太子少傅，卫泾、林大中、雷孝友兼太子宾客。至于赴资善堂会议政事，宰执都认为：在资善堂，宰执名义上都是老师，会议政事时，双方的尊卑与名分都不好处理。于是，宁宗命改在讲堂会议政事。

　　为答谢杨皇后的奥援，皇太子上了一个奏疏，不遗余力地颂扬杨皇后有孝、俭、诚、断等后德，还述及她在诛韩议和中的作用："皇后曾言兵贵多算，不可轻用，以戒权臣于未事之先。其后密辅乾刚，弗遗余力，敛兵继和，有以赞陛下之断。"说诛韩议和是宁宗英断，纯粹虚饰之语；说杨皇后"弗遗余力"则唯恐功没不彰。接着，皇太子追述了杨皇后对他的恩情："若夫鞠育微臣，恩勤曲尽，奉承严训，教载必亲，以至日督课程，不移晷刻，每令覆讲，必定指挥。不唯字画诗章，悉加面命，且以前言往行，俾知矜式。"这段叙述虽有美言的成分，却也反映出杨皇后在这位非亲生的皇位继承人身上的感情投资。尽管在温情脉脉的面纱背后，双方对这种投资与回报各有自己的利害考虑。

皇太子最后建议：这种"《诗》《书》所载，未之前闻"的慈范，"外庭不得而知，史官不得而述"，希望将他"今来所陈，宣付史馆"，"大书特书，以诏万世"。不知这份奏疏究竟是皇太子的主张，还是史弥远等宫僚兼宰执的示意，但杨皇后事先看过或知道奏议的内容。因为她随即也上了一奏："皇太子奏陛下孝、俭、诚、断事实，并及臣妾"，将皇太子上奏要点概括得到位准确。但她要求"特免付出"，以免"滥尘简册"，却大有一半推却一半接受的味道，内心是希望自己的盛德懿范流传典册的。宁宗同意了皇太子的建议。

韩侂胄诛后，娄机入朝为吏部侍郎，皇太子写信给他，表示没忘记过去的老师。宁宗也召见了娄机说："太子尚小，烦卿教导。"娄机说自己老了，担心无补储君之德。宁宗告诉他，已除为太子詹事。上任以后，娄机把自己过去的著作《历代帝王总要》再做润色，使上下三千年君道隆替和治效优劣纲举目张，以便皇太子参决政事之余学习考订。

"分阴资善时稽古，辨色含元日侍朝"，卫泾上给皇太子的寿诗概括了东宫生活的两大内容：经史学习和朝殿侍立。皇太子对

学习表面上还算用功。"格物致知正心诚意",是他经常书写并张
挂的条幅。他好读《大学》《中庸》,命擅书的臣僚另抄为书。太
子左谕德刘爚有诗说及这两件事:

> 焜煌八字彩毫书,铁画银钩昭坐隅。
> 直将底事销长日?《大学》《中庸》两卷书。[1]

然而,皇太子终于不以《大学》《中庸》为满足了,对犬马声
色也有了兴趣,开始索取秘书省收藏的名画,没节制地张灯设乐,
前来请谒的人也络绎不绝。对男女床笫之事,他似乎尤其沉溺耽
乐,以至刘爚不得不再三引经据史告诫他:"其乱也,未尝不起于
闺门衽席间。"进谏之直切,太子詹事戴溪听了都为之咋舌,但皇
太子仍如东风过耳。刘爚没向皇帝奏陈这一切,却连上二十章,
要求不再兼东宫讲官。宁宗知道他是著名学者,曾师从朱熹和吕
祖谦,故连下不允之诏。

刘爚在嘉定九年(1216)去世,两年后,宁宗在轮对时忽问
阁门舍人熊武:"你是东宫官,太子如何?"熊武的回答竟与刘爚
的规箴大相径庭:"殿下贤明仁孝,勤俭节用。人之才否,事之是
非,无不尽知。每日讲论之暇,无他嬉好,手不释卷。且动如节
度,不喜饮酒。臣每轮当宿直,不闻宴饮之乐。"宁宗似乎不了解
继承人的真实情况,听了高兴说:"这是天赋啊!"皇太子前后判
若两人,熊武奏答的真实性是大可怀疑的。

3. 一侂胄死,一侂胄生

政变集团往往不是稳定的政治联盟,一旦政变成功,在重新

---

[1] 刘爚:《云庄集》卷16《皇太子宫》。

分割权力过程中联盟的解体几乎是难以避免的。作为这场政变的主角，史弥远原先权位并不显赫，仅六部侍郎之一而已。攫取与政变主角相称的权位，这是政变成功后史弥远的目标。

政变得手后，参预政变的李壁即因附和恢复之议而被贬谪。还没到一个月，王居安在充分发挥了政变集团的喉舌作用后，因提醒宁宗防止"一侂胄死，一侂胄生"，自然不为史弥远所容，被御史中丞雷孝友劾罢。作为武将，权主管殿前司公事夏震在诛韩成功后的第三天，就去掉了"权"字，正式接任主管殿前公事；不久又特授武信军节度使，殿前都指挥使。他对史弥远揽权并不构成直接的威胁，不知出于自大炫功，还是意在录以备案，他把奉命诛韩的那份伪造御批在自己府第中刊石立碑。这无异于向世人昭示这次政变乃无君之举，史弥远对此如芒在背，有说不出的厌恶感[1]，好在他并不是史弥远走向专权之路上非掀去不可的绊脚石。

在政变同谋中，张镃力主开杀戒，弥远虽以"将种"面赞，内心却深怀忌惮。侂胄被诛，张镃以倡言居功，到处标榜，弥远在朝堂上大泼冷水："这是臣子当为之事，何为言功？"只给他一个司农少卿。御史中丞卫泾抖落出他的老账——为谋求好官，硬逼自家孤侄女嫁给苏师旦之子——指为苏师旦死党，追夺两官，送广德军居住。时距政变成功不到半个月，参预政变的人不再敢自矜其功了。后宁宗下旨，张镃放还，有记载说他"又欲谋史"，但弥远专政之势已成，反给他安了个"扇摇国本"的罪名，除名以后，羁管象州（今属广西），让他翻不了身。[2]

到了嘉定元年上半年，政变集团骨干渐成鼎足之势：钱象祖、

[1]《四朝闻见录》戊集《满潮都是贼》说："史恶之，旋以疽发于背而死于殿司"，则误。据《宋史·济王赵竑传》，嘉定十七年史弥远废立时，夏震仍在。
[2]《四朝闻见录》丙集《虎符》；《宋会要辑稿》职官73之39；《宋史》卷39《宁宗三》。

史弥远、卫泾。卫泾出身吴门望族，五世皆第进士，本人又是廷唱第一名的状元，开禧间，已位至礼部尚书，恰是史弥远的顶头上司。弥远以其下属却能通过皇子与杨皇后直接联手。在卫泾也许不无酸味的。由于共事之故，他对弥远应该知之较多，识之较深的。据《四朝闻见录·卫魁廷尉》，诛韩以后，卫泾"旋用故智，又欲去史"。他想搞掉史弥远是自无疑问的，但不会傻到袭用其故伎，再与杨氏联手。或许就在皇帝面前提出警告，皇太子得知便转告了史弥远。弥远立即做了三个人的工作：一个是皇太子，利用他在皇帝前说卫泾的坏话。尽管弥远做得不落痕迹，但仍有记载表明奏罢卫泾有皇太子的份儿。另一个是右丞相钱象祖。象祖也希望削弱竞争对手，却忘了螳螂捕蝉、黄雀在后的古训，立即支持弥远，在大庭广众贬损卫泾："我以为卫清叔一世人望，他身为大臣却为韩侂胄买了螺钿粲器！"还有一个则是御史中丞章良能。他与卫泾关系原不薄，但终受拉拢，上了弹章。疏入，宁宗没有施行之意。良能便听从台吏的建议，采用了副疏这一特定的台谏章奏形式。副疏，也称副本，即台谏将弹章录副直送被劾者本人。宋代惯例，大小臣僚一旦知道自己受到台谏弹劾，就必须去位待罪，于是副疏就演变为台谏劾罢大臣的特殊手段。六月的一天，卫泾上朝，车至太庙，章良能派人送上副疏，卫泾阅后对来人说："传语中丞，我今天就出城待罪。"史弥远因卫泾深孚宿望，不敢以贬黜处置，只让他出知潭州。对这种有人望的政敌，他不打算做得太绝。

在卫泾罢政当月，执政林大中去世。次月，史弥远以知枢密院事兼参知政事。随着权位上升和声望提高，弥远敛权弄政也渐露迹象。他凭借资善堂翊善的身份，经常单独面见宁宗。权兵部尚书兼侍读倪思察觉了他的用心，提醒皇帝："大权方归，自应防微杜渐；一有干预端倪，必将重蹈覆辙，现侂胄已诛，但朝野议论不止，就因枢臣仍兼宫僚，不时宣召。宰执应该同班进对，枢臣也应该远权，以平息外议。"枢臣即指时任同知枢密院事的史弥远。不久，倪思迁为礼部尚书，听到史弥远拟除两名侍从，右相钱象祖竟全然不知，便对宁宗说："奏拟除目，宰执应共同进拟。以前就是专听侂胄，权有偏颇。"弥远闻言，便上章自辩。倪思自知已难居朝，力求外任。请对时，他再次忠告道："前几天论枢臣独班奏对，恐蹈旧辙。陛下应亲擢台谏，以革权臣之弊；并任宰执，以鉴专擅之失。"但宁宗似乎全不介意。

这年秋天，丘崈迁同知枢密院事，但一月不到就去世了。不久，娄机替补这一职位，楼钥进为签书枢密院事。娄机主张"行以至公"，反对"私恩未报，首为汲引，私仇未复，且为沮抑"的党同伐异的做法，与史弥远异趣，两年后借健康原因自请罢政出朝。楼钥文名颇盛，然而他"虽好士而不能援"，据说，有一次他问来谒的士人："每有来访者，我都倒履迎迓，未尝失士。外议如何？"来客幽默答道："自您老大用，外间都传唱《烛影摇红》这首词。"他问缘何，来客说："那词里不是这样说吗：几回见了，见了还休，争如不见！"楼钥也只好一笑了之。或许如此，他才没招致忌惮，做了近六年执政。早已在位的另一执政雷孝友，种种迹象表明他趋附史弥远门下，执政一直做到嘉定八年。

这年十月，右相钱象祖进为左相，史弥远进拜右相。弥远的拜相制词是权直学士院陈晦起草的，凡能歌功颂德的事迹和辞藻都用上了："海润星辉，增光储德之茂；风飞雷厉，密赞主威之强。成大功无徒荫之淹，去元恶甚摧枯之易。杜群枉以开众正之路，建大政以兴太平之端。"全篇文眼归结到"昆命元龟，使宅百揆"。"昆命于元龟"典出《尚书·大禹谟》，说上古任命先断自众人之心，后卜于大龟之版；"使宅百揆"语出《尚书·舜典》，意即进居统摄百官之位。据说，后者是舜任命禹为司空时的话，前者是舜禅位给禹时的原话。

这时，倪思正欲起程赴知福州，听说后即上奏道："这是舜、禹揖逊授受之语，《大禹谟》也不是僻书。若圣上原无此意，词臣为何援引此语？受此麻制之人，岂能安然无事而不自辩明吗？给舍、台谏又怎能不给辩白呢？过去词臣以'圣之清，圣之和'褒誉韩侂胄，但也没敢用人臣不该用的词语。汉哀帝拜董贤为大司马，诏书有'允执其中'之词，当时父老流涕，以为哀帝准备禅位。'昆命元龟'与'允执其中'有什么差别呢？"

宁宗阅奏大骇，他还不至糊涂到打算把赵家天下让给外姓，即把倪思的奏疏给弥远看。弥远自知这时权位尚不巩固，左相究竟安什么心思还不得而知，便上奏道："因一时只顾听制词，未能及时指出。请颁倪思之奏给陈晦。"弥远先把责任推给了草制词臣，以便自己进退有据，再改除陈晦为殿中侍御史，让草制者在身份上更宜于自辩和反击。

陈晦与真德秀关系颇好，便在用典上向他讨教。第二天，他胸有成竹地上章辩白："时下正艰于论相，但本朝自赵普以下，拜相制词用元龟典故的多至六七例。"在逐一胪列后，他转守为攻："我曾向倪思学词科，他不会不记得这些例子。现在只是出于私忿，遂忘典故。不惩无以示后！"倪思经此一驳，无力反击了。

宁宗便下旨说："陈晦援证明白，无罪可待。倪思轻侮朝廷，肆言诬罔，可特降两官。"恰湖广总领傅伯成入对，宁宗说及此事，连说"过当，过当！"，对倪思强烈不满。傅伯成说："对倪思摧抑太过，恐塞言路。"宁宗并未回心转意。倪思"镌职而罢，自是不复起"，在这次较量中彻底败北。[1] 史弥远则稳稳登上了右相的要位，宁宗已像过去信任韩侂胄那样倚信于他了。

拜相仅一个多月，史弥远因母亲去世赶回庆元鄞县（今浙江宁波）老家治丧。按例，他必须去位守制，这样就会出现钱象祖独相的局面，这是他绝不愿看到的，现在只有钱象祖才是他唯一的对手。令人蹊跷的是，十天后钱象祖竟被台臣论罢，出判福州。其罢相细节已难详考。不过，政变以后，他尽管在权位上始终压史弥远一头地，但地位却不见得巩固。他虽然反对过北伐之议，但只要有人把他在党禁之初不遗余力逮捕庆元六君子的劣迹兜出来，立即就为清议不齿，人们对镇压太学生的老账还不至于那么健忘。更何况他在嘉泰年间趋附侂胄的丑事，都让人记忆犹新的。其后不久，他又被罢判福州，提举宫观。在劾罢钱象祖的过程中，御史中丞章良能又助了一臂之力，在二相不偕的格局面前，他"有所左右"地站在史弥远这一边。钱象祖罢相两个月后，章良能升任执政，这显然是史弥远对他排击卫泾、钱象祖的酬报，有理由推断，所有这些都是史弥远事先或幕后的安排。

在权力角逐中，史弥远紧紧抓住了两个人，一个是杨皇后，一个是皇太子。他深知皇帝对自己的信任度还不能与当年韩侂胄相比，于是在内廷后宫关系上下功夫。他在政变中的果断作为和密切配合已赢得杨皇后的信任，只要有她在宁宗面前说项，一切问题都好办。至于皇太子，是他亲自教出来的学生，现在又参决朝政，在宁宗面前有着举足轻重的发言权，这层关系也必须抓住不放。

史弥远去位守制的第五天，皇太子建议在临安府赐他一座第

---

[1]《齐东野语》卷 16《昆命元龟辨证本末》；《四朝闻见录》甲集《昆命于元龟》；《宋史》卷 398《倪思传》。

宅，好让他就第持服，以便随时咨访，宁宗同意了。赐第诏书对史弥远在诛韩议和与嘉定更化中的功绩颂扬备至："祖宗基业三百载，反掌而安，南北生灵亿万人，息肩以乐"；"群贤并进于清朝，公论大开于今日。"评价是否恰当另作别论，制词透露的消息却不应忽视：在开禧、嘉定之际的这场政治冒险中，不仅韩党土崩瓦解，反韩联盟的原盟友也被史弥远各个击败，他已稳稳当上了唯一的赢家。

一般而论，在君主政体下能以非常手段搞掉强权之臣的人，最有可能取而代之成为威震人主的新权臣。早在诛韩以后，史弥远专权形成以前，左谏议大夫傅伯成就指出："方史公谋韩，若事不遂，其家先破。韩诛而史代之，势也。"然后，史弥远丁忧守服，历史偶然性给出了一次绝好机会。宁宗若是一个稍有统治术的君主，完全可以利用这一契机，以孝道为理由让史弥远遵守二十七个月的丧制，将以史代韩的炙热势头来番冷处理，然后进行一场名副其实的"嘉定更化"。然而，在政治上，宁宗就像一个永远的孩提，始终要寻找强有力的保姆：即位之时，他依赖慈福宫太后和赵汝愚为他做主张；其后，他离不开韩侂胄这根拐杖；诛韩之时，他需要杨皇后把定主意；现在，他又放不下史弥远这支奶瓶了。正因为他的个性因素，历史循着另一种轨迹延展着。

赐第以后，史弥远仍在故里服丧，并没有移居临安新第。尽管热衷于已经到手的权位，但他仍不敢轻率违背传统的丧礼，那将会招来非议。嘉定二年二月末，也许仍出于皇太子建议，宁宗派内侍前往鄞县，催促史弥远返回临安赐第守制。

在弥远返回临安前，发生了忠义军统制罗日愿策划的政变。罗日愿是支持北伐的武臣，开禧用兵时曾"以策干韩"。侂胄被诛，史弥远清除韩党时以是否支持北伐划线，株连甚广，日愿颇不自安，且郁郁不得志，寓居临安。史弥远将回临安终丧的前后

几天，星象发生异常。日愿不满史弥远乞和弄权，便宣传这一天
象主"宫廷及大臣有咎"，与殿前司中军训练官杨明、士人徐济，
归正人赵珉与内侍王俞、张延庆等合谋聚众起事。

他们准备在史弥远渡钱塘江回临安的那天，由原步军司前军
军校张兴等率领千人，埋伏舟中，等百官到浙江亭迎谒史弥远时，
举火为号，尽杀宰执、侍从、台谏等，然后由水门直插大内，内
侍王俞等劫持宁宗升朝，任命罗日愿为枢密使，徐济为参知政事。
响应这一计划的，还有枢密院效用士皇甫威、临安府太学生黄万
顷、班直王麟等，都表示愿意为日愿募集参加者。部署已定，三
月初三，在扩大队伍过程中，徐济因惧生悔，由他争取来的进勇
副尉景德常投匦告变，罗日愿等悉数被捕。

审讯期间，史弥远回到了临安赐第。宁宗有意向让他直接起
复，他却上了待罪的奏疏，论及前不久的政变说："陛下昨诛锄侂
胄，臣获密赞英断，故其余党切齿。"把未遂政变者都指为韩党。
然而，这场未遂政变的参与者除武将、兵卒、内侍外，还有太学
生、归正人、役人、僧人与平民百姓，参加阶层之广泛引人注目，
显然不能以韩党视之。而史弥远一伙处心积虑掩盖真相，"于告变
原状不复付出"，可知其锋芒所指，应是一起各阶层联合起来反对
其屈辱乞和、弄权干政的自发斗争。弥远诬指他们为韩党，既是
掩盖这场斗争的实质，也为严惩这些反对者制造舆论。[1]

事发以后，首席执政雷孝友上章引咎说："自己能薄望轻，不
足镇服奸慝。"对史弥远和雷孝友的奏章，宁宗都下了宽慰之诏，

[1] 罗日愿谋变事见《两朝纲目备要》卷12。两年后，有武臣陈大节、吴仲哲重议此
事说："日愿为侂胄报仇，非大丈夫。"言外之意，当时应直接揭出反史弥远的旗号。
两人私议被人告发，都受到编管的严厉处分。倘若日愿之果真只是作为余党为侂胄
复仇，当时何必对真相遮遮掩掩，两年后又何必对陈大节两人的议论仍那么在意呢?

同时敦劝弥远起复，认为"与其适居处之安，备予咨访，岂若正庙堂之任，期以赞襄"。五月初四，史弥远终于顾不上名教和清议，起复为相。有人移书相劝："名教所系，人言可畏，望阁下速辞成命，以息议者之口。"但史弥远担心，倘若依旧守制，两年以后的局面也许就非他所能左右了。起复后第三天，史弥远即将罗日愿凌迟处斩，其他参与者、知情不告者也都扣上"奸党"的罪名处以各种死刑，他们的亲属也一律处以流徙。仅过十日，他又以皇帝的名义下诏，允许被罗日愿"诖误诱胁"而不知实情者，只要到官自首，即可不加追究，借以分化人心，尽快平息风波。

以宁宗名义颁下的起复制词说："钦念治几，渺若巨川之难济；惕怀民瘼，凛乎朽索之易危。"后一句勾画出南宋王朝面临的形势，凛然如一根即将崩断的朽烂绳索；前一句则道明了宁宗的心态，面对一望无际的大川，他竟不知怎样才能驾驭南宋王朝这艘破舟。宁宗唯一的办法就是举行这夺情之典，把驾驶权交给史弥远。一位西方政治家指出：遴选大臣对于君主来说，实在是一件重大的事情；他们是否良臣，取决于君主的明智；君主们应当尽力避免处于他人随意决定的境地。[1] 显而易见，宁宗不仅在遴选大臣上完全缺乏那种明智的洞察力，而且在下诏史弥远起复后却不并任两相，把自己和大政完全交付给他一人，连起码的君主统治术都不具备。史弥远专权局面的最终形成，宁宗有其不可推诿的责任。

史弥远起复，意味着有名无实的嘉定更化的彻底终结，标志着继韩侂胄后又一个权臣擅政时期的开始。这时，上距侂胄败死，只有两年半的时间。

---

[1] 马基雅维里：《君主论》，潘汉典译，商务印书馆，1985年，第108、110页。

二　在中原变局前束手无策

1. 举棋不定战守和

正当和议紧锣密鼓谈判折冲的开禧三年（1207）岁末，尚未进入宰执圈的史弥远上奏宁宗："当此聘使已通之后，常如干戈未定之日，推择帅守以壮屏卫之势，奖拔智勇以备缓急之用。"其时，他是主张固守以求和的，也不失为计。但嘉定和议缔约不久，中国北方形势便发生了急剧的变化。和议成立当年，金章宗去世，内部接二连三的宫廷政变大大加剧了金朝衰落的进程。就在宋金兵戎相见之际，成吉思汗缔造的大蒙古国崛起在金朝的背后。自嘉定四年（1211）起，所向披靡的蒙古铁骑对金国发动了持续全面的进攻，掠取了两河、山东大部分地区。在蒙古南侵时期，战乱、灾荒与错综复杂的阶级矛盾及民族关系交织在一起，山东、河北一带爆发了风起云涌的红袄军大起义。这时的金朝倒真正陷入了内乱外患的境地，开始走向衰亡。在剧变面前，对毗邻对峙的金国采取什么方针，不仅仅决定了两国关系的定位，从长远角度说，还与南宋在整个中原大变局中的立国政策息息相关。

嘉定和议后，屈己求和的路线占了上风。嘉定四年九月，宁宗下诏说："附会开边得罪之人，自今毋得叙用。"诏书虽是史弥远为防政敌东山再起而特意颁布的，却也反映了恐金情绪弥漫了朝廷。袁燮指出："议和以后，揣摩迎合之流便想苟安无事。有反对者，则诋之曰：是打算用兵。加以此名，时所大讳，便不敢复言。用意在于封人之口！"

这年六月，金卫绍王因蒙古大军南下，没有心思接见南宋派出的贺生辰使，宋使至涿州（今河北涿州）折回。获知金有外患，南宋令江淮、京湖、四川制置司加强边境防御，但也仅此而已。岁杪，著作佐郎真德秀上奏，分析了金国必亡之势，认为：第一，面对金国的衰亡，应该居安思危，有备无患；第二，在金国灭亡的过程中，对蒙古的政策，对山东、河北起事豪杰的态度，朝廷都应早拿定主意。然而，这一建议没引起宋宁宗和史弥远的重视，对金政策维持原状，对蒙古和中原豪杰的方略根本未列入议事日程，即使自身的军政战备也依旧因循苟且。几年以后，宋金战争风云再起，南宋仍是"师旅疲于攻守，财用耗于调发，郡县困于应办"，"兵之阙额者当补，城之颓圮者当修"。[1]

嘉定六年十月，南宋派真德秀赴金贺金宣宗即位，这时金中都（今北京）正被蒙古大军围得水泄不通。德秀行至盱眙，即被告知路途梗阻，次年春天回朝复命时，他再次强调：骤然勃兴的蒙古，苟延残喘的金国，因金蒙战乱而越境逃生的难民狂潮，都是深可忧虑的。

嘉定七年三月，金遣使赴宋催督岁币，对付蒙古的战争和支付蒙古的金帛，使金朝财政更加力不从心了。南宋则采取拖延观望的策略。这年夏天，金朝放弃了中都，迁都南京（今河南开封）。获知这一消息，起居舍人真德秀又上了奏疏分析金蒙战争，认为其发展趋势将是"鹿之所走，猎必从之"，宋蒙之间必定出现疆界相望、互为邻国的局面。面对即将到来的严峻形势，朝廷只有两种选择与两种结果："陛下以自立为规模，则国势日张，人心日奋，虽强敌骤兴，不能为我患；陛下以苟安为志向，则国势日削，人心日偷，虽弱虏仅存，不能无外忧。"德秀吁请："用忠贤，修政事，纳群策，收众心，是自立之本；训兵戎，择将帅，缮城

[1] 《历代名臣奏议》卷337许应龙《论御边之策》。

池，饬戍守，是自立之具"，并详细陈述了具体建议。最后，他语重心长地归结道："安危存亡，皆所自取。"

读完奏议，德秀说："金人既已迁都，早晚还会遣使来索讨岁币，臣以为不能给。"宁宗立即严肃答道："不该给！"口气之决绝与神色之严厉异于平时。朝廷的议论多倾向于真德秀，但他们关注的是停止岁币，对他强调的自立规模并不在意。

在岁币问题上，出现了不同意见。淮西提举常平乔行简上书宰执："金国，过去是我们的仇敌，现在是我们的屏障。唇亡齿寒的古训可以为鉴。不妨仍给岁币，使拒蒙古。"史弥远认为这主张"为虑甚深"，准备继续向金纳币。太学生黄自然等率众伏阙丽正门，表示抗议，请斩乔行简，以谢天下。史弥远的态度暧昧起来，不知如何决定。他知道，岁币关系到民族感情的敏感神经，唯恐固执己见会开罪于清议和公论。

实际上，真德秀上奏的主旨是要求朝廷早定自立之本，修自立之具，断绝岁币只是这一前提下的具体措施之一而已。至于乔行简的建议有其合理成分，即便停纳岁币，也未必绝对不能联金抗蒙。关键在于：在与金、蒙的三角关系中，南宋在嘉定年间始终缺乏具有战略远见的分析和决断。

时隔一月，金国果然再次移文督责岁币，史弥远请皇帝拿主意。宁宗说："真德秀说过不能给。"下令停止贡纳。但南宋似乎不打算立即对金采取强硬态度。这年夏天，西夏移书四川制置司，建议夹攻金国，宋方没有响应。尽管刑部侍郎刘爚和太学生上章建请停止两国使节往来，但宋廷遣使如故。嘉定八年初，南宋仍派丁焴为贺金主生辰使，转达了宋宁宗"请减岁币如隆兴之例"的要求，金宣宗以"本自称贺，不宜别有祈请"为由，断然拒绝。丁焴的请求暴露出南宋君相在岁币上对策的混乱，在停、减、给上游移不决。

岁末，真德秀出为江东转运副使，宁宗对他说："到江东后，为朕搏节财计，以助边用。"德秀到任后听说蒙古已与西夏联兵，东出潼关，深入中原，而朝廷依旧君臣恬嬉，措置乖张，深怀忧虑地再上奏札："今日天下之势，无异徽宗政宣之时。蒙古无异昔日女真方兴之时，一旦与我为邻，也必祖述女真故智。故不可不预图应付之策。"他列举了政和、宣和之际致祸的十项原因，桩桩件件以昔讽今，都是针对嘉定之政有意而发的。最后，他再次提醒皇帝："倘若上下悠悠，养成深患，机会渐失，事变日殊，臣实不知所终！"然而，宋宁宗与史弥远并未产生紧迫的危机感，对金政策依旧举棋不定，更遑论对蒙方针的确立了。

从嘉定八年起这三年间，宋已停止向金纳币，但使节仍正常往来着，金朝忙于反击与惩罚西夏，也无暇顾及南宋的岁币，更不愿同时与蒙、夏、宋在三条战线上开战。自嘉定十年（1217）岁初起，金对西夏重取防御为主的战略。连年战争的巨额消耗，南宋岁币对金国财政已是刻不容缓的强心针。南迁以后，金朝局促一隅，也深感有必要从南宋夺取新的生存空间。从这年春天起，金廷内部的主战派开始跃跃欲试，术虎高琪等主战派虽视蒙古大军如猛狮，节节败退，却把南宋当作可以一口吞噬的绵羊。金宣宗起初是反对发兵侵宋的，但在专断朝政的术虎高琪坚持下，春夏之际也同意派元帅左都监乌古论庆寿和签枢密院事完颜赛不南下经略。金军破信阳军，克樊城，围枣阳、光化军，兵锋直逼襄阳。元帅右都监完颜阿邻也出秦州开辟西线战场，夺取了大散关。

南宋命京湖、江淮、四川制置司便宜行事，抵御金军。京湖制置使赵方对儿子赵范、赵葵说："朝廷和战未定，我誓以决战报国。"他亲镇襄阳，命部将扈再兴、孟宗政、陈祥等在襄阳外围三面夹攻来犯金军，敌尸枕藉山谷之间。五月二十七日，因赵方请求，宁宗下诏对金宣战，标志着嘉定和议后宋金短暂和平局面的终结。诏书表彰了决死报国的爱国军民："守将效忠，开门而决战；兵民贾勇，陷阵以争先"，最后号召："师出无名，彼既自贻于颠沛；兵应者胜，尔宜共赴于事功。"强调金无理出兵，宋被迫应战。诏书还向中原失地的官吏军民传檄晓谕。宁宗对臣下说："开禧我先用兵，彼直而我曲；今日虏人叛盟，我直而彼曲。"表示不可能再向金国纳币，却可以此赏励有功。

宋金重开战，反对议和的呼声占了上风。两朝旧臣刘光祖的上奏最能体现这种民族情绪："女真乃吾不共戴天之仇。天亡此仇，送死于汴。陛下为天之子，不知所以图亡，天与不取，是谓弃天。未有弃天而天不我怒也。"嘉定十一年春天，宋军在两淮、京湖、川陕三条战线上发起了反击，双方互有胜负，战争打得黏着拖沓，没有大开大阖的场面和锐不可当的攻势。

这年五月，宋金战争已开打一年多，宁宗还下诏侍从、台谏、两省官集议平戎、御戎、和戎三策，对金政策之举棋不定于此可见。集议的结局似乎议而不决。主战者认为："残虏烟灭，中原丘墟，振兵直前，当如摧枯拉朽之易。不特慰来苏之望，尤可成克复之勋。是则攻战之举，固不容缓。"主和派强调："理内斯可御外，强本斯可折冲。兵财俱乏，事力不继，而遽寻干戈，则召衅稔祸，功未成而害已见，其可不为备守之图？"同时哀叹："城垒方营而侵轶已至，粮食甫积而剽掠时警，羽檄交驰，将左支右吾之不暇，是又不容于不和也！"[1]嘉定年间，南宋这种旷日持久而

---

[1]《历代名臣奏议》卷 337 许应龙《论御边之策》。

无补大势的战、守、和之争，坐失了时机，贻误了国家，引来后世史家王夫之在《宋论》里一声叹息："天下何恃此清议哉！"

在对金政策上，宋宁宗的态度是游移不定的。《玉牒初草》记录了嘉定十一年与十二年间的君臣奏答，表明他对战、守、和三策都分别赞同附和过。

嘉定十一年夏天，礼部侍郎袁燮进对说："蜀中不靖。"宁宗说："秋高马肥，是他时月，尤当为备。"袁燮奏道："今日事势迫切，不容少缓。"宁宗说："夷狄奸诈，何可轻信？"袁燮接着说："讲和却是省事，但虏人之意，不专在岁币，难与通和。"宁宗道："他掳掠所得已数倍于岁币。"袁燮是主战的，据君臣对话，宁宗显然同意他的观点。

不久，权工部尚书胡榘奏事："残虏本无能为，陛下爱兼南北，初未有征伐意，内因廷臣横议，外而边臣邀功，使边境久未安宁。"宁宗即说："皆边吏希望爵赏，为国生事，不可不戒。"胡榘是胡铨之孙，他的祖父在绍兴和议间以请斩秦桧力主恢复而名闻一时，他却不肖乃祖，成为朝中主和路线的传声筒。但宁宗也无原则地附和他的主张。

次年夏天，秘书监丞柴中行轮对，论及边事："今日大患，最在虚诞，使边备失措置，难倚仗。"宁宗表示："须是切实理会。"岁暮，右谏议大夫李楠上奏："在无事之时作有事之备。"宁宗说："极是。宁有备而无事，不可无备而事至无所措手。"李楠说："虏虽垂亡，也应加意设备。"宁宗答道："是啊！困兽犹斗。"宁宗对他俩的回答，似又同意守御之策的。

对臣下截然不同的对金主张，宁宗都一无主见地附议。诚如《君主论》所说："一位君主如果不是本人明智的话，他就不可能很好地获得忠告……当所咨询的人不只一个人的时候，君主如果不明智就绝不能获得统一的忠言。"[1] 宁宗在战、守、和三策间摇摆彷徨，正表明他的无决断和不明智！

嘉定十二年初，金朝试图凭借军事上小小的上风迫使南宋议和。当探询议和意向的金朝详问使到达淮水界河时，宋方拒绝他入境。金宣宗只得打消念想，任命仆散揆之子仆散安贞为伐宋统帅，正式下诏伐宋。但私下里，他却表示："此事岂得已哉，惟和议早成为佳。"

春天，金将完颜讹可率领大军再次猛攻枣阳，赵方围魏救赵，派遣扈再兴、许国分两路扰敌后方。金军围攻枣阳达九十日，枣阳城仍固若金汤。盛夏，赵方断定金兵士气已再而衰，便命扈再兴从敌后回师，约定日期与城中出战的孟宗政内外夹击，金军大溃，讹可单骑逃归。金人自此不敢再窥襄汉。

但仆散安贞亲率的大军却兵锋颇盛，南下围安丰军及滁、濠、光三州。攻城不克，即兵分三路，一路由光州攻黄州麻城，一路自濠州犯和州，另一路出盱眙长驱全椒、来安、天长、六合，前锋游骑直达采石（在今安徽马鞍山），建康再次震动。

金军逼近长江的消息，使南宋朝堂上战、守、和之争再掀热潮。史弥远作壁上观，他的主和倾向自有胡榘代为兜销。对这种误国行径，太学生又一次代表社会公论闹起了学潮。五月六日，太学生何处恬率二百七十三人伏阙上书，请诛胡榘以谢天下。上书递进却没下文，宗学生赵公记等十二人和武学生郑用中等七十二人也加入了请愿行列，相继伏阙。矛头所指除了胡榘，还有吏部尚书薛极，他俩都是史弥远亲信。学生借用流行的民谣，抨击薛、胡是"草头古，天下苦"，对学生请愿，朝廷不理不睬。

---

[1] 马基雅维里：《君主论》，第 113—114 页。

薛极倒坐立不安，力求去位，史弥远给他吃定心丸："弥远明日走，那么尚书今日去！"言外之意，只要我在，你不用怕学生。二十天后，秘书监丞柴中行轮对时说："三学伏阙，此事不可含糊，须早处分。大抵公是公非合于人心，则人心自平。付之不恤，是欲私庇其人，而使陛下有拒谏之失。"宁宗漫应一下就不吭声了，事后也无动作。史弥远明确反对："罢免朝臣怎么能由学生说了算？"两天后，针对弥远的持论，国子监丞萧舜冶上了一札："诸生言事，无非公论。而朝廷却认为黜陟之权不当曲徇布衣之请，此非天下公言。"史弥远自知公道人心不在自己这一边，便把国子博士楼昉召到府第，命这位主管官员出面安抚，让他向学生传话：学生伏阙是伸张公论，朝廷庙堂都没谴责之意。去传话前，楼昉上札子给宁宗，也请采纳公论，否则以一夫之颊舌，怎能解千万人之惑？但宁宗依然拖延不决。

转眼到了六月上旬，一天上朝，礼部侍郎袁燮与胡榘又为对金方针激辩起来。义愤之下，袁燮拿起朝笏去打胡榘的额头，被旁人夺下，朝堂之上体统尽失。御史合台论劾，说两人"议论不一，各执偏见，一主于和，一主于战，求胜报怨，殊非体国"。宁宗便各打五十大板，将他俩一齐罢免。袁燮出朝时，数百名太学生举幡送行，设筵饯别，有人赋诗道："去草岂知因害稼，弹乌何事却惊鸾。"对朝廷混淆是非用罢不公的做法大为愤慨。[1]

嘉定十三年正月，西夏再次致书四川安抚司约攻金国，仍未得到响应。西夏在蒙古崛起后率先受攻击，曾向金国求援，被置之不理，只得向蒙古纳女乞和，故而对金积怨颇深，在蒙古兵锋

---

[1] 太学生伏阙及袁燮被罢，事见《后村先生大全集》卷83《玉牒初草》；俞文豹：《吹剑录外集》；张仲文：《白獭髓》；《四朝闻见录》丙集《草头古》。

转向金国后，也与之开始了持续不断的军事冲突。这年八月，四川安抚使安丙给西夏去函，定议夹攻金人，西夏即表同意。次月中旬，安丙遣诸将分道进兵，与西夏枢密使宁子宁所率二十万大军会师巩州（今甘肃陇西）城下，但没能攻下巩州。宋军移师拟攻秦州（今甘肃天水），西夏则撤兵回国。十月初，宋军再约西夏共攻秦州，西夏没有发兵，宋军只得回师。

由于朝廷苟且无策，前线大多将无守意，军无斗志。唯有赵方主持的京湖战场颇有可观的战绩，也培养历练出了孟宗政、孟珙、赵范、赵葵、余玠、王坚等将帅之才，在其后的抗蒙战争中功绩卓著。而江淮战场因有山东忠义军民的牵制，金军还不能为所欲为；至于川陕一线溃军败将比比皆是，弃地丢城的记载不绝于史。军事重镇大散关几度得而复失，连四川制置司驻戍的兴元府（今陕西汉中）也一度失守，制置使董居谊闻风逃遁。

尽管如此，嘉定侵宋对金朝来说，却是一场力不从心的战争，战争的进展正如发兵前夕其右司谏许古指出的那样：

> 或谓专用威武，可使宋人屈服。此殆虚言，不究实用。彼见吾势大，必坚守不出；我军仓猝无得，须还以就粮。彼复乘而袭之，使我欲战不得，欲退不能，则休兵之期，殆未见也。况彼有江南蓄积之余，我止河南一路，征敛之弊，可为寒心。

在战争中，金军虽有小胜，但在城池关砦的攻守争夺上，双方始终处于拉锯战状态，金军并不能顺利南进。金兴定五年（1221），金宣宗轻信诬奏，诛杀了主帅仆散安贞。安贞有将略，他死后，南侵行动虽仍继续，却只是小打小闹了。战争使金朝士马折耗"十不一存"，不仅南侵初扩地立国的幻想彻底破灭，战争巨耗反让国用困乏，加速了金朝的衰亡。

金正大元年（1224）三月，即位不久的金哀宗决定结束战争，派兵三百护送尚书省令史李唐英前往南宋滁州通好。宋方宴犒招待了十来天，答应奏禀朝廷。六月，尽管南宋尚未反应，为表诚意，金哀宗命人赴南宋光州边界张榜，遍告宋界军民不再南下，双方自此停战。经过长达七年的较量，交战双方就像一对精疲力尽的拳击手，谁都没有一举击倒对手的实力与优势，双方气喘吁吁都想休息，这一愿望对金朝说来也许更迫切些。

正如王夫之《宋论》所说，嘉定战争对宋金双方都不啻是当头棒喝：

> 宋之为宋，一女直也；女直之为女直，一宋也。以既衰之女直，而宋且无如之何，则强于女直者，愈可知也。以积弱之宋，而女直无如之何，则苟非女直，固将能如之何也！女直一倾，而宋随以溃，奇渥温氏谈笑而睥睨之，俟其羽翮之成而已。

时至嘉定末年，大蒙古国羽翮已成，问题只在于成吉思汗及其继承者对灭金亡宋时间表的具体敲定罢了。对此，宋宁宗与他的南宋朝廷完全缺乏应有的清醒认识。

2．从握蛇骑虎到养虎贻祸

在侵宋战争中，金军没能得手的一个重要原因，就是金朝山东、河北的红袄军起事在后方有力牵制了金军，支援了南宋军民保卫家园的正义斗争。嘉定十一年，金军前锋再次饮马长江，建康告急，就因为北方忠义军在背后分道出击，才迫使金军退兵的。金宣宗不堪红袄军和南宋军民的南北呼应，兴定五年（1221）曾命元帅左都监、行山东两路兵马都总监纥石烈牙吾塔移书宋人，要求决战：

> 顷岁以来，纳我叛亡，绝我贡币，又遣红袄贼乘间窃出，跳梁边疆，使吾民不得休息。彼国若以此曹为足恃，请悉众而来，一决胜负。果能当我之锋，沿边城邑当以相奉。度不能，即宜安分保境，何必狐号鼠窃，乘阴伺夜，以为此态耶？

从行文的激愤不难想见红袄军已成金朝切肤之痛。

金宣宗即位时，红袄军已成燎原之势，尤以益都杨安儿、潍州李全、泰安刘二祖、兖州郝定等几支势力最称强盛。激成红袄军起事的主因固然是这一时期金朝的阶级矛盾与战乱灾荒，但中原遗民和女真贵族、蒙古军队的民族矛盾也是不容忽视的。金宣宗迁都南京（今河南开封）后，利用蒙古军暂时撤退之机，命仆散安贞率精锐部队"花帽军"开赴山东镇压，杨安儿、刘二祖、郝定相继败死。杨安儿余部数万人由其妹杨妙真召集成军，李全与她结为夫妇，实力顿时大增。金朝侵宋后，这些武装把亲宋的感情变为归宋的行动，军事上也从单纯反金改为联宋抗金。嘉定十年，杨安儿旧部季先往见南宋知楚州事应纯之，表达了各路豪杰都愿归附之意。约略同时，中原流民也成群结队地渡淮归宋，势头迅猛不可阻挡。宋金嘉定战争一开始，如何对待来归的北方流民，也成为南宋朝廷必须深长计议的大问题。

应纯之把季先所说的上报给江淮制置使李珏和淮东安抚使崔与之。二使让季先北归联络山东忠义，同时派楚州都监沈铎和高忠皎各集忠义民兵分两路攻金。季先命李全率众配合高忠皎，合兵攻下海州，李全又分兵遣将破莒州，克密州，取青州。南宋授李全京东副总管的名衔。见捷报频传，应纯之便打算利用北方忠义为自己在仕途上谋求晋升，密奏朝廷声称中原可复。史弥远因韩侂胄开边的前车之鉴，担心结纳忠义会授人以柄，不准公开招纳北方义军，只密令李珏、应纯之妥善慰接，让他们听节制，号为"忠义军"；并颁旨发放一万五千人的钱粮，名为"忠义粮"。于是，东海一带万余人归沈铎节制，吃上了有编制的军饷，让李全煞是羡慕。

李全出身农家，做过司弓手，弓马矫健，以擅使铁枪出名，时号"李铁枪"。开禧北伐时，他曾与宋将联手收复过涟水县，但也做过"出没抄掠"的勾当。嘉定十一年初，他率部归宋，不久再攻海州，远袭密州，表现出主动抗金的积极性。次年，他与金元帅左都监纥石烈牙塔激战化陂湖，斩金将数员，大败金军，使其不敢轻窥淮东。听说金将张林有归宋之心，李全前往青州劝降。为消除张林的疑虑，他仅带数人挺身入城，两人结为兄弟。这时山东诸郡实际上都听命于张林，得到允诺后，李全便上表宋廷，并奉上山东十二州府的版籍，表辞说："举诸七十城之全齐，归我三百年之旧主。"南宋君臣陶醉在不期而至、不战而捷的胜利中，立即下诏任命李全为京东安抚使兼总管。

宋宁宗的诏书和史弥远的密令体现了南宋政策的一个方面，即试图对忠义军民通过招诱节制、授官封爵，引为反金的力量，但也仅是利用而已。实际上，南宋朝廷只要真正联合北方忠义军民，他们足以成为反金抗蒙保宋的忠实同盟军。即便李全，在南归初期，其拥宋反金倾向也是十分明确的。他曾拒绝了金宣宗的招抚诏书，复书明志："宁作江淮之鬼，不为金国之臣。"并把父母遗骨从故乡潍州迁葬淮南，发誓"不复北向"。[1]

---

[1]《齐东野语》卷9《李全》。

　　然而，南宋朝廷对北方来归的忠义兵民却深怀疑忌和恐惧。如果说于李全这样自成气候的武装力量，采取的是招诱节制的政策，那么，对于手无寸铁的南归流民，则使出了令人发指的一招：封锁淮水，禁止南渡，甚至张榜指南归兵民为"盗贼"，来者剿杀不论。当时，每天来归者成千上万计，而边界将吏却"临淮水射之"。听说这一消息，国史院编修杨简沉痛上奏："得土地易，得人心难。中原赤子，拔自涂炭，来投慈父母。这里却计较一斗半升的小米，射杀他们。这难道是上顺天意、下安四方的道理吗？"平日还算关心民瘼的皇帝，这次竟无动于衷。不仅江淮，京湖、川陕也推行这种剿杀政策，不过在襄阳、蜀口等地，换了个说法，"号曰约回，而实杀之"[1]。尽管如此，渡淮南附的流民势头仍不可遏制，南宋不得已接纳了下来，却一百个不放心。

　　盱眙（今属江苏）是北方兵民渡淮南下的要冲之一，知盱眙军贾涉却一开始就认定这些忠义军民是"饥则噬人，饱则用命"的饿虎，他认为：以有限之财，应无穷之须，就如同以肉饲饿虎，肉尽必将反噬。出于"虑思其乱"的指导方针，他将归附的石珪、陈孝忠、夏全诸部分为两屯，分李全一军为五砦，再用招刺义勇的方法，接纳了其中近六万人，放汰了三万余人。在这些忠义武装周围，他常驻官军七万余，"使主胜客"，即官军形成绝对优势。这种猜忌防范使南归忠义为之寒心，不少人公然声称："与其如此，不如有官者弃官，无官者回山东做百姓。"

　　南宋当局从来没把北方忠义兵民作为反金抗蒙的生力军，放在中原变局中去做长远、全局的安排。无论剿杀政策，还是招诱政策，都出于短视、实用的考虑。实际上，只要朝廷能派靖康年

---

[1]《宋史》卷407《杨简传》；《鹤山先生大全文集》卷18《应诏封事》。

间宗泽那样的爱国将才，去协调、团结并统帅这批忠义军民，不仅贾涉担忧的"饥则噬人，饱则用命"的前景完全可以避免，而且嘉定以后北方抗金御蒙的形势也会大为改观。然而，在宁宗是无能，在史弥远是苟安固位，处在第一线节制忠义军马的帅守又都像贾涉那样深怀忌疑之心，犹如握着蛇不敢松手，骑在虎背上左右为难。朝廷这种做派，让忠义兵民悲愤满腔，令有识之士感慨系之，刘克庄有词说："记得太行山百万，曾入宗爷驾驭。今把作握蛇骑虎！"[1]

握蛇骑虎的状态毕竟不能持久，而蛇啮虎噬的局面迟早会出现。李全在忠义武装中实力较强，战绩也最著。自化陂湖之战后，他就有睥睨诸将之心。嘉定十三年，他唆使贾涉的亲信之吏，诬谮季先谋叛。贾涉原就疑神疑鬼，便诱杀季先，准备收编其军。季先部将拒绝整编，迎石珪统领余部。贾涉深以为耻，李全趁机自告奋勇，请讨石珪。石珪走投无路，叛降蒙古。李全略施小计，就从贾涉那里取得了石珪留下的涟水忠义军的统领权，更不把贾涉之流放在眼里。次年，李全之兄李福恃势与张林争夺胶西盐场，威胁让李全取张林头颅，张林即以山东诸郡献降蒙古木华黎。南宋朝廷在两年中仅满足于山东十二州郡名义上的回归，印制了一批州府长吏的空名官告交给京东、河北节制司，填发给这些州府的实际控制者，却从未试图真正控制这一地区，故而来得意外，也去得容易。

李全的狼子野心已越来越明显。他到过一次镇江，北返后就对部属说："江南佳丽无比，须与你等一到。"他下令打造舰船，打算

[1] 刘克庄：《后村先生大全集》卷190《贺新郎·送陈真州子华》。此词据考作于宋理宗宝庆三年（1227），但握蛇骑虎现象早在嘉定后期就已出现。

谋求舟楫之利，还仿造南宋纸币，让部下持假币赴江南购物，其军顿见阔绰，而"江南之楮益贱"。[1] 以战功邀取官赏，以吞并扩大实力，利用南宋政策的弱点求生存图发展，李全已日渐坐大。

一次轮对时，秘书监丞柴中行指出："山东人虽受节制，就招刺，亦不可置之腹里。况阴诱鞑人，是再添一山东。"宁宗点头称是，无主见无远识地"嘉纳"上奏，是他从政唯一能做的事，至于对忠义军民和李全的具体措置，则完全听史弥远的。对日渐坐大的李全武装，史弥远推行政策的着眼点只是"惧激他变"，"姑事涵忍"，具体说来，即以高官厚币施以笼络政策。嘉定十五年岁暮，南宋任命李全为京东路镇抚副使，拜保宁军节度使。次年，宋廷又赐钱三十万缗给他作为犒军之用。这些应该出自史弥远的主张。有人这样形容朝廷养虎贻祸的政策：

> 辇安边之财以给之，唯恐不赡；航东南之粟以饷之，唯恐失期。甚者高官峻秩，宠华其身，金珠玉帛，悦媚其妻，弃如泥沙，不甚爱惜。闻其帖然恭顺，则喜见颜色；或拒之而不吾与，则恐恐然食不下咽。[2]

听说李全建节，升任淮东制置使的贾涉长叹道："朝廷只知道官爵可以讨其欢心，难道不知道骄纵将导致不可收拾吗？"贾涉的感慨是有道理的。在山东忠义军的处置问题上，贾涉首先对其防范猜忌，其次使其为我所用，兼用利诱与分化两手，力图贯彻主政者的边防政策。在李全走向骄横难驭的过程中，贾涉有其不可推诿之责，那是政策执行者的代价；但如今史弥远一意姑

---

[1]《宋史》卷476《李全传》；《鹤林玉露》甲编卷4《制置用武臣》。
[2] 王迈：《臞轩集》卷1《乙未馆职策》。

息养奸，李全越发桀骜不驯，更让他陷入了进退两难的窘境。而李全夫妇也准备给他颜色看了。嘉定十六年二月的一天，贾涉出郊劝农，薄暮入城，被李全的兵士拦住，但见杨妙真骑马出来，佯怒挥退了部下，堂堂制置使才得入城。贾涉深知这是李全挑衅的信号，不久便称病求去。他一走，帐下万名忠义又归李全掌控。

这年岁末，许国奉命接替贾涉。他原是武臣，向史弥远要求换为文资出帅淮东。弥远见文臣中没有合适人选，而李全日渐跋扈，淮东不能缺帅，便同意了。对这一任命，许多人以为不妥：许国位轻望薄，处非其地，反使李全有轻视之心。

次年岁初，许国到楚州（今江苏淮安）赴任，拒见前来郊迎的杨妙真，令她大失面子地回营去了。李全时在青州（今属山东），礼节性地致函许国。许国在大庭广众下抖着来函夸耀："李全仰仗我养育，我略示威，他就奔走不暇了。"

按礼，李全应该往见新任制帅，许国也数邀他前来议事。李全观望了半年之久，为不使自己理亏，终于前赴楚州参谒。庭参时，许国傲然端坐接受谒拜。自建节以后，李全与前制帅贾涉都分庭抗礼，对许国妄自尊大憋着一肚子怒气，退出后在亲信面前便骂开了："你许国原不是文臣，是和我一样的武人，有什么功劳？居然一点都不宽假！我李全赤心报朝廷，才不造反的！"

过了半个月，李全准备回青州，唯恐被扣留，一改旧态，折节为礼，动息必请，得请必拜。许国喜不自禁对家人说："我把这家伙给折服了！"完全不知道对手在耍弄他，便同意李全回去。而李全离开楚州时，叛宋的决心就已下定了。

对南宋在北方忠义兵民与李全问题上的政策失误，清代有学者指出：

> 李全、张林南归，山东已为宋有。有大豪杰斡旋之，中
> 原可图也。乃以庸才如贾涉、许国者驾驭之，乌能制虎狼之
> 命哉？徒招乱耳！[1]

从握蛇骑虎到养虎贻祸，南宋政策在表面上似乎有改变，实质上都是苟且无策。正因如此，一场由李全发动的骚扰江淮、震惊朝野的大叛乱在所难免，只是时间早晚问题。[2]

三　史弥远专政下的嘉定政治

1. 受掣于另一权臣

史弥远的起复招来了非议，但他因诛韩在政治上大得分，人望并没有流失过多。起复以后，弥远继续在平反"伪党"上做文章，对死者或褒赐美名，或录用后代，对生者则召还在外的正人故老。短短四五年间，他起用的著名党人有黄度、楼钥、杨简、袁燮、蔡幼学等，还召用了真德秀、魏了翁、赵方、廖德明、钱文子、刘爚、陈宓等知名之士。这些人布满中外，颇具气象，人们甚至美言为"小庆历元祐"。弥远也俨然有古大臣的器局，连真德秀都一度受其迷惑，代皇帝草拟关于他的制诰批答时不吝赞词。但这一切不过是取悦清议、笼络人心的手段，他连赵汝愚欲致庆历元祐之治的那点念头都没有，更遑论范仲淹、司马光的政绩了。他追逐的只是权力，这与韩侂胄毫无二致，但在老谋深算上，韩侂胄却决不能望其项背。

---

[1] 李埴：《阅史郄视》卷3。
[2] 宋理宗宝庆元年（1225），李全命将在楚州发动兵变，杀死许国，实际上已公开叛宋。但史弥远仍"姑事涵忍"，故李全也"外恭顺于宋，以就钱粮"，同时则肆虐江淮，直到绍定三年十二月（1231年1月）才正式揭出叛旗。

　　开禧诛韩后，钱象祖任相，过了一年，弥远与象祖并相，无不兼任枢密使。宋代宰执制度的最大特点就是分割相权，故开禧以前，虽也偶有宰相兼枢密使的前例，但绝非惯例，更未成制度。韩侂胄时期，所有宰相都不兼枢密使。《宋史·职官志》说："至开禧，以宰臣兼使，遂为永制。"似乎钱象祖以相兼使成为这一定制的开端，实际上，象祖之例或在诛韩不久的特殊时期，未必遽为定制。嘉定改元，两相并置，均兼枢使，尤其史弥远起复后始终并长二府，宰相兼枢密使才真正成为南宋后期的固定制度，这是南宋后期皇权一蹶不振而权臣递相专政的重要原因。故魏了翁指出："迨嘉定而后，以相兼枢，又合而为一。"认为史弥远才是始作俑者。史弥远不仅以相兼使，集军政大权于一身，而且在起复以后直至宋理宗绍定六年（1233）去世前不久，始终维持独相的局面，而所选用的二府执政都是些容易控制之人。

　　史弥远不仅以独相之尊睥睨二府执政，还恣意破坏政事堂议事制度。政事堂，也称都堂，是宋代宰执合堂同席、共议众决朝政大事的场所，其目的之一即防范宰相专权。南渡以后，秦桧在望仙桥私第治政，首坏其制。韩侂胄任平章军国事，平时由省吏将公文送至韩府签识，但他还应景地每三日必至都堂一次。史弥远把养病不出视为常事，嘉定前期好几次称病告假，还不过数月。五六年间，威势渐成，便"决事于房闼，操权于床笫"，深居简出，不知所在，完全把都堂议事制抛在一边，擅权程度远远超过了韩侂胄。

　　史弥远专政之所以能畅通有效地贯彻自己的意志，倚赖的要害部门是检正都司。检正、都司原是分属中书门下省和尚书省的两个具体办事机构，分管公文呈批送审，官署级别虽不高，但对宰执决策朝政、制定法令等都知悉过程并参与内情的，其作用不能等闲视之。史弥远将两者合而为一，朝廷政事都交它办理。只要所谓事关机速，就上不必奏禀皇帝，下不必经过审核，而先交付执行；如有奏禀事宜，原应等圣旨批下同意与否再付执行，现在还未呈御览，就已下省札处理；甚至备好空头省札，执政画押同意，再送相府临时倒填有关政事。检正都司成为他得心应手地独揽朝政的工具。这些官吏职卑位低，易于控制，也乐于逢迎宰相，参与机密，外朝那些制置使、总领与诸路监司、沿边将帅都争相贿赂他们，"其权任反出执政、台谏上"。[1]

史弥远还把重要官吏的任命权紧攥在手，收买人心，安插亲信。宋代铨选，京官、选人的除授权归吏部，号为吏部四选；唯有特殊勋劳者可由政事堂直接奏注差遣，号为堂除，所获差遣比吏部选为快为优，热衷仕进者无不钻营这一捷径。史弥远专政后，以堂除名义把吏部四选的肥差都拿了过来，以朝廷爵禄而卖私恩，取吏部美阙而归堂除，习以为常，贿自成风。相府门前衣冠如市，来谒宾客十有八九是谋求差除的，弥远也不惜以宰相之尊而下行吏部之事。这种做法，导致士风与吏治进一步败坏，"煽奔竞之风，抑孤寒之士，人心蛊坏，人才衰削"。

宋代朝官以上的要职任命，例由宰执注拟，请旨获准才草拟除授制词。史弥远擅权后，这类任命"有申而无奏"，只将结果告诉皇帝，从不奏禀取旨。有臣下上奏：

> 执政、侍从、台谏、给舍之选，与三衙、京尹之除，皆朝廷大纲所在，故其人必出人主之亲擢，则权不下移。今或私谒，或请见，或数月之前先定，或举朝之人不识。愿明诏大臣绝私意，布公道。

[1] 魏了翁：《鹤山先生大全文集》卷18《应诏封事》；章如愚：《群书考索续集》卷10《都司》。

宁宗却认为：

> 人主择宰相，宰相择百官，为治之要道。君主揽要则百事详察，君主躬亲则百事荒怠。

这话原则上不错，但关键在于：最重要的第一步择相倘若失误，以下一切便无从说起。

史弥远结党营私，心腹列于朝堂，亲信布于地方。呼朋引类时，他的同乡观念尤为突出，选拔之士，"非鄞即婺"。鄞县人是其小同乡，婺州人则是大同乡。有则轶事就是针砭这一现象的。一天，相府开筵，史弥远请杂剧艺人助兴。有一艺人扮士人念开场白："满朝朱紫贵，尽是读书人。"旁边另一角色打断道："非也。满朝朱紫贵，尽是四明人！"史弥远听出插科打诨中的讥讽味，据说从此相府设宴不再演杂剧。

宋代权相专擅，不可或缺的条件就是操纵台谏、控制言路。韩侂胄是这么做的，史弥远也紧紧抓住台谏官任命和言事两个关键环节，逐渐使言官沦为其私人鹰犬。韩侂胄被诛，史弥远首先让支持政变的卫泾、王居安出任台谏，对侂胄留下的旧台谏叶时和黄畴若恩威并用，在台谏系统内提升其职衔，让他们攻韩党以赎过愆。其后，他试图拉拢左谏议大夫傅伯成，让人示意他弹劾某人，交换条件是引为执政，伯成一口回绝，表示"不能倾人利己"，并请皇帝下诏大臣"以公灭私"。碰了这个钉子后，史弥远变换手法，"约言已坚，然后出命，其所弹击，悉承风旨"，而且必"先期请见，饷以酒肴"[1]。这样一来，台谏都成了其党羽。

尽管如此，史弥远仍不放心，进而在弹章谏草上大做手脚。

---

[1]《鹤山先生大全文集》卷18《应诏封事》；黄震《戊辰修史传·杜范传》。

每到论事之时，台谏与史弥远之间"尺简往复，先缴全稿，是则听之，否则易之"。这种做法宋人称为副封或呈稿，但韩侂胄专政还没无耻到呈稿的地步。自史弥远当国，台谏都是其私党，每有劾荐，必先呈副封，一般以薄纸书写，用简版缴达，合则缄还，否则便附另纸，告知某人朝廷正赖其用，台谏就改论他事，故时人有"嘉定副封之靡"之说。后来嫌副封太麻烦，干脆从相府付出言章全文，让台谏直接照用。台谏官竟也毫不隐讳，逢人必说："近来文字，皆是府第付出。"至此，台谏对相权的独立言事原则扫地以尽，史弥远完全左右了台谏系统。[1]

　　在宋代，包括封驳官在内的其他侍从也有献言论谏的权利，但台谏始终是朝廷舆论的主导。既然台谏已被史弥远所掌控，嘉定更化之初言路乍开的气象很快复归于万马齐喑的局面。嘉定十二年（1219），一位知州任满入对，发现朝论已为史弥远把持，极论苟同之弊后吁请："转移之机，全在陛下。"宁宗口头赞同道："雷同最是今日大患。"但他既然不能从根本上认识与解决史弥远专权问题，朝堂之上只能依旧"诺诺者盈庭，而谔谔者卷舌，容容者接武，而皎皎者遁形"。

　　相反，起复后的十六年间，宁宗对弥远十分倚重，经常为他推恩迁官，加食邑或实封，表现出"惟君臣相得之甚艰，而事业当图于不朽"的庆幸之情。有一次加实封，草制词臣大书："天欲治，舍我谁也，负孟轲济世之才；民不被，若己推之，挺伊尹佐王之略。"竟比以伊尹、孟子。侍从、馆职与太学生们议论哗然，

[1]《鹤山先生大全文集》卷18《应诏封事》；《癸辛杂识》前集《简椠》；《贵耳集》卷下。参见拙文《宋代台谏系统的破坏与君权相权之关系》，载《学术月刊》，1995年11期。

322

都认为"过谀失体"，皇帝却并不以为然。[1] 嘉定十四年，宁宗特下诏史弥远立家庙，并赐祭器。在宋代，人臣在位而赐建家庙是屈指可数的罕用恩例，特诏既传达出皇帝对史弥远的倚任与尊礼，也说明其专权之势如日中天。

嘉定年间，人才进退，政事兴革，天下以为这是丞相的主张，朝野都习以为常地只言相而不言君。对这种权相专政局面，偶尔也有臣僚借古喻今委婉地进谏。嘉定六年秋，侍读黄度最后一次入侍经筵，有意讲读了唐玄宗用李林甫的历史，意味深长道："这是唐室治乱分界的关键，愿陛下退朝之暇，反复阅读思考。"但秉性不慧的宁宗压根儿没听出弦外之音。这一时期，邪正之辨和君子小人之别也频频见诸朝臣的论谏和经筵的讲读，这同样是一种不便挑明而只可意会的谏言。嘉定十一年岁暮，侍读徐应龙进读吕大防奏议，读到"人君之要在乎知人，若以正为邪，以小人为君子，则不可"，应龙点明道："乱亡相继，未有不由于是。"宁宗若有所悟说："君子小人最为难知。那小人也能发君子之言。当据其事而观其人。"回答并没错，但他连韩侂胄专权也未能省察，又岂能识破史弥远在君子外貌下的叵测机心呢？

史弥远专权的时间长于秦桧，擅权的程度超过韩侂胄，但在他的生前，公开的反对者远比秦、韩为少，在其身后，又引起后人"如何一卷《奸臣传》，却漏吞舟史太师"的感慨。究其原因就在于他继秦、韩之后把权相弄政的手法锤炼到炉火纯青的地步。他不仅不像侂胄那样赤裸裸，而且比秦桧更狡黠阴鸷。在编织专政的权力网，让城狐社鼠布满中外的同时，他还擅以爵禄羁縻天

[1] 《真文忠公文集》卷19《史弥远特授正奉大夫依前起复右丞相奉化郡开国公加食邑食实封制》；《鹤林玉露》甲编卷2《制词失体》。

下之士，"外示涵洪而阴掩其迹，内用牢笼而微见其机"，荼毒善类也较秦、韩为轻。[1]

尽管史弥远装缀小庆历元祐的假象，摆出古大臣的模样，时间一久，有识之士还是洞察出了背后的真相。嘉定八年，真德秀一改嘉定初期对他的赞词，对刘爚慨然说："我们应该尽早引退出朝，让庙堂上也知道世上有不愿做侍从官的人在。"便力请外郡，史弥远假惺惺挽留道："用人之途畅通，为什么要出朝呢？"德秀托以亲老，出为江东转运副使。

比起不合作主义，揭露权相更需要勇气与魄力。嘉定十三年，新一届礼部进士即将发榜。应考士子邓若水在对策试卷上力论史弥远之奸，建议皇帝将其罢免，改命贤相，否则必贻宗社之忧。仅以文章而言，这篇策论博征经史，气骨凛然，尽管考官因其论及时相而置之末等，却在临安士人间争相传诵。史弥远听说后大为恼火，指使临安府尹让旅舍主人侦伺其出入言行，罗织罪名。有人前来劝解，弥远转念一想，倘如治之以罪，会像韩侂胄贬窜庆元六君子那样，必然招致清议的反对和太学生的声讨，便故作宽容之态。

然而，在另一起事件中，史弥远却撕下伪装，开了杀戒。当年上书请斩韩侂胄的武学生华岳，在诛韩后允许重新入学，登第为武学进士后，被任命为殿前司同正将。目睹史弥远对外苟安，对内擅权，他曾上疏皇帝，大忤权相，于是准备搞掉史弥远。谋划的风声传到史弥远那里，他认为作为殿前司下属将领，华岳的密谋可绝非邓若水那样的秀才造反，必须把苗子掐死在萌芽状态。史弥远派殿前司卫士包围了他的住宅，将其捕来，厉声问道："我

---

[1] 钱大昕：《潜研堂诗续集》卷2《过安阳有感韩平原事》；全祖望：《鲒埼亭集·外编》卷28《跋岳珂传》；《宋史》卷401《柴中行传》；赵翼：《廿二史札记》卷26《秦桧史弥远之揽权》。

与你有何怨仇，竟要图谋我？"说完便命押往临安府狱。知临安府袁韶是史弥远亲信，判以斩罪。

宋代实行死刑复奏制，史弥远持判牍奏禀皇帝。对华岳在韩侂胄专权时毅然上书，宁宗记忆犹在，拟放他活命。弥远说："这是要杀臣的人。"宁宗说："教他去海南走一遭便了。"意思是流配海南岛，免他一死。弥远看出了皇帝宽贷之意，阴黠地说："如此，则与减一等。"宁宗对本朝刑法懵然无知，误以为斩罪减一等就是流配，同意了这一奏请。而实际上，绞、斩在宋代只是死罪中的极刑，其下一等是杖杀，也即"决重杖一顿处死，以代极法"。就这样，史弥远上下其手，以谋变的罪名把华岳押赴东市，活活杖死。这位"倜傥似陈亮"的英才，与韩侂胄做斗争时逃过了一劫，却最终死在史弥远专权的黑暗年代里。[1]

史弥远专权的后果是严重的。在他的专擅下，从嘉定改元起，南宋王朝竟在金国垂亡之际，安于苟且偷安之岁，年复一年，机会随着时月流失，进入理宗朝，他继续专断朝政，独相九年。等到他死后，人们才痛切发现，比起韩侂胄来，史弥远专权流毒更深，为害更烈。以至有人指出：

> 我国家自韩侂胄用于庆元，迄于开禧，甫及十年，天下之势，如人少壮而得疾，故其疗之也易为功。自史弥远相于嘉定，迄于绍定，凡二十七年，天下之势，如人垂老而得疾，故其疗之也难为功。[2]

史弥远死后七年，当蒙古铁骑在西起大散关，东至淮河的数千里

[1]《宋史》卷455《华岳传》；《四朝闻见录》甲集《华子西》；窦仪等：《宋刑统》卷1《名例律·五刑》。
[2]《矆轩集》卷2《乙未六月上封事》。

战线上向南宋发起全面攻击时，时人不禁浩然长叹："凡今日之内忧外患，皆权相三十年酝成之！"[1]

2."束手于上"的宁宗嘉定之政

在《廿二史札记·秦桧史弥远之揽权》里，清代史家赵翼指出：

> 史弥远之柄国，则诛赏予夺，悉出其所主持，人主仅束手于上，不能稍有可否。

正如庆元开禧之政实际上是韩侂胄专政，嘉定之政说到底就是史弥远专政，宋宁宗依旧垂拱仰成，无所作为。

不过，对经筵讲读，宁宗还是重视的。有一次，经筵官徐应龙问他："《资治通鉴》所载仇士良事，陛下还记得吗？"宁宗复述道："士良归老，语其徒曰：天子不可令闲暇，暇必亲书，智虑深远。"宁宗倒是有暇读书的，有时甚至早晚都让经筵官为他讲学，并要求他们在进读经史和圣训的同时，须以讲义的形式对每事表达意见，认为"若只读一遍，何益？"。他保持着嘉王时的习惯，每天抄上一段先帝圣训或名臣奏议，故而与臣下应对时，"论治道有体，则有用贤委任之言；论谏官言事，则有明目达聪之训；论用人则知君子小人之当辨；论用兵则知师从中覆之非宜"，议论似乎都契合帝王之学。

有一次，袁燮进读《高宗宝训》，读到宋高宗有"为上极难处，一事不合人情，则人得以议"的感慨，宁宗即说："人主做事，岂可不合天下之心？"袁燮说："人君治天下，只是中道。刚

---

[1] 杜范：《清献集》卷9《嘉熙四年被召入见第一札》。

柔皆不可不中。"宁宗发挥道:"柔而不中为姑息,刚而不中为霸道,刚柔皆得其中为王道。"说得句句在理,袁燮只能称颂:"诚如圣训!"然而,正如有臣下一针见血指出:"今陛下之学,乃祖宗之学,而陛下之治,犹愧于祖宗之治。"宁宗自身不慧,再出色的经筵也无法将他造就成有为的君主,对其治国理政也起不到实质性作用。

也许嘉定经筵官多为道学家的弟子传人,宁宗一改自己在韩侂胄时代的态度,对道学的好感恢复到了即位初的状态。史弥远曾是杨简的弟子,与理学略有渊源;专权以后,他以昭雪"伪党"、褒崇理学作为讨好清议、笼络士夫的手段。在推进理学官学化上,这对君相倒是同声相应的。

嘉定四年(1211),著作佐郎李道传建请下诏崇尚正学,将朱熹的《四书章句集注》《四书或问》颁之太学,并以周敦颐、邵雍、程颢、程颐、张载从祀孔庙。有不好道学的执政表示异议,提议未获通过。次年,国子司业刘爚也向史弥远建议用朱熹"四书"之说"正君定国,慰天下学士大夫之心";同时奏请刊行《四书章句集注》,并将朱熹亲定的《白鹿洞学规》颁示太学。宁宗同意将朱熹的《论语》《孟子》集注本作为太学的官定读本。

继追谥朱熹为文公后,嘉定八年,赐张栻谥"宣";次年,吕祖谦也得谥为"成"。为周敦颐、张载、二程的请谥活动也不失时机地在进行。嘉定十三年,周敦颐、程颢、程颐、张载分别追谥"元、纯、正、明"。[1]此前一年,一次经筵上袁燮进读朱熹事迹,宁宗说:"记得即位之初朱熹曾侍经筵,他就是朱在的父亲。"

---

[1] 李心传《道命录》卷9附作者按语说张载谥号至嘉定末年犹未最后确定,但《宋史·张载传》则说赐谥也在本年。

袁燮乘机进言："陛下记忆朱熹如此。其子本无失道，尚在罪籍。陛下能收拭而召用，也足见不忘忠贤之后。"宁宗点头同意。朱在入仕，升迁顺利，十年左右已位至侍郎。嘉定十七年，皇帝又下诏访求程颐后人，录用为官。

理学取得官学地位，一般认为始于理宗时代，故《宋史·理宗纪》说："后世有以理学复古帝王之治者，考论匡直之功，实自帝始。"但理学官学化进程中，嘉定时期通过颁书、赠谥、录后等一系列褒崇之举，实已开其先河。

对朝政，宁宗并非绝不措意，也知道听言用谏的重要性。嘉定六年，袁燮对他说："帝王不可不勤于访问。"宁宗首肯再三说："问则明。"退朝后，袁燮与朝士说起"问则明"的圣谕，无不称叹英明。但几个月过去了，却不见皇帝有咨访之举。不久，袁燮迁官轮对再见宁宗，说："当时我与朝臣莫不称叹圣训英明，但陛下端拱渊默一如往昔，是不是认为人主一言之失，史官笔录而天下议论，问而不当，不如不问呢？"过了三年，袁燮迁经筵官，见皇帝机会更多，对宁宗说："陛下自为韩侂胄所误，也许担心臣下进言有错，所以咨访甚少罢？"宁宗戄然问道："错也无妨吗？"袁燮说："古人说献可替否，若都没错，则唯有献可，无否可替了。"宁宗引经据典："予违，汝弼，汝无面从。"然后说："朕专赖臣下正救。"

袁燮当然明白，立朝之官，多为阿附苟容之士，连台谏都沦为权相的附庸。嘉定十二年一次经筵上，他有针对地发挥道："以台谏为耳目，无所不言，故大臣不敢为非。"宁宗立即接口："此即所谓：言及乘舆则天子改容，事关廊庙则宰相待罪。"他记得这是苏轼的名言，表态道："若台谏不言，何缘得知，只要人来说？"

平心而论，宁宗也并非讳言拒谏的君主，但台谏既然已被史弥远所左右，怎能指望他们真正无所不言，成为皇帝耳目呢？宋代规定，台谏官每月至少上言一次，谓之月课。对台谏来说，如今的月课最是头痛而棘手的定期作业，既不能开罪权相，又不能违反祖制。无耻的言官甘为鹰犬，如梁成大、李知孝之流，自不待言；大多数台谏月课来临，章奏待草，掂量议论之异同，揣摩情分之厚薄，可否难决，进退维谷；滑头取巧者尽选些不伤脾胃的事儿，例如恭请皇帝献谒宗庙景灵宫等，权充月课，缴卷塞责。

台谏官尚且如此，嘉定吏治污浊便可想可知。宁宗对此应该有所察知，故一再下诏戒饬。嘉定改元，他就颁旨给内外群臣：

> 奸佞弄权，故相同恶，上下交利，贿赂公行，监司郡守，并相仿效，贪婪无厌，狼藉已甚。朕方励精更始，申加训饬，以儆有位。其有缘公济私，尚为故态，必罚无赦！

嘉定二年，他命诸路监司劾举贪残的守令；次年，再下戒饬监司郡守的诏书。嘉定六年，朝廷一方面恢复监司臧否守令的成法，一方面命御史台置考课监司簿，加强对监司的督察。

对赃吏的惩治力度似乎也有加强，夺官除名，乃至抄家发配的贪官污吏也偶有所闻，当然只是几个县尉、县丞、推官、判官级的芝麻绿豆官。嘉定八年，朝廷颁诏：赃吏不许减年选官；但停年罢选对于巨贪的官吏根本难起惩戒作用。嘉定十一年，殿中侍御史李楠上奏："朝廷治赃吏失之于宽。"次年，他又提宋高宗治赃吏的前朝旧事，宁宗回答："赃吏害民，岂可不治，祖宗治赃吏，甚至弃市。"他说的是太祖、太宗朝故事，那时惩肃赃吏果断严厉，确有开国之初的治世气象。李楠认为："倒也不必严厉到弃市，笞黥之刑就已足够，今后发现赃吏，就杖脊刺配岭南。"但君臣议论过后，一切仍归依旧。嘉定十六年，宁宗再次下诏申严赃吏法，强调"命官犯赃，毋免约法"，正从反面印证了原颁的赃吏法形同具文。

嘉定时期，在备受吏治污浊之扰的同时，民众还饱尝货币贬值之苦。开禧北伐的开支，嘉定和议的费用，再加上冗官人数的持续上升，王室开销的奢侈挥霍，南宋财政日渐陷入不敷出的泥淖。对此，宁宗曾下诏内外官府条陈节用的对策，试图在节流上寻找出路，其效果即使有，也是杯水车薪。于是，朝廷便无节制地发行纸币来饮鸩止渴，东南会子与四川钱引等纸币犹如决堤洪水泛滥于南宋境内。大约在光宗即位之初的淳熙末年，会子发行量还控制在二千四百万贯，到开禧用兵时激增至一万四千万贯；其后会子流通量居高不下，嘉定年间总发行量高达二万三千万贯。随着流通总量的向上攀升，会子币值却急剧下跌，嘉定前期每贯会子的实际币值只有孝宗时期之半，与此同时，物价却如脱缰之马。

嘉定元年八月，朝廷命侍从、台谏、两省官就会子币值折算率狂跌进行详议。次年初春，政府强行命令："以旧会之二，易新会之一。"同时辅以严厉的法禁，还派朝臣出使诸路检查执行情况。这一做法不啻向会子持有者宣布这种货币彻底丧失信用度。于是，不论贫富，谁都不愿使用和储藏会子，持有者更急于脱手。朝廷下禁令规定：纸币必须视产业多寡，按比配藏，如有违反，即予抵罪，并鼓励告发。而州县科配，期限颇紧，官吏催督，刑网苛密。俯首帖耳的顺民甚至鬻妻卖子、售田押宅，再被迫以低价收回会子；而那些以低于实际比价抛出会子的民户都因触犯法禁而籍没家财，甚至"一夫坐罪，而并籍昆弟之财，或亏陌四钱，而没入百万之赀"。朝廷的禁令无法阻遏低价抛售和拒绝收用会子的狂潮，而这波强劲之势反过来驱使会子进一步贬值。在这场通货膨胀中，富户虽也大受损失，但贫民更雪上加霜。这年冬天，米价腾贵，传法寺前饥饿难忍的乞丐群起抢夺商贩的炊饼。人心汹汹，行将酿成一场全面的社会危机。

这年二月，宁宗颁诏给侍从、两省以下官员，命他们对会子危机提出解决办法。反馈的意见普遍是放宽以旧兑新的期限，发还籍没入官的民财，避免社会矛盾的激化。三月，宁宗下诏："民以减会子之直籍没家财者，有司立还之。"这道诏书旨在缓解会子政策引发的社会动荡，但作用是有限的。只要新旧会子不等价兑换的规定依然有效，会子与铜钱的兑换率势必不断看跌。五月下旬，朝廷穷极无聊地从卖官鬻爵、出售没官田等渠道筹措了约一千四百万贯作为收回旧会子的资本，但也无补大局。九月，吏部郎官刘爚奉命审阅中央和地方官员关于会子的奏议封事，选择可用意见送朝廷参考，表明其时会子贬值依旧困扰着南宋政府。直到嘉定四年岁暮，朝廷还因会子兑换问题派员巡访江浙州郡。大约次年，最后采用了太学生吴幼存的封事，"悉弛其禁，楮价反增"，即解除所有禁令，会子比价反而回升，这场风暴才渐趋平静。

在嘉定货币信用危机中，有人批评政府，"以一易二，民始疑楮；三界并行，民始贱楮"，在货币危机前举国无策，衰亡之状"具于斯时"。由于国家失信用，民众启疑心，兼之嘉定前期连年水旱，民无余资，物货积滞，商旅不行，致使大家族困厄，小家庭挣扎，市井萧条，官府匮乏。社会经济自此转入新一轮的动荡时期。南宋纸币贬值和物价上涨之势自孝宗末年已经抬头，而宁宗君相不负责任的货币政策促使矛盾立马激化，使之成为社会经济的无解难题，扔给了后来继任的君相。

　　嘉定共十七年，自嘉定七年绝金岁币起，宋金关系即进入临战状态，军政自应成为宁宗嘉定之政的重头戏。这一方面，宁宗曾颁布过一些诏令：嘉定三年六月，命三衙、江上、四川诸军主帅核实军籍，欺冒者以赃罪论处；九月，令三衙和江上诸军以才艺年劳升差将校，徇私者将受到台谏、制置使和总领财赋的按劾；次年四月，颁布虚冒兵额的禁令，自首者从宽，违反者重处；嘉定七年，再诏三衙、江上、四川诸军将兵马实数申报朝廷。这些有限而苍白的禁令，根本不能清除军政的腐败，从军额禁令的一再重申，反而折射出吃空额始终是嘉定军政的一大漏洞。

　　对嘉定军政，时人有过总括性的评论：

　　　　拊循士卒，帅之职也。朝廷每严掊克之禁，蠲营运之逋，其徼之者至矣！今乃别为名色，益肆贪黩，视生理之稍丰者而诬以非辜；动辄估籍，择廪给之稍优者而强以库务，取办刍粟，抑配军需，于拊循何有哉！

　　　　训齐戎旅，亦帅之职也。朝廷每严点试之法，申阶级之令，其徼之者亦切矣！今顾有教阅视为具文，坐作仅同儿戏，技勇者不与旌赏，拙懦者未尝劝惩，士日横骄，类难役使，于训齐何有哉！

　　　　况乃有沉酣声色之奉，溺意田宅之图，而不恤国事者矣。又有营营终日，专务纳交，书币往来，道路旁午，而妄希升进者矣。自谓缮治器甲，修造战舰，究其实，则饬旧为新而已尔。自谓撙节财用，声称羡余，原其自，则剥下罔上而已尔！[1]

　　军政的颓败污浊，一方面导致士气低落和战斗力下降：

---

[1]《宋史》卷415《葛洪传》。

> 在内郡者，末作技艺，安坐而食，官府利其私役，而被
> 坚执锐之事不娴也；在外郡者，多方运贩，为商无征，主帅
> 利其回易，而投石超距之勇不励也。[1]

这样的军队，遇敌交锋，望风披靡，也绝非个别现象。另一方面，颓败污浊的军政激化了军队内部的各种矛盾，嘉定年间兵变再次频繁出现，与此也不无关系。这一时期，刘克庄有《军中乐》对将兵之间的尖锐对立做过形象的描写：

> 行营面面设刁斗，帐门深深万人守。
> 将军贵重不据鞍，夜夜发兵防隘口。
> 自言虏畏不敢犯，射麇捕鹿来行酒。
> 更阑酒醒山月落，彩缣百段支女乐。
> 谁知营中血战人，无钱得合金疮药。

开禧用兵时，称因贿任将者为"债帅"，嘉定时，债帅现象仍十分猖獗，一旦走马上任，便以百倍的疯狂将行贿的开销从士兵身上抠回来。有一次，经筵侍读徐应龙说："今军将得以贿迁，专事掊克。"宁宗居然吃惊问道："债帅之风今犹未除吗？"他对嘉定军政的真实情况，对债帅现象，对史弥远将"江淮巨镇，委之肺腑之亲，襄汉上流，畀之膏粱之子，殿岩重寄，庸夫尸之，总饷要权，浊吏总之"[2]，看来都一无所知。

马基雅维里指出：

> 君主永远不要让自己的思想离开军事训练问题，而且他

---

[1] 《瞿轩集》卷 1《乙未馆职策》，此策虽上于宋理宗端平二年（1235），叙述的却是嘉定后期以来的军政情况。
[2] 《瞿轩集》卷 1《乙未馆职策》。

应该在和平时期比战争时期更加注意这个问题。因为这是进行统帅的人应有的唯一专业。亡国的头一个原因就是忽视这种专业。[1]

无论在嘉定和议之后短暂和平的日子里，还是在宋金战端重开的年代里，宁宗从未把军政作为生死存亡的严重问题去认真了解过，深入思考过，切实行动过，更何况在这背后还有蒙古崛起的巨大阴影。南宋虽不是亡在宁宗之手，但却从他这里走向灭亡。

据记载，不论单日双日，宁宗都升朝听政，早朝晚罢，听纳不倦，为政也称得上"无怠无荒"。然而，由于史弥远的专权和君主制的限制，他深居大内，罕接舆情，天下危切之情也无由上达。关键还在于，宁宗甚至不具备一位守成之主的基本素质，他软弱怯懦，优柔寡断，受制于权臣，苟安于现状。对群臣进言，此亦一是非，彼亦一是非，在与臣下应对时，他虽可以引些前代先圣和本朝列帝的言论，也说得八九不离十，但这些议论几乎没见之于实行的，以至连臣下都当面说他"恭俭有余而刚断不足"。

嘉定十七年，魏了翁任起居舍人，专记皇帝的起居言行，对他有切近的观察，看到的完全是缺乏治国能力的君主。了翁曾记述了宁宗晚年临政的情况：

> 凡所奏陈，陛下罕所可否。臣退而问所谓起居注，则岁月淹久，事情寂寥；问所谓直前故事，则宾赞之臣，疑为久旷。

也就是说，皇帝听政勤勉，却听而无断，故而起居注记录他理政

---

[1] 马里雅维里：《君主论》，第69—70页。

治国的"圣迹"自然寥寥无几；到了晚年，宁宗连表面的勤勉也不能自持，近臣直前奏事的旧制都旷废不行了。难怪魏了翁失望地对宁宗承认："臣以记言司过为职，每有含毫阁笔之羞。"

袁燮曾当面指出："陛下视今之治效为如何？以言乎财计则未裕，以言乎兵力则未强，以言乎人才则忠实可恃者寡，以言乎民生则愁苦无聊者众。"概括了宁宗治下的嘉定之政。嘉定十年，有一篇廷对策问道：

> 陛下愿治之心不为不切，而竟未有以副陛下之愿者，意者新天下之机，在陛下未知所以运乎？[1]

话说得很尖锐：陛下你恐怕还不知道如何抓住一新天下之政的历史机遇吧！还是马基雅维里说得好："一位君主必须有一种精神准备，随时顺应命运的风向和事务的变幻情况而转变。"[2]嘉定的十七年间，对于南宋王朝未来的生死存亡确是相当重要的转折时期。然而，如何顺应命运的风向，抓住历史的机遇，以宁宗这样的智能才具而言，期望值显然超越了可能性。

3. 在社会危机前醉生梦死

进入13世纪，中国又开始了一个灾害性气候的新周期，整个嘉定年间天灾频仍。嘉定元年二月，哀鸿遍野，无以为生的饥民纷纷流亡到临安府，宋宁宗下诏赈济。进入闰四月，两浙旱象严重。五月，宁宗减常膳，亲赴太乙宫、明庆寺祷雨，并下求言诏："凡朕躬不逮，朝政阙失，田里愁叹，军民疾苦，尽

---

[1]《鹮轩集》卷1《丁丑廷对策》。
[2] 马基雅维里：《君主论》，第85页。

言无隐，朕将采而用之。"他同时命大理寺、临安府、两浙州县审决滞狱的囚犯，以为这些举措可以上应天变。然而，自五月起飞蝗又蔽天遍野地啮噬着农作物，持续为害好几个月。为此，宁宗再次减常膳，命监司守令条陈民间利害，侍从台谏尽言时政缺失，三省奏呈宽恤未尽事项。八月，发丰储仓米赈济受旱蝗之灾的贫民。

这年岁末，著作佐郎杨简在封事里描摹了一幅惨不忍睹的饥民图：饥民抢夺贩卖之食已司空见惯；父亲不忍亲见子女活活饿死的惨状，便把他们沉溺江中；媳妇怜悯公婆挨饿，情愿自卖易粮，公婆为了不连累媳妇自缢而死，媳妇也悲痛自杀；连烹食小儿、妻食夫尸、弟食兄尸、父子相食其尸的惨状，京城、两淮也时有所闻。宁宗听了，大为震惊。

次年四月，蝗灾再起，大兵以后，必有大疫，临安府瘟疫流行。春夏之际，宁宗两次拨款给临安府，用以棺敛无钱安葬的贫民和兵士。这年十一月初五，临安下了初雪，宫中照例将举行雪宴，宁宗也因岁饥省罢了。每逢大灾，他总是减省常膳，每天在禁中焚香祝祷，从不参加内廷宴饮，凄楚地说："百姓不得饭，我何有于酒？"这年，宁宗颁布了五条宽恤之政，次年增至十九条。其后，旱蝗水疫等灾情连年不断，蠲免租赋、赈济灾贫、审决滞狱、安抚流民的诏书也不绝于史书。

宁宗不乏悲天悯人之心，但不少措施纯粹虚应故事。嘉定三年，他下诏两省将去年旱蝗之际的应诏封事，择取可行的呈奏上来，可见这些封事一年来始终束之高阁。他的赈灾之举究竟有多少效果，也值得怀疑。宋代内藏库"本为凶荒之备"，但光宗以后多移作内廷靡费之用。嘉定年间，宁宗倒多次动用内藏库钱赈灾恤民。然而，连年的战乱与天灾，饥民不可胜数，赈籴无法遍及，食不果腹的灾民或辗转沟壑，或背离乡井，或群聚"借粮"，或肆行剽掠，不一而足，司空见惯。嘉定八年，袁燮警告宁宗："东晋李雄、李特，初起不过流民，渐盛能占巴蜀。鉴观往事，可为寒心。"[1]

嘉定十三年十一月，临安城内又是特大火灾，朝廷照例有赈济之举。著作郎吴泳对宁宗说：

> 京城之灾，陛下之所亲见；但四方败相，陛下是否也都见到呢？惨莫惨于兵，却连年不戢，则战事甚于火；酷莫酷于吏，而频岁横征，则酷吏猛于火。福建之民困于盗，浙江之民困于水，川蜀之民困于兵。横敛之源既不澄清于上，贿赂之根又不铲除于下。就好比那大树枯坏，有急用却无枝可取，内朽之形已见之目前！

袁燮和吴泳并非危言耸听。持续的战争，频繁的天灾，贪墨的吏治，刻剥的军政，苛重的征敛，致使社会矛盾空前激化，把不同区域、不同阶层的人们都逼上了绝路，嘉定共十七年，农民、盐贩、茶商、士兵的起事此起彼伏，其次数比此前绍熙、庆元、嘉泰、开禧共十八年间翻了一番[2]，起事规模和持续时间也不是此前十八年所能比拟的。其中，郴州（治今湖南郴州）黑风峒罗世传、李元砺领导的起事声势最为浩大，其构成虽以瑶民为主体，也有汉族饥民和散兵参加，自嘉定元年初起兵以来，连破郴、衡、吉、赣、南雄、南安等州军，达数万之众，活跃在湖南、江西、广东三路交界地区，直到嘉定四年秋才被镇压。皇帝在诏书里也承认，起事根本原因是"科役繁重，人不聊生，蝗旱

[1]《絜斋集》卷1《轮对陈人君法天札子》。
[2] 据何竹淇的《两宋农民战争史料汇编》（中华书局，1976年）统计。

频仍，吏不加恤，使吾赤子，皆转徙而无依，而彼奸民，因诱胁以为暴"。

嘉定十二年闰三月，兴元府军士张福、莫简率领士兵起事，也令巴蜀震动。时值宋金嘉定战争，因南宋军政不修，川、陕等地关外流民不下数十万，溃卒也满布村野。张福、莫简奉命调戍关外，将吏克扣饷钱，最终激成兵变。这支一千三百人的队伍都以红帕裹头，号红巾队，杀了四川总领财赋杨九鼎，焚利州（治今四川广元），破阆州（治今阆中）、果州（治今南充），移师遂宁府，一路所向披靡，所至之处，官吏或死或逃，没敢抵抗的。七月，他们才被数倍于己的官军在普州茗山剿杀。

趁着南宋王朝的衰弱，川蜀地区原受羁縻的少数民族也频频扰边。其中规模较大、时间较长的起事有：嘉定元年黎州（治今四川汉源）弥羌首领畜卜领导的反抗斗争，持续七年之久始受降归顺；嘉定四年九月，叙州（治今四川宜宾）蛮扰边，半年后归降；嘉定十年雅州（治今四川雅安）蛮起事，也长达三年。至于小规模的民族冲突，嘉定年间几乎连年不断。这些民族矛盾多由宋朝将吏措置失宜或压迫刻剥引起的。

对外抵御金军南侵的战争，对内应付民众暴动和民族纷争，接二连三的天灾，成千上万的饥民，纷至沓来的北方流民，棘手头疼的忠义武装，所有这一切都令南宋君相应接不暇，心劳日拙。然而，在如此深刻严重的社会危机面前，南宋朝野，尤其临安城内，依旧弥漫着醉生梦死的气氛。

整个官僚士大夫阶层在物欲享受上竞相攀比，这种风气发端于宫廷，扩散到都城，波及各地。嘉定八年正月，宁宗再次强调嘉泰元年（1201）颁布的"销金铺翠之禁"。但奢侈既已成风，官僚士大夫不仅我行我素，反而变本加厉。两年后，有一篇对策勾画了这种穷奢极欲之风：

> 今天下风俗侈矣。宫室高华，僭侈无度，昔尝禁之矣。今
> 僭拟之习，连甍而相望也。销金翠羽，蠹耗不赀，昔又尝戢之
> 矣。今销毁之家，列肆而争利也。士夫一饮之费，至糜十金之
> 产，不唯素官为之，而初仕亦效其尤矣！妇女饰簪之微，至
> 当十万之值，不唯巨室为之，而中产亦强仿之矣！后宫朝有服
> 饰，夕行之于民间矣！上方昨有制造，明布之于京师矣！

对策者把这种风气沉痛地称作"后元之风"，即王朝末世的风
气，是一点不错的。

整个临安城，整个官僚士大夫阶层，甚至整个南宋王朝都沉
浸在一派虚假的安定繁荣中，有滋有味品尝着高度的物质文明带
来的优哉游哉的生活。

> 山外青山楼外楼，西湖歌舞几时休？
> 暖风熏得游人醉，直把杭州当汴州。

这首诗确实可以移作当时南宋王朝的形象写照：对近百年前的
亡国哀痛业已淡漠，对可能到来的亡国危机全不顾及。为数不
多的有识之士关于危机和恢复的大声疾呼都被一片舞乐歌声吞
没了。

与此同时，面对宋金嘉定战争，南宋在军费开支上日见捉襟
见肘，力不从心。嘉定十年岁暮，朝廷继开禧北伐后再次募民纳
粟补官，借以解决军粮问题。次年正月，朝廷赶印了一千份度僧
牒作为四川的应急军费；三个月后，复令四川增印五百万川引以
充军费之用。以鬻官给牒、滥印纸币等手段来应付军粮兵费的燃
眉之急，财政亏空也可以想见了。

　　南宋当时的财政情况，正如后来的史家所指出："12 世纪至 13 世纪之交，中国面临着一段艰苦的局面：一个庞大而没有特长的官僚机构，无从掌握一个日趋繁复而多变动的社会，在全面动员长期预算膨胀下，南宋已险象环生，而以财政上之紊乱为尤著。"[1] 至于"有关 13 世纪中国南方之安定繁荣的印象只不过是幻象。在此幻象背后的，却是国库之连年悲剧性的空虚，农村之贫困和不满，以及统治阶层内部的党争。这座大厦已是十分脆弱，只要蛮族用力地推它一把，就会倒塌下来"。[2] 尽管这座大厦最终被推倒是在宋宁宗去世的半个世纪后，但其倒塌的种种条件却在嘉定后期基本具备了。

　　嘉定十四年夏末，派往河北蒙古军前议事的计议官赵珙收到了蒙古将领馈赠的一方玉印，上镌"皇天恭膺天命之宝"，缴进给淮东制置司。这方玉印与前不久镇江副都统翟朝宗呈上的靖康玉玺，分别是徽、钦两帝遗物，北宋灭亡时为金人掠去，金中都被蒙古攻陷后流散了出来。朝廷收到两方印玺后，史弥远认为有必要做点歌舞升平的文章，便将两年前山东十二州郡名义上重入版籍和先朝御宝的失而复得联系起来，鼓吹成天命有归的吉兆，让皇帝下诏礼部太常寺，命他们讨论受宝典礼。

　　宁宗也认为自己的修德感动了列圣先帝的在天之灵，皇天这才特与眷顾的。这年岁暮，他先是颁诏宣布：明年正月元日举行受宝大典；继而遣官将得宝之事与受宝之礼奏告天地、宗庙、社稷。岁暮年初的临安城里洋溢着一种太平盛世的景象。数十个能文之士竞相撰制颂诗讴歌这盛世大典，各地监司帅守的贺表

---

[1] 黄仁宇：《赫逊河畔谈中国历史》，生活·读书·新知三联书店，2015 年，第 199 页。
[2] 谢和耐：《蒙元入侵前夜的中国日常生活》，第 4 页。

与进贡也源源不断送进了大内。嘉定十五年大年初一，皇帝登大庆殿行受宝大礼。礼毕大赦天下，文武官员各推恩一秩，连太学、武学、宗学的士子也都有恩赏。来自各地参加庆典的州学生不顾路途迢递、风霜凛冽，摩肩接踵地赶赴行在，他们饱餐库粮，入住太学，连斋舍都无法接纳这么多外地学生。最后规定太学、武学与宗学士子都可以免试及第。为粉饰太平，"一时恩赏，实为冒滥"。据说，在朝不愿转官的仅有二人，在学不愿推恩的只有一人，官僚和士子都被这场闹哄哄的受宝大典所左右了。[1]

就在这年冬天，蒙古骁将木华黎的大军已渡过黄河，进围金国的长安与凤翔。与此同时，他派遣蒙古不花率军南越牛岭关，抄掠南宋凤州（治今陕西凤县）而还。这是宋蒙在军事上的第一次交锋，宋蒙战争的序幕正式拉开，南宋守军已经听到了蒙古铁骑的嘶鸣声和腾踏声。但这时的南宋，却是君庸臣专，文恬武嬉，完全缺乏应有的危机感。诚然，在当时许多方面，南宋王朝所代表的中华文明确实处于其辉煌的顶峰，然而，却经不起骁勇善战的骑马民族在不远将来的致命一击。随着这致命一击，不仅南宋王朝国祚难永，它所代表的先进文化也将受到毁灭性的摧残，其中存在着某种内在必然性的。

四　宁宗的晚年

1. 宫廷生活剪影

嘉定年间，袁燮曾对宋宁宗说：

---

[1]《齐东野语》卷9《嘉定宝玺》。

> 陛下尊居宸极余二十年，无声色之奉，无游畋之娱，无
> 耽乐饮酒之过，不事奢靡，不殖货利，不行暴虐。凡前代帝
> 王失德之事，陛下皆无之。[1]

说的当然是好话，但不算太离谱。在宫廷生活上，宁宗自奉节俭，是颇有口碑的。

西子湖的湖光山色，无论朝暮晴雨，春夏秋冬，都是迷人的。孝宗在位时，常在良辰佳日陪同太上皇帝高宗与太上皇后吴氏游幸湖山，光宗与宁宗也经常以皇太子、皇孙的身份随侍其间。宁宗即位后，先是孝宗大丧，继而太皇太后吴氏去世，未见有湖山之游的记载。嘉泰年间，太上皇帝光宗与太上皇后李凤娘的丧期过了，宁宗已好几年没到西湖赏玩云树堤沙和画桥烟柳了，颇有泛舟出游的念头。有个叫张巨济的小臣听说，便上书说："太上皇后的攒陵近在湖滨，陛下出游，不免鼓乐，岂不是要惊动先人在天之灵吗？"宁宗认为说得有理，这不仅事涉孝道，还关系人君俭德，特迁上书者一秩，还下令把画鹢御舟都沉到湖底，以明从此不再游湖的决心。理宗朝有人赋诗："龙舟太半没西湖，便是先皇节俭图。"说的就是这事。

嘉泰三年（1203）姹紫嫣红的一天，宁宗赴御苑聚景园观赏了春色。薄暮回宫时，不知怎地，皇帝出游的消息传遍了市井里巷，临安市民都希望一睹"圣容"。据说，宁宗生就一副真命天子的"龙颜隆准"，相者以为"真老龙形"。在臣民心理驱使下，成千上万围观者争先恐后，发生了踩死人的事故。宁宗听后，十

---

[1]《历代名臣奏议》卷4袁燮《轮对陈人君宜崇大节札子》。

分内疚，自此之后，不仅湖上游幸，连御苑赏春也停止了。其后唯一的一次，是开禧二年春天陪同太皇太后谢氏出游聚景园。"圣主忧民罢露台，春风侧苑昼常开"，陆游诗里把宋宁宗罢游聚景比为汉文帝罢作露台，对其俭德忧民给予肯定，虽不无过谀之词，但他在位间，"略无游幸之事，离宫别馆，不复增修"，却是事实，嘉定后期，连一代名苑的聚景园也废败芜圮，"宫梅却作野梅开"了。[1]

在日常起居上，宁宗也屏绝奢华，安心淡泊。在大内往来出行，总是撤去仪卫，不好排场，即使内侍撞见也不必回避。他平时着补革舄，穿浣绌衣，绝不讲究，酒器也以锡代银。宋代礼制，凡圣节和朝会等大宴，恭谢和亲享等大礼，君臣都簪戴绢花，形成"御街远望如锦"的奢华景观。嘉定四年，他颁旨说今后这些场合皇帝不簪花。有一年元宵，宁宗独自端坐在清冷的烛光下，小内侍便问："上元之夜，官家为什么不开宴？"宁宗愀然道："外间百姓无饭吃，朕怎么有心思饮酒呢？"比起许多置生民忧苦于不顾的君主来，宁宗当得起后人的评价："三十一年敬仁勤俭如一日。"[2]然而，也就他一人节俭而已，整个后宫还是铺张奢靡的，诚如臣僚所说：

> 宫中宴饮，或至无节；非时赐予，为数浩穰。一人蔬食，而嫔御不废于击鲜；边事方殷，而桩积反资于妄用。

也许肠胃不好，宁宗对饮食特别当心。他命人用白纸糊了两

[1]《四朝闻见录》乙集《宁皇二屏》；朱彭：《南宋古迹考》卷下《园囿考》；《武林旧事》卷3《西湖游幸》；《鹤林玉露》甲编卷3《庆元侍讲》。
[2]《鹤林玉露》甲编卷3《庆元侍讲》；吴自牧：《梦粱录》卷6《孟冬行朝享礼遇明禋岁行恭谢礼》。

扇小屏，镶以青纸边框，一屏写"少饮酒，怕吐"，一屏写"少食
生冷，怕肚痛"。在大内各处走动时，他宁可尽去天子仪仗，却总
让两名小内侍扛着小屏作前导，每到一处就陈列好屏风。妃嫔或
苦劝以酒，或进生冷饮食，他就手指小屏，表示拒绝，饮酒则绝
不超过三杯。

　　因消化功能差，痢疾似是皇帝的常病，连杨皇后都知道该给
他服什么药。有位皇帝信得过的曾姓御医，官至防御大夫。一次，
宁宗又下痢，召他入诊，刚号了脉，问了病症，还未处方，杨皇
后在御榻后发问："曾防御，官家吃得感应丸否？"曾大夫答道：
"吃得，吃得。"杨皇后说："须多给官家吃些。"见皇后也解医道，
大夫便说："可进二百丸一次。"连服两次，果然治愈了。皇帝生
病也生出了经验，不满一般医家总以一帖又一帖的方药试着确诊
病情，他命御医为他诊病只能开一次药方，不想让自己成为他们
试方的对象。

　　宋宁宗先后立过两个皇后，不清楚他究竟有过多少妃嫔，除
参与争夺中宫的曹美人外，还有一位张淑妃，即位当年就去世了。
宁宗有一首《浣溪沙》，题为《看杏花》：

　　　花似醺容上玉肌，方论时事却嫔妃。芳阴人醉漏声迟。
　　　朱箔半钩风乍暖，雕梁新语燕初飞。斜阳犹送水精卮。

　　词作勾画了春天午后赏花的情景：杏花满开得仿佛美女的酡
颜与玉肌，但我正要讨论时政大事，拒绝了嫔妃赏花的邀约。晴
风乍暖，吹拂着半钩的朱帘，乳燕初飞，在雕梁画栋上呢喃作
语；杏花成阵熏得人醉，滴漏的报时声也似乎凝固了。斜阳映射
下，朵朵杏花仿佛有人送来水精杯那样晶莹剔透。整首词写景、
设喻、抒情都还不赖，尤其开头两句把议事前朝与赏花后宫勾连

起来，表明了态度，尽管他的嘉定论政实在不高明，但至少还是置于嫔妃前面的。在宋代列帝中，后宫嫔御数见诸记载的，似以宁宗为最少；在后宫生活中，也没有荒淫失德之举，与杨皇后的关系也是和谐的。

嘉定八年（1215）十一月，宁宗下旨将一尊舍利宝塔迎入大内，或是应杨皇后祈请，方便她在灿锦堂焚香礼敬。不久，杨皇后与嫔妃、内侍都亲见塔内铃铎旁有碧琉璃珠作时大时小状；第二层相轮上还显现水晶珠。当夜，宝塔移入皇后殿，帝后携皇太子赵询到场瞻仰了大珠在塔面晃耀着珍珠色的祥光。杨皇后认为，祥瑞昭示着皇帝"懋隆天宠，仰绍统极，成著于中，德洽于外"，已能"与佛冥契"。[1] 为祈祝佛祖佑护皇帝与大宋，嘉定十年，阿育王山广利禅寺住持僧道权奉帝后之命记下这一故事，立碑勒石，广为宣扬。

由于宁宗节俭，杨皇后也算简朴，皇太子赵询美言她："膳羞有节，虽蔬茹而亦共；浣濯为常，虽绝布而不厌"。[2] 杨皇后有《宫词》自述道：

> 一朵榴花插鬓鸦，君王长得笑时夸。
>
> 内家衫子新番出，浅色新裁艾虎纱。

前两句为她与宁宗留下了一帧生活小影，后两句说她在衣饰上不断宫样翻新，似乎并非"绝布浣濯"。杨皇后天分聪颖，书法酷似宁宗，曾手书《道德经》，命人摩刻为经幢。还有马麟画《女

---

[1] 重庆大足石刻艺术博物馆、重庆市社会科学院大足石刻艺术研究所编：《大足石刻铭文录》，重庆出版社，1999年，第192页。大足宝顶山石窟毗卢洞今有《释迦舍利宝塔禁中应现之图碑》，立于南宋绍定四年（1231），转刻了道权的记文。姑且不论杨皇后在这一祥瑞中是否巧施心计，却能一窥帝后关系的某个侧面。

[2] 《宋会要辑稿》后妃2之28。绝布即剪裁粗布之义。

诫》一卷，其上书迹下钤"御书之印"，向来以为宁宗所作，实际上也是杨皇后的手迹。她也颇能诗，传世有《杨太后宫词》一卷，大抵清通可诵。其中一首咏及南宋皇后举行亲蚕礼时的风俗：

> 帘幕深深四面垂，清和天气漏声迟。
> 宫中阁里催缲茧，要趁亲蚕作五丝。

先蚕礼前后，也是皇帝亲赴郊原行先农礼的当口。作为皇后，她也十分关心：

> 岁岁蚕登麦熟时，密令中使视郊圻。
> 归来奏罢天颜悦，喜阜吾民鼓玉徽。

她关切地让内侍奏报籍田情况，听说龙颜大悦，高兴地为皇帝泽被子民而弹琴庆贺。

据说，后宫还有一位杨妹子，也称杨娃，以艺文供奉内廷。或说她是杨皇后之妹，或说杨妹子、杨娃就是杨皇后自署的昵称，二说莫衷一是。但杨妹子学宁宗书体也惟妙惟肖。名画家刘松年、马远等当时待诏画院，宁宗常将他们的作品赏赐贵戚，因杨娃书迹酷似自己，总让她代笔作跋或赋诗题款。后人说她因经常题画，专刻一方闲章曰"杨娃之章"。[1] 她的诗词清丽幽远，有人讥讽她题画时"往往诗意关涉情思"[2]，即对皇帝怀有异样的感情。她的《着雪红梅》略有这一韵味：

> 铢衣翠盖映朱颜，未委何年入帝关？

---

[1] 据启功《谈南宋院画上题字的"杨妹子"》，经其辨识，后人所谓的"杨娃之章"实为"杨姓之章"之讹，杨娃之说纯为误传。见《启功丛稿·论文卷》，中华书局，1999年，第151页。
[2] 陶宗仪：《书史会要》卷6。

默被画工传写得，至今犹似在衡山。[1]

但元代吴师道说，他亲见杨皇后为马远画的宫扇《仙坛秋月图》题诗，明确认为："宋宁宗皇后杨氏题诗，自称杨妹子"。[2]故而有理由推断，杨妹子即杨皇后，她以书迹酷似宁宗，在内降御笔上取韩侂胄而胜之，其代宁宗捉刀而以杨妹子自署的题画诗"关涉情思"也在情理之中。

平日退朝后，宁宗常以看书写字自遣，有宫廷画家绘过一幅《宁皇雪月图》，就以他在雪月辉映的冬夜"游情经籍，发为吟哦"为题材的，与杨皇后《宫词》所说"要知玉宇凉多少，正在观书乙夜时"正相印证。他有时也弹琴解闷，杨皇后说他"吾皇一曲薰弦罢，万俗泠泠解愠中"，透露出宁宗略带寂苦的心境。宁宗的书法也是学高宗的，所谓"家传笔法学光尧，圣草行真说两朝"。"光尧"是太上皇宋高宗的尊号，他在书艺上诸体兼擅，宁宗与孝宗、光宗祖孙三代都受其影响。宋宁宗喜欢为御藏山水画题诗，他有组诗题《潇湘八景》，其《渔村夕照》摹写江村暮景的自然野趣，倒也清新堪诵：

> 林表堕金鸦，孤村三两家。
> 晴光明潋浦，红影带蒹葭。
> 傍舍收渔网，隔溪横钓槎。
> 炊烟未篝火，新月一钩斜。

---

[1] 厉鹗：《宋诗纪事》卷84《杨妹子》，上海古籍出版社，1983年，第4册，第2029页。
[2] 吴师道：《礼部集》卷5《仙坛秋月图》题注。而倡言杨妹子为"宁宗皇后之妹"的始作俑者出于上引元明之际陶宗仪的《书史会要》，他活动年代比吴师道晚了近半个世纪，却未提供有力的否证依据，后人又据其说以讹传讹。明代汪玉砢在《珊瑚网》卷43《杨妹子画菊并题》中说杨妹子题画"印文用坤卦，人讥其僭越"，但倘若杨妹子就是中宫杨皇后，也就不存在所谓"僭越"，所有疑问都能涣然冰释。

《踏歌图》是当红画家马远的杰作，宁宗在其上御题绝句，书迹不劣，也当得起这幅名画：

> 宿雨清畿甸，朝阳丽帝城。
> 丰年人乐业，垄上踏歌行。[1]

宁宗似乎特别青睐马远，存世还有题其山水画的组诗十首，其中《听笛图》的诗风意境与《渔村夕照》那首颇为相近：

> 拟把扁舟系绝壁，夹岸桃红柳烟碧。
> 看山看水到月明，卧听渔童吹短笛。[2]

现存御题的诗作与墨迹里或许掺杂有杨皇后代笔的作品，但既然已经泯然一体，也说明宁宗在文学与书法上都还不失水准，这与宋朝高度重视东宫教育是大有关系的。由此而论，对所谓"宁宗不慧"之说应该做适度的解读。总的说来，作为常人，他并不缺乏良好的文化修养，为人也少有非议之处；而作为国君，就显得"不慧而讷于言"，甚至金朝使臣朝觐，也"或阴以宦者代

---

[1] 傅熹年主编：《中国美术全集》绘画编《两宋绘画》下册，文物出版社，1988年，第90页。这首诗《全宋诗》卷2835收入宋宁宗名下，但据研究，实为抄录王安石所作的《秋兴有感》。

[2] 《全宋诗》卷2835收宋宁宗诗仅11首，除《潇湘八景》外，《题马远踏歌图》为王安石诗。七律《赐状元蔡仲龙》亦颇有疑处，查宁宗朝登科记录，没有状元名蔡仲龙者。另据龙美术馆编《敏行与迪哲：宋元书画私藏集萃》收有他为马远御题《山水》10首，以他名义书写而杨妹子钤章的题扇诗1首。其中题扇诗实为收入《全宋诗》卷1982宋高宗名下的《题赵伯驹团扇月宫图》，并非宁宗所作；御题《山水》10首中，这首《听笛图》乃据范成大《浯溪道中》改作而成，兹录范原作以资对照："江流去不定，山石来无穷。步步有胜处，水石清玲珑。安得扁舟系绝壁，卧听渔童吹短笛。弄水看山到月明，过尽行人不相识。"为马远御题《山水》的另外9首均非宁宗所作，而是分别抄录王安石、邵雍、宋徽宗、李石、陈与义和杨万里诸人之诗。但宁宗选抄这些诗作为马远题画，基本契合画题，亦见其涉略之广，赏鉴之精，其诗艺应在其父皇光宗之上。

答"。[1] 问题的症结在于，他作为独一无二的皇位继承人，君主制命定他充任一国之君，但其才智平庸却无法胜任，没能演好这一角色。其本人固然有责任，但彻底追责应该追到君主世袭制的荒谬上。

晚年的宁宗很少去妃嫔处，也许身体不好，他迷上了道教修炼术，即所谓"六宫行幸少，尺宅炼真存"。[2] 道教之徒便趁机乞赐先生封号。"先生"是对有相当学问或一定法位的道士封号，嘉定年间，天庆观、三茅山的道士们都大走门路，没经过封驳，径由内批赐封为先生。这也是宁宗晚年秕政之一。

2．权相与皇子的角力

自开禧三年（1207）岁末荣王赵曮立为皇太子（更为赵询）后，次年春天，宁宗生了第八个皇子赵坦，依然没存活，故皇太子地位没有产生过异议。嘉定十三年（1220）八月，皇太子去世，宁宗膝下无子，不得不再次考虑国本大计。史弥远估计皇帝会在宗室中择定合适人选作继承人，而已入嗣沂王之后的太祖十世孙贵和最有胜算。但弥远并不希望他成为皇位继承者，只因平日言行中，他对自己的专权流露出不满和反感。弥远深知必须未雨绸缪。

这年秋天，相府塾师余天锡告假归乡，参加秋试。天锡为人谨慎，并未因入馆相府而挟势干预外事。史弥远很器重这位同乡，临行前对他说："沂王还没有后嗣，有贤明厚道的宗室子弟，留心把姓名告诉我。"实际上，贵和早就入嗣沂邸，弥远不便明言竞选

---

[1]《癸辛杂识》续集下《宁宗不慧》。让内侍代他与金使应答，即与其"讷于言"的个性有关。
[2]《矖轩集》卷14《挽宁宗皇帝章六首》。

皇子，以此作为托辞而已。

一路上，天锡与一位僧人同舟，将抵绍兴府时，下起倾盆大雨，看来一时不能赶路了。僧人临别时告诉他，西门左手有一位全保长，可去他家避避雨。全保长得知避雨客是相府塾师，便殷勤地杀鸡备饭。席间，有两个孩子一旁侍立，全保长对他说："这是我的外孙，看相算命的说，这俩孩子日后会大富大贵的。"天锡想起弥远的嘱托，问了他们姓名，大的叫赵与莒，小的叫赵与芮，乍观举止言语，也都可以，便记在了心上。

秋试结束，天锡回相府说起这事，弥远即命全保长把与莒兄弟送至相府一见。全保长喜出望外，以为外孙一旦入嗣沂邸，他后半辈子就有了靠山，不惜卖了田地，为外孙置办衣冠服饰，同时宴集亲党，炫耀那天雨中奇遇。到了相府，弥远在书房召见了兄弟俩。他略通相术，内心称奇，嘴上却一言不发，让兄弟俩试写一幅字，老大落笔大书"朕闻上古"四字，弥远暗自惊诧这天命之兆。然而，他却不动声色地让全保长把两个外孙带回家去。这下让全保长羞惭不已，回去后大受讥嘲。

嘉定十四年四月，宁宗下诏复置诸王宫大小学教授，选十五岁以上的太祖十世孙入宫受学。入宫候选的皇裔帝胄约十余人，以入嗣沂王之后的贵和呼声最高。宁宗显然在仿效当年高宗选择普安郡王、恩平郡王的典制，准备最终择定皇位继承人了。弥远让余天锡传言："那两个孩子还可以再送来吗？"半年前，打发他们回去，是时机未到，他有自己老谋深算的安排。有了上次近乎戏弄的结果，这次全保长谢绝了。弥远神秘兮兮地对天锡说："两个孩子中，大的最有贵相，应该送到你家抚育教养。"天锡便把与莒接回了临安，让母亲朱氏亲自给他沐浴、教字。不久，与莒的仪表气度判若两人。

六月，宁宗下诏以入嗣沂王的侄子贵和为皇子，进封祁国公，改名赵竑，诏书说：

> 国嗣未建，非所以严社稷、奉宗庙，朕深念焉！夫计安天下，强本为先，亲亲贤贤，厥有古始，非朕所得私也。

显然，此举明确将赵竑定为皇位继承人。宁宗知道，父亲和自己的皇位原应归魏王赵恺一系所有，孝宗越位建储也罢，太皇太后立长为先也罢，他们对魏王一系眷念内疚之情从未消除过。故在选定皇位继承人时，他追记先朝眷顾魏邸之意，抱定一个原则：国本之立，"必自魏来"，才问心无愧。他之所以立入嗣沂王的赵竑为皇子，无疑认为：这既与孝宗和太皇太后吴氏对皇位继承的事先安排相一致，又可告慰已故的皇弟赵抦，所以才在立皇子诏书中强调"沂靖惠王之子犹朕之子也"。

史弥远当然知道宁宗对国本安排的用意所在，尽管对赵竑立为皇子深怀忌讳，却不便公开反对，就建议皇帝应为沂王再立嗣，并把与莒推荐了上去。立皇子不久，与莒补秉义郎；八月，赐名贵诚，以皇侄身份进为果州团练使。入宫数月，他表现出洁身好学的样子。每次早朝待漏，他人或笑语不断，他却凝重寡言，出入殿庭也规矩有度，大受朝臣敬重。宁宗对他也印象颇佳，九月正式立他为沂王之后。

次年五月，皇子赵竑进封济国公。弥远知道皇子喜欢弹琴，便送上了一名擅长琴艺的美人，对其娘家十分照顾，暗地让她侦伺举报皇子的一举一动。美人既知书擅琴，又乖巧伶俐，大讨赵竑的欢心。这时，史弥远专政多年，深得杨皇后信任，一里一外牵着宁宗这个傀儡皇帝，执政、侍从、台谏、帅守都是他们荐引的，谁都不敢吭一声。所有这些，赵竑早就闻见，民间又蜚短流

长地传言史、杨有暧昧勾当，他听后更是异常愤慨。[1] 他曾在纸
上写"弥远当决配八千里"以泄郁愤，置纸案上，安插在济国公
府的权相亲信立即走报给弥远。有一次，他对美人呼弥远为"恩
新"，美人问其原因。他说这是自己给弥远取的诨名。原来，南宋
重罪犯人都配流岭南远恶州军，尤以决配海南四州军为最重。他
对美人说，这个权臣将来流放地不是新州（治今广东新兴），就是
恩州（治今广东阳江）。后来，赵竑干脆把两字写在新制的屏风
上，还常走到舆地图前，指着琼、崖等海南州军恨恨道："他日得
志，我就把史弥远流放这里。"

　　弥远听到美人密报，为确证赵竑对他的态度，借七夕节为名，
向济国公府进呈了一批乞巧珍玩。不料，赵竑见到馈赠，更恼怒
弥远试图拉拢他，借着酒意把珍玩扔到地上，摔个粉碎。弥远听
说大为恐慌，他清楚知道，有朝一日皇子即位，绝没有好果子给
他吃，便日夜盘算着对付之策。赵竑对此却一无所知，依旧不时
在那美人面前发泄着对权相的反感情绪。

　　大约进封济国公当年，赵竑娶了高宗皇后吴氏的侄孙女为夫
人。这一婚配或是杨皇后的意思，她对吴氏始终怀着感恩之心，
甚至授官进爵时也总把吴氏亲族放在杨家外戚之前。赵竑正恋着

---

[1] 史弥远身后的这一污名化说法却颇见诸宋元之际的记载，元人刘一清《钱塘遗
　　事》卷2《史弥远》："弥远出入宫禁，外议哗然，有诗云：往来与月为侪侣，舒卷
　　和天也蔽蒙。"明吕邦耀《续宋宰辅编年录》卷2引《金台外史》说："其词似好事
　　者所为，不无过甚。"清全祖望《鲒埼亭集外编》卷34《题丰氏五经世学》载四明
　　丰氏托郝经之言，"谓史卫王通于杨皇后，朱子馆史氏，因为大夫得见小君之礼以附
　　会之"，全氏指出："不知朱子卒于庆元六年，史之官未达也。""史虽以内援得成功，
　　然非有共仲、叔孙侨如、庆克之污"，以为不足征信。周密《癸辛杂识》后集《济王
　　致祸》说："会王在邸，新饰素屏，书'南恩新'三大字，或扣其说，则曰：'花儿王
　　（王埔之父号花儿王）与史丞相通为奸，待异日当窜之上二州也。'既而语达，王
　　与史密谋之杨后，遂成废置之祸。盖当时盛传花儿王者秽乱宫闱，市井俚歌所唱
　　'花儿王开'者，盖指此也。"对此《续资治通鉴》卷162嘉定十五年五月丁巳条考
　　异指出："当日东南遗老痛心于弥远之奸险，谤及宫闱，未足据也。"

那美人，此外还有好几个宠姬。生性忌妒的吴氏容不得她们争宠，每入大内谒见，就在杨皇后前数落皇子的不是。一次内宴，杨皇后特赐一朵水精双莲花，命皇子亲手为吴氏簪上，并关照了一通琴瑟和鸣的话。不久，两人又起口角，一怒之下，皇子不慎碰碎了那朵水精双莲花。下次入谒时，吴氏就对杨皇后哭诉这事，皇后自然很不高兴。

当时，真德秀主管诸王宫大小学，见皇子不谙韬晦，十分忧虑。皇子初立不久，德秀就致信给他，委婉告诫道：

> 尽视膳问安之敬，以承两宫温清之欢；尽修身进德之诚，以副两宫眷倚之重：此国公之职也。至于政事之弛张，人材之用舍，此大臣之职，而非国公之事也。国公研精问学，其于前代政治之得失，用人之是非，不可不深求，不可不熟讲。若夫见诸行事，则有位焉，有时焉，不得而越也。《易》之道：处之不当其位，行之不适其时，则虽正而有悔。

意思很清楚：皇子目前应致力的，一是取得两宫帝后（关键是杨皇后）的信任；二是研究前代政治得失。至于刷新政治，振兴朝纲，也应等到即位以后，眼下不该对时政说三道四，免得激怒大臣（实即史弥远），招来灾祸。

对德秀上书，赵竑不以为然。由于他的地位，车马盈门，不少人朝夕趋附在其左右。在真德秀看来，这些人究竟是"正人"，还是"邪慝"，尚难断定。总之，皇子结交杂乱，锋芒毕露，不仅令旁观者侧目，非议者籍籍，更促使史弥远下定了废立的决心。不久，就经常有臣僚在皇帝前议论皇子的过失。这是权相的阴谋，企图让宁宗废赵竑而立贵诚。宁宗不识底里，但他没有废立的打算。

真德秀把一切看在眼里，先后给皇子写了第二、第三封信，第三封信的口气已十分严重：

> 皇子前日畏清议而屏邪慝，为出于定见；则今日犯清议
> 而纳邪慝，为无定力。《书》曰：不矜细行，终累大德。自
> 此恐诞谩之说日闻，孝仁礼上之说日晦，不但于不矜细行而
> 已。使其可以率意为之，则君相谓何，宗社谓何？皇子及今
> 改辙，犹之可也。自今有亏令闻，噬脐何益？冀皇子庶几改
> 之于万一也。不然，某去就之意决矣！ [1]

皇子仍不理会东宫师长的良苦用心，自以为是皇位继承人，便
不识韬晦，缺乏定力地抨击权相，议论朝政。至于他是否像被指责
的那样"犯清议而纳邪慝"，则大可怀疑的，或许这只是德秀因进
谏无效，为眼前的脱身自保与日后的洗清干系而有意的遣词行文。

这年秋天，德秀力辞宫教之职，出知潭州，临行前再次苦口
婆心地劝谏道："皇子若能孝于慈母而敬礼大臣，则天命必归，否
则深可忧虑。"此后，赵竑周围连一个直言进劝的人都没有，完全
落入史弥远势力的包围之中。

3．史弥远的再政变

嘉定十六年（1223）正月，最末的皇子赵坻出生，仅过五十
天再次夭殇。[2] 对赵坻的匆匆来去，未见宋宁宗有什么反应，他
也许自以为对皇位继承已预作了安排。

---

[1]《真文忠公文集》卷 37《上皇子书三》，该信文字与刘爚《云庄集》卷 6《上皇子
笺》略同。按《宋史》卷 401《刘爚传》，刘爚为太子右庶子兼左谕德，当时皇太子
为赵询，刘爚卒于嘉定九年（1216），而赵竑立为皇子在其卒后五年，故显系《云庄
集》误收真德秀此文。

[2] 据《宋史·宁宗纪》，宋宁宗自庆元二年（1196）有子出生，至嘉定十六年，先后
共生下八子，分别名埈、坦、增、埛、圻、墌、坁、坻，然均夭殇。

354

这年四月，为超度亡父史浩，史弥远在净慈寺施舍斋饭，在朝的同乡都到场。他与国子学录郑清之登上寺院内的慧日阁，屏去从人对清之说："皇帝和中宫为社稷大计，现在虽有皇子济国公，但不堪大任，五六年来，未正储号。听说沂邸的皇侄贤德端重，朝谒时皇帝常注意他。现在要选一位讲官，你忠实可靠，就好好训导他。事成之后，我史弥远现在的位子就是你将来的位子。不过，话出我口，入于你耳，若有一句泄漏，你我都要灭族的。"清之惶恐拱手道："不敢。"

清之兼任了沂王府府学教授，教贵诚读书作文，还找来了高宗的翰墨，让他习学书法。课余，史弥远常邀他前来，探问贵诚的举止言语。清之有时也带上贵诚的诗文翰墨去给弥远看，弥远总是赞不绝口。有一次，弥远问清之："听说皇侄之贤日趋成熟，究竟到什么程度了？"清之说；"他的贤明，不是我能列举的。不过，一言以蔽之，可以说：不凡！"弥远高兴地不停颔首，策立之意更坚决了。

不久，有关贵诚出生时的种种异兆开始在宫廷内外不胫而走。据说，他出生前一夜，生父曾梦见一紫衣金帽人来访，惊醒后正夜漏十刻，只见室内赤光满屋，如日正午。还说贵诚幼时午睡，有人亲见到他身上隐隐如龙鳞。流言蜚语越来越不利于皇子赵竑，而有利于皇侄贵诚。

军器监兼尚左郎官范应铃在召对时说：

> 重大而迫急的国事，莫过于确立储君。陛下不断自宸衷，一味地昧惑于左右近习之言，游移于宫廷嫔御之见。失去当下机会，不作预先安排，倘若奸臣乘夜半之机，片纸或从中而出，那时忠义之士也都束手无策矣！

宁宗听了，也为之悚然动容，事后却未有动作。也许他认为自己的安排已明白不过：皇子只有一人，理所当然是他唯一的继承人。但宁宗犯了一个常识性错误：皇子与皇太子尽管一字之差，却有关键的区别，只有皇太子才是皇位唯一的法定继承人。将赵竑立为皇子，只不过承认他是自己后嗣，由于赵竑不是他亲生，在宁宗弥留之际或归天之后，易嗣远比废储容易得多。虽然矫诏废立太子，并非史无前例，但那样做毕竟更冒天下之大不韪。

嘉定十七年入秋以后，宁宗时病时愈。八月下旬，病情急转直下，自此就一病不起，没有上朝过。几天下来，尚医都束手无策。二十六日，病情恶化。宁宗对左右说："只有曾某人知道我的病。"命即召他入宫。曾防御号脉后呜咽不止，宁宗问道："想是脉儿不好吧？"他知道将不久人世，当天就把史弥远为首的宰执召入禁中。弥远等进入福宁殿，宁宗颔首让他们走近病榻，说"病已治不好了"，接着交代了后事，具体内容不得而知。但有一点可以肯定，弥留之际，宁宗绝无废立皇子的表示。[1]

闰八月二日，宁宗服了一次药。按宋代惯例，帝后病危进药，往往颁布保安赦文，大赦天下。宁宗的服药诏书做了自我评价："虽不明不敏，有孤四海望治之心；然克俭克勤，未尝一日纵己之欲。"这两句坦白的赦文，不论出于谁的授意，倒确实画龙点睛论定了宁宗：作为君主，他虽然无怠无荒，克勤克俭，没有失德的过举，然而他不明不敏，不仅称不上是合格的守成之主，反而使南宋王朝的发展轨迹在历史大变局中出现了根本性逆转。

---

[1] 据《宋史全文》卷31说，"宁宗颔使前曰：疾已不可为。朕前与卿议立皇侄，宜亟行之"，似乎立贵诚是宁宗生前的决策。然而，这一记载与其他史料稍做比较，即可知是史弥远篡改国史所致，故不足征信。

在宁宗弥留之际，史弥远加紧了废立的阴谋活动。二日，史弥远应召入宫定策，再展他精通政变的手段。他先派郑清之前往沂王府，转告贵诚即将立他为帝。贵诚来个闭口是金，清之说："丞相因为清之与他交游多年，才让我转达心腹话。你不答理，让我怎么回复丞相呢？"贵诚这才拱手作礼，慢慢说道："绍兴还有老母在。"清之回来传话给弥远，两人一方面互相称叹贵诚"不凡"，一方面认为他的回答即意味着认可。

这时，两府执政与专司草诏之职的翰林学士都隔在宫外，不知底里，弥远夜召直学士院程珌入宫，许诺事成之后引为执政，与郑清之共草矫诏。[1] 在他的授意下，两人一夜草诏二十五道，其中与废立关系最大的有三道诏书。第一道诏书改立贵诚为皇子，赐名赵昀，诏文说："朕尝以皇弟沂靖惠王之子为子矣，审观熟虑，犹以本支未强为忧。皇侄邵州防御使贵诚亦沂靖惠王之子，犹朕之子也。聪明天赋，学问日新，既亲且贤，朕意所属，俾并立焉。深长之思，盖欲为异日无穷之计也。"这道诏书将赵昀与赵竑并立为皇子，理由冠冕堂皇："本支未强"，伏笔意味深长："欲为异日无穷之计"。第二道诏书进封皇子赵昀为武泰军节度使、成国公。废立成功后，史弥远指使史官将这两道诏书的颁布日期系在八月二十七日壬辰，给后人以假象，似乎贵诚立为皇子完全出自宁宗的决策。[2] 第三道诏书进封皇子赵竑为济阳郡王，开府仪

---

[1] 关于起草矫诏者，《宋史》卷414《郑清之传》，《后村先生大全集》卷170《郑公行状》都记"皆清之所定"，《宋史》卷422《程珌传》载："直学士院时，宁宗崩，丞相史弥远夜召珌，举家大惊。……弥远与珌同入禁中草矫诏，一夕为制诰二十有五。初许珌政府，杨皇后缄金一囊赐珌，珌受之不辞，归视之，其直不赀。弥远以是衔之，卒不与共政。"

[2] 此两诏，《宋史·理宗纪》系于八月二十七日壬辰（9月12日），显然是史弥远篡改所致；《宋史全文》卷30、《两朝纲目备要》卷16俱系于闰八月丙申（9月16日），保存了历史的真相。

同三司，出判宁国府，这道诏书将在政变之日向赵竑宣布。

草诏以后，郑清之向弥远建议，宣召赵昀时可让自己的儿子士昌压阵，自己则留在相府眉寿堂里，以代替史弥远应付宫外的突发事件。在政变中，郑清之成了史弥远最默契得力的帮手。

夜漏未尽，已是三日凌晨，宋宁宗在福宁殿驾崩，终年五十七岁。有一种记载说，史弥远在宁宗咽气前"继进金丹百粒，有顷，上崩"，似乎宁宗为其所害，但缺乏旁证，不足采信。[1]

弥远在禁中知道宁宗撒手归天后，立即派快行宣召皇子入宫，并厉声吩咐："现在让你们宣召的是沂靖惠王府的皇子，不是万岁巷的皇子。如错了，你们都处斩！"郑士昌改易装束监护着绿盖车向沂王府进发。济国公赵竑也听到了皇帝朝不保夕的病情，正翘首等待大内的宣召。忽然，他见一队快行推着绿盖车经过自己府门前却不进来，内心疑惑不解。随即，这列队伍又快步从府门前向来路走去，夜色中不能分辨车内所坐究竟为谁。

打发快行宣召赵昀后，史弥远找了杨皇后的侄子杨谷、杨石，向兄弟俩渲染了皇子赵竑对杨皇后干政的反感情绪，让他们说服杨皇后废皇子而立皇侄。自嘉定十二年杨次山死后，兄弟俩成为史弥远与杨皇后传导消息的中介人。他俩转达了弥远的意思。杨皇后虽对赵竑已无好感，却仍尊重宁宗的决定。听了侄儿的劝说后，她坚决回绝："皇子，先皇所立，岂敢擅变？"

这一夜，兄弟俩七次往返于内外朝之间，杨皇后仍不同意废立。杨谷、杨石最后只得跪在杨皇后面前，哭丧着说："内外军民都已归心，你如还不同意，必生祸变，那时杨氏一门恐怕

[1]《东南纪闻》卷2。《续资治通鉴》卷162嘉定十七年闰八月丁酉条考异："金丹之进，则他书别无佐证，今阙之。"

没人能活命了！"杨皇后沉默了好一会，问道："那人在哪里？"赵昀应召来见杨皇后，杨皇后拍拍他的背脊说："你从现在起就是我的儿子了。"顾及皇帝死后自己在后宫的权位，杨皇后终于向史弥远废立阴谋屈服。如果说，在开禧诛韩政变中，史弥远还不过是她借重的同盟者，而在嘉定废立政变中，史弥远已俨然主角了。

见过杨皇后，史弥远引赵昀到福宁殿，在宁宗灵柩前行举哀礼，然后下令宣赵竑进宫。赵竑等得太久了，闻命即赶赴大内。到宫门前，禁卫的戌卒拒绝放他的随从跟入禁内，他只得单身进宫，到灵前举哀。出帷以后，殿帅夏震将他死死守定。夏震在诛韩时支持了史弥远，在这次废立中，依然得借助他的实力。

过了不一会儿，内侍宣布百官立班听宣遗诏。赵竑被引到原来的班列上，他惊愕地问："今天的大事，我岂能还站在这个班位上？"夏震诳他："未宣诏前应该站在这里，宣诏后就即位了。"赵竑信以为真，烛影摇曳中抬头一看，远远望见已有一人端坐在御榻上。

宣诏开始了："皇子成国公昀即皇帝位。尊皇后为皇太后，垂帘同听政。"宣诏毕，阁门宣赞高呼："百官拜舞，贺新皇帝即位！"赵竑这才知道被史弥远算计了。他坚决不肯拜舞，却被夏震硬按下了头。接着，以杨皇后的名义宣布了预先拟好的诏书："皇子赵竑开府仪同三司，进封济阳郡王，判宁国府。"

新即位的皇帝就是宋理宗。八天以后，赵竑改封济王，赐第湖州，九月中旬，他以醴泉观使就第，实际上被监管了起来，次年正月，赵竑死在史弥远手里。

宁宗去世，有朝臣上挽词哀悼说，"忧民比仁祖，在位迈重华"，认为宁宗忧恤子民可比宋仁宗，在位年限超了宋孝宗。称帝年份不是帝王地位的排序关键，但把宁宗与仁宗相提并论，评价不可谓不高。《宋史·宁宗纪》有段总论，也将宁宗与仁宗做比较说："惜乎！神器授受之际，宁、理之视仁、英，其迹虽同，其情相去远矣！"大意说，宁宗传位理宗与仁宗传位英宗，都把皇位传授旁系宗室，形式虽然相似，情势却迥然不同，这是因为"弥远擅权，幸帝耄荒，窃弄威福，至于皇储国统，乘机伺闲，亦得遂其废立之私，他可知也"。史臣以耄荒之政为宋宁宗作盖棺之论，以废立之私为史弥远作诛心之评。

　　理宗朝，权相史弥远继续擅政九年，直到死去。[1] 其后，史嵩之、贾似道等权相又相继专政。而从宁宗朝开始的种种末世衰象也犹如癌变那样急遽扩散，直至南宋王朝的最终覆灭。

　　历史的走势一旦滑入了歧路，往往会一路滑下去！

---

[1]　关于这段历史，参见附录1《宋理宗前期的史弥远专政》。

宋理宗前期的史弥远专政

赵昀即位，身后庙号理宗。他在位四十一年，以绍定六年（1233）史弥远之死为界，可以分为前后两个时期，前期是史弥远专政时期，后期则是亲政时期。

一、湖州之变

1. 拥立济王的失败

对史弥远的废立，朝野有不少人感到义愤不平。济王被监管湖州（今属浙江）以后，当地人潘壬、潘丙兄弟联络了太湖渔民和湖州巡卒密谋拥立济王，他们派堂兄潘甫到淮北争取李全的支持。李全表面约好日期进兵接援，届时却背信爽约。

宝庆元年（1225）正月初九，潘壬兄弟只得仓促起事，装束成李全"忠义军"的模样，夜入州城找到济王，硬把黄袍加于其身，跪拜如仪。济王号泣不从，潘壬等以武力胁迫。济王只得与他们相约不得伤害杨太后与宋理宗，这才即位。夜色中，起事者以李全的名义揭榜州门，声讨史弥远"私意援立等罪"[1]，号称将领兵二十万水陆并进。连知湖州事谢周卿也率当地官员入贺新皇帝登基。

天色熹明，济王发现拥戴他的都是些渔民与巡卒，知道乌合之众其事难成，就一方面与湖州驻军将领合谋反正，亲率州兵平定变乱，一方面派人紧急向朝廷告变。到史弥远所派禁卫军赶到湖州时，起事者已被济王讨平。潘丙、潘甫当场被杀死，潘壬逃到楚州被捕，押回临安处斩。

湖州之变（也称济王之变；又因霅川流经湖州，故也称霅川之变），是民众对史弥远专政的一种抗议，同时表明只要济王存在，就有相当大的号召力。因而尽管济王不是主谋，而且告变平乱有功，史弥远也决心斩草除根。

2. 济王之死的后续影响

不久，史弥远派亲信余天锡（一作秦天锡）到湖州，号称奉谕给济王治病，暗地却胁逼济王自缢身死，并杀死其子，对外宣布病故。为平息朝野非议，宋理宗追赠济王为少师，辍朝表示哀悼。但不久史弥远就指使爪牙上奏，理宗收回成命，追夺其王爵，追贬为巴陵县公，改湖州为安吉州。

湖州之变后，宋理宗、史弥远采取钳制舆论的政策。朝臣多不敢涉及济王事，唯恐受到迫害，"一语及此，摇手吐舌，指为深讳"[2]。但仍有不少正直之士，例如真德秀、魏了翁、洪咨夔和胡梦昱等不顾罢官流放，接二连三为济王鸣冤叫屈。真、魏两人被弹劾出朝，洪咨夔被罢官归里，胡梦昱还因此贬死，这才把为济王鸣冤的第一波浪潮压了下去。

---

[1]《齐东野语》卷14《巴陵本末》。
[2]《齐东野语》卷14《巴陵本末》。

绍定四年（1231），临安大火，烧及太庙，有朝臣借诏求直言之机，将其归于济王之冤未雪，故遭天谴。绍定六年（1233），又有朝臣提出恢复济王王爵，按亲王礼仪改葬，选择宗子继嗣。对前两条，理宗下诏照办，对第三条则未予同意。有传说认为，这是史弥远晚年恍惚中似见济王，理宗才予此宽待。济王之死是理宗登基后所面临的棘手事件，他只能与史弥远沆瀣一气，因为否定了史弥远，也就动摇了自己继统的合法性，故而终理宗之世没有为济王平反昭雪。

济王事件成为理、度两朝的政治敏感事件。史弥远死后，端平三年（1236）、嘉熙元年（1237），先后有两次朝臣与太学生集中上书为济王鸣冤的热潮。直到德祐元年（1275），恭帝即位，宋朝已危在旦夕，仍有台谏官纷纷上书，认为理宗以来"疆土日蹙，灾变日至"的局面，就在于济王冤屈。恭帝这才追封济王为镇王，追谥"昭肃"，为其立后继嗣王爵，影响理、度两朝政局稳定的冤案才告了结。[1]

二、史弥远专政下的理宗前期政治

1. 理宗初年政治整顿的尝试

理宗即位，由史弥远一手策划，并得到了后族杨氏的支持。宋理宗当时已经二十岁，之所以还要杨皇后垂帘听政，一是理宗出身宗室远族，此举有助于加强其继统的合法性；二是史弥远有意将杨皇后推在第一线，以遮掩与缓冲其擅自废立的罪责，对付可能出现的政局动荡。

---

[1] 参见拙文《一桩五十年拒不昭雪的宋季冤案》，载 2011 年 5 月 29 日《东方早报·上海书评》。

即位不久，宋理宗对史弥远以拥立之功，进封太师、魏国公，依旧右丞相兼枢密使。直接参与废立的郑清之、余天锡、程珌等也都得到格外的提拔。太后杨氏的两个侄子杨谷、杨石也因沟通两宫之功而双双拜节度使，封郡王，开府仪同三司。政治舞台上一度出现了皇权、相权、后权三股力量。但理宗年非幼稚，女主垂帘显然不合赵宋家法。史弥远对济王的阴狠处理，也让杨皇后不敢恋权。宝庆元年（1225）四月，她主动撤帘还政。后权引退，皇权则被相权所控驭。

宋理宗出生在南宋晚期，面临的局面正如魏了翁所描述："纪纲不立，国是不定，风俗苟偷，边备废弛，财用凋耗，人才衰弱"。[1] 他作为来自民间的远支宗室，对政治腐败与民生艰辛身有亲历，即位之初颇有变革时政的愿望，希望成为"中兴圣主"。

即位以后，理宗提出的整治措施，主要集中在召用人才、广开言路、整顿吏治等方面。在即位后数月里，他下诏召回了长期受压制的朝臣，如乔行简、真德秀、魏了翁等；起用了卓有声誉的儒学之士，如杨简、柴中行、傅伯成等，希望与他们共图中兴之业。为了结人心、通下情，理宗在宝庆元年（1225）下诏明确表示"事有可行，虚心而从；言或过直，无悼后害"。[2]

在整顿吏治上，宋理宗采取了三条措施，以扭转因循苟且、贪赃枉法的吏风。其一，强调偏远地区州县官由中央任命。宁宗以来，川、广等地诸司长官往往自择州县官与僚佐，导致地方官任用上营私舞弊，贿赂公行。理宗多次下诏，严格申饬今后这些地区的州县官吏必须由中央差遣任命，如有违反，严加处理。其二，严格堂除制度。宁宗以来，宰执官借"堂除"招权纳贿，候选者为"堂除"跑官行贿，已成公开秘密。绍定三年（1230）七

[1]《宋史》卷 437《魏了翁传》。
[2]《宋史全文》卷 31《宋理宗一》。

月，理宗下诏申明严格堂除之制，用以抑制为官者轻躁冒进。第三，奖励循吏，惩治贪官。宝庆三年（1227），理宗规定：凡在县令任期两次罢官者，今后不再差除知县。绍定二年（1229），下诏吏部：凡被劾罢的官员有贪赃枉法事，即便大赦免罪，也不得立即注授差遣；凡遭弹劾的官员，若"贪赃惨酷"，司法部门必须进行刑事处罚。理宗还要求各级官员克尽职守，奉公守法，作为奖励升迁或惩罚降黜的依据。

但这些整顿未见明显的效果。从召用人才看，在宰执与台谏中，史弥远及其亲信占42%，有声誉的才德之士仅占16%，其他成员为42%。[1] 而中央机构的关键部门与地方帅守多为史弥远的亲信。真德秀、魏了翁、洪咨夔、胡梦昱等人不久又被贬逐出朝。从扩大言路看，理宗虽不乏诚意，但忠直敢言者往往遭到罢免流放，其他人畏惧得祸，上书者也就有限，且以望风承旨居多。从整顿吏治上看，败坏吏治的就是权相党徒，豺狼当道，焉问狐狸！

宋理宗整治政治之所以无功，既有社会风气积重难返的原因，但主要原因则是史弥远专擅朝政，作为皇帝在重大问题上完全丧失了至高无上的独断权，"于万机谦逊无所预"。[2]

宋理宗是史弥远一手扶上皇位的，在朝中没有根基，尽管杨皇后已经还政，但在朝政大局中，史弥远对他拥有予夺大权。在整顿朝政遭到失败以后，理宗深知自己没有实力与其较量，而巩固帝位也还离不开他。太后还政不久，就有朝臣针对史弥远擅权，请理宗"收大权以定大位"，对其"厚以富贵，不可久以权"[3]，他均不采纳。直到绍定六年（1233）史弥远去世，理宗在权相专政

[1] 参见段玉明：《论宋理宗》（1987年四川大学硕士学位论文），转引自胡昭曦、蔡东洲《宋理宗宋度宗》，吉林文史出版社，1996年，第28页。本节论述也有参考该书处，谨此说明。
[2] 《钱塘遗事》卷5《理宗升遐》。
[3] 《宋史》卷455《邓若水传》，卷411《蒋重珍传》。

下，"渊默十年无为"[1]，其目的显然是韬光隐晦，保全皇位与性命，等待时机的到来。

2. 史弥远的继续专政

宋理宗既与权相结成一荣俱荣、一损俱损的关系，史弥远也就获取了比宁宗朝更大的擅权资本，尽管他在为政上绝无大器局，但在弄权上却颇有小伎俩。宝庆、绍定时期，史弥远专政的权势达到了顶峰，较之秦桧、韩侂胄，不仅在程度上更为严重，在形式上也呈现出新特征。

其一，变乱中枢旧制，专擅朝政。史弥远一方面继续嘉定以来宰相兼枢密使的做法，使其"遂为永制"。[2] 他继续独任右相，集军政大权于一身，"诛赏予夺，悉其所主持，人主反束手于上，不能稍有可否"。[3] 不仅如此，他还自恃拥立之功，以养病为理由，经常"决事于房闼，操权于床笫"[4]，破坏了宰执合堂共议的政事堂制度，其他执政不过署名纸尾而已，最高行政权沦为其囊中之物。史弥远还擅自扩大中书门下检正官与尚书省都司官的权力，四方奏章必分送检正、都司，而检正、都司则据其旨意决定是否上呈下送，成为其窃弄威权的趁手工具。

第二，把持将帅任免，控制军权。史弥远任用的将领，一为心腹亲信之人，一为才疏望浅之辈。先后协助其开禧政变与嘉定废立的殿前都指挥使夏震得以建节封爵，因其已老，史弥远又提拔了亲信冯榯继任殿帅之职。川蜀、荆襄、两淮三边是南宋国防的关键地区，三边"自嘉定以来，阃臣率用宰相私人"。[5] 蜀帅郑

---

[1] 黄震：《黄氏日抄古今纪要逸编》。
[2]《宋史》卷162《职官二》。
[3]《廿二史札记》卷26《秦桧史弥远之权》。
[4]《鹤山先生大全文集》卷18《应诏封事》。
[5]《后村先生大全集》卷146《陈观文神道碑》。

损、桂如渊虽无御敌之能，但甘为权相鹰犬，仍任方面之重。

第三，植党排斥异己，垄断言路。史弥远斥逐政敌，往往指使台谏出马，从而令人以为贬斥某人乃出自台谏的弹劾和皇帝的圣断，宰相执行是出于迫不得已。"湖州之变"后，魏了翁为济王鸣冤，言官李知孝劾其"首倡异论"，史弥远反让魏了翁改官工部侍郎，旋即言官朱端常、梁成大交章弹论，才连夺三秩，靖州居住。史弥远违背台谏不得与宰相交通的规定，"所用台谏皆其私人，约言已坚，而后出命"。[1] 李知孝公然宣称"所论洪咨夔、胡梦昱，乃府第付出全文"，故当时人直斥"台谏为鹰犬"。[2]

宝庆绍定年间，史弥远的心腹党羽遍布朝廷，执政有郑清之、薛极、袁韶等，台谏官有李知孝、朱端常、莫泽、王定、梁成大等，地方制帅有史嵩之、许国、胡榘、赵善湘、郑损、桂如渊等，还有知临安府余天锡等。其中世人最咬牙切齿的是"三凶"和"四木"。"四木"指名字中都含有"木"字的薛极、胡榘、聂子述和赵汝述，"三凶"指担任台谏官的李知孝、莫泽、梁成大，他们是史弥远的忠实鹰犬，以至太学生愤慨地为梁成大的名字加上一点，直呼其为"梁成犬"。

绍定末年，史弥远老病，理宗宠遇不衰，让他"可十日一赴都堂治事"。[3] 绍定六年，史弥远病重，但仍控制着朝政大权，并越级提拔史氏家族成员到要害职位上，其侄史嵩之数月间由大理少卿升为京湖安抚制置使、知襄阳府，肩负镇守襄樊重镇、应付对金战局的重任。其亲信郑清之、乔行简、余天锡、赵善湘、桂如渊等或升为庙堂宰执，或晋封边疆制帅，从中央到地方的大权仍然牢牢掌握在史弥远手中。十月，史弥远病重，理宗进拜其为

---

[1]《清献集》卷5《入台奏札》。
[2]《鹤山集》卷18《应诏封事》。
[3]《宋史》卷41《理宗一》。

太师、鲁国公，次日又拜保宁、昭信军节度使，进封会稽郡王。史弥远死后，理宗追封其为卫王，赐谥忠献，还不许朝臣揭露其过失，公开宣布："姑置卫王之事。"[1]

史弥远专政的年代比秦桧长，擅权的程度超过韩侂胄，但在其生前，公开反对者远比秦桧、韩侂胄为少；在其身后，他也没有如秦、韩那样列入《奸臣传》。究其原因，在于他继秦桧、韩侂胄以后，把权相专政的手法发展到炉火纯青的地步。他不像韩侂胄那样赤裸裸，而且比秦桧更狡黠阴鸷，擅于"外示涵洪而阴掩其迹，内用牢笼而微见其机"。[2]残害善类的事，他都交给台谏爪牙去干，做得不落痕迹。

史弥远专政二十六年，对内以巩固权势、对外以苟且偷安为其执政的根本宗旨。南宋统治者不去主动提升自身的综合国力与应变能力，而将国家命运主要押在一纸和议上，对风云变幻的中原大变局消极被动，少有作为。及至史弥远死后，人们才发现，与韩侂胄相比，史弥远的流毒来得更深，危害来得更烈。有人打比方说：韩侂胄专政十余年，天下的形势犹如少壮之人染上毛病，要医的话还容易成功的；而史弥远专政达二十七年，天下的形势仿佛垂暮之人患上疾病，想治的话也难以见效了。韩侂胄与史弥远前后专政近四十年，南宋后期的衰颓走势已不可逆转。

---

[1]《齐东野语》卷4《潘庭坚王实之》。
[2]《宋史》卷401《柴中行传》。

南宋光宗宁宗时代简表

绍兴十七年　1147 年

九月四日（9 月 30 日）　宋光宗赵惇生于普安郡王府邸。父赵昚 21 岁，母郭氏 22 岁，长兄愭 5 岁，次兄恺 2 岁。

绍兴三十二年　1162 年

六月十一日（7 月 24 日）　宋高宗内禅，称太上皇，居德寿宫。赵昚即位，是为宋孝宗。

九月　赵惇封恭王。兄愭、恺分封邓王、庆王。

乾道元年　1165 年

八月　因恭王长子与邓王长子出生先后引发皇长嫡孙之争，宋孝宗立邓王赵愭为皇太子。

乾道三年　1167 年

七月　皇太子赵愭病死。

乾道四年　1168 年

十月十九日（11 月 19 日）　宋宁宗赵扩生于恭王府邸。

乾道七年　1171 年

二月八日（3 月 16 日）　恭王赵惇立为皇太子。

淳熙十四年　1187 年

十月八日（11 月 9 日）　太上皇宋高宗赵构卒。

淳熙十六年　1189 年

二月二日（2 月 18 日）　宋孝宗内禅，称太上皇，居重华宫。赵惇即位，是为宋光宗；立李凤娘为皇后。每月四朝重华宫。

绍熙元年　1190 年

二月　反道学议论渐起，采纳刘光祖之请定其是非邪正。

绍熙二年　1191 年

三月　陈公亮、朱熹受命措置漳、泉、汀三州经界，十月停罢。

十一月廿六日（12 月 14 日）　光宗为合祭天地赴青城，在斋宫惊闻李皇后虐杀黄贵妃；次晨祭礼遇大风雨与火灾，震惧引发精神病。

绍熙三年　1192 年

正月初一（1 月 17 日）　光宗因病罢元旦大朝会。其后御殿听政及朝见重华宫时有违失。

绍熙四年　1193 年

三月　赵汝愚以宗室同知枢密院事，七月迁知枢密院事。

十月廿五日（11 月 20 日）　以朝臣屡谏光宗朝重华宫遭拒，太学生 200 余人上书敦请。过宫风波越演越烈。

绍熙五年　1194 年

五月　宋孝宗病重，光宗仍不往见。过宫风波渐至高潮。

六月九日（6 月 28 日）　太上皇宋孝宗卒。光宗拒绝出主大丧。朝野汹汹。

七月二日（7 月 21 日）　丞相留正托疾逃归；三日后以知枢

密院事赵汝愚与知阁门事韩侂胄等建请，宋高宗皇后吴氏以太皇太后垂帘，命嘉王赵扩在孝宗灵柩前即位，是为宋宁宗；尊光宗为太上皇帝，李皇后为太上皇后，居泰安宫；立嘉王妃韩氏为皇后。

八月　召朱熹入朝为经筵侍讲，旋增黄裳、陈傅良与彭龟年等为经筵讲读官；赵汝愚拜相。

闰十月下旬　朱熹罢侍讲，党争渐起。

十一月　韩侂胄兼枢密都承旨。

岁杪　吏部侍郎兼侍讲彭龟年因论韩侂胄而被黜出朝。其后陈傅良、刘光祖等相继被逐。

庆元元年　1195 年

二月廿二日（4 月 4 日）　右相赵汝愚被劾罢。党争渐剧。

四月二日（5 月 13 日）　太府寺丞吕祖俭上疏请留赵汝愚，被贬窜；仅过三日，太学生杨宏中等六人上书请留赵汝愚，论劾韩侂胄，各送 500 里外编管。时称"庆元六君子"。

六月　韩党请考核真伪，辨别邪正。党禁日炽。

十一月　赵汝愚被贬永州安置，次年正月暴卒贬所。

庆元二年　1196 年

七月　韩侂胄为开府仪同三司，已成专权之势。

八月　始停"伪学之党"进拟官职。

庆元三年　1197 年

二月　"伪学之党"始禁出任在朝差遣。

闰六月六日（7 月 22 日）　改称"伪党"为"逆党"，党禁升级。

九月　下诏监司、帅守，荐举改官，禁用"伪学"党人。未几，参与官吏铨选、进士具保者均须声明"不是伪学"。

岁末　下诏编定"伪学"党人姓名，党禁达到高潮。

庆元四年　1198 年

五月　颁诏禁"伪学"。

庆元五年　1199 年

正月　以追究赵汝愚"定策异谋",下诏逮捕彭龟年等审实,后虽谏止,仍俱停官。

九月　韩侂胄进封平原郡王。

庆元六年　1200 年

三月九日(4 月 23 日)　朱熹卒。

八月八日(9 月 17 日)　太上皇宋光宗卒。太上皇后李氏已卒于六月。

九月十一日(10 月 20 日)　布衣吕祖泰上书请诛韩侂胄,杖配钦州牢城。

十一月　韩皇后卒。

嘉泰元年　1201 年

七月　以吴曦为兴州都统制,回川重掌吴家军兵柄。

嘉泰二年　1202 年

二月　追复赵汝愚,党禁逐渐弛解。

十二月　立杨贵妃为皇后。

嘉泰三年　1203 年

冬　北伐之议渐起。

嘉泰四年　1204 年

五月廿一日(6 月 20 日)　追封岳飞为鄂王。

开禧元年　1205 年

四月廿七日(5 月 17 日)　武学生华岳上疏谏用兵,并论韩侂胄专政，送建宁府编管。

五月　皇帝以亲生子均夭殇，立宗子赵曮为皇子。宋金边界争端加剧，金朝来责渝盟。

六月　韩侂胄平章军国事，立班丞相上；旋兼国用使。

开禧二年　1206年

四月中旬　任命川陕、京湖、两淮三路主帅；追夺秦桧王爵，改谥谬丑。

四月廿六日（6月4日）　毕再遇收复泗州，开禧北伐开始。

五月　皇弟吴兴郡王赵㧑卒，追封沂王。未几命宗子赵贵和入嗣为沂王之后。

五月七日（6月14日）　下诏伐金。未几，宋军溃于宿州，三条战线败报相继。

十月初一（11月2日）　金军开始全线反攻。

是年，成吉思汗统一蒙古诸部。

开禧三年　1207年

正月十八日（2月16日）　吴曦受金册封，正式叛宋，僭位于兴州；次月廿九日（3月29日），为杨巨源、李好义等诛杀，叛平。

十一月三日（11月24日）　礼部侍郎史弥远与杨皇后联手诛杀韩侂胄；中旬，立皇子赵曮为皇太子，后更名询。

嘉定元年　1208年

二月　郴州黑风峒罗世传、李元砺率瑶民起事，至嘉定四年九月始平。

三月　恢复秦桧王爵、赠谥；诏枭韩侂胄首向金求和。

九月　以嘉定和议订立诏告天下。

十一月下旬　右相史弥远以母丧去位。

岁暮　黎州蛮畜卜扰边，嘉定七年始再归附。

嘉定二年　1209年

二月　年初令以旧会子二兑新会子一，强配民户藏之，引起会子兑率暴跌。

三月上旬　忠义军统制罗日愿等谋划讨杀史弥远，事泄被捕；五月六日被杀。

五月四日（6月7日）　史弥远起复，再现权相专擅之局。

岁末　追谥朱熹为"文"，理学渐受尊崇。

嘉定三年　1210年

正月　下诏招抚"群盗"。是年除了李元砺、畲卜，还有江西、湖南"峒寇"与淮东"贼"等。

岁末　以会子贬值严重，遣员察访江浙诸州。

嘉定四年　1211年

蒙古始攻金国。

嘉定五年　1212年

颁朱熹《论语集注》《孟子集注》作为太学读本。

嘉定六年　1213年

因蒙古攻金，是年南宋赴金使节俱不至而返。

嘉定七年　1214年

始罢纳金国岁币。

嘉定十年　1217年

四月初一（5月7日）　金军攻宋，宋金战争再起。

七月　雅州蛮扰边，至嘉定十三年五月始再归附。

嘉定十一年　1218年

正月　京东路忠义军首领李全归宋。

五月 命侍从、台谏、两省官等集议战、守、和三策。

嘉定十二年 1219 年

闰三月 兴元府军士张福、莫简以红巾为号起事，七月失败。

五月五日（6 月 18 日） 太学生何处恬率 273 人伏阙上书，请诛杀力主议和的史弥远死党工部尚书胡榘。

嘉定十三年 1220 年

八月 皇太子赵询卒。

是年 追谥周敦颐、程颢、程颐等理学家。

嘉定十四年 1221 年

六月 立嗣沂王、皇侄贵和为皇子，更名竑。仅隔九日，因史弥远之议，复立太祖十世孙贵诚为皇侄，承嗣沂王。

闰十二月廿八日（1222 年 2 月 11 日） 殿前司同正将华岳谋去史弥远，事泄被杀。

嘉定十五年 1222 年

正月元日（2 月 13 日） 以被掳徽、钦御玺来归，行受宝大礼。

岁杪 李全为京东路镇抚副使、保宁军节度使，渐骄恣为患。

嘉定十六年 1223 年

六月 金国榜谕边界不再侵宋，宋金嘉定战争结束。

嘉定十七年 1224 年

闰八月二日（9 月 16 日）夜 宋宁宗病危，次晨卒。史弥远连夜应召入宫，策动政变。三日晨，矫诏封皇子赵竑为济阳郡王，出判宁国府；改立皇侄贵诚为皇子，更名昀，即皇帝位，是为宋理宗；杨皇后尊为皇太后，垂帘同听政，史弥远继续专权。

附录 3
征引古籍版本
（按四部排序）

（梁）沈约：《宋书》，中华书局标校本。

（元）脱脱等：《宋史》，中华书局标校本。

（元）脱脱等：《金史》，中华书局标校本。

（清）毕沅：《续资治通鉴》，中华书局标校本。

（元）佚名编：《宋史全文续资治通鉴》（《宋史全文》），文海出版社
影印本。

（宋）佚名：《续编两朝纲目备要》（《两朝纲目备要》)，中华书局标
校本。

（明）陈邦瞻：《宋史纪事本末》，中华书局标校本。

（宋）宇文懋昭：《大金国志》，商务印书馆万有文库本。

（宋）黄震：《戊辰修史传》，四明丛书本。

（宋）黄震：《黄氏日抄古今纪要逸编》，丛书集成初编本。

（宋）叶绍翁：《四朝闻见录》，中华书局标校本。

（宋）佚名：《朝野遗记》，上海古籍出版社影印《说郛》宛委山
堂本。

（宋）张仲文：《白獭髓》，上海古籍出版社影印《说郛》宛委山

堂本。

（宋）周密：《绍熙行礼记》，上海古籍出版社影印《说郛》宛委山堂本。

（元）刘一清：《钱塘遗事》，上海古籍出版社影印清嘉庆扫叶山房本。

（宋）李心传：《道命录》，丛书集成初编本。

（宋）樵川樵叟：《庆元党禁》，丛书集成初编本。

（清）徐松辑：《宋会要辑稿》，中华书局影印本。

（宋）李心传：《建炎以来朝野杂记》，丛书集成初编本。

（宋）徐自明：《宋宰辅编年录》，中华书局校补本。

（明）黄淮、杨士奇编：《历代名臣奏议》，上海古籍出版社影印明永乐本。

（宋）吴自牧：《梦粱录》，浙江人民出版社标点本。

（宋）周密：《武林旧事》，浙江古籍出版社标点本。

（清）朱彭：《南宋古迹考》，浙江古籍出版社标点本。

（明）田汝成：《西湖游览志余》，上海古籍出版社标校本。

（宋）吕中：《类编皇朝中兴大事记讲义》，上海人民出版社标校本。

（清）王夫之：《宋论》，中华书局标校校本。

（清）李塨：《阅史郄视》，丛书集成初编本。

（清）赵翼：《廿二史札记》，中华书局标校本。

（清）王鸣盛：《蛾术编》，商务印书馆排印本。

（宋）黎德靖编：《朱子语类》，中华书局标校本。

（宋）华岳：《翠微北征录》，解放军出版社排印本。

（明）李时珍：《本草纲目》，商务印书馆排印本。

（宋）洪迈：《容斋随笔》，上海古籍出版社标点本。

378

（宋）张端义：《贵耳集》，丛书集成初编本。

（宋）俞文豹：《吹剑录外集》，影印文渊阁四库全书本。

（宋）罗大经：《鹤林玉露》，中华书局标校本。

（宋）俞德邻：《佩韦斋辑闻》，丛书集成初编本。

（宋）周密：《齐东野语》，中华书局标校本。

（宋）岳珂：《桯史》，丛书集成初编本。

（宋）周密：《癸辛杂识》，中华书局标校本。

（元）佚名：《东南纪闻》，影印文渊阁四库全书本。

（宋）章如愚：《群书考索》，影印文渊阁四库全书本。

北京大学古文献研究所编：《全宋诗》，北京大学出版社，1998年。

傅增湘辑：《宋代蜀文辑存》，江安傅氏排印本。

邓广铭：《稼轩词编年笺注》，上海古籍出版社，1978年。

（宋）陆游：《渭南文集》，四部备要本。

（宋）杨万里：《诚斋集》，四部丛刊初编本。

（宋）朱熹：《朱文公文集》，四部丛刊初编本。

（宋）陈傅良：《止斋集》，四部丛刊初编本。

（宋）楼钥：《攻媿集》，四部丛刊初编本。

（宋）王炎：《双溪集》，影印文渊阁四库全书本。

（宋）彭龟年：《止堂集》，丛书集成初编本。

（宋）陈亮：《龙川文集》，四部备要本。

（宋）袁燮：《絜斋集》，丛书集成初编本。

（宋）叶适：《水心先生文集》，四部丛刊初编本。

（宋）张镃：《南湖集》，丛书集成初编本。

（宋）刘过：《龙洲集》，上海古籍出版社标校本。

（宋）卫泾：《后乐集》，影印文渊阁四库全书本。

（宋）程珌：《洺水集》，明嘉靖本。

（宋）真德秀：《真文忠公文集》，四部丛刊初编本。

（宋）魏了翁：《鹤山先生大全文集》，四部丛刊初编本。

（宋）袁甫：《蒙斋集》，丛书集成初编本。

（宋）华岳：《翠微南征录》，四部丛刊三编本。

（宋）杜范：《清献集》，影印文渊阁四库全书本。

（宋）王迈：《臞轩集》，影印文渊阁四库全书本。

（宋）刘克庄：《后村先生大全集》，四部丛刊初编本。

（宋）欧阳守道：《巽斋文集》，影印文渊阁四库全书本。

（宋）刘爚：《云庄集》，影印文渊阁四库全书本。

（元）袁桷：《清容居士集》，四部丛刊初编本。

（元）吴师道：《礼部集》，影印文渊阁四库全书本。

（清）全祖望：《鲒埼亭集》，商务印书馆万有文库本。

（清）钱大昕：《潜研堂集》，四部丛刊初编本。

（清）魏源：《魏源集》，中华书局标校本，

（清）赵棻：《南宋宫闺杂咏》，《香艳丛书》本。

（清）厉鹗等：《南宋杂事诗》，浙江古籍出版社标校本。

（宋）陈岩肖：《庚溪诗话》，中华书局《历代诗话续编》本。

（宋）周密：《浩然斋雅谈》，丛书集成初编本。

（元）吴师道：《吴礼部诗话》，中华书局《历代诗话续编》本。

（清）厉鹗：《宋诗纪事》，上海古籍出版社标点本。

（清）陆心源：《宋诗纪事补遗》，山西古籍出版社标点本。

文
景

Horizon

社 科 新 知　文 艺 新 潮

南宋行暮：宋光宗宋宁宗时代（增订本）

虞云国 著

出 品 人：姚映然
策划编辑：何晓涛
责任编辑：但　诚
营销编辑：胡珍珍
封扉设计：刘　哲

出　　品：北京世纪文景文化传播有限责任公司
　　　　　（北京朝阳区东土城路8号林达大厦A座4A　100013)
出版发行：上海人民出版社
印　　刷：山东临沂新华印刷物流集团有限责任公司
制　　版：南京展望文化发展有限公司

开 本：890mm×1240mm　1/32
印 张：12　字 数：278,000　插页：2
2024年8月第1版　2024年8月第1次印刷
定 价：88.00元
ISBN：978-7-208-18915-7 / K・3378

图书在版编目（CIP）数据

南宋行暮：宋光宗宋宁宗时代 / 虞云国著 . 一 增
订本 . 一 上海：上海人民出版社，2024
（虞云国著作集）
ISBN 978-7-208-18915-7

Ⅰ . ①南… Ⅱ . ①虞… Ⅲ . ①中国历史－研究－南宋
Ⅳ . ① K245.07

中国国家版本馆 CIP 数据核字 (2024) 第 094749 号

本书如有印装错误，请致电本社更换　010-52187586

社科新知　文艺新潮　│　与文景相遇

微信公众号

微　博

豆　瓣

bilibili

抖　音

小红书